Ueli Leuthold

Tu, was du tun musst, und tu es mit Liebe

Was wir über unser Leben, dessen Sinn und das, was
nachher kommt, lernen können

aus unzähligen Erfahrungsberichten über:

Nahtoderlebnisse

Lebenszeichen von Verstorbenen an Hinterbliebene

Kontakte von Medien zu Verstorbenen

Erinnerungen von Kleinkindern an ihr früheres Leben

Astralreisen

Zuverlässige Rückführungen

Geistheilung

Kontakte mit Naturwesen

Es gibt mittlerweile unzählige Berichte von Menschen mit unterschiedlichen Erfahrungen mit einer anderen Seite unserer Welt: Nahtoderlebnisse, Lebenszeichen von Verstorbenen an Hinterbliebene, Erinnerungen von Kleinkindern an ihr früheres Leben, Kontakte zu Verstorbenen über Medien, zuverlässige Rückführungen in frühere Leben und ins Leben zwischen zwei Inkarnationen, ausserkörperliche Reisen mit der Seele, Geistheilungen, Kontakte mit Naturwesen. Alle diese Berichte liefern jeweils nur von *einem* Thema her ein Bild einer anderen Seite unserer Welt. Trotzdem stimmen sie in den Grundzügen überein. Darum werden sie im vorliegenden Buch zu einem knappen, leicht verständlichen und übersichtlichen Gesamtbild jener anderen Seite unserer Welt und ihrer Bedeutung für unser Leben zusammengefasst. Im Kapitel über Geistheilung werden auch eigene Erfahrungen des Autors als Empfänger von Geistheilkraft einbezogen. Soweit möglich, werden auch das Karma und das Tao und viele aussergewöhnliche Wahrnehmungen erklärt. Umfangreiche Spekulationen über den Aufbau der spirituellen Welt finden sich keine im Buch. Pfannenfertige Lehren und Denksysteme wurden nicht berücksichtigt. Alles beruht nur auf konkreten Erfahrungsberichten. Trotzdem liefert das so entstandene Gesamtbild einige klare Erkenntnisse, zum Beispiel, dass unsere Seele unsterblich ist, dass und warum es die Reinkarnation gibt, dass jeder seine eigene Lebensaufgabe hat und finden muss und vieles mehr.

Das Buch richtet sich an alle, die gegenüber Berichten anderer Menschen über aussergewöhnliche Wahrnehmungen und Erfahrungen offen sind und sie in einem grösseren Zusammenhang verstehen möchten.

Der Autor ist kein Mitglied einer religiösen Gemeinschaft und schreibt unvoreingenommen.

Aus dem Inhalt: Vorbemerkungen – Hinweise zur Existenz der Seele und zur Reinkarnation – Genaueres zur Seele und zum Leben nach dem Tod des Körpers – Der Zweck der (Re-)Inkarnationen und die Lebensführung – Wodurch wird unser Leben bestimmt? – Karma, die Weiterentwicklung der Seele und das Leid auf Erden – Bezüge zwischen Gesundheit/Krankheit und der spirituellen Welt; Geistheilung – Elementarwesen, Naturwesen, Naturgeister – Warum ist das hier beschriebene Wissen so wenig bekannt?

Der Titel („Tu, was du tun musst, und tu es mit Liebe") ist ein Zitat aus Monroe 1994, S. 176.

Widmung

Dieses Buch widme ich den Tieren, den Pflanzen und der ganzen Natur, die unter der Gier der Menschen am meisten leiden.

Danksagung

Ich schrieb das Buch alleine und ohne Hilfe. Ich danke aber all jenen Menschen und allen Wesen der spirituellen Welt, die mir in den letzten Jahren angesichts meiner Krankheit Unterstützung in irgendeiner Form gaben.

Verlag & Druck: tredition GmbH, Halenreie 40-44, 22359 Hamburg

ISBN Taschenbuch: 978-3-347-17249-4

Bibliografische Information der Deutschen Nationalbibliothek:
Die Deutsche Nationalbibliothek verzeichnet diese Publikation in der Deutschen Nationalbibliografie; detaillierte bibliografische Daten sind im Internet über http://dnb.d-nb.de abrufbar.

Inhaltsverzeichnis

1. Vorbemerkungen

Mit dem Tod stirbt der Körper. Man sieht, wie er vermodert. Aber bedeutet dies, dass überhaupt nichts mehr ist?

Auf der Suche nach einer Antwort begann ich mich mit konkreten Erfahrungsberichten von Menschen zu beschäftigen, die auf irgendeine Art Kontakt mit einer anderen Seite unserer Wirklichkeit haben bzw. hatten. Ich konnte solche Berichte ohne Vorurteile aufnehmen, weil ich mich schon weit früher vom gängigen Verständnis dessen, was Wahrheits-Beweise sind, verabschiedet hatte. Nach gängigem Verständnis sind Wahrheit und Wirklichkeit nur Dinge, die sich mit den "wissenschaftlichen" Methoden unserer materiellen Welt messen lassen. Für mich sind es auch konkrete Erfahrungen von Menschen, vor allem, wenn sie in ähnlicher Weise von sehr vielen Menschen gemacht wurden und miteinander übereinstimmen. Von solchen Erfahrungsberichten ging ich bei der Frage, ob nach dem Tod des Körpers noch etwas kommt, aus.

Die Quellen der folgenden Erkenntnisse

Bei den Erfahrungsberichten, mit denen ich mich beschäftigte, geht es um Folgendes:

- Nahtoderlebnisse;
- Berichte von Kleinkindern, die sich überprüfbar an frühere Leben erinnern;
- Berichte von Hinterbliebenen über Lebenszeichen der Seelen von Verstorbenen ("Nachtodkontakte");
- Berichte von Menschen (Medien), über welche die Seelen der Toten Botschaften an die Hinterbliebenen richten können; dagegen berücksichtigte ich *nicht* die zahlreichen Berichte von Medien, welche sagen, sie würden Botschaften von Engeln oder (berühmten) Verstorbenen über das Leben und die Welt vermitteln;
- Berichte von Menschen, die mit ihrer Seele den Körper verlassen können ("Out-of-Body-Experiences", kurz OBE, in längeren Fällen auch "Astralreisen" genannt);
- kompetente Rückführungen in frühere Leben und in den Zustand zwischen den Leben;
- Berichte von Heilern und Heilerinnen sowie Patientinnen und Patienten über Geistheilungen (in Kapitel 7); dies verbinde ich mit eigenen Erfahrungen von mir als Klient von Geistheilerinnen und Geistheilern;
- Berichte von Menschen, die Naturwesen sehen und manchmal auch mit ihnen kommunizieren können (in Kapitel 8).

Quellen waren vor allem Bücher, in denen Menschen über solche Erfahrungen berichten, teilweise auch Websites, weiter Erfahrungsberichte aus ein paar Ausgaben der Sendung "Nachtwach" von Radio TV srf. Die Sendung wurde leider auf Ende 2018 eingestellt. Man kann sie aber übers Internet nachhören. Menschen konnten dort anrufen und ihre Erlebnisse zu einem bestimmten, vorher bekanntgegebenen Thema schildern. Das Thema fiel ab und zu in den hier diskutierten Themenbereich (siehe Zusammenstellung am Ende der Literaturliste). Es war eine Live-Sendung, in welcher die Anrufenden ihre eigenen Erfahrungen berichteten. Die allermeisten sind Menschen wie du und ich, keine Esoteriker, die von vorgefassten Meinungen bestimmt werden.

Wozu dieses Buch dienen soll

Es gibt Bücher, in denen Erfahrungen in *einem* der oben erwähnten Bereiche beschrieben werden, zum Beispiel Nahtoderlebnisse oder Rückführungen usw.. Es gibt aber bisher keine zusammenfassenden Darstellungen, welche die Berichte über alle verschiedenen Themen miteinander verbinden.[1] Ich fülle daher eine Lücke, wenn ich im Folgenden versuche, sie zu einem Gesamtbild zusammenzufügen. Das ist möglich, denn obwohl die Berichte auf ganz unterschiedlichen Zugängen zur anderen Seite unserer Wirklichkeit beruhen, liefern sie ein im Grundsätzlichen übereinstimmendes Bild von ihr. Man kann so auch den Zweck unseres Daseins auf Erden aus dem heraus erklären, was nach dem Tod des Körpers folgt. Nebenbei werden eine Reihe aussergewöhnlicher Wahrnehmungen, die viele Menschen schon gemacht haben und von anderen oft als Einbildungen abgetan werden, erklärt und in einen grösseren Zusammenhang gestellt.

Ein abgeschlossenes Welterklärungssystem, das auf alle Fragen Antworten gibt, liefert das Buch allerdings nicht. Denn man wird sehen: Es *gibt* zwar eine menschliche Seele, welche den Tod des Körpers überdauert, und es *gibt* eine andere Seite unserer Wirklichkeit, in welche wir nach dem Tod des Körpers gelangen. Doch allgemeingültige und verständliche Aussagen über sie sind nur beschränkt möglich: Vieles ist schwer vorstellbar, einiges muss offen bleiben und vieles, was das einzelne Individuum betrifft, muss von diesem selber gefunden werden, weil jeder ein eigenes Lebensprogramm hat. Zudem wird es in Zukunft weitere Erfahrungsberichte mit wohl neuen Erkenntnissen geben.

Einige Begriffe

Einige Begriffe, die ich im Buch verwende:

- „Spirituelle Welt" und „materielle Welt":
  Ich nenne im Folgenden jene andere Seite unserer Welt, von der die Leute mit den genannten Erfahrungen berichten, die „spirituelle Welt" („geistige Welt"), im Unterschied zur materiellen Welt, in der wir leben. „Spirituell" kommt von lateinisch „spiritus" = „Geist, Hauch, Atem". Das Wort bedeutet daher „nicht-materiell". Die „spirituelle Welt" ist also die Welt ohne Materie. Ich verwende den Begriff für jene andere Seite unserer Welt, weil es dort nach allen Berichten alles Materielle, zum Beispiel Körper aus Fleisch und Blut, nicht gibt.
  Die Bezeichnungen „spirituelle Welt" und „materielle Welt" sind allerdings etwas missverständlich. In Wahrheit handelt es sich nicht um zwei voneinander getrennte, verschiedene Welten, sondern um zwei unterschiedliche Seiten ein und derselben Welt. Die spirituelle „Welt" ist mitten unter uns, die meisten von uns sehen sie nur nicht. Sie ist nicht ein anderer Ort, sondern ein anderer Bewusstseinszustand. Sie ist der Bewusstseinszustand, in dem sich die Seele befindet, wenn sie nicht im Körper ist. Nach dem Tod des Körpers werden wir alle in jenen Bewusstseinszustand gelangen, aber einige Menschen können ihn auch schon in diesem Leben spüren, zum Beispiel während einer Nahtoderfahrung oder einer ausserkörperlichen Wahrnehmung.

---

[1] Der Sterbeforscher Bernhard Jakoby hat in seinem Buch "Wir sterben nie" (siehe Literaturliste: Jakoby 2009) zwar diesen Ansatz, doch er berücksichtigt die sehr aufschlussreichen Berichte über Astralreisen nicht, glaubt auch nicht an die Reinkarnation und wertet die dahingehenden Hinweise mit teilweise fragwürdigen Argumenten ab. Darum kann er auch nicht sagen, weswegen wir überhaupt auf der Erde sind. Auch schreibt er nichts über Geistheilung und Naturwesen.

Genau genommen, müsste man daher von der „spirituellen Seite unserer Welt" oder von der "geistigen Seite unserer Wirklichkeit" reden.

- „Spirit" und „Geist":
  Das englische Wort „Spirit" und das deutsche Wort „Geist" werden in unterschiedlichen Bedeutungen verwendet, unter anderem für Wesen ohne Körper.

- „Spiritualismus" und „Spiritismus":
  „Spiritualismus" ist der Glaube an die spirituelle, das heisst nicht-materielle Seite unserer Wirklichkeit.
  Als „Spiritismus" bezeichnet man dagegen das Abhalten von Sitzungen, in denen Wesen aus der geistigen Welt über gewisse Menschen Kontakt mit der materiellen Welt haben, zum Beispiel etwas mitteilen. Mit dem Begriff „Spiritismus" kann daneben auch die Mitte des 19. Jhs. vom Franzosen Allan Kardec verbreitete spiritualistische Lehre gemeint sein, die heute vor allem in Brasilien eine grosse Anhängerschaft hat (mehr dazu in Kapitel 4).

- „Spiritualität":
  „Spiritualität" ist im praktischen Leben gelebter Spiritualismus.

- „Medium":
  Medien (Einzahl „Medium" = lateinisch „Mitte") sind Menschen, welche die Fähigkeit haben, für Wesen aus der geistigen Welt als Vermittler von Botschaften an Menschen zu wirken. Dabei wird der Kontakt nicht durch die Medien hergestellt. Diese machen sich nur bereit dafür, indem sie sich in eine andere Schwingungsebene versetzen. Wenn sie das erreicht haben, können Wesen aus der geistigen Welt den Kontakt aufnehmen.

- „Inkarnation" und „Reinkarnation"
  „Inkarnation" bedeutet wörtlich das „Ins-Fleisch-Gehen". Der Begriff wird verwendet, wenn eine Seele von der spirituellen Welt, wo sie ohne Körper ist, in die materielle Welt wechselt und damit einen Körper erhält.
  „Reinkarnation" bedeutet demnach wörtlich das „Wieder-ins-Fleisch-Gehen", deutsch also die Wiedergeburt.

- „Bardo"
  Den Zwischenzustand zwischen zwei Inkarnationen bezeichnet man bei uns nach dem tibetischen Begriff dafür auch als „Bardo". Wobei auch im Tibetischen damit nicht eine Zeit oder ein Ort, sondern der veränderte Bewusstseinszustand gemeint ist, in dem die Seele zwischen zwei Inkarnationen ohne Körper ist.

2. Hinweise zur Existenz der Seele und zur Reinkarnation

Nach diesen Vorbemerkungen stelle ich als Nächstes einige Berichte und Hinweise zusammen, die zeigen, dass wir alle eine nichtmaterielle Seite unseres Wesens, eine „Seele", haben; dass diese Seele schon existierte, bevor sie in den jetzigen Körper ging; dass sie den Tod des Körpers überdauern wird, und dass sie irgendwann in einen nächsten Körper gehen wird. Die Berichte zeigen also, zusammen betrachtet, dass es die Reinkarnation gibt.

Lebenszeichen von Verstorbenen an Hinterbliebene

Zuerst zu Beweisen, dass die Seele nach dem Tod des Körpers weiterlebt.

Ein erster Hinweis dazu sind Lebenszeichen von Verstorbenen an Hinterbliebene, zum Beispiel Nachtod-Erscheinungen: Es gibt Menschen, die berichten, ihnen innerlich nahestehende Verstorbene seien ihnen erschienen, um Abschied zu nehmen und zu signalisieren, dass es ihnen gut gehe. Die Hinterbliebenen können solches im Wachzustand erleben, wenn das Kopf-Denken gerade abgeschaltet ist, oder auch in einem Klartraum (zu Klarträumen vgl. weiter unten).[2]

Nachtod-Erscheinungen sind am häufigsten zum Zeitpunkt des Todes und in den ersten Tagen danach. Entsprechende Erlebnisse sind anscheinend recht verbreitet.[3] Namentlich während Kriegen wurden sie bezeugt.[4] Trotzdem werden sie von Skeptikern gerne als Einbildungen abgetan. Verschiedene Beobachtungen zeigen aber, dass es keine Einbildungen sind:

- Die Erscheinung ist für die Menschen, die sie erleben, immer sehr real. Sie haben immer das Gefühl: Die betreffende Person ist wirklich anwesend, wenn auch ihr Körper nicht greifbar ist.
- Es kam schon oft vor, dass eine Person im Moment des Todes jemand emotional Nahestehendem erschien, der oder die aber weit weg wohnte und erst später vom Tode der betreffenden Person erfuhr.[5]
- Es gibt auch Mit-Erscheinungen. Zum Beispiel: Eine Krankenschwester erlebte eine Erscheinung mit, die eine Patientin hatte, ohne dass die Krankenschwester den verstorbenen Angehörigen der Patientin kannte.[6] Oder: Ein Ehemann und eine Ehefrau berichteten, sie hätten im Wachzustand vom Bett aus im Türrahmen den kürzlich verstorbenen Vater der Ehefrau gesehen, der ihnen zuwinkte und wieder verschwand. Erst als sie nach dem Erlebnis miteinander darüber sprachen, merkten sie, dass sie gleichzeitig genau dasselbe gesehen hatten.[7]
- Einmal erschien die Verstorbene ihrem Mann und ihrem Sohn in derselben Nacht in unterschiedlichen Räumen, aber in derselben von strahlendem Licht umhüllten weissen Gestalt, mit derselben nonverbal vermittelten Botschaft (alles sei jetzt okay). Die beiden merkten das erst hinterher, als sie einander von der Erfahrung erzählten.[8]
- Das Medium Pascal Voggenhuber berichtet: Ein 3jähriger sah nachts neben seinem Bett jeweils einen Mann stehen, der ihm Angst machte, den die Erwachsenen aber nicht sahen. Die Mutter liess Voggenhuber kommen, der feststellte, dass tatsächlich jemand dort war. Auf die Frage, wer

---

[2] Beispiele: Heathcote-James 2008, S. 56-67.
[3] Van Lommel 2010, S. 314.
[4] Jakoby 2009, S. 137, mit einem Beispiel aus dem Krimkrieg (1853-56).
[5] Beispiele: Heathcote-James 2008, S. 38 und 43; van Lommel 2010, S. 313; Weiss 1993, S. 134/135.
[6] Heathcote-James 2008, S. 34.
[7] Weiss 1993, S. 133.
[8] Van Lommel 2010, S. 316.

er sei, antwortete der Geist, er sei der kurz vor der Geburt des Jungen gestorbene Grossvater und wolle seiner Tochter, der Mutter des Jungen, mitteilen, dass es ihm gut gehe und sie sich keine Vorwürfe machen solle, weil sie sich von ihm nicht recht hatte verabschieden können. Über den Jungen versuchte er diese Botschaft zu vermitteln, weil dieser ihn wahrnehmen konnte, da Kleinkinder gegenüber der geistigen Welt noch sehr offen sind.[9]

Dieses Beispiel zeigt auch, dass man Mitteilungen von Kleinkindern, sie hätten einen (für die Erwachsenen unsichtbaren) Menschen gesehen, nicht unbedingt als Traum oder Fantasie abtun sollte. Und es zeigt, dass man vor solchen Erscheinungen keine Angst haben muss.

Es gibt auch unzählige Berichte, wonach Verstorbene ihr Weiterleben auf andere Weise kundtaten, zum Beispiel mit Hilfe eines physikalisch nicht erklärbaren, für sie typischen besonderen Duftes[10], oder mit einem physikalisch nicht erklärbaren Windzug[11], oder durch eine klar hörbare, physikalisch nicht erklärbare Stimme[12], oder durch das Anhalten von Uhren oder das unerklärbare An- und Ausschalten von Lichtern oder elektrischen Apparaten zu bedeutungsvollen Zeiten,[13] oder sogar durch einen Telefonanruf eines Verstorbenen, wobei entweder der Verstorbene in einer sehr tiefen Stimme sprach[14] oder einfach seine frühere Telefonnummer angezeigt wurde, obwohl sie nicht mehr in Betrieb war.[15] Auch Materialisierungen gibt es, das heisst Gegenstände oder Tierchen, die zum Zeitpunkt des Todes oder der Abdankung in auffällig grosser Zahl den Hinterbliebenen erschienen. So berichtete jemand in der srf-Sendung „Nachtwach", beim Tode der Mutter und später des Vaters habe es in ihrem Zimmer plötzlich sehr viele Marienkäfer gehabt, beim Tod des Vaters einer Freundin eines, sonst aber nie irgendwelche.[16] In anderen Berichten sind es Schmetterlinge[17], Federn[18] oder noch Anderes.

Der Zweck solcher Erscheinungen und Zeichen ist es, die Hinterbliebenen zu trösten. Sie sollen wissen, dass der/die Verstorbene immer noch vorhanden ist, nur ohne Körper und darum (normalerweise) nicht mehr sichtbar.[19] Mit den Materialisierungen kann ausserdem eine symbolische Botschaft verbunden sein. Zum Beispiel gelten Marienkäferchen als Glücksbringer; mit ihnen soll den Hinterbliebenen Glück gewünscht werden. Schmetterlinge sind Symbole der Seele; mit ihnen soll den Hinterbliebenen mitgeteilt werden, dass die Seele der verstorbenen Person immer noch lebt. Federn sind Symbole der Leichtigkeit; mit ihnen soll mitgeteilt werden, dass sich die verstorbene Person jetzt leicht fühlt, es ihr also gut geht.

---

[9] Voggenhuber 2011/2012, S. 86/87.
[10] Beispiele: Heathcote-James 2008, S. 131-140.
[11] Beispiele: ebenda, S. 96/97. Andere Beispiele: Zeier-Kopp 2004, S. 38; van Praagh 1999, S. 9.
[12] Beispiele: Heathcote-James 2008, S. 123-130.
[13] Beispiele: ebenda, S. 102-108. Live erzähltes Beispiel: Radio TV srf, Nachtwach, 15./16.5.2012, zweitletzte Anruferin.
[14] Weiss 2000, S. 96-98 (Erfahrung von Brian Weiss' Frau nach dem Tod ihres Vaters).
[15] Beispiel: Voggenhuber 2011/2012, S. 106. In diesem Fall bestätigte später die Seele des Verstorbenen über das Medium Pascal Voggenhuber, dass sie für den Anruf verantwortlich sei.
[16] Srf Nachtwach, 29./30.5. 2018, zweite Anruferin.
[17] Beispiele siehe Kapitel 3.
[18] Smith 2006, S. 114.
[19] Beispiel: Heathcote-James 2008, S. 63.

Medien, über welche die Seelen der Toten Botschaften an ihre Hinterbliebenen senden können

Pascal Voggenhuber ist eines von vielen Medien, über welche die Seelen der Verstorbenen Botschaften an die Hinterbliebenen vermitteln können. Die so vermittelten Informationen sind unterschiedlich genau, je nach Medium. Manche Medien liefern etwas verschwommene Informationen, ein paar wenige jedoch genaue bis sehr genaue. Zu letzteren gehören Voggenhuber, das heute bekannteste schweizerische Medium, oder James van Praagh, das gegenwärtig wohl bekannteste amerikanische Medium, oder das schottische Medium Gordon Smith oder andere.

Oft wird behauptet, diese Informationen kämen durch Übung in „cold reading" zustande. Damit ist gemeint, dass die Medien sie aus Gesprächen mit ihren Klienten oder aus deren Gesicht entnehmen. Doch Gespräche zwischen Klient und Medium gibt es bei kompetenten Medien vor der Sitzung nicht und während der Sitzung kaum (allerdings fragen einige Medien während der Sitzung, ob das, was sie gerade sagten, stimmen könnte; das kann dann manchmal zu längeren Antworten führen). Aus den Gesichtern anderer Menschen können geübte Leute zwar einiges erkennen, zum Beispiel die Persönlichkeitszüge oder wie es jemandem geht. Doch was sehr fähige Medien ihren Klienten sagen, geht weit darüber hinaus:

- Zum Beispiel, weswegen ein Angehöriger gestorben ist. Das kann man nicht aus dem Gesicht eines Hinterbliebenen lesen. Es kann auch sein, dass Medien den Namen eines Verstorbenen sagen, den ihnen vorher niemand mitteilte[20], oder dem Klienten andere Dinge über die verstorbene Person sagen, die sie nicht haben wissen können.[21] So gibt es Berichte von vorher skeptischen Hinterbliebenen, die nachher überzeugt sind, dass die Seele des Verstorbenen mit ihnen kommunizierte, weil so viele Dinge einfach stimmten.[22]

- Es gibt auch Medien, welche an grösseren Versammlungen auftreten, auch vor laufender Kamera, zum Beispiel die oben genannten van Praagh, Smith und Voggenhuber. Das Medium erhält dann Botschaften eines Verstorbenen, der sich gerade meldet, weiss aber nicht, wer im Publikum die zugehörigen Hinterbliebenen sind. Es sagt dann die Botschaften ins Publikum; wer dadurch einen verstorbenen Angehörigen erkennt, meldet sich. In allen diesen Fällen war zuerst die Botschaft des Verstorbenen, erst nachher kommt es zum Kontakt zwischen dem Medium und dem Hinterbliebenen. Bei einer Versammlung von mehreren hundert Leuten müssen die empfangenen Botschaften ziemlich genau sein, damit klar wird, wer angesprochen wird.[23]

---

[20] Ein Beispiel ist eine Sitzung mit dem Medium Rita Pahl in der Phoenix-Dokumentation "Mythos Zwischenwelten" (2013). Moderation Klaus Weber. (https://www.youtube.com/watch?v=gEgN2KuZyLQ, zuletzt abgerufen 21.1.2018). James van Praagh liefert in seinem Buch (van Praagh 1999) sehr viele Beispiele von Sitzungen, in denen er Namen von Verstorbenen nennt, die er nicht wissen konnte. Beispiele von Pascal Voggenhuber: Voggenhuber 2018, S. 70 und 86.

[21] So in der Dokumentation „Reporter" des Schweizer Fernsehens srf vom 15.10.2008, wo die Klienten nach einer Sitzung mit Voggenhuber sagen, dass dieser ihnen Dinge über ihre verstorbene Tochter sagte, die er nicht habe wissen können (https://www.youtube.com/watch?v=nQCdwn2t46o, zuletzt abgerufen am 24.1.2018).

[22] Siehe dazu zum Beispiel die von Hinterbliebenen selber geschriebenen Rückmeldungen über die Sitzung mit Voggenhuber (Voggenhuber 2011/2012, S. 143-147 und S. 157-160; Voggenhuber 2018, S. 40-43, 69-74 und 87-92) oder mit Gordon Smith (Smith 2003, S. 103-115).

[23] In Smith 2006 findet sich hinten im Buchdeckel eine DVD mit einer Aufnahme eines solchen Auftrittes von Gordon Smith. Ausschnitte solcher Auftritte von Pascal Voggenhuber finden sich auf Youtube, zum Beispiel in einem Video von einem Engelskongress in Hamburg vom August 2012: https://www.youtube.com/watch?v=CWTpNCjdWQc (abgerufen am 21.1.2018). Weitere Beschreibungen solcher Auftritte: Weiss 2000, S. 199-204 (das brasilianische Medium Celia) und S. 209-213 (James van Praagh).

- Es sind viele Fälle bezeugt, in denen fähige Medien von Verstorbenen Dinge erfuhren, welche *den Klienten selber* vorher nicht bekannt waren, sich aber bei der nachfolgenden Überprüfung als richtig herausstellten:

  So teilte zum Beispiel das Zürcher Medium Claudia Zeier Kopp mit, eine abwesende Drittperson sei krank, obwohl diese selber bisher davon nichts erzählt hatte.[24] Gordon Smith übermittelte die Nachricht, eine abwesende Bekannte sei schwanger, obwohl diese selber davon noch nichts gesagt hatte.[25] Oder er teilte mit, wo ein Foto war, das der verstorbene Vater aufbewahrt hatte und von dem die hinterbliebene Tochter (die Klientin Smiths) nichts wusste.[26] Oder er sagte, wo die Leiche war, als jemand verunfallt war und man ihn nicht finden konnte.[27] Oder Anderes.[28]

- Auch ist es in sehr seltenen Fällen schon vorgekommen, dass die Verstorbenen via ein Medium den Hinterbliebenen Hinweise zu zukünftigen Dingen gaben, die später im Leben der Hinterbliebenen eintrafen.[29]

- Eindrücklich sind auch die (wenigen) Fälle, in denen dank der Hilfe eines Mediums ein Tötungsdelikt aufgeklärt werden konnte oder überhaupt erst ans Tageslicht kam. Die Nennung des Namens eines Täters durch ein Medium ist allerdings kein gerichtsfester Beweis. Aber manchmal führen die Hinweise eines Mediums doch zur Aufklärung. James van Praagh berichtet einen solchen Fall: Bei einem kurz zuvor verstorbenen jungen Mann gingen die Eltern und die Polizei von einer Selbsttötung aus. Als die Eltern bei van Praagh waren, teilte die Seele des Verstorbenen jedoch mit, er sei umgebracht worden, und lieferte nicht nur den Namen des Täters, sondern auch detaillierte Hinweise zum Tathergang und zur Vorgeschichte. Das ermöglichte es der Polizei, eine Untersuchung zu eröffnen. Der über das Medium mitgeteilte Tatbeweis (eine Golduhr, die dem Opfer gehört hatte) wurde beim Täter gefunden, er gestand die Tat und wurde verurteilt.[30] In diesem Fall hatte van Praagh Dinge mitgeteilt, die niemand ausser dem Getöteten und dem Täter wissen konnte.

  Auch Pascal Voggenhuber arbeitet manchmal bei besonders schwer aufzuklärenden Tötungsdelikten auf Ersuchen der Polizei mit dieser zusammen und lässt sich das auch schriftlich bestätigen, damit man nicht sagen kann, es stimme nicht.[31] Er beschreibt allerdings keinen Fall, der dank seiner Hilfe schon aufgeklärt worden ist, nur zwei Fälle, in denen er den Täter nannte, aber ohne Beweise. In einem der beiden Fälle konnte der von ihm genannte Täter später aus anderen Gründen überführt werden.[32]

- Voggenhuber stellte in einigen Fällen beim Kontakt mit der Seele des Verstorbenen fest, dass die von der Polizei behauptete Selbsttötung in Wirklichkeit ein Unfall war. Er nennt drei Beispiele, mit genauer Beschreibung des Unfallhergangs. Da dieser jeweils auch besser zu den gefundenen

---

[24] Zeier Kopp 2004, S. 187.

[25] Smith 2006, S. S. 114.

[26] Ebenda, S. 217/218.

[27] Ebenda, S. 133.

[28] Weitere Beispiele: van Praagh 1999, S. 119/120, 121/122, 124/125; Voggenhuber 2011/2012, S. 83-85, 97 und 100/101.

[29] Beispiele: van Praagh 1999, S. 215/217; Voggenhuber 2011/2012, S. 96/97.

[30] Van Praagh 1999, S. 88-93.

[31] Voggenhuber 2011/2012, S. 172.

[32] Ebenda, S. 171/172. Der andere Fall: ebenda, S. 174-185.

Indizien passte als die Selbsttötungs-These, änderte nachher die Polizei ihren Befund.[33] In diesen Fällen konnte Voggenhuber die Informationen nur vom Verstorbenen haben, da es Selbstunfälle waren, niemand sonst war dabei.

- Es gibt auch Medien, welche die Botschaften im Trance-Zustand vermitteln. Trance ist ein dritter Zustand zwischen Wachsein und Schlafen, bei dem man wach ist, aber mit ausgeschaltetem Willen. Das Bewusstsein ist weitgehend oder vollständig ausgeschaltet, je nach dem, wie tief man in Trance ist. Wenn es nicht vollständig ausgeschaltet ist, hat man noch Gedanken, lässt sie aber nur vorbeiziehen, ohne sie zu steuern. Wenn das Bewusstsein vollständig ausgeschaltet ist, erinnert man sich nicht an das, was man im Trance-Zustand sagte.
  Gordon Smith arbeitet manchmal im Trance-Zustand. Dann sprechen die Seelen der Verstorbenen selber mit Hilfe der Stimm-Werkzeuge von Smiths Körper (Mund, Stimmbänder und Kehlkopf). Bei Smiths Sitzungen im Ausland kann es dann sein, dass „Smith" in einer Fremdsprache spricht, die er im Wachzustand nicht kann, oder wenigstens einzelne Namen in jener Sprache korrekt ausspricht (Er beherrscht keine Fremdsprachen). Er spricht die Fremdsprache dann eben nicht selber, in Wirklichkeit spricht die Seele des/der Verstorbenen. Diese „Xenoglossie" („Reden in einer fremden Sprache") wird auch von den jeweiligen Klienten bezeugt.[34]

Das alles zeigt: Es sind wirklich die Seelen von Verstorbenen, die sich über solche Medien melden.

Doch wie funktioniert die Kommunikation zwischen Verstorbenen und Medien?

Um dies zu verstehen, muss man wissen: Alles ist Schwingung. Jedes Bild, jeder Gedanke, jedes Gefühl sendet seine Schwingung aus. Doch in der spirituellen Welt schwingt alles viel schneller als in unserer materiellen Welt. Die meisten Menschen können jene schnelleren Schwingungen nicht aufnehmen. Nur einige Menschen können sich darauf einstellen und sie dann aufnehmen. Wobei es offenbar leichter wird, wenn man es einmal geschafft hat. Es scheint wie ein Schalter zu sein, den man, wenn man ihn einmal gefunden hat, nachher leichter betätigen kann.

Anatomisch ist es die Hypophyse (Hirnanhangsdrüse), über welche einige Menschen jene schnelleren Schwingungen aufnehmen können. Sie liegt im Gehirn hinter der Mitte zwischen den beiden Augen, aber etwas höher, und wird auch als „das dritte Auge" bezeichnet. Bei Hindus weist manchmal ein roter Punkt an der Stirne auf jene Stelle.

Wenn sich Menschen/Medien auf jene Schwingungsebene eingestellt haben, können die Verstorbenen ihnen Mitteilungen schicken, mangels Körper aber nicht verbal (ausser wenn das Medium im Trance-Zustand ist). Darum schicken sie sie im Normalfall mit Hilfe von Bildern, auch über symbolisch gemeinte, und über Gedanken und Gefühle. Das Medium muss sie dann in Worte umsetzen. Das ist nicht immer einfach und muss gelernt und geübt werden. Ein paar Beispiele dazu: Pascal Voggenhuber sieht zwei Rosen und versteht richtig, dass es um jemanden namens „Rosa" oder „Rosemarie" geht.[35] Oder er sieht einen Blumenstrauss und deutet ihn richtig als Glückwunsch zum

---

[33] Voggenhuber 2011/2012, S. 90-92 und 131-136.
[34] Beispiele: Smith 2003, S. 172 und 252/253.
[35] Dies ist aus einem Ausschnitt aus einem Engelskongress in Hamburg vom August 2012: https://www.youtube.com/watch?v=CWTpNCjdWQc (abgerufen am 21.1.2018).

Geburtstag.[36] Oder er erhält das Gefühl, als ob ihm jemand mit dem Finger auf die Brust drücken würde, womit der Verstorbene mitteilen will, dass er an einem Herzinfarkt starb.[37]

Wenn solche Symbole oder Gefühle nicht (ganz) richtig verstanden werden, wird als Folge die Botschaft nicht (ganz) richtig übersetzt. Das kann auch einem fortgeschrittenen Medium passieren. Fehlerhafte Mitteilungen von Medien können aber auch andere Ursachen haben:

- Das Medium muss unterscheiden können zwischen dem, was aus dem eigenen Inneren kommt, und dem, was die Seelen Hinübergegangener mitteilen. Smith und Voggenhuber schreiben, sie hätten dies zuerst lernen müssen.[38] Weniger weit fortgeschrittene Medien könnten dabei Fehler machen.
- Die Ursache kann auch beim Verstorbenen liegen: van Pragh und Voggenhuber weisen darauf hin, dass es nicht allen Verstorbenen gleich leicht fällt, ihre Botschaften in einer klaren Form zu vermitteln.[39] Und Smith schreibt, die Seelen der Verstorbenen seien, wie die Menschen auf Erden, nicht unfehlbar und irrten sich hin und wieder auch.[40]

Auch wenn man ein erfahrenes Medium aufsucht, kann es eine Enttäuschung geben. Denn es kommt nicht immer zum gewünschten Kontakt. Es ist auch möglich, dass sich kein Verstorbener oder ein anderer als der erhoffte meldet. Das kann verschiedene Gründe haben:

- Der Verstorbene ist vielleicht nicht bereit dafür oder will nicht.
- Oder es ist womöglich nicht das richtige Medium für ihn oder für den Klienten/die Klientin, dann kann es bei einem anderen klappen.
- Auch Medien-Arbeit ist Arbeit. Man muss dazu den Kopf von anderen Gedanken leeren, um ganz offen zu sein. Der Empfang der Botschaften erfordert dann eine Konzentration, die anstrengend sein kann und auch einem fähigen Medium nicht immer gleich gut gelingt, denn auch ein Medium ist ein Mensch, dem es nicht immer gleich gut geht und der ermüden kann.
- Zeier Kopp schreibt, sie könne nicht arbeiten, wenn ein Klient, zum Beispiel ein Journalist, zu ihr komme, der es nur darauf abgesehen habe, zu beweisen, dass sie nichts kann.[41] Das verunsichere sie zu sehr. Andere Medien stört die Umgebung offenbar nicht und sie können sogar, wie oben erwähnt, vor grösserem und sogar Fernseh-Publikum arbeiten.

Zum *Inhalt* der Botschaften von Verstorbenen:

Auch bei Vermittlung durch erfahrene und kompetente Medien sind keine komplizierteren Diskussionen möglich (Rückfragen schon). Die Verstorbenen möchten das für sie Allerwichtigste mitteilen. Der Kern ihrer Botschaften ist meistens sehr einfach: „Macht euch keine Sorgen, ich bin immer noch da, und mir geht es gut. Lebt euer Leben weiter und verliert euch nicht im Gram über mich, wir werden einander einst wieder begegnen!"[42] Dazu geben sie vielleicht noch einen Rat, eine Aufmunterung, eine Erklärung. Oft teilen sie auch mit, dass sie jemanden lieben, oder dass ihnen

---

[36] Voggenhuber 2011/2012, S. 82.
[37] Ebenda, S. 90.
[38] Smith 2006, S. 89; Voggenhuber 2011/2012, S. 37.
[39] Van Praagh 1999, S. 130. Voggenhuber 2018, S. 84 („Sie (d.h. die Verstorbene, UL) war aber eine extrem gute Kommunikatorin").
[40] Smith 2003, S. 206/207.
[41] Zeier Kopp 2004, S. 193.
[42] Smith 2006, S. 81. Beispiel: ebenda, S. 101.

etwas leid tut, was sie im Leben getan haben, und bitten um Verzeihung. Man erhält auch den Eindruck, dass sie oft sehr froh sind, dass Hinterbliebene ein Medium aufgesucht haben, und sie so eine Gelegenheit erhalten, noch etwas mitzuteilen.

Ausserdem merkt man aus ihren Mitteilungen, dass jene Verstorbenen, die uns zu Lebzeiten sehr nahestanden, oft unsichtbar in unserer Nähe sind und an unserem Leben weiter Anteil nehmen. Sie sind auch meist an ihrer eigenen Abdankungsfeier dabei und freuen sich über die Beachtung und netten Worte.[43] Sie bekommen das alles mit, weil sie die Schwingungen, welche die Menschen von der materiellen Welt aus mit all ihrem Tun, Reden und Denken aussenden, aufnehmen können, obwohl die Aufnahme der Schwingungen in umgekehrter Richtung nur in Ausnahmefällen möglich ist. Die Menschen können daher die Verstorbenen in der Regel nicht sehen und hören, aber umgekehrt ist die Wahrnehmung immer möglich. Die Verstorbenen bekommen so alles mit, was man über sie sagt und denkt, oder auch, was man zum Beispiel mit den ihnen einst gehörenden Dingen tut. Zwar können sie dazu selber nichts mehr sagen und meist auch nicht mehr eingreifen, aber, je nach dem, freuen sie sich darüber. Sie beobachten uns jedoch nicht pausenlos und sind nicht *immer* in unserer Nähe. Sie haben in der spirituellen Welt bald auch Anderes zu tun, zum Beispiel sich mit ihrem vergangenen Leben auseinanderzusetzen. Nur: Im Grab sind sie nicht, denn dort sind nur die Überreste des Körpers (Gebeine oder Asche), aus dem sich die Seele beim Tod gelöst hat.

Noch ein Hinweis für Ratsuchende, die sich an ein Medium wenden möchten: Es gibt fortgeschrittene Medien neben Anfängern. Man braucht für die Medien-Arbeit ein angeborenes Talent, aber dieses muss, wie jedes Talent, ausgebaut und geübt werden. In Grossbritannien gibt es dazu das 1964 gegründete Arthur Findlay College in Stansted, Essex. Erfahrene Medien bilden auch in privaten Kursen aus. Aber eine staatlich anerkannte Ausbildung mit einer geschützten Berufsbezeichnung „Medium" gibt es nicht. Das heisst: Jeder und jede kann sich so nennen. Bevor man sich einem Medium anvertraut, sollte man sich daher informieren, ob es eine seriöse Person ist, die über gute mediale Fähigkeiten verfügt und für welche die Hilfe für den Klienten im Vordergrund steht.

Das Sehen von Verstorbenen

Es gibt auch ein paar wenige Menschen, die zu bestimmten Zeiten oder während ihres ganzen Lebens mit ihrem „dritten Auge" Verstorbene sehen, allerdings nicht blutverschmiert und gespensterhaft, wie im Film „The Sixth Sense", sondern wie völlig normale lebende Menschen. Meist sind solche Sehende Menschen, die auch andere aussergewöhnliche Fähigkeiten haben. Pascal Voggenhuber schreibt, dass er zeitweise auf der Strasse Menschen grüsste und seine Kollegen ihn nachher fragten: „Wen hast du da gegrüsst? Da war niemand."[44] Das isländische Medium Erla Stefánsdóttir schreibt, sie habe aufgehört, Anhalter im Auto mitzunehmen, weil zuviele einstiegen und dann einfach verschwanden, wie es nur Verstorbene können.[45] Margot Ruis, welche die in Kapitel 8 beschriebenen Naturwesen sieht, sah auf Hawaii auch Verstorbene, weil diese dort offenbar den Menschen besonders nah sind.[46]

---

[43] Voggenhuber 2011/2012, S. 216; Smith 2006, S. 237 und 242/243.
[44] Voggenhuber 2018, S. 39.
[45] Stefánsdóttir 2007, S. 23. Andere Beispiele von Begegnungen mit Verstorbenen aus ihrem Leben: ebenda, S. 22, 24, 35.
[46] Ruis 2011, S. 90 und 92.

Noch ein Beispiel mit Beweisen, dass die gesehene Gestalt tatsächlich eine Verstorbene war: Voggenhuber wurde einmal zu einem 2jährigen Mädchen gerufen, das behauptete, jeweils mit einem blonden Mädchen zu spielen. Dieses konnte aber sonst niemand sehen. Ausser Voggenhuber, dem das fremde Mädchen mitteilte, es stamme von einem benachbarten Bauernhof. Erst dank der nachfolgenden Erkundigung erfuhr die Familie, dass dort Jahre zuvor tatsächlich ein blondes Mädchen gestorben war.[47]

Nahtoderlebnisse

Dass die Seele den Tod des Körpers überdauert, bestätigen auch die Berichte über Nahtoderlebnisse. Dies sind Erlebnisse von Menschen, die dem Tod nahe waren, zum Beispiel während einer Operation, einer Geburt oder nach einem Unfall, und danach von einer Welt berichten, in welcher sie ohne Körper nur mit der Seele waren, mit grossenteils übereinstimmenden Merkmalen. Eine genauere Zusammenfassung dessen, was sie dabei erlebten, folgt in Kapitel 3.

Es gibt Leute, welche dies als Halluzination eines womöglich an Sauerstoffentzug leidenden Gehirns angesichts der Gefahr des Todes erklären. Das befriedigt aus mehreren Gründen nicht:

- Nahtoderlebnisse gab und gibt es mit ähnlichen Hauptmerkmalen bei Menschen aller Religionen und Kulturen[48], aller Zeiten[49] und aller Alter, auch bei kleinen Kindern[50]. Auch Atheisten, die vorher nicht an ein Leben nach dem Tod glaubten, haben dieselben Erlebnisse[51]. Das kann man schwer mit Vorstellungen erklären, die aus dem Gehirn kommen.

- Es gibt Nahtoderfahrungen auch, wenn keine Hirnfunktionen mehr nachweisbar sind:
  o Ein sehr bekannt gewordenes und umfangreiches Nahtoderlebnis hatte eine Patientin während einer schwierigen Hirnoperation, für welche die Ärzte den Blutfluss im Gehirn unterbrochen hatten. Hirnfunktionen waren nicht mehr nachweisbar.[52]
  o Es gibt Patienten, die Nahtoderfahrungen im Zustand des Komas machten, während dem sie von den Ärzten bereits für hirntot erklärt worden waren. Nachher erwachten sie aber wieder und gewannen alle Hirnfunktionen zurück.[53]
  In diesen Fällen könnte man allenfalls einwenden, dies zeige nur, dass die Ärzte den Hirntod nicht wirklich feststellen können. Die Gehirne seien nicht wirklich tot gewesen.

- Wer von Geburt an farbenblind ist und nie farbig träumte, sieht in Nahtoderlebnissen farbig[54]; wer von Geburt an blind ist und nie gegenständlich träumte, sieht in Nahtoderlebnissen Gegenstände und Farben[55]; und die Sicht kann sich zu einer 360°-Rundumsicht erweitern[56], wie

---

[47] Voggenhuber 2011/2012, S. 204-206.
[48] Moody 1988/1989, S. 174.
[49] Einige Beispiele aus früheren Zeiten: van Lommel 2010, S. 81-103.
[50] Beispiele: Moody 1988/1989, S. 57-77; Ring 1998/2006, S. 97-122.
[51] Moody 1988/1989, S. 87.
[52] Van Lommel 2010, S. 169-176.
[53] Beispiel: ebenda, S. 23.
[54] Beispiele: ebenda.
[55] Ebenda, S. 19 und 24/25; Ring 1998/2006, S. 73-96.
[56] Van Lommel 2010, S. 19.

sie auch von Menschen während Rückführungen ins Bardo berichtet wird[57]. Das alles kann man mit Gehirnaktivitäten nicht erklären.

- Nahtoderlebnisse beginnen damit, dass sich die Betroffenen aus dem Körper heben, über ihm schweben und auf die darunter stattfindenden Geschehnisse herabblicken. Die Betroffenen nehmen dann wahr, was gesprochen und getan wird, ohne dass sie selber etwas sagen oder eingreifen können. So gibt es Menschen, die während einer Operation, als sie unter Narkose standen, oder im Zustand des Komas ein Nahtoderlebnis hatten und nachher sagen können, was die Ärzte oder andere Menschen sprachen und taten.

  Dazu drei besonders eindrückliche von sehr vielen Beispielen:[58]
  o Ein Patient, der während einer Operation fast starb, konnte nachher die Notfallschwester, die er vorher nie gesehen hatte, genau beschreiben und ihren Namen nennen, weil er während des Nahtoderlebnisses ihr Namensschild gelesen hatte.[59]
  o Eine blinde Patientin konnte nach einem Herzstillstand und einer Wiederbelebung im Spital detailliert beschreiben, was alles im Operationsraum geschehen war, zum Beispiel, dass dem Arzt ein Kugelschreiber aus der Tasche gefallen war.[60]
  o Ein Patient konnte nach der Operation sagen, was die Ärzte während der Operation ins Patientendossier geschrieben hatten, welches vom Operationstisch aus nicht einsehbar war.[61]

  Andere Patienten waren ohne ihren Körper in Nebenzimmern und konnten nachher sagen, was Menschen dort gesagt oder getan hatten oder was sie dort gesehen hatten.[62]

  Auch das alles kann man mit Gehirnaktivitäten nicht erklären, wohl aber mit den Beobachtungen der Seele, welche den Körper zeitweise verlassen hat und durch Materielles hindurchgehen kann. (Nebenbei: Patienten hörten auf diese Weise auch schon Dinge, die ihnen Angst machten, wenn zum Beispiel eine Operation schwierig wurde. Darum sollten Ärzte und Operationsschwestern darauf achten, was sie während einer Operation zueinander sagen.)

- Es ist auch schon vorgekommen, dass jemand während eines Nahtoderlebnisses einzelne Dinge aus der eigenen Zukunft auf Erden sah, die nachher alle eintrafen.[63] Das kann man mit Gehirnaktivitäten ebenfalls nicht erklären, wohl aber mit den Fähigkeiten der Seele, die aus der spirituellen Welt stammt, denn dort gibt es die Zeit nicht, weswegen Blicke in die Zukunft möglich sind.

- Es gibt auch Menschen, welche ähnliche Erlebnisse wie Nahtoderlebnisse haben, ohne dass sie dem Tod nahe sind, also nicht während einer Operation oder im komatösen Zustand, sondern

---

[57] Whitton 1986, S. 160.
[58] Ein weiteres Beispiel: Radio TV srf, Nachtwach, 5./6. 2013, zweiter Anrufer, der auch von einer Nahtoderfahrung seines Sohnes erzählt, der nachher alles berichten konnte, was der Arzt gesprochen hatte. Weitere Beispiele: van Lommel 2010, S. 21, 22 und 24; Ring 1998/2006, S. 68/69.
[59] Moody 1988/1989, S. 170/171.
[60] Weiss 2000, S. 169/170.
[61] Ebenda, S. 170.
[62] Beispiele: Moody 1988/1989, S. 18-20; Ring 1998/2006, S. 66.
[63] Beispiele: Van Lommel 2010, S. 38; Moody 1988/1989, S. 28-32; Weiss 1988, S. 70/71; Ring 1998/2006, S. 151.

einfach so, zum Beispiel während des Einschlafens oder Erwachens. Wahrscheinlich kann es auch im Schlaf während eines besonders klaren Traumes geschehen.[64] Sauerstoffmangel im Gehirn oder Angst vor dem Tod liegen dann nicht vor.

Nahtoderfahrungen können aufgrund all dieser Beobachtungen medizinisch nicht erklärt werden. Es sind jedenfalls mehr als Gehirnaktivitäten. Die wahrscheinlichste Erklärung: Es sind Erfahrungen der Seele, welche den Körper während einer grossen Krise verlässt, aber wieder zurückkehrt, weil der Körper dann doch nicht stirbt.

Man mag sich allerdings fragen, ob die Seelen nach dem *tatsächlichen* Tod des Körpers dasselbe erleben werden? Wird es nach dem Tod des Körpers wirklich so weitergehen? Auch dafür gibt es Hinweise:

- Während eines Nahtoderlebnisses begegnet man oft verstorbenen Familienmitgliedern und Freunden, die dann einen nichtstofflichen Körper haben. Darunter können auch Menschen sein, welche die Betroffenen nie kannten, weil sie vor ihrer Geburt gestorben waren, zum Beispiel der Grossvater oder ein vor der eigenen Geburt verstorbenes Geschwister.[65] Am eindrücklichsten wird es, wenn jemand gar nicht wusste, dass es jenen Menschen gegeben hatte. So berichtete jemand, während des Nahtoderlebnisses auch einem unbekannten, liebevoll blickenden Mann begegnet zu sein. Erst danach enthüllte die Mutter dem Nahtoderfahrenden, dass er das Ergebnis einer ausserehelichen Affäre mit einem im Zweiten Weltkrieg verstorbenen Mann sei, und zeigte ein Foto von ihm. Es war genau jener unbekannte Mann aus dem Nahtoderlebnis.[66]
  Eindrücklich ist es auch, wenn jemand während eines Nahtoderlebnisses Menschen begegnet, die er zwar kennt, aber von denen er/sie noch nicht wusste, dass sie gestorben waren. Zum Beispiel berichtete jemand, der drei Wochen lang im Koma lag und in jener Zeit eine Nahtoderfahrung hatte, dass unter den Menschen, die er dabei traf, auch der Vater eines Familienfreundes gewesen sei. Erst nachdem der Patient wieder aufgewacht war, erfuhr er, dass jener Mann gestorben war, während er im Koma lag.[67]
  In einem anderen Fall fiel ein Patient während eines längeren Krankenhaus-Aufenthaltes ins Koma und hatte dabei ein Nahtoderlebnis, in welchem er einer Krankenschwester begegnete, mit der er zuvor Freundschaft geschlossen hatte. Sie teilte ihm mit, sie sei verunfallt, aber er müsse zurückgehen, und sie gab ihm noch eine Botschaft an ihre Eltern mit. Nachdem er aus dem Koma erwacht war, erfuhr er, dass die Krankenschwester tatsächlich tödlich verunfallt war, während er im Koma lag.[68]
  Solche Berichte kann man nur so deuten, dass man auch nach dem tatsächlichen Tod in jene Welt gelangt, in welche man während einer Nahtoderfahrung einen Einblick erhält, und dass die Menschen mit nichtstofflichem Körper, denen man dort begegnet, die Seelen jener Verstorbener sind, die einem zu Lebzeiten nahestanden.

- Aufschlussreich ist auch der folgende Fall, der berichtet wird von Raymond Moody (1944-), dem US-Psychiater, der als erster (seit den 1960er Jahren) Nahtoderlebnisse systematisch erforschte

---

[64] Beispiele: Heathcote-James 2008, S. 157-165.
[65] Beispiele: van Lommel 2010, S. 33; Moody 1988/1989, S. 161; Heathcote-James 2008, S. 156.
[66] Van Lommel 2010, S. 32/33.
[67] Ebenda, S. 33.
[68] Ring 1998/2006, S. 64.

und dokumentierte[69]: Zwei Kinder, ein Bruder und eine Schwester, lagen gleichzeitig aus unterschiedlichen Gründen in kritischem Zustand in unterschiedlichen Abteilungen im gleichen Spital. Der Bruder berichtete nachher, dass er den Körper verlassen habe und dann seiner Schwester begegnet sei und mit ihr via Gedanken-Lesen kommuniziert habe. Er erzählte, sie sei schliesslich weiter gegangen durch einen Tunnel und habe ihm mitgeteilt, seine Zeit sei noch nicht gekommen, er dürfe nicht mitkommen. Dem Arzt sagte er, seine Schwester sei gestorben. Der Arzt wusste das noch nicht und glaubte es nicht, liess es aber überprüfen. Es stellte sich als wahr heraus.

Moody überprüfte diesen Bericht durch Rücksprache mit dem betreffenden Arzt, der ihn bestätigte. Man kann ihn nur so verstehen, dass nach dem tatsächlichen Tod des Körpers dasselbe geschieht wie während eines Nahtoderlebnisses, aber ohne Rückkehr in den Körper.

Wenn Nahtoderfahrungen also das zeigen, was auch nach dem tatsächlichen Tod geschehen wird, könnte man sie auch als *„nachtodähnliche* Erfahrungen der Seele" bezeichnen.

Allerdings haben nicht alle Menschen Nahtoderlebnisse, wenn sie dem Tod nahe sind. Das könnte zur Ansicht führen, dass nicht alle Seelen über den Tod des Körpers hinaus weiter leben. Es könnte aber genauso gut eine andere Erklärung haben: Nicht bei allen Menschen verlässt die Seele in jeder lebensbedrohlichen Situation den Körper. Die Tatsache, dass nicht alle Menschen in lebensbedrohlichen Situationen Nahtoderlebnisse haben, scheint daher eher zu zeigen, dass die Seele auch beim tatsächlichen Tod nicht bei allen Menschen gleich leicht und gleich früh den Körper verlässt: Bei einigen Menschen verlässt sie ihn kurz vor, bei anderen erst mit dem Tod des Körpers.

Ausserkörperliche Erfahrungen („Out-of Body-Experiences" OBE) und Astralreisen (Seelenreisen)

Wie oben erwähnt, berichten einige Menschen, dass ihre Seele den Körper auch schon ohne lebensbedrohliche Situation vorübergehend verlassen hat. In solchen „Out-of Body-Experiences" (OBE) oder „ausserkörperlichen Erfahrungen" verlässt die Seele den Körper einfach für einige Zeit, wie wenn man schwimmen geht und die Kleider zurücklässt. Wie Nahtoderlebnisse, können auch OBEs unterschiedlich weit gehen.

Der in der Literaturliste erwähnte Robert Monroe (1915-95) machte spontan solche Erfahrungen, lernte dann, sie bewusst herbeizuführen, und gründete 1971 das noch heute existierende Monroe-Institut im US-Bundesstaat Virginia, in dem die Kursteilnehmenden angeleitet werden, wie sie bei sich selber OBEs herbeiführen können.[70]

Mit der Zeit gelangte Monroe auf seinen längeren OBEs tief in die spirituelle Welt, so wie es auch von einigen Nahtoderfahrenden berichtet wird. Die OBEs wurden so zu eigentlichen Seelenreisen oder „Astralreisen". Monroe berichtet von Seelenreisen, während derer er Menschen begegnete, von denen er erst nachher erfuhr oder feststellte, dass sie gestorben waren.[71] Dabei teilten sie ihm nonverbal Dinge mit, die er nicht wusste, die sich bei der nachfolgenden Überprüfung aber als wahr

---

[69] Moody 1988/1989, S. 173.

[70] Eine Anleitung dazu findet sich in Monroes erstem Buch: Monroe 1971/2001, S. 203-227. In seinem zweiten Buch beantwortet er Fragen dazu: Monroe 1985/2001, S. 165-170. Eine Anleitung eines anderen Astralreisenden: Buhlman 1996, S. 143-270.

[71] Monroe 1971/2001, S. 79/80 und 109-111.

herausstellten.[72] Das zeigt, dass er sich nicht auf einer Fantasie-Reise, sondern auf jener Seite unserer Wirklichkeit befand, in die wir nach dem Tod des Körpers alle gelangen werden.

Doch Monroe war nur der erste der modernen Zeit, der solche Erfahrungen in Büchern beschrieb. Denn Astralreisende gab es immer schon. Sie werden auch von Schamanen von Stammesvölkern wie den Inuit oder den australischen Aborigines berichtet. Und das „Tibetische Totenbuch"[73] entstand im 14. Jh. aus der Verbindung der buddhistischen Lehre mit seit Jahrhunderten überlieferten Berichten von Astralreisen.[74] Dem Buddhismus fällt eine solche Verbindung leicht, da er inhaltlich dem, was von Astralreisenden und Menschen mit Nahtoderlebnissen über die spirituelle Welt berichtet wird, nahe steht.

Nahtoderlebnisse und OBEs/Astralreisen als Quellen für die Reinkarnation

Nahtoderlebnisse und OBEs/Astralreisen zeigen, dass es eine andere Seite unserer Wirklichkeit gibt, in welche die Seele nach dem Tod des Körpers gelangen wird. Nur ganz wenige Nahtoderlebnisse und Astralreisen enthalten darüber hinaus auch Hinweise, dass die Seele bereits früher in einem *anderen* Körper war, dass es also die Reinkarnation gibt:

- Während vielen Nahtoderfahrungen erlebt man einen filmartigen Rückblick auf das eigene Leben. Dabei ist es in einzelnen Fällen schon vorgekommen, dass auch Ausschnitte aus früheren Leben eingeflochten waren[75].

- Robert Monroe sah während einiger seiner Astralreisen auch in seine früheren Leben. Darunter war eines, zu dem er später einen Beweis der Richtigkeit der Angaben erhielt: Er hatte auf einer seiner Astralreisen erfahren, dass er in einem früheren Leben Baumeister für Kathedralen und Burgen in England und Frankreich war und hingerichtet wurde, weil er sich für den Schutz der Arbeiter einsetzte, die während des Baus von herunterfallenden Steinen getötet wurden. Er fragte in der spirituellen Welt, wie er damals geheissen habe, und erhielt zur Antwort: „You were you". Er verstand diese Mitteilung erst später, als ihm jemand ein Bild des „Munro Castle" in Schottland schickte, das denselben achteckigen Turm wie sein von ihm errichtetes Monroe-Institut hat. Bauherren des Munro Castle waren, wie er hierauf erfuhr, Donald Munro und sein Sohn Robert.[76]

Im Folgenden geht es um weitere, nicht aus Nahtoderlebnissen oder Astralreisen stammende Hinweise zur Reinkarnation.

Erinnerungen von Kleinkindern an ihr früheres Leben

Die eindrücklichsten Hinweise sind die Erinnerungen einiger Kleinkinder an ihr vorangegangenes Leben. Menschen, die als Kinder solche Erinnerungen hatten, beschreiben sie später als „Flashbacks" oder „Visionen".[77] Es sind also bildhafte Erinnerungen. Darunter sind aber auch ein paar Fälle, wo

---

[72] Monroe 1971/2001, S. 110/111.
[73] Die Bezeichnung „Tibetisches Totenbuch" entstand im Westen in Anlehnung an das Ägyptische Totenbuch. Es ist ein Buch über die Erfahrungen im Bardo und die Befreiung aus der Kette der Inkarnationen.
[74] Van Lommel 2010, S. 89.
[75] Ein Beispiel: ebenda, S. 36/37.
[76] Monroe 1994, S. 152-155, mit Fotos der erwähnten Türme. Die übrigen Blicke in seine früheren Leben finden sich im gleichen Buch.
[77] Beispiele: Radio TV srf, Nachtwach, 27./28. 3. 2012, dritter Anrufer; Stemman 1997/1999, S. 183-192.

sich die Kinder auch an Namen erinnerten, die Erinnerungen daher überprüft werden konnten und sich als richtig herausstellten.[78] Schon das spricht für die Echtheit der Erinnerungen.

Ich führe im Folgenden einige weitere Argumente dafür an und gehe auf die Einwände ein, die von Skeptikern vorgebracht werden:

- Es wird manchmal gesagt, es sei möglich, dass sich die Kinder auf telepathische Art an die Leben *anderer* Menschen erinnern. Doch die Kinder sind immer völlig sicher, dass *sie* das *selber* waren.

- Weiter wird eingewendet, es könnte sein, dass die Eltern dem Kind die Erinnerung einredeten, ohne dies zuzugeben. Dies ist aus mehreren Gründen äusserst unwahrscheinlich bis unmöglich:
  - Grundsätzlich muss man sich fragen, wie glaubwürdig ein 2-6jähriges Kind eine Lügengeschichte vertreten kann, die ihm jemand einredete. Die Forscher, welche die Geschichte überprüfen, würden etwas merken.
  - Es gibt Fälle, in denen sich die Kleinkinder an Dinge erinnerten, die niemand anders als die verstorbene Person wusste. In einem Fall in Indien wurden zum Beispiel die vom Verstorbenen versteckten Goldstücke von den Hinterbliebenen erst gefunden, als das Kind, das behauptete, der Verstorbene zu sein, sagte, wo sie versteckt waren. In diesem Fall waren die Aussagen des Kindes von einer aussenstehenden Person aufgeschrieben worden, bevor die Überprüfung stattfand.[79]
  - Das Einreden hätte von den Eltern der Kleinkinder ausgehen müssen. In ihrem Interesse liegt die Erinnerung aber gar nicht, denn sie birgt das Risiko, dass das Kind zu seiner früheren Familie zurückkehren möchte. Es gibt daher zahlreiche belegte Fälle, in denen die Eltern dem Kind die Erinnerung erfolglos auszureden versuchten, sogar mit Strafen.[80]
  - Die Erinnerungen der Kinder enthalten oft kleine Ungenauigkeiten. Gerade das scheint mir realistisch zu sein und die Echtheit zu bestätigen. Denn unsere Erinnerungen sind nicht immer ganz genau. Wären die Geschichten arrangiert oder manipulert, würde man sich um Vermeidung aller Ungereimtheiten bemühen.
  - Es gibt solche Kinder-Erinnerungen in Gesellschaften, in denen an die Reinkarnation geglaubt wird, aber auch in der westlichen Welt bei Kleinkindern, deren Eltern nicht an die Reinkarnation glaubten, bevor das Kind von seinen Erinnerungen sprach[81], und manchmal auch nachher nicht[82].
  - Aufschlussreich sind auch die bei den Drusen im Libanon auftretenden Fälle. Die Drusen sind eine Glaubensrichtung innerhalb des schiitischen Islams, die – eine Ausnahme im Islam – an die Reinkarnation glaubt. Aber sie glauben, dass die Reinkarnation *im Moment des Todes* erfolgt. Das heisst: Im Moment des Todes wandere die Seele in den Körper eines Menschen, der gerade geboren wird. Hätten die Eltern den Kleinkindern die Erinnerung eingeredet, hätten sie es bei den Drusen so getan, dass es zu ihren Glaubensüberzeugungen gepasst hätte. In allen überprüfbaren und überprüften Fällen stellte sich aber heraus, dass ein paar Jahre zwischen dem Tod und der Wiedergeburt lagen.[83]

---

[78] Vgl. z.B. die in Stevenson 1974 dargestellten 20 Fälle oder die in Tucker 2009 zusammengefassten Fälle.
[79] Tucker 2006/2009, S. 39/40.
[80] Ein Beispiel: Stevenson 1974, S. 92.
[81] Ein Beispiel: Tucker 2006/2009, S. 126.
[82] Ein Beispiel: ebenda, S. 115.
[83] Beispiel: Stevenson 1974, S. 272.

- Im Internet zirkuliert als angeblich gewichtiges Argument gegen die Reinkarnation die Behauptung, es sei auch ein Fall dokumentiert, bei dem sich zwei kleine Jungen im Libanon an *dasselbe* Vorleben erinnert hätten. Auch der Sterbeforscher Jakoby behauptet dies in seinem Buch über das Leben nach dem Tod.[84]

  Es handelt sich um einen Fall, den Prof. Ian Stevenson (1918-2007) von der Universität Virginia untersucht hatte. Stevenson überprüfte seit den 1950er Jahren als erster Forscher Erinnerungen von Kleinkindern an ihr früheres Leben wissenschaftlich. Wer den Fall bei ihm nachliest, stellt aber fest: Die obige Behauptung stimmt nicht. Der eine Junge erinnerte sich überprüfbar an jenes Vorleben, inklusive die Namen aller seiner sieben damaligen Kinder,[85] der andere aber an jenes *von dessen Cousin mit demselben Familiennamen*. Der zweite hatte auch immer nur den Familiennamen genannt.[86]

  Die Falschbehauptung der Reinkarnations-Gegner könnte paradoxerweise davon herkommen, dass Stevenson äusserst gewissenhaft arbeitete und immer alle denkbaren Gegenargumente gegen die Echtheit der Angaben der Kinder in Betracht zog. Seine Bücher dokumentieren jeweils alle Überprüfungs- und Überlegungs-Schritte. Und so berichtet er beim zweiten Jungen auch, dass man zuerst *gemeint* habe, er sei im Vorleben derselbe Mann gewesen, an den sich auch der andere Junge erinnerte. Wer den Fall des zweiten Jungen in Stevensons Buch nicht fertig liest, könnte daher diese erste Vermutung mit dem Endergebnis der Überprüfung verwechseln und so zur Falschbehauptung gelangen.

- Dass die Eltern dem Kind die Erinnerung einredeten, könnte man besonders leicht in jenen Fällen argwöhnen, wo sich ein Kleinkind erinnert, die verstorbene eigene Grossmutter bzw. der verstorbene Grossvater gewesen zu sein. Das gibt es ab und zu.[87] Doch es sind Fälle darunter, wo das Kind von Dingen spricht, die ihm die Eltern nach eigenen Angaben nie gesagt haben.

  Ein Beispiel aus der srf-Sendung „Nachtwach": Eine Mutter berichtete, ihre knapp 3jährige Tochter habe ihr einmal gesagt, im letzten Leben sei sie ihre Mutter (also die eigene Grossmutter) gewesen. Ein anderes Mal habe sie der Tochter einen Rossschwanz gemacht, als diese plötzlich sagte: „Mami, das habe ich dir früher auch gemacht". Die Mutter beteuerte, sie habe der Tochter nie gesagt, dass ihr ihre Mutter tatsächlich als Kind jeweils auch einen Rossschwanz gemacht hatte.[88]

  Gegen solche Erinnerungen wird manchmal auch behauptet, es handle sich um genetisch übertragenes Wissen. Wenn es so wäre, müssten sich die Kinder aber am ehesten ans Leben der Eltern erinnern. Das gibt es aber nie. Es geht in allen Fällen, von denen ich las, um Erinnerungen ans Leben eines verstorbenen Grosselternteils. Dafür gibt es eine plausible Erklärung: Durch Wiedergeburt als eigener Enkel/eigene Enkelin kann man die Rolle, die man in der Beziehung zum eigenen Kind wahrnahm, umkehren. Rollen-Umkehrungen in der Beziehung zu anderen Menschen gibt es oft bei der Reinkarnation (Erklärung in Kapitel 5).

  (In den allermeisten Fällen ist das Vorleben, an das sich ein Kleinkind erinnert, nicht dasjenige eines Verwandten. Auch dann ist Erinnerung durch genetisch übertragenes Wissen unmöglich.)

---

[84] Jakoby 2009, S. 80.

[85] Stevenson 1974, S. 305-308.

[86] Ebenda, S. 274-305 und 308-320.

[87] Beispiele: Tucker 2006/2009, S. 1-3, 78 und 142/143. Gemäss Newton herrscht bei einigen nordamerikanischen Indianerstämmen der Glaube, dass Wiedergeburt als eigener Enkel/eigene Enkelin die Regel ist (Newton 1996, S. 219).

[88] Radio TV srf Nachtwach, 14.5.2013, zweitletzte Anruferin.

- Für die Richtigkeit der Kindheitserinnerungen spricht es auch, wenn Kinder an den (vorher identifizierten) Ort ihres früheren Lebens gebracht werden und dort Veränderungen erkennen, die seither eingetreten sind. In einem Fall fragte das Kind zum Beispiel, wo der Baum sei, der da gewesen war, und merkte, dass eine Strasse verlegt und ein Zaun verändert worden waren.[89]

- Eindrücklich ist auch die Geschichte der Britin Jenny Cockell:[90] Sie erinnerte sich seit frühester Kindheit an ein Leben in Irland, in dem sie „Mary" geheissen hatte und als junge Mutter von acht kleinen Kindern gestorben war. Schliesslich konnte sie durch eigene Detektiv-Arbeit herausfinden, wer jene „Mary" gewesen war, und ihre Kinder, die inzwischen älter als sie waren, treffen. Die Kinder bestätigten die Erinnerungen. Unter Anderem bestätigte der älteste Sohn Erinnerungen an Dinge, die nur seine Mutter und er wissen konnten, wobei Cockell jene Erinnerungen geäussert hatte, bevor sie den Sohn traf.[91]

- Die überzeugendsten Beweise für die Echtheit der Erinnerungen der Kleinkinder liefern einige Fälle, wo das Kind sagt, es sei im letzten Leben eines gewaltsamen Todes gestorben, dies überprüft werden konnte und man dann feststellte, dass das Kind im jetzigen Leben an genau jener Stelle, wo es im letzten Leben tödlich getroffen worden waren, ein Muttermal[92], manchmal auch ein anderes körperliches Merkmal[93] hat.

  Dazu ein Beispiel aus der Türkei: Ein Kind, das einen hinten abgeplatteten Schädel hatte, sagte, es sei im letzten Leben durch einen Schlag auf den Kopf getötet worden, und es teilte den Vornamen des Getöteten und das Dorf, in dem er gewohnt hatte, mit. Mit Hilfe jener Angaben konnte der Verstorbene identifiziert werden. Es stellte sich heraus, dass er tatsächlich durch einen Schlag auf den Hinterkopf getötet worden war[94].

  Solches kann man mit Einreden, Manipulation usw. nicht erklären.

  Aber wie kann man es sonst erklären? Wohl damit, dass die Seele die Tötung als tiefen Schock empfand, der sich im Fötus der nächsten Inkarnation an der betreffenden Stelle körperlich ausdrückte. Dass die Seele etwas an einer bestimmten Körperstelle tief Empfundenes genau dort körperlich ausdrücken kann, zeigen auch die ungefähr 350 dokumentierten Fälle christlicher Mystiker, die während der meditativen Versenkung in den gekreuzigten Christus an der Stelle von dessen Wunden die Stigmata (blutende Hände und Füsse) bekamen.[95]

  Dazu passt, dass aus Muttermalen Krebs entstehen kann. Krebs ist eine Erkrankung, die aus nicht verheilten psychischen oder körperlichen Wunden entstehen kann. Krebs aus Muttermalen lässt vermuten, dass er auch als Folge seelisch nicht verheilter Wunden aus dem *vorangegangenen* Leben auftreten kann.

---

[89] Tucker 2006/2009, S. 145.

[90] Cockell schrieb später ein Buch darüber (Cockell 1993).

[91] Dies gemäss der Zusammenfassung des Falls in: Stemman 1997/1999, S. 18/19.

[92] Beispiele: Tucker 2006/2009, S. 55-58.

[93] Beispiele: ebenda, S. 52-54 und 75/76.

[94] Ebenda, S. 9.

[95] Ebenda, S. 67. Ein Beispiel ist der 1968 gestorbene Mönch und Heiler Padre Pio: Seine Stigmata-Wunden wurden von mehreren Fachärzten untersucht und bezeugt; sie heilten zu Lebzeiten nie und entzündeten sich nie, doch nach seinem Tod verschwanden sie (Drevermann 2001, S. 101 und 105).

- Muttermale oder andere körperliche Merkmale können auch ohne Verbindung mit der Tötung eines Menschen die Erinnerung eines Kindes ans letzte Leben bestätigen:
Man weiss von ein paar wenigen Kindern mit fehlenden Fingern oder einem fehlenden Arm und überprüfbaren Erinnerungen an ihr vorangegangenes Leben. Die Überprüfung zeigte, dass jene Person, die sie im letzten Leben gewesen zu sein behaupteten, dieselben Finger bzw. denselben Arm durch einen Unfall oder als Opfer eines Verbrechens verloren hatte.[96]
Eine häufigere Beobachtung: In Asien kommt es in Kulturen, in denen man an die Reinkarnation glaubt, vor, dass dem Körper eines/einer Verstorbenen an einer bestimmten Stelle mit Butter, Lippenstift usw. eine Markierung aufgetragen bzw. aufgemalt wird. Es hat schon Kleinkinder mit einem Muttermal an genau jener Stelle gegeben, wo jene Person, die sie im letzten Leben gewesen zu sein behaupteten, mit einem solchen Zeichen markiert worden war.[97] Wobei jeweils zuerst die Erinnerung des Kindes war und man erst nachher bei der Überprüfung feststellte, dass der/die Verstorbene markiert worden war.
In diesen Fällen stellt sich die Frage, warum es zum Muttermal kam. Ein seelisches Trauma wegen des Todes im vorangegangenen Leben kann nicht der Grund sein. Ich vermute, dass hier die spirituelle Welt den Menschen ein Zeichen senden wollte, dass eine Seele zurückkommt. Weitere Beispiele solcher Zeichen erwähne ich weiter unten.

All diese Argumente und Beobachtungen lassen eigentlich nur eine Interpretation zu: Die Kleinkinder erinnern sich jeweils *tatsächlich* an ihr letztes Leben, wie sie auch selber sagen. Da die Erinnerungen aber fast immer nur das *unmittelbar* vorangegangene Leben betreffen, könnte man denken, sie würden nur zeigen, dass der Mensch maximal zwei Leben habe. Allerdings findet sich unter den von Professor Stevenson untersuchten Fällen auch ein Mädchen, das sich an die *beiden* vorangegangenen Leben erinnern konnte. Beim *vorletzten* Leben konnte das überprüft und bestätigt werden, beim unmittelbar vorangegangenen Leben nicht, da dort der Name fehlte und die Erinnerungen verschwommener waren.[98]

Vermutlich sind Erinnerungen von Kleinkindern an ihr letztes Leben viel häufiger, als wir meinen. Meistens dürfte es dabei um unüberprüfbare Dinge ohne Namen von Personen oder Orten gehen, welche die Erwachsenen meist nicht glauben und daher nicht beachten und nie berichten. Doch wer ein Kleinkind fragt: „Erinnerst du dich an die Zeit, als du gross warst?", könnte unter Umständen Erstaunliches erfahren.

Die Erinnerungen der Kinder verblassen in der Regel mit der Zeit. Sie sind bei Kleinkindern bis ins Alter von etwa 5-7 Jahren am deutlichsten. Es gibt aber auch Menschen wie die oben erwähnte Jenny Cockell, welche sie bis ins Erwachsenenalter behalten.

Erinnerungen von Kleinkindern ans Bardo

Unter den Kindern, welche sich an das letzte Leben erinnern, sind nur ganz wenige, welche sich auch ans Bardo, das heisst die Zeit bzw. den Bewusstseinszustand zwischen dem Ende des letzten Lebens und der Geburt ins gegenwärtige Leben, erinnern, und auch das nur in Bruchstücken.

---

[96] Beispiele: Stemman 1997/1999, S. 197/198.
[97] Beispiele: Tucker 2006/2009, S. 77-79 und 156-158.
[98] Stevenson 1974, S. 67-91.

Auf den ersten Blick mag dies erstaunen, denn das Bardo liegt ja näher zurück. Der Grund dürfte darin liegen, dass schreckliche und belastende Erlebnisse den Menschen und seine Seele viel stärker beschäftigen als angenehme. Alles Schlimme geschieht aber auf Erden. Passend dazu, sind unter den Erinnerungen von Kleinkindern ans letzte Leben in erster Linie traumatische Erlebnisse, insbesondere solche, die zu einem frühen und/oder gewaltsamen Tod und zum belastenden Gefühl führten, die Aufgabe, die man hier auf Erden gehabt hätte, nicht vollendet haben zu können. Ein Beispiel ist Jenny Cockell, die im vorangehenden Leben acht kleine Kinder hinterlassen musste. Das schreckliche Gefühl, sie im Stich gelassen zu haben, dürfte erklären, weswegen sie sich so deutlich ans Vorleben erinnerte.

Wenn sich Kinder oder Erwachsene aber auch an ein paar Dinge aus dem Bardo erinnern, bestätigen sie, was auch aus Nahtoderlebnissen oder von Medien mit Kontakten zu Verstorbenen berichtet wird: Sie hätten über der eigenen Abdankungsfeier geschwebt; wo sie gewesen seien, gebe es keine Krankheiten; Nahrung erscheine dort, wenn man daran denke, aber das genüge, man müsse nicht essen; es gebe dort verschiedene Ebenen und auch Tiere, die nicht beissen oder kratzen, aber wiedergeboren würden; „Gott" habe sie schliesslich zur erneuten Geburt auf die Erde geschickt, wobei andere Wesen bei der Vorbereitung geholfen hätten[99] (Die Bezeichnung „Gott" für jenes Wesen verwenden die Kleinkinder wohl, weil sie die von den Eltern gelernten Begriffe übernehmen. In der spirituellen Welt gibt es die verbale Sprache nicht).

Solche Mitteilungen deuten darauf hin, dass die Seele vor der Geburt im gleichen Bewusstseinszustand war, in den sie nach dem Tod des Körpers wieder gelangen wird.

Xenoglossie von Kleinkindern

Einen weiteren Hinweis zur Reinkarnation liefern die (sehr seltenen) Fälle von rätselhafter Xenoglossie bei Kleinkindern: Es kommt ab und zu vor, dass Kleinkinder plötzlich in einer ganz fremden Sprache oder einem ganz fremden Dialekt reden, den sie unmöglich von ihrer Umgebung oder dem Fernsehen oder Radio aufgenommen haben können. Das kann, muss aber nicht mit Erinnerungen an ein früheres Leben einhergehen. Doch auch wenn es das nicht tut, ist die einleuchtendste, in manchen Fällen einzig mögliche Erklärung die unbewusste Erinnerung an eine Sprache, welche die Kinder in einem früheren Leben sprachen.

Einige Beispiele:

- Ein von Professor Stevenson untersuchter Fall im ländlichen Indien der 1950er Jahre: Ein Mädchen konnte Lieder singen in einer fremden Sprache, die es selber nicht verstand, die aber genau dort, wo es behauptete, im letzten Leben gelebt zu haben, gesprochen wurde (Indien ist ein Vielsprachen-Staat). Und es konnte diese Lieder aus keiner anderen Quelle haben: in der Familie und der Umgebung waren sie unbekannt; Radio, TV, Kino usw. waren nicht zugänglich.[100]

- Ein gut belegtes Beispiel ohne weitere Erinnerung an ein früheres Leben: Zwei Zwillinge eines New Yorker Paares begannen im Alter von zwei Jahren in einer unverständlichen Sprache miteinander zu sprechen. Zwar reden Kleinkinder in diesem Alter häufig kauderwelsch, aber in

---

[99] Alle diese Beispiele stammen aus dem Buch „Life Before Life" von Jim Tucker, dem Nachfolger von Prof. Stevenson an der Universität von Virginia: Tucker 2006/2009, S. 3, 13, 142, 166, 170-73.

[100] Stevenson 1974, S. 67-91.

diesem Fall waren die Eltern skeptisch und brachten die beiden in die Abteilung für alte Sprachen an der Columbia University, wo die Worte schliesslich von einem Spezialisten als aramäisch identifiziert wurden, eine heute nahezu ausgestorbene Sprache, die zu Jesu Zeit die Umgangssprache im ganzen Vorderen Orient war. Sie wird nur noch in einigen Dörfern Syriens gesprochen, die Kinder konnten sie weder von irgendwem aus ihrer Umgebung noch aus dem Fernsehen oder Radio haben.[101] Reinkarnation ist die einzige mögliche Erklärung.

- Ein Beispiel, das später durch Rückführung bestätigt wurde: Ein Kleinkind in Kanada sprach ursprünglich, für die Umgebung unerklärlich, Englisch mit einem britischen Akzent, der dann später verloren ging. Als Erwachsener unterzog er sich beim unten erwähnten Psychiater Whitton einer Rückführungs-Therapie. Dabei zeigte sich, dass er im vorangegangenen Leben in Grossbritannien gelebt hatte.[102]

Zeichen des Himmels, dass jemand wiedergeboren wurde

Man hat auch den Eindruck, dass die spirituelle Welt manchmal Zeichen setzt, um einfach nur darauf hinzuweisen, dass eine Seele wiedergeboren wurde. Weiter oben schrieb ich von Fällen, wo man Muttermale wohl so erklären kann. Auch auffällige Übereinstimmungen bei Geburts-Daten oder andere scheinbare „Zufälle" können solche Zeichen sein.

Ein paar Beispiele:

- Der Dalai Lama berichtet, sein Bruder sei im Alter von zwei Jahren gestorben. Der Körper wurde an einer Stelle mit Butter markiert. Seine Mutter gebar darauf einen weiteren Sohn, der genau an jener Stelle ein Muttermal hatte.[103]
  In einem ähnlichen Fall erinnerten sich Zwillinge an ihr früheres Leben als ihre eigenen Geschwister, die als Kleinkinder bei einem Autounfall starben. Eines der Zwillinge hatte zwei Muttermale: Eines genau dort, wo auch jenes Geschwister, das es gewesen zu sein behauptete, eines hatte, und das andere dort, wo jenes Geschwister eine Narbe hatte.[104]
  Auch gemäss den Rückführungen des Psychiaters Michael Newton (zu ihm siehe weiter unten) wird die Seele eines verstorbenen Kleinkindes häufig als dessen Geschwister wiedergeboren.[105] Das muss nicht mit einem Muttermal verbunden sein. Doch wenn es das ist, ist es wohl als Zeichen des Trostes durch die spirituelle Welt gedacht: Euer verstorbenes Kind ist zu euch zurückgekehrt.

- Ein Beispiel aus der srf-Sendung „Nachtwach", bei dem verschiedene Zeichen auf eine Wiedergeburt als eigene Enkelin schliessen lassen: Eine Frau berichtete, sie habe ihre Schwiegermutter nie gekannt, da sie gestorben sei, bevor sie ihren Mann kennen gelernt habe. Doch ihre inzwischen 20jährige Tochter sei genau am Tag, welcher der 60. Geburtstag ihrer Schwiegermutter gewesen wäre, geboren worden, habe ein Muttermal an genau derselben Stelle, müsse es, genau wie ihre Schwiegermutter, jeweils eincremen, sehe ähnlich aus wie ihre

---

[101] Weiss 2000, S. 53/54.
[102] Whitton 1986, S. 170-172.
[103] Tucker 2006/2009, S. 77.
[104] Ebenda, S. 129-132.
[105] Newton 1996, S. 219.

Schwiegermutter und zeige deren Gehabe.[106] Das sind doch etwas viele „Zufälle", man kann sie kaum anders als eine Ansammlung von Hinweisen verstehen, dass sich hier die Seele der Schwiegermutter als ihre eigene Enkelin reinkarniert hat. Dass man Vorlieben, Verhaltensmuster usw. ins nächste Leben mitnimmt, wird übrigens auch durch alle Fälle von überprüfbaren Kindheitserinnerungen ans Vorleben bestätigt.

- Ein Beispiel mit berühmten Personen, wo Reinkarnation nur eine Vermutung von mir ist: Galileo Galilei starb am 8.1.1642. Fast auf den Tag genau ein Jahr später, am 4.1.1643, wurde Isaac Newton geboren. Am 8.1.1942, also auf den Tag genau 300 Jahre nach Galileis Tod, wurde Stephen Hawking geboren. Alle drei waren weltweit herausragende Physiker und Philosophen. Hawking hatte zudem denselben Lehrstuhl an der Universität Cambridge inne, den einst Newton hatte. Das sind keine Beweise, dass hier dieselbe Seele zurückkehrte. Doch es sind einige auffällige „Zufälle", die man als Hinweise verstehen kann, umso mehr, als auch unzählige Rückführungen bestätigen, dass man auch Interessen und Begabungen aus früheren Leben mitnimmt und darauf aufbauen kann.

Déjà-Vu-Erlebnisse

Auch Déjà-Vu-Erlebnisse können eine Bestätigung der Reinkarnation sein, denn sie können auf eine Erinnerung aus einem früheren Leben zurückgehen. Allerdings nicht unbedingt, wenn man das „Déjà-Vu" nur wörtlich versteht: Wörtlich ist es nur das Gefühl, etwas schon einmal *gesehen* zu haben, obwohl man in diesem Leben nachweisbar noch nie am betreffenden Ort war. Dies kann auch auf etwas zurückgehen, was man in einem Film oder auf einem Foto in einem Buch sah.

Ein Déjà-Vu-Erlebnis, das auf Reinkarnation hinweist, geht weiter: Es ist das Gefühl, etwas zu *kennen*, obwohl man es eigentlich nicht kennen kann. Man würde es daher besser als „Schon-Bekannt"- oder „Déjà-Connu"-Gefühl bezeichnen. Manche Menschen berichten, sie hätten an einem Ort, wo sie in diesem Leben nachweisbar noch nie waren, das dumpfe oder auch sichere Gefühl gehabt: Hier war ich schon mal. Das kann so weit gehen, dass sie sich überall genau zurecht fanden, genau wussten, was hinter der nächsten Ecke kommt usw..[107] Da ist die Erinnerung an ein früheres Leben die bei Weitem plausibelste Erklärung.

„Schon-Bekannt"-Gefühle kann es auch bei der Begegnung mit einem Gegenstand oder, wohl am häufigsten, mit einem Menschen geben. Zwei Beispiele, bei denen noch Anderes auf Reinkarnation weist:

- Die Psychologin und Rückführungsleiterin Helen Wambach erzählte vom Erlebnis, das sie dazu veranlasst habe, sich mit dem Thema Reinkarnation und Rückführungen zu befassen: Als sie eines Tages als Touristin ein Quäker-Memorial besucht habe, habe sie sich plötzlich in einem veränderten Bewusstseinszustand gefühlt, in einer anderen Zeit und an einem anderen Ort, obwohl sie solches früher nie erlebt habe. Sie sei in die Bibliothek gegangen und dort automatisch zu einem Büchergestell, wo sie ein Buch herausgenommen habe, von dem sie sofort das Gefühl hatte: Das ist mein Buch. Sie habe es zu lesen begonnen und *war* dabei jener

---

[106] Srf Nachtwach, 29./30.5.2018, zweite Anruferin.
[107] Ein Beispiel, verbunden überdies mit einem Klar- und Wahrtraum in der vorangehenden Nacht, berichtet das Medium Gordon Smith von sich selber, als er erstmals in die Hafenstadt Dieppe kam: Smith 2004, S. 187-191.

Mensch, der darin eine Nahtoderfahrung beschrieb, die er im Koma erlebt hatte.[108] Das lässt vermuten, dass Wambach mit ihren Rückführungen ein Interesse weiterführte, das schon in einem früheren Leben durch ein Nahtoderlebnis geweckt worden war.

- Ein Beispiel aus der Sendung „Nachtwach" von Radio TV srf: Ein Mann berichtete, er habe als Kind immer wieder „Flashbacks" an ein früheres Leben gehabt. Im Alter von 19 Jahren sei er seinem neuen Lehrmeister begegnet. Er habe sofort gewusst, dass er ihn kannte, obwohl er ihn im laufenden Leben noch nie gesehen hatte. Dann habe er in einem Klartraum Dinge aus dem Leben jenes Mannes geträumt, die er nicht habe wissen können und die vom Betreffenden anschliessend bestätigt wurden. Daraus sei eine lebenslange Freundschaft entstanden. Beide seien überzeugt, einander in einem früheren Leben in ähnlicher Konstellation schon begegnet zu sein[109] (solches ist sehr häufig, wie ich in Kapitel 5 erkläre). In diesem Fall ist der Jüngere wohl besonders offen gegenüber der spirituellen Welt, wenn er wahre Dinge aus dem Leben einer Person träumt, die ihm in diesem Leben neu begegnet ist. Das macht seine „Flashbacks" glaubwürdig.

Unerklärbare starke Gefühle an einem bestimmten Ort

Es kommt auch vor, dass jemand an einem bestimmten Ort aus unersichtlichen Gründen plötzlich von einem starken Gefühl übermannt wird. Das kann durch die Erinnerung der Seele an etwas, was sie in einem früheren Leben dort erlebte, ausgelöst worden sein. Es sind darum meist negative Gefühle, denn schlimme Erfahrungen graben sich tiefer in die Erinnerung ein als schöne.

Ein Beispiel berichtete eine Frau in einer „Nachtwach"-Sendung: Ein enger Kollege habe sie in ein Haus in Süd-Frankreich eingeladen, in dem er sich jeweils besonders gut fühle. Sie aber habe sich „komisch" und traurig gefühlt und in der Nacht nicht schlafen können und habe immer weinen müssen, obwohl sie sonst nicht dazu neige. Dies nur im Haus, ausserhalb sei das unerklärliche ungute Gefühl weggewesen. Eine Rückführung zeigte dann, dass sie im 16. Jh. als Seemann zusammen mit anderen Seeleuten jenes Haus überfallen und den Eigentümer, der im jetzigen Leben ihr besagter Kollege ist, getötet hatte. Ein schriftliches Zeugnis aus dem 16. Jh. bestätigte, dass das Haus schon damals existierte.[110] In diesem Beispiel überdauerte das schlechte Gefühl aus einem Todeskampf in einem früheren Leben nur auf der Seite des Täters, wohl wegen Schuldgefühlen. Das damalige Opfer fühlt sich im betreffenden Haus vermutlich deswegen besonders gut, weil es in jenem Leben ihm gehört hatte. Die Frau gleicht übrigens im jetzigen Leben ihr damaliges Tun aus, indem sie ihren Kollegen bei Lebensproblemen erfolgreich unterstützt.

Rückführungen in frühere Leben

Auch unter Hypnose durchgeführte Rückführungen (auch „Regressionen" genannt) in frühere Leben können die Reinkarnation bestätigen. Es gibt sie, jedenfalls in der westlichen Welt, erst seit den 1950er/60er Jahren. Sie können einfach der Befriedigung der Neugierde dienen, sind aber auch ein Mittel der Psychotherapie, um mögliche Wurzeln von Traumata in früheren Leben aufzudecken und dadurch von Störungen im jetzigen Leben zu befreien.

---

[108] Wambach 1978, S. 1/2.
[109] Radio TV srf, Nachtwach, 27./28. 3. 2012, dritter Anrufer.
[110] Radio TV srf, Nachtwach, 26./27.6.2018, erste Anruferin.

Doch wie zuverlässig sind die Ergebnisse, die solche Rückführungen zutage fördern? Sicher ist: Bei einigen Rückführungsleitern kommen falsche Ergebnisse heraus. So wurden schon „Rückführungen" bekannt, bei denen sich nachträglich herausstellte, dass der Klient von verschütteten Erinnerungen an gelesene Bücher oder gesehene Filme gesprochen hatte.[111] Diese sind auch irgendwo im Gehirn gespeichert. Bei einigen Rückführungsleitern kommt auch häufig heraus, dass der Klient oder die Klientin in einem vergangenen Leben irgendeine bekannte Persönlichkeit gewesen sei. Von solchen Ergebnissen hört man zu häufig, das kann zahlenmässig nicht aufgehen.

Doch es gibt auch kompetente Rückführungsleiter/innen, bei denen nachweisbar richtige Ergebnisse herauskommen. Das zeigen am deutlichsten Rückführungen in die Zeit, als man als Baby im Mutterleib war, oder in die Zeit der Geburt. Da gibt es Beispiele, die sich dank den Angaben der Mutter oder anderer damals anwesender Personen als richtig herausstellten, auch bei Dingen, welche dem Kind garantiert nie gesagt worden waren und die es daher nicht wissen konnte. So berichtet der amerikanische Psychiater Brian Weiss (1944-) von einer Frau, die er zunächst zur Geburt im aktuellen Leben zurückführte und die von einem totgeborenen Zwilling sprach. Ihre Eltern hatten ihr nie davon erzählt, bestätigten es nachträglich aber.[112]

Ob bei Rückführungen richtige Ergebnisse herauskommen, hängt vor allem von zwei Dingen ab:

- Der Klient sollte in einem Trance-Zustand sein, in dem jegliches (auch unterschwellige) Wunschdenken ausgeschaltet ist, sonst kann dieses das Gesagte beeinflussen.
- Der Rückführungsleiter sollte sich jeglicher Suggestion, auch unterschwelliger und unbeabsichtigter, enthalten, denn im Trance-Zustand wird der Klient leicht durch die Gedanken des Hypnotiseurs beeinflusst. Der Rückführungsleiter sollte daher dem Klienten nur Aufträge erteilen, welche die Seele des Klienten selbstständig ausführt, und selber sehr offen sein und keine Erwartungen haben, wie die Antworten auf seine Fragen lauten sollten.

Ich stütze mich für dieses Buch auf die Arbeiten von Rückführungsleitern und -leiterinnen, deren Ergebnisse ich für zuverlässig halte und die auch (unterschiedlich weitgehend) ins Bardo zurückführen bzw. zurückführten. Denn erst damit erfährt man, wie die vorangegangene Inkarnation in der spirituellen Welt eingeschätzt wurde und was man daraus lernen sollte. Neben dem gerade erwähnten Brian Weiss taten bzw. tun dies die für ihre bahnbrechende Arbeit bekannt gewordenen Psychiater Joel Whitton (1945-2017, tätig in Toronto) und Michael Newton (1931-2016, tätig in Kalifornien), die Psychologin Helen Wambach (1925-1986, tätig in Kalifornien) sowie die in Europa bekannteste Rückführungsleiterin, Ursula Demarmels (1957-), eine Schülerin Newtons, die in Salzburg praktiziert.

Einige Argumente für die Zuverlässigkeit der Ergebnisse dieser Rückführungsleiter/innen:

- Newton und Weiss glaubten ursprünglich nicht an die Reinkarnation. Sie setzten als Psychiater Hypnose ein, um zu verschütteten Ursprüngen von Problemen in der frühen Kindheit zu gelangen. Beide gelangten dann während einer Hypnose-Sitzung völlig unbeabsichtigt und überraschend in ein früheres Leben eines Patienten bzw. einer Patientin: Sie forderten diese(n) auf, zum Ursprung ihrer Symptome (hartnäckige, schlimme Schmerzen bzw. Ängste, die sich

---

[111] Beispiele: Stemman 1997/1999, S. 100-106.
[112] Weiss 1997, S. 22. Ein weiteres Beispiel in Weiss 2000, S. 46-49. Beispiele bezüglich Schwangerschaft in Tucker 2006/2009, S. 181/82.

vorher jeder Therapie verweigert hatten) zu gehen, worauf der Patient bzw. die Patientin von rätselhaften Dingen zu reden begann. Die Psychiater kamen zuerst nicht draus. Erst mit der Zeit merkten sie, dass ihre Klienten von einem früheren Leben redeten.[113] Ihre Rückführungen in frühere Leben begannen also auf jeden Fall nicht durch offene oder versteckte Suggestion.

- Nach der Rückführung waren in beiden im vorangehenden Punkt erwähnten Fälle die hartnäckigen schlimmen Symptome nicht mehr vorhanden. Newtons Klient hatte sein ganzes bisheriges Leben lang rätselhafte Schmerzen auf seiner rechten Seite gehabt. Diese waren wie weggeblasen, nachdem er unter Hypnose berichtet hatte, im letzten Leben als Soldat im Ersten Weltkrieg durch eine Verwundung in der rechten Seite getötet worden zu sein.[114]
  Dieselbe Erfahrung machten mit vielen weiteren Patienten Weiss, Whitton, Wambach und weitere Rückführunsleiter/innen[115]: Manche Patienten mit psychischen oder sogar körperlichen Problemen, die sich vorher jeder anderen Therapie verweigerten, gehen unter Hypnose auf die Aufforderung hin, zu den Ursachen ihrer Symptome zu gehen, in frühere Leben zurück. Nachher verschwinden in vielen Fällen die Symptome, oder sie werden markant besser. Eine psychologische Begleitung ist dabei hilfreich, aber es gibt auch Beispiele ohne sie. Solche Heilungen/Besserungen sind eigentlich nur damit erklärbar, dass man zu den *tatsächlichen* Ursprüngen der Probleme gelangt ist.

- Ab und zu konnten die in solchen Rückführungen gemachten Angaben überprüft werden:
  So sah ich vor Jahren zwei Fernseh-Dokumentationen, in denen die Ergebnisse von drei Rückführungen von Frau Demarmels überprüft wurden und sich als historisch belegbar herausstellten.[116]
  Bei Brian Weiss konnten manchmal aufgrund der während der Rückführungen geäusserten Namen von Personen und Ortschaften die Nachkommen aus dem vorangegangenen Leben ausfindig gemacht werden, die inzwischen alt geworden waren. Sie bestätigten die in den Rückführungen gewonnenen Erkenntisse über die Verstorbenen.[117] In anderen Fällen konnte der Name im Zivilstandsregister nachgewiesen oder der „eigene" Grabstein gefunden werden.[118] In einem Fall, in dem der Klient seinen früheren Namen sowie sein Studien-College mit seinem Abschlussjahr angegeben hatte, bestätigten sich die Angaben im Jahrbuch des Colleges, wobei das Abschlussjahr um ein Jahr falsch war, doch gerade solche kleinen Unschärfen der Erinnerung sind realistisch.[119]
  Weiss selber schreibt, der Kern der Erinnerung sei immer richtig, aber die darum herum geschilderten Fakten, womit eben zum Beispiel eine Jahreszahl gemeint ist, könnten Verzerrungen enthalten. Man findet in seinen Büchern auch ein Beispiel, wo die geschilderten historischen Begleiterscheinungen nicht stimmen können, wohl ohne dass Weiss dies bewusst ist: Eine Klientin sagte dort unter Hypnose, sie habe als Mutter in Palästina ihren schreienden

---

[113] Weiss 1988, S. 27/28; Newton 1996, S.2.

[114] Newton 1996, S.2.

[115] Weiss beschreibt in seinem Buch „Through Time into Healing" (Weiss 1993) viele Beispiele aus der eigenen Praxis, auch einige Fälle seines Kollegen Robert Jarmon.

[116] Leider habe ich die Quellenangaben dazu nicht mehr, ich schreibe das aus der Erinnerung. Einer der drei so untermauerten Fälle ist das erste der 20 Fallbeispiele, die Demarmels in ihrem Buch beschreibt (Demarmels 2009, S. 123-125).

[117] Weiss 1988, S. 218 und Weiss 1997, S. 15.

[118] Weiss 1997, S. 15 und Weiss 2000, S. 172.

[119] Weiss 1993, S. 162.

Sohn aus Versehen erstickt, damit er von den Schergen des Herodes nicht gefunden werde.[120] Den in der Bibel erwähnten Kindermord des Herodes hat es aber mit an Sicherheit grenzender Wahrscheinlichkeit nicht gegeben, er ist historisch nicht belegt. Dass die Mutter ihren kleinen Sohn aus Versehen erstickte, ist trotzdem möglich, es geschah früher häufig, wenn sich die Mutter im Schlaf drehte. Die Patientin flocht in diesem Fall mit dem Kindermord des Herodes wahrscheinlich Informationen, von denen sie in diesem Leben gehört hatte, in die Rückführung ein.

Weiss schätzt, das etwa 10% der Ergebnisse der historischen Begleiterscheinungen seiner Rückführungen nicht korrekt seien, ohne zu erklären, wie er auf die Zahl kommt[121]. Allerdings stellt die Seele bei Rückführungen den erhaltenen Auftrag in den Mittelpunkt. Bei Weiss geht es immer um Heilung, nicht um historische Genauigkeit. Ich kann mir darum vorstellen, dass bei Rückführungsleitern wie Michael Newton, der bald nur noch auf Wahrheitssuche aus war, der Anteil der historisch nicht ganz korrekten Fakten tiefer ist.

- Es ist auch schon vorgekommen, dass zwei Menschen, ganz unabhängig voneinander, in unterschiedlichen Rückführungen, womöglich bei unterschiedlichen Rückführungsleitern, eine Begegnung in früheren Leben erlebten, bei der die Begleitumstände übereinstimmten. Einen solchen Fall beschreibt Weiss: Zwei Familienmitglieder, die einen Konflikt miteinander hatten, liessen sich von ihm bzw. einem anderen Therapeuten zurückführen, ohne dies zunächst voneinander zu wissen. Dann entdeckten sie, dass sie genau dieselben Begebenheiten in einem früheren Leben beschrieben hatten, von zwei unterschiedlichen Standpunkten aus, mit genau denselben Einzelheiten.[122] Dass Menschen, die miteinander eine Beziehung haben, auch schon in früheren Leben zusammen waren, ist häufig.

- Manche der Erinnerungen an frühere Leben enthalten detailliertes Wissen über früheres Handwerk, frühere Techniken oder frühere Kulturen, auch bei Klienten, die im laufenden Leben garantiert nie davon erfahren hatten. So beschrieb eine Klientin mit einfacher Ausbildung, wie man im 19. Jh. Butter herstellte,[123] oder sie beschrieb detailliert ein Flugzeug, das sie als Pilot im Zweiten Weltkrieg flog.[124]

- Sehr selten kommt es während Rückführungen zu Xenoglossie, das heisst ein Klient spricht plötzlich in früheren Sprachstufen[125] oder einem anderen Dialekt[126], oder er/sie sagt einzelne Wörter oder Sätze in einer völlig fremden Sprache[127], die er/sie im Wachzustand niemals beherrscht. Am eindrücklichsten ist jener Klient Whittons, der während der Erinnerung an zwei frühere Leben einige Wörter und Sätze in der zugehörigen ausgestorbenen Sprache sprach, die fast niemand mehr und auch er selber nachher nicht verstand (sassanidisches Pahlawi aus dem Iran des 3. bis 6. Jh., eine Sprache, die von heutigen Iranern nicht verstanden wird; bzw. Altnorwegisch, die Sprache der Wikinger). Man musste die Sprachfetzen durch

---

[120] Ebenda, S. 106.
[121] Ebenda, S. 54/55.
[122] Ebenda, S. 82.
[123] Weiss 1988, S. 52.
[124] Ebenda, S. 117.
[125] Beispiele: Stemman 1997/1999, S. 177-179.
[126] Beispiel: Weiss 2000, S. 18.
[127] Beispiel: Weiss 1988, S. 217/218.

Universitätsprofessoren mit entsprehenden speziellen Sprachkenntnissen überprüfen lassen. Die Professoren bestätigten, dass die Wörter und Sätze tatsächlich etwas bedeuteten.[128] (Die Überprüfung war möglich, weil Whitton, wie auch die anderen hier genannten Rückführungsleiter/innen (ausser Wambach), ihre Sitzungen auf Tonband aufnahmen bzw. aufnehmen.)

Man mag sich allerdings fragen, weshalb bei Rückführungen nicht *immer* in der Sprache des betreffenden Lebens gesprochen wird? Weil eine Rückführung wie ein Film ist, in dem man gleichzeitig die Hauptperson im Film und der Betrachter ist. Dabei kann man, angeleitet durch den Rückführungsleiter, den Standpunkt wechseln. Man kann von heute aus auf das frühere eigene Leben blicken und es beschreiben, oder man kann in den Film hineingehen und sich selber sein, aber auch dann ist man gleichzeitig noch in der heutigen Zeit und kann daher in der heutigen oder der damaligen Sprache reden.[129]

- Für die Zuverlässigkeit der Ergebnisse dieser Rückführungsleiter/innen spricht auch die Tatsache, dass unter den Tausenden von Rückführungen, von welchen sie berichten, keine ist, bei der herauskam, dass der Klient oder die Klientin eine berühmte oder wichtige Persönlichkeit war, mit Ausnahme von zwei mässig bekannten Persönlichkeiten bei Demarmels[130].

Wenn ich alle diese Argumente und Beobachtungen zusammen betrachte, gelange ich zum Schluss, dass Rückführungen, *sofern von einem/r kompetenten Rückführungsleiter/in durchgeführt*, zu richtigen Ergebnissen führen, bei einigen Rückführungsleitern ab und zu mit kleinen historischen Ungenauigkeiten. Wenn man möchte, dass etwas Zuverlässiges herauskommt, sollte man sich daher nur einem/einer erfahrenen und kompetenten Rückführungsleiter/in anvertrauen. Und jemandem, der/die seine Aufgabe nur im Helfen sieht und nicht versucht, mit Hilfe der Rückführung eigene Ziele durchzusetzen (zum Beispiel Abhängigmachen, Verbreiten eigener religiöser Vorstellungen usw.).

Wer sich einer Rückführung unterziehen möchte, sollte sich auch bewusst sein, dass die Zeiten früher härter waren, es gab viele Kriege usw., und man war womöglich auch selber härter. Das Wissen darüber kann zunächst Schuldgefühle verursachen oder sonst belastend sein. Damit muss man umgehen können. Daher sollten sich zum Beispiel Kinder und die meisten Jugendlichen einer Rückführung nicht unterziehen, denn sie haben die Mittel, das Erlebte zu verarbeiten, noch nicht.

Unsere Träume

Dass wir eine Seele haben, die bereits vorhanden war, bevor sie in den gegenwärtigen Körper ging, zeigt sich meiner Meinung nach auch in allen unseren Träumen.

Normalerweise werden unsere Träume als Produkte unseres Gehirns erklärt, das während des Schlafes in einem anderen Gang weiter arbeite, sich an das im Wachzustand Erlebte erinnere und es verarbeite. Damit kann man aber Verschiedenes nicht erklären:

---

[128] Whitton 1986, S. 210-214.
[129] Weiss 1997, S. 42; Weiss 2000, S. 123/124.
[130] Gemeint sind eine Rückführung, gemäss welcher jemand einmal ein südostasiatischer Herrscher war (Demarmels 2009, S. 82), sowie eine, gemäss welcher eine Frau früher Elisabeth von Thüringen war (dies konnte aber ziemlich überzeugend bestätigt werden in einer der oben erwähnten Fernseh-Dokumentationen, zu der ich die Quellenangaben nicht mehr habe).

- Man kann so nicht erklären, warum die Welt *aller* unserer Träume bei *allen* Menschen *von Geburt an* in mancherlei Hinsicht gar nicht an die Welt erinnert, die uns aus dem Wachzustand bekannt ist:
    o Es ist eine Welt ohne Zeitgefühl;
    o Orte können sofort gewechselt werden;
    o Die Kommunikation kann telepathisch sein, das heisst: Es kann sein, dass man sich etwas, was man im wirklichen Leben sagen würde, einfach denkt. Es kann allerdings auch sein, dass man träumt, man spreche, oder dass man tatsächlich spricht während des Traumes.
    o Gedanken werden wahr. Zum Beispiel spürt man Angst vor etwas, worauf das geschieht, wovor man Angst hat;
    o Die Gedanken werden in einer raffinierten Symbolsprache ausgedrückt, die zu erfinden das Gehirn eines Babies oder Kleinkindes noch nicht in der Lage ist.

- Man kann so auch nicht erklären, warum ein paar Menschen manchmal Wahrträume haben. Ein Wahrtraum ist nicht ein Traum, in welchem man in der üblichen Symbolsprache der Träume etwas vorausträumt, was dann eintritt. Dies wäre leicht damit erklärbar, dass man sich auch im Wachzustand manchmal ausdenken kann, wie etwas herauskommen wird. Ein Wahrtraum ist ein Traum, in dem man Szenen sieht, die genau so, mit denselben Bildern, die man träumt, nachher im wirklichen Leben eintreten, wie wenn man Szenen eines Films im Vorspann sieht. Das dürfte häufiger geschehen, als man meint. Zwei Menschen, die ich kenne, haben mir von eigenen solchen Erfahrungen erzählt. Einer war ein Schüler, der drei Situationen vorausträumte, die am nächsten Tag an der Abschlussprüfung auftraten (nicht Prüfungsfragen). Ein Beispiel findet sich auch in einer Ausgabe der Sendung „Nachtwach“: Ein Sänger träumte, beim Konzert am folgenden Abend falle an einer bestimmten Stelle das digitale Piano aus und er überbrücke die Lücke mit einer spontanen Ansage. Genauso kam es dann auch.[131]
Wahrträume sind nicht mit Zufall oder einer dumpfen Vorahnung erklärbar. Denn es sind ja eben ganze Bild-Szenen, die genau so nachher im Leben wiederkehren.

- Weiter kann man so nicht erklären, warum ein paar Menschen manchmal „Klarträume“ haben, in denen sie alles *viel wahrhaftiger spüren und sehen als im wirklichen Leben* und an die sie sich nachher auch mühelos erinnern.

Es stellen sich daher verschiedene Fragen: Warum ist die Welt *aller* Träume *aller* Menschen in vielerlei Hinsicht ganz anders als alles, was uns aus der materiellen Welt bekannt ist? Unser Hirn kann das alles nicht von dieser Welt haben. Und warum träumen einige Menschen manchmal Szenen voraus? Im Wachzustand können dieselben Menschen ja nicht in die Zukunft schauen. Und warum haben manche Menschen schon Klarträume gehabt, in denen sie das Gefühl hatten, wacher zu sein als im sogenannten Wachzustand? Woher kommt all das?

Wenn man eine Erklärung sucht, so fällt auf: Von Nahtoderfahrungen wird genau dasselbe berichtet:

- Kein Zeitgefühl: „there's no time or space here. We're always in the present here.“[132]
- Keine Dimension des Ortes, daher auch kein Blick in die Ferne. Man sieht alles gleich klar.[133]

---

[131] Radio TV srf, Nachtwach, 4./5.12.2018, erster Anrufer.
[132] Van Lommel 2010, S. 34.
[133] Ring 1998/2006, S. 15.

- Telepathische Kommunikation: „I could tell what they were thinking and they could tell what I was thinking".[134]
- Gedanken, die wahr werden; man ist zum Beispiel sofort dort, wo man sich hindenkt: „all it takes to be near someone is to think of that person".[135] Oder: „I felt like I could go anywhere in the universe in an instant."[136]
- Manchmal werden Symbole verwendet, um etwas mitzuteilen. So wurde zum Beispiel einem jungen Mann während eines Nahtoderlebnisses eine orange Linie ohne Anfang und ohne Ende gezeigt, welche das Leben seiner Seele symbolisierte.[137]
- Klarere Wahrnehmung als in unserem Wachzustand: „I was the most aware that I've ever been in my entire life."[138] Das erinnert an die Klarträume.
- Sehr selten sieht man, wie weiter oben erklärt, in Nahtoderfahrungen während des Lebensrückblicks auch Szenen aus der eigenen Zukunft.

Wenn also die Welt der Träume jener Welt gleicht, in die wir auch in Nahtoderlebnissen gelangen, dann kann das nur eine Erklärung haben: Die Träume entstehen in Zusammenarbeit von Gehirn *und Seele, und die Seele erinnert sich dabei an dieselbe Welt (denselben Bewusstseinszustand), in die/den sie nach dem Tod wieder gelangen wird.* Sich daran erinnern kann sie aber nur, wenn sie vor der jetzigen Inkarnation schon einmal dort war. Also waren wir mit der Seele schon vor der Geburt des Körpers in derselben spirituellen Welt in die wir nach dem Tod wieder gelangen werden. In den Träumen kommen wir jener Welt wieder am nächsten, und wenn einige Menschen Szenen vorausträumen oder Klarträume haben, sind sie ihr besonders nahe. Wahrträume sind also möglich, weil wir darin der spirituellen Welt sehr nahe sind und es dort die Zeit nicht gibt. Und den Inhalt von Klarträumen sollte man immer ernst nehmen, er zeigt immer etwas über die eigene Seele und hat daher immer eine tiefere Bedeutung. (Der Inhalt der sonstigen Träume ist dagegen eine Koproduktion von Gehirn und Seele und kann darum, je nach dem, eher die Wahrheit über die Seelen-Gefühle oder eher die Wahrheit über das, was der Kopf denkt, zeigen. Nicht jeder Traum hat also eine tiefere Bedeutung.)

Die Träume stellen sich daher als ein in uns allen vorhandener Hinweis dafür heraus, dass wir alle eine Seele haben und diese schon existierte, bevor sie in den gegenwärtigen Körper ging. Die Reinkarnation folgt daraus noch nicht automatisch, aber sehr selten bestätigt sie sich auch in den Träumen. Es gibt Menschen, die aus einem früheren Leben träumen. Das ist im Allgemeinen kaum überprüfbar. Ab und zu kommen zum Traum aber noch weitere, bestätigende Hinweise hinzu. So berichtete in einer Ausgabe der srf-Sendung „Nachtwach" einst ein Mann, er habe dreimal denselben Traum gehabt, in welchem er auf dem Russland-Feldzug Napoleons erfroren sei. Wiederkehrende Träume haben in der Regel eine tiefere Bedeutung. Hier kommt hinzu, dass der Mann erzählte, er habe in seinem jetzigen Leben Kälte nicht gerne, und er habe problemlos rasch gelernt, mit heute nicht mehr gebräuchlichen Vorderlader-Gewehren umzugehen, wie sie zu Napoleons Zeiten noch üblich waren.[139] Wie schon erwähnt, zeigen sich auch bei den überprüfbaren Erinnerungen von Kleinkindern an ihre früheren Leben, dass Gefühle und Ängste, die sie beim Sterben im letzten Leben

---

[134] Moody 1988/1989, S. 65. Ein weiteres Beispiel: ebenda, S. 118.
[135] Van Lommel 2010, S. 19.
[136] Ring 1998/2006, S. 15.
[137] Ebenda, S. 16.
[138] Van Lommel 2010, S. 171.
[139] Radio TV srf, Nachtwach, 5./6.3.2013, zweiter Anrufer.

hatten, sowie besondere Fertigkeiten ins folgende Leben mitgenommen werden (können). Es ist daher höchst wahrscheinlich, dass der Mann tatsächlich, wie er auch selber überzeugt ist, im letzten Leben ein für Napoleons Russland-Feldzug Zwangsausgehobener war, dort einen traumatischen Erfrierungstod erlitt und sich nun in den drei Träumen daran erinnerte.

Was man mit der Reinkarnation sonst noch erklären kann

Nicht nur Interessen, Fertigkeiten, Zu- und Abneigungen und manchmal Ängste nehmen wir in unsere nächsten Leben mit, sondern auch Persönlichkeitsmerkmale. Das zeigen *sämtliche* Fälle von Kindheitserinnerungen, die durch Überprüfung bestätigt werden konnten.[140] Wenn also schon bei einem Kleinkind Persönlichkeitsmerkmale, Talente, Vorlieben oder Ängste vor bestimmten Dingen auftreten, welche nicht auf das genetische Erbe oder auf Einflüsse durch die Aussenwelt zurückgeführt werden können, dann liegt die Vermutung nahe, dass sie auf frühere Leben zurückgehen.

Mit der Reinkarnation kann man darum zum Beispiel erklären, warum eineiige Zwillinge trotz gleichen Genen und gleicher Umgebung, in der sie aufwachsen, schon als Kleinkinder Unterschiede in ihrer Persönlichkeit zeigen.

Und unerklärbare Vorlieben für eine bestimmte andere Kultur oder ein bestimmtes anderes Land können damit erklärt werden, dass man in einem früheren oder im letzten Leben dort wohnte oder jener Kultur angehörte. Dazu zwei Beispiele:

- In einer Ausgabe der Sendung „Nachtwach" berichtete ein Mann, er habe immer eine auffällige Liebe zu Holland gehabt. Eines Tages sei er einer Holländerin begegnet, wobei beide sofort das Gefühl gehabt hätten, einander zu kennen, obwohl sie einander im laufenden Leben noch nie gesehen hätten.[141]
- Ein Beispiel aus den Rückführungen von Demarmels: Eine Frau fühlte sich von der jüdischen Kultur stark angezogen, träumte sogar davon. In der Rückführung erfuhr sie, dass sie im vorangegangenen Leben als jüdisches Mädchen in einem KZ umgebracht wurde.[142]

Warum machen nicht alle Menschen solche aussergewöhnlichen Erfahrungen?

Persönlichkeitsmerkmale, Talente, Interessen usw., welche nicht auf das genetische Erbe oder auf Einflüsse durch die Aussenwelt zurückgeführt werden können, haben wir wohl alle schon beobachtet, und träumen tun wir alle, aber nur eine Minderheit von Menschen hat mediale Fähigkeiten oder hat schon eine Erscheinung eines Verstorbenen, eine OBE oder einen Wahr- oder Klartraum erlebt oder erinnert sich ans letzte Leben.

Warum machen nicht alle Menschen solche Erfahrungen? Grundsätzlich, weil nicht alle gleich offen gegenüber der spirituellen Welt sind. Man könnte auch sagen: nicht gleich offen gegenüber der eigenen Seele. Das ist dasselbe, denn mit der Seele hat man Anteil an der spirituellen Seite unserer Wirklichkeit. Kleinkinder sind allgemein noch recht offen, aber die Erwachsenen tun ihre Mitteilungen über angeblich unmögliche Dinge meist als Fantasieprodukte ab.

---

[140] Beispiele: Tucker 2006/2009, S. 13-15 und 116-132.
[141] Radio TV srf, Nachtwach, 27./28.3.2012, zweiter Anrufer.
[142] Demarmels 2009, S. 156-158.

Es scheint allerdings, dass gewisse Menschen von Geburt an ganz besonders offen sind gegenüber der spirituellen Welt. Diesen Eindruck erhält man, wenn man die Biographien von Medien und Geistheilern liest. Sie hatten oft bereits in ihrer Kindheit besonders viele aussergewöhnliche Wahrnehmungen. Um gute Medien zu werden, mussten sie diese Fähigkeit aber später meist auch schulen.

Aber nicht alle fähigen Medien berichten von angeborenem Talent. Es fällt beim Lesen mancher ihrer Biographien nämlich auch auf, dass einige Heiler/innen und Medien ihre besonderen Fähigkeiten erst nach einem Extremerlebnis gewannen, bei welchem die Seele den Körper verliess, oder die Fähigkeiten wurden durch ein solches Extremerlebnis stark gefördert.[143] Nachher hatten sie die Fähigkeit anscheinend unverlierbar. Es sieht daher so aus, dass solche Out-of-Body-Erfahrungen eine Türe aufstossen können, die sich nicht wieder schliessen lässt. Wessen Seele einmal den Körper verliess, dürfte daher grössere Chancen haben, erneut vergleichbare Dinge zu erleben.

Auch Drogenkonsum und Halluzinogene können die Öffnung gegenüber der spirituellen Welt fördern, aber die Betroffenen können das, was sie dann erfahren oder sehen, meist nicht verstehen und einordnen oder sind mit ihrer inneren Entwicklung nicht bereit dafür.[144] Daher ist es nicht zu empfehlen, Drogen oder Halluzinogene zur Erweiterung des eigenen Bewusstseins einzusetzen. Es kann sein, dass man zu jung oder zu unstabil ist für das, was man dann erlebt.

Die Vielzahl und Vielfalt der Hinweise zur spirituellen Welt und zur Reinkarnation

Zwar haben nicht alle Menschen schon eine der geschilderten aussergewöhnliche Erfahrungen gemacht. Aber wenn man davon erzählt, stellt man fest: Viel mehr Menschen, als wir meinen, haben schon welche gemacht, und zwar ganz unabhängig voneinander. Und das sind ganz normale Menschen aller Bevölkerungsschichten und jeglicher Herkunft, keine Spinner und keine Esoteriker. Viele wagen es nicht, davon zu erzählen, aus Angst, ausgelacht oder für nicht ganz „normal" gehalten zu werden.

Das Überzeugendste an allen genannten aussergewöhnlichen Erfahrungen und Wahrnehmungen ist für mich aber die Tatsache, dass sie trotz ihrer Verschiedenartigkeit zu denselben Erkenntnissen über die spirituelle Welt und die Reinkarnation führen, Erkenntnissen zudem, die eben auch durch die Art und Weise, wie wir alle träumen, bestätigt werden.

Zu den Gegenargumenten von Menschen mit einem wissenschaftlich geprägten Weltbild

Trotzdem nehmen Menschen mit einem wissenschaftlich geprägten Weltbild die Berichte über die geschilderten aussergewöhnlichen Erfahrungen und Wahrnehmungen in der Regel nicht ernst. Ihr häufigster Einwand: Was da über die spirituelle Welt berichtet wird, lässt sich nicht beweisen.

Wer das sagt, meint immer: Es lässt sich *mit den Mitteln unserer Wissenschaften* nicht beweisen. Diese Mittel sind jedoch immer an die materielle Welt gebunden. Da es in der spirituellen Welt das Materielle aber nicht gibt, kann man auch nicht mit den Mitteln der materiellen Welt beweisen, ob die spirituelle Welt existiert oder nicht, und wenn ja, wie sie aussieht. In der spirituellen Welt gelten eben andere Bedingungen. Zum Beispiel verlangt unsere „wissenschaftliche" Methode als Beweise

---

[143] Beispiele: die Medien Pascal Voggenhuber (Voggenhuber 2011/2012, S. 28-30) und Gordon Smith (Smith 2006, S. 179-181) oder der Heiler Aldo Berti (Wiesendanger 2010, S. 135).
[144] Weiss 1988, S. 186.

reproduzierbare Ergebnisse. Das heisst: Unter gleichen Bedingungen muss dasselbe Ergebnis herauskommen. In der spirituellen Welt gibt es aber Reproduzierbarkeit nicht. Es ist dort nicht voraussagbar, was geschieht, wenn die Bedingungen A vorhanden sind. Manchmal tritt B ein, manchmal C usw.. Erstaunlich ist das nicht: Die Reaktionen der menschlichen Seele (mit welcher jeder Mensch Anteil an der spirituellen Welt hat) auf was auch immer sind auch nicht voraus berechenbar.

Wer den Anspruch stellt, die Existenz der spirituellen Welt müsse mit den Methoden der materiellen Welt beweisbar sein, stellt also von vorneherein einen unerfüllbaren Anspruch, geht also von vorneherein davon aus, dass es die spirituelle Welt als Bereich, in welchem die ans Materielle gebundenen Regeln nicht existieren, nicht geben kann. Konsequenterweise muss derjenige, der das sagt, dann auch die Existenz einer menschlichen Seele leugnen.

Eine weitere Überlegung dazu: Das Wort „Wirklichkeit" kommt von „wirken". Wirklichkeit ist daher eigentlich alles, was „wirkt", und nicht nur das, was mit unserer wissenschaftlichen Methode beweisbar ist. Dass die spirituelle Welt eine Wirkung auch in der materiellen Welt hat, zeigen zum Beispiel die erwähnten Aspekte unserer Träume oder die Heilungen durch die im Kapitel 7 beschriebene geistige Heilkraft.

Es gibt auch andere Dinge in unserer Welt, die sich mit unseren „wissenschaftlichen" Methoden nicht beweisen lassen (jedenfalls bisher nicht beweisen liessen) und die man nur anhand ihrer Wirkung feststellen kann. Beispiele:

- Die Wirkung des Föhns: Ich bin bei Föhn viel müder und habe Schwindel und rascher Kopfschmerzen. Messbar ist die Wirkung nicht, denn ich spüre sie bei Nicht-Föhn-Wetter mit derselben Luftdruck-Höhe nicht.
- Die Wirkung des Vollmondes auf die Gefühle. Es gibt Menschen, die bei Vollmond sehr unruhig sind. Dass dies im Volk schon immer bekannt war, zeigt die Sprache: italienisch „luna", französisch „la lune" für „Mond" hat dieselbe Wurzel wie das deutsche Wort „Laune".
- In der Medizin die Wirkung der Homöopathie: Ich habe an mir selber immer wieder die Erfahrung gemacht, dass homöopathische Heilmittel gerade bei höheren Potenzen viel stärker wirken als schulmedizinische Medikamente, obwohl bei höheren Potenzen der Wirkstoff mit den Mitteln unserer schulmedizinischen Wissenschaft nicht mehr nachweisbar ist und daher nach schulmedizinischer/wissenschaftlicher Meinung keine Wirkung haben kann.

Etwas ist sicher: Wer im Namen der Wissenschaften sagt, es gebe eine ewige Seele sowie die spirituelle Seite unserer Wirklichkeit *nicht*, setzt sich in einen Widerspruch zur wissenschaftlichen Methode, welche er oder sie selber vertritt. Denn Beweise, dass es die spirituelle Welt *nicht* gibt, gibt es nicht, dafür sehr viele Hinweise, dass es sie gibt. Also müssten Vertreter der „wissenschaftlichen" Methode zumindest eingestehen: „Ich weiss nicht, ob es nach dem Tod des Körpers etwas gibt." Wer behauptet, die spirituelle Seite unserer Wirklichkeit gebe es nicht, denkt daher nicht wirklich nach der wissenschaftlichen Methode, sondern nach dem Grundsatz: „Was ich mir nicht vorstellen kann, gibt es nicht."

Für mich ist klar, dass unsere Wissenschaften nicht die ganze Wirklichkeit erfassen können. Menschen haben mir wiederholt in privaten Gesprächen von eigenen aussergewöhnlichen Erfahrungen berichtet (Nahtoderlebnis; Astralreisen; Bilder, die vorausgeträumt wurden; jemand spürte plötzlich in der Nacht die Gegenwart ihres weit weg wohnenden Vaters, obwohl sie erst nachher erfuhr, dass er genau um jene Zeit starb usw..). Und ich habe selber durch meine Krankheit gemerkt, wie beschränkt das Wissen unserer Wissenschaften ist: Gemäss schulmedizinischen Lehrbüchern kann es meine Hirngefäss-Krankheit nicht geben, sie ist mit den Mitteln unserer schulmedizinischen Wissenschaft nicht messbar. Doch sämtliche Symptome und Erfahrungen, die ich seit über 40 Jahren habe bzw. mache, sind eindeutig und lassen nur einen Schluss zu. Einmal war ich bei einem Alternativheiler, der mit Augendiagnose arbeitet. Er sagte, er sehe bestätigt, was ich sage.

Auch erlebte ich als Patient schon die im Kapitel 7 beschriebene geistige Heilkraft, die sich mit unserer wissenschaftlichen Methode nicht nachweisen oder erklären lässt.

Aufgrund dieser mir privat mitgeteilten Berichte und eigenen Erfahrungen bin ich daher seit langem völlig sicher: Es gibt mehr Wirkliches und Wahres in dieser Welt, als unsere Wissenschaftler mit ihren beschränkten Mitteln messen und beweisen können. Es *gibt* Dinge, die es gemäss unseren Wissenschaften angeblich nicht geben kann.

Das bedeutet nicht, dass ich einfach irgendwelche Theorien glaube, die spirituell oder esoterisch interessierte Leute verbreiten. Aber es erleichtert es mir, auch die Berichte von mir unbekannten Menschen – die meisten davon spirituell oder esoterisch gar nicht beeinflusst – über ihre wissenschaftlich nicht erklärbaren Erfahrungen ernst zu nehmen, vor allem, wenn sie miteinander übereinstimmen. Das sind für mich auch Beweise. Ich bin darum mittlerweile ganz überzeugt, dass es die spirituelle Seite unserer Wirklichkeit gibt.

Übereinstimmungen mit Erkenntnissen aus der modernen Physik

Es gibt auch zahlreiche Hinweise aus der modernen Physik, welche mit den Erkenntnissen aus den geschilderten Erfahrungsberichten übereinstimmen. Ich versuche, diese Hinweise so, wie ich sie als Laie verstanden habe, kurz zusammen zu fassen und mit den Berichten über aussergewöhnliche Erfahrungen zu verbinden:

- Physiker sagen, es müsse einen Bereich unserer Welt geben, den sie die „Antimaterie" nennen. Nachgewiesen werden konnte sie bisher mit den Mitteln unserer materiellen Welt nicht.[145] Aber sie muss ein Spiegelbild unserer materiellen Welt sein,[146] doch nicht hundertprozentig, sonst würden sich die beiden Seiten gegenseitig zerstören.[147]
  Ich vermute, die Antimaterie könnte die spirituelle Welt oder oder deren oberste Schicht sein. Wie ich darauf komme: Menschen, die mit ihrer Seele den Körper vorübergehend schon verlassen haben (OBE-Erfahrungen), berichten, dass die erste Schicht jener Welt, in der sie waren, fast genau gleich wie die materielle Welt aussah, aber nur fast. Es gab kleine Unterschiede.[148] Sie erlebten sie also als Fast-Parallelwelt. Dass sie sie als Fast-Parallelwelt und nicht als Fast-Spiegelwelt erlebten, kann man damit erklären, dass sie gleichzeitig selber in jener Welt waren: Schaut man in den Spiegel, so sieht man die Welt seitenverkehrt. Doch wenn man selber im Spiegel sein eigenes Spiegelbild wäre, sähe man die Umgebung als Original-Welt. Dass Menschen während Out-of-Body-Erfahrungen in einer Fast-Parallelwelt zur materiellen Welt und nicht in einer Fast-Spiegelwelt sind, passt darum sehr gut zur Vermutung, dass sie sich in der antimateriellen Gegenwelt zur materiellen Welt, eben in der Antimaterie, befinden.

---

[145] Grotelüschen 2011.
[146] Ebenda.
[147] Grotelüschen 2012.
[148] Buhlman 1996, S. 18/19 und 70.

- Die oben erwähnte wissenschaftliche Methode, mit welcher man die Existenz der spirituellen Welt wegen mangelnder Reproduzierbarkeit der Beobachtungen nicht nachweisen kann, beruht auf der alten, klassischen Physik. Daneben gibt es seit dem frühen 20. Jh. auch die Quantenphysik, die sich mit den allerkleinsten Teilchen beschäftigt, aus denen die Materie oder auch die elektromagnetische Strahlung (Licht, Radiowellen usw.) aufgebaut ist und von denen man früher gar nichts wusste. Bei der Materie sind diese Kleinst-Teilchen „subatomare" Teilchen, das heisst Teilchen innerhalb des Atomkerns, zum Beispiel Neutrinos, bei der elektromagnetischen Strahlung Photonen. Die Erkenntnisse der Quantenphysik zeigen: auf der Ebene jener Kleinstteilchen gelten die Gesetze der klassischen Physik nicht. Dafür hat man sehr viele Gemeinsamkeiten mit den Eigenschaften der geistigen Welt, so wie Menschen mit Nahtoderlebnissen oder anderen Out-of-Body-Erfahrungen sie schildern, entdeckt:
    - Im Bereich der Kleinstteilchen gibt es, wie in der spirituellen Welt, keine Reproduzierbarkeit. Man kann keine wiederholbaren Experimente durchführen. Die Kleinstteilchen verhalten sich bei gleichen Voraussetzungen einmal so und einmal so.[149]
    - Es gibt Kleinstteilchen, welche durch Materie hindurch gehen können.[150] Genauso können Menschen während OBEs durch Wände usw. hindurch, und genauso geht die in Kapitel 7 beschriebene geistige Heilkraft durch alles Materielle hindurch, denn sie wirkt auch auf Distanz, wenn Heilperson und Patient an ganz verschiedenen Orten sind.
    - Photonen sind auch Träger von Informationen und können daher mit ihrer Strahlung auch Informationen senden, was die Informationsübertragung für Radio, TV, Internet, Mobilfunk usw. ermöglicht. Das zeigt, dass Informationen losgelöst von Materie existieren können, ähnlich wie die Seele mit ihrem Bewusstsein den Tod des Körpers überdauert.
    - Die Kleinstteilchen vibrieren ständig. Die Materie ist also nur scheinbar fest. In ihrem Kern ist sie es nicht. Ähnlich wird nach Nahtoderlebnissen und während Rückführungen berichtet, die Seelen der Verstorbenen vibrierten ständig,[151] in der spirituellen Welt sei daher immer alles in Bewegung.
    - Subatomare Kleinstteilchen können gleichzeitig in unterschiedliche Richtungen gehen, wie Wellen von z.B. Licht. Dann sind sie gleichzeitig an mehreren Orten,[152] wie auch Wesen in der spirituellen Welt gleichzeitig an unterschiedlichen Orten sein können.

Was bedeutet das alles? Dass *auch gemäss den modernsten Erkenntnissen der Physik* die Grundlagen unserer sogenannten „wissenschaftlichen" Methode (Messbarkeit, Reproduzierbarkeit) nur in sehr beschränkten Bereichen überhaupt gültig sind, und dass jene andere Seite unserer Wirklichkeit, die sich in Nahtoderfahrungen, OBEs usw. zeigt, *auch im Kern unserer materiellen Welt zu finden ist.*

Leider haben die Erkenntnisse der Quantenphysik bisher kaum Eingang in den Schulunterricht und das öffentliche Bewusstsein gefunden. Die Physiklehrer an unseren Schulen ziehen die leichter vorstellbare klassische Physik, wo alles berechen- und reproduzierbar ist, vor.

---

[149] Leiva 2012.

[150] Grotelüschen 2012.

[151] So gemäss der Mitteilung eines „Meisters" aus der spirituellen Welt an Brian Weiss (Weiss 1997, S. 62. Zu den „Meistern" vgl. meine allgemeinen Bemerkungen am Anfang von Kapitel 4).

[152] Leiva 2012.

- Weitere naturwissenschaftliche Erkenntnisse zeigen, dass es eine höhere Kraft geben muss (allerdings sagen sie nichts darüber aus, was das genau für eine höhere Kraft ist):
  o Materie kann ohne Kraft nicht entstehen. Bevor das Universum (genauer: seine materielle Seite) entstand, muss jene Kraft vorhanden gewesen sein.
  o Die Naturwissenschaftler können nicht erklären, welche Kraft die Expansion des Universums bewirkt und verhindert, dass alles in sich zusammenfällt.
  o Die Naturwissenschaftler können ebenfalls nicht erklären, was den Dingen ihre Gestalt gibt. Warum stimmt in der Natur alles so perfekt aufeinander?
  o Die Entwicklung zu immer höheren Lebensformen (Evolution) ist überzeugend dokumentiert, aber die wissenschaftliche Erklärung, wie es dazu kommt (Mutationen), überzeugt nicht. Die Wissenschaftler können also die Evolution nicht befriedigend erklären.

Wie ist die Reinkarnation mit der Bevölkerungszunahme vereinbar?

Ein weiterer manchmal gehörter Einwand gegen die Reinkarnation ist, dass sie nicht zur Bevölkerungszunahme auf Erden passe. Hier einige mögliche Erklärungen, wieso die beiden Dinge sehr wohl zusammenpassen können:

- Viele Kinder starben früher früh. Um 1700 starb zum Beispiel in der Schweiz jedes zweite Kind, bevor es zehn Jahre alt war. Es brauchte früher also nicht soviel weniger Seelen, wie man zunächst meint, denn häufig lebten sie weniger lang in einem Körper.
- Der Zeitraum zwischen den Inkarnationen könnte sich im Laufe der Zeit verkürzt haben. Dies ist auch, was Newton und Whitton bei den vielen Rückführungen ihrer Klienten feststellten.[153]
- In Kapitel 4 erkläre ich, dass aus einer Ur-Quelle ständig weitere Seelen entstehen. Es ist darum ohne Weiteres möglich, dass mit der Zeit neue Seelen hinzugekommen sind, die mit der Reinkarnation auf Erden begannen. Dass es so ist, bestätigen Rückführungen ebenfalls.[154] Einen Mangel an Seelen gibt es daher im Universum nicht.

Leben auf weiteren Planeten

Dafür gibt es höchst wahrscheinlich neben der Erde unzählige weitere Orte, an denen sich die vielen Seelen inkarnieren können.[155] Zu dieser Erkenntnis kann schon eine einfache Überlegung führen: Es gibt alleine in unserer Galaxie Hunderte von Milliarden von Fixsternen. Um die meisten davon kreisen Planeten. Dazu gibt es Hunderte von Milliarden von weiteren Galaxien. Und womöglich gibt es neben unserem Universum noch andere Universen. Angesichts dieser Zahlen wäre es seltsam, wenn die Erde der einzige Planet wäre, auf dem es Leben gibt. Menschen, Tiere und Pflanzen genau so wie hier auf Erden sind wohl einmalig[156], aber dass es überhaupt Leben gibt, ist kaum einmalig.

---

[153] Newton 1996, S. 202/203; Whitton 1986, S. 79.
[154] Newton 1996, S. 124-126.
[155] So auch gemäss den Erkenntnissen von Newton 2000, S. 131, 326, 340, 344-354; Weiss 1997, S. 63 (Mitteilung eines der am Anfang von Kapitel 4 erwähnten Meisters aus der spirituellen Welt an Brian Weiss); Monroe 1985/2001, S. 55.
[156] So auch gemäss Monroe 1985/2001, S. 248. Gemäss Newtons Rückführungen gibt es zwar in einer anderen Galaxie einen Planeten mit sehr ähnlicher Natur wie die Erde, aber nur mit wenig weit entwickelten Lebewesen (Newton 1996, S. 161-163).

3. Genaueres zur Seele und zum Leben nach dem Tod des Körpers

Ich versuche im Folgenden etwas genauer zu beschreiben, was eine Seele ist und was nach dem Tod des Körpers mit ihr geschieht. Ich stütze mich dabei vor allem auf Berichte von Nahtoderlebnissen, daneben auf Kindheitserinnerungen ans Bardo, auf Berichte von Medien, über welche die Seelen der Verstorbenen Kontakt mit den Hinterbliebenen aufnehmen können, sowie auf Astralreisen und Rückführungen ins Bardo.

Was ist eine Seele?

Aufgrund der genannten Quellen kann man einige Dinge über die Seele sagen:

- In der materiellen Welt ist sie meist nicht sichtbar. Ausnahmen habe ich zum Teil schon erwähnt (Erscheinungen Verstorbener), zum Teil erwähne ich sie weiter unten (Aura-Sehen).
  Die Seele ist aber spürbar anhand ihrer Wirkung. Zum Beispiel wirkt sie in den Träumen. Sie ist darum eine Energie im ursprünglichen Sinne des Begriffs. „Energie" kommt von griechisch „en" = Inneres und „ergon" = Wirkung/Ausdruck und kann daher alles bezeichnen, was aus dem eigenen Inneren heraus eine Wirkung hat.

- Die Seele überdauert den Tod des Körpers, ist unsterblich und unzerstörbar. Letzteres wurde Robert Monroe während einer Astralreise mitgeteilt[157], ebenso erfuhr es, wie oben erwähnt, jemand während eines Nahtoderlebnisses (orange Linie, welche das Leben der Seele symbolisierte und keinen Anfang und kein Ende hatte), und Newton erfuhr es in einigen der von ihm geleiteten Rückführungen[158].

- Seelen haben auch nach dem Tod des Körpers ein Ich-Bewusstsein. In den Nahtoderlebnissen besteht es weiterhin. Auch Kleinkinder, die sich an ihr letztes Leben erinnern, haben das Gefühl: Das war ich.
  Dazu passt, dass die Seelen gemäss den Rückführungen Newtons sowie den Astralreisen Monroes in der spirituellen Welt einen Namen haben.[159] Namen verleihen Individualität. (Es ist kein Name, den es in einer auf Erden gesprochenen Sprache gibt,[160] und er besteht aus *einem* Wort, denn Geschlechtsnamen braucht man in der spirituellen Welt nicht, da die Seele nicht von einer Familie abstammt.)
  Die Seele ist also das den Tod des Körpers überdauernde Ich. Während einer Inkarnation ist sie das wahre Kern-Ich, das nicht dasselbe ist wie das Ich, das wir zu sein meinen. Das ist das Schein-Ich, das nur während der Inkarnation besteht. Um das wahre Seelen-Ich zu spüren, muss man ganz ehrlich mit sich selber sein. Das ist nicht immer einfach. Auch spüren wir es während einer Inkarnation nicht gleich wie zwischen den Inkarnationen: Während einer Inkarnation ist es eingegrenzt im Körper, zwischen den Inkarnationen nicht. Es ist dann also ein entgrenztes Ich. Was schwer vorstellbar ist, solange wir einen Körper haben.

---

[157] Monroe 1994, S. 195.

[158] Newton 1996, S. 51.

[159] Jedes einzelne Fallbeispiel Newtons zeigt das. Zu Monroes Name in der spirituellen Welt („Ashaneen") z. B. Monroe 1985/2001, S. 102, 174, 205, 229, 236. Bei Weiss findet sich ein Fall einer Rückführung ins Bardo, wo sich im Lebensbuch auch der Name der betreffenden Seele findet (Weiss 1993, S. 151).

[160] In Whittons Rückführungen wird dieser Name daher nie in die verbale Sprache übersetzt, da dies nicht möglich sei (Whitton 1986, S. 62).

- Alle Handlungen, Gefühle und (tiefer gehenden) Gedanken aus allen bisherigen Inkarnationen sind in der Seele gespeichert. In einigen Rückführungen werden diese Erinnerungen von einem Lebens-Buch symbolisiert.[161] Es ist ein Bilder-Buch und kein geschriebenes Buch, weil in der spirituellen Welt nur über Bilder, Gefühle und Gedanken und nicht über Worte kommuniziert wird. Jedes Kapitel in diesem Buch enthält die Erinnerungen aus einer Inkarnation.
  Während einer Inkarnation sind die Erinnerungen an die früheren Leben nicht bewusst zugänglich, man kann höchstens durch Rückführungen an einen kleinen Teil davon herankommen, aber kaum an alle. Im Bardo kehren dann aber alle Erinnerungen zurück.

- Die Seele ist also nichts Statisches. Sie entwickelt sich mit jeder Inkarnation ständig weiter dank den Lebens-Erfahrungen, die man macht und die als Erinnerungen gespeichert werden.

- Keine zwei Seelen sind genau gleich.[162] Denn jede Seele hat (sich wandelnde) individuelle Persönlichkeits-Eigenschaften. Hinterbliebene sagen zum Beispiel manchmal, dass in den Mitteilungen, welche die Verstorbenen über Medien an sie richten, derselbe Charakter und dieselben Eigenschaften, die sie schon zu Lebzeiten hatten, deutlich durchdringen.[163]

- Die Seelen haben kein körperliches Geschlecht, da sie sich in der spirituellen Welt nicht fortzupflanzen brauchen. In körperlichem Sinne sind sie daher geschlechtslos.

Zusammengefasst: Die menschliche Seele ist eine alle Inkarnationen überdauernde, individuelles Bewusstsein und individuelle Persönlichkeits-Eigenschaften tragende Ansammlung von Energie, die sich mit der zunehmenden Zahl von Inkarnationen immer weiter entwickelt und immer tiefschichtiger wird. Die Seele ist unser wahres Ich, unser wahres Selbst, im Gegensatz zu jenem viel einfacheren und oberflächlicheren „Ich"/"Selbst", das wir während der Inkarnationen normalerweise zu sein meinen. Wir meinen meist, wir seien ein Mensch mit einem Körper, der daneben (vielleicht) noch eine Seele hat. In Wirklichkeit sind wir eine Seele, die zeitweise in einen (wechselnden) Körper hineinschlüpft.

Die Farben der Seele und die Aura

Die Seelen-Energie vibriert ständig, bei jeder Seele auf ihre individuelle Art, die ihre Gefühle und ihre Gedanken ausdrückt. Diese Schwingungen sind gemäss Nahtoderfahrungen und Rückführungen in der spirituellen Welt als Farben sichtbar. Jede Seele hat daher ihre individuelle Farbenzusammensetzung, welche ihre Gefühle und ihr Denken zeigt.[164]

Auch alles im Körper schwingt ständig, nur langsamer als die Seele. Krankheiten des Körpers drücken sich daher auch in Schwingungen aus. Alle Schwingungen des Körpers und der Seele bilden ein Energiefeld, das um jeden Menschen herum strahlt.[165] Dieses Strahlungsfeld bezeichnet man als

---

[161] Beispiele: Newton 1996, S. 93/94; Weiss 1993, S. 150-152. In der Theosophie und Anthroposophie (Rudolf Steiner) und als Folge auch in esoterischen Kreisen wird das Lebens-Buch als „Akasha-Chronik" bezeichnet. Alle individuellen „Akasha-Chroniken" zusammen bilden die „Akasha-Chronik" der gesamten Menschheit. „Akasha" bedeutet auf Sanskrit „Raum, blauer Himmel".

[162] Newton 2000, S. 130.

[163] Zwei besonders eindrückliche Beispiele: Voggenhuber 2011/2012, S. 143-147, und Voggenhuber 2018, S. 67-74.

[164] Newton 1996, S. 97-104 und Newton 2000, S. 170-188.

[165] Genauer beschrieben zum Beispiel in Berti 2005, S. 67-79.

„Aura" des Menschen. Die Aura zeigt alles über den Menschen, alle Gefühle und tiefer gehenden Gedanken, aber auch die Krankheiten.

Dass die Menschen (und auch die Tiere sowie die in Kapitel 8 beschriebenen Naturwesen) ein schwingendes Energiefeld um sich herum haben, erklärt, weshalb wir sagen, zwei Menschen hätten die gleiche oder nicht die gleiche „Wellenlänge", und weswegen es sensible Menschen spüren, wenn jemand unmittelbar hinter ihnen ist, auch wenn der oder die Betreffende nichts sagt oder tut.

Sichtbar ist die Aura für die allermeisten Menschen nicht. Ein paar Menschen haben aber die Fähigkeit, sie mit ihrem dritten Auge wahrzunehmen. Das Medium Erla Stefánsdóttir schreibt zum Beispiel, dass sie, obwohl mit ihren äusseren Augen vollständig nachtblind, Menschen trotzdem auch des Nachts erkennen kann, anhand ihrer Aura.[166]

Wenn jemand, der die Aura sehen kann, auch noch gelernt hat, die Bedeutung der Farben richtig zu verstehen, sieht er/sie die ganze Wahrheit über die anderen Menschen, zum Beispiel, ob jemand krank ist, wie gut es seiner Seele geht, oder ob er einem anlügt.[167] Ein kleiner Teil der Aura kann auch mit einer bestimmten Fotografie-Technik (Kirlian-Fotografie) sichtbar gemacht werden.

Dass Farben Schwingungen haben, mit denen bestimmte Gefühle verbunden sind, zeigt sich übrigens auch darin, dass Menschen, die von Geburt an blind waren, Farben spüren können. Und wir alle verbinden Farben mit bestimmten Gefühlen und haben darum unsere Lieblings-Farben neben solchen, die wir nicht schätzen.

Seelen und Elektrizität

Ausser der Seele gibt es auch andere Energien, die man in der materiellen Welt nicht sieht, deren Wirkung man aber spürt, zum Beispiel die Elektrizität, der Erd-Magnetismus oder die Radiowellen. Das könnte erklären, warum verstorbene Seelen manchmal versuchen, den Hinterbliebenen mittels An- und Ausschalten von Lichtern oder elektrischen Apparaten mitzuteilen, dass sie immer noch da sind. Möglicherweise fällt ihnen dies besonders leicht.

„UFOs" und „Aliens"

Dass Seelen Energien sind, könnte noch etwas Anderes erklären: Es gibt Menschen, die in der Dämmerung oder des Nachts schon Lichter in der Luft sahen, auch sich bewegende Lichter. Darunter sind etliche Fälle, bei denen es sich um optische Täuschungen oder Spiegelungen handelte oder wo das Licht von einem Flugzeug oder einer Rakete stammte. Aber man kann so nicht alle solche Sichtungen erklären. Wenn die seltsamen Lichter von mehreren Personen von unterschiedlichen Standpunkten aus gesichtet wurden und mit keinerlei Geräuschen verbunden waren, wie es auch schon berichtet wurde,[168] wird eine physikalische Erklärung schwierig. Wenn die Beobachtungen nicht erklärt werden können, werden sie vielfach als UFOs gedeutet. Doch bei geräuschlosen Lichtern kann es sich kaum um Raumschiffe aus Materie handeln. Ich denke aber, die Erklärung könnte in der Tatsache liegen, dass Seelen vibrierende Energie-Ansammlungen sind. Ich vermute daher, jene auffälligen Lichter könnten (in den physikalisch nicht erklärbaren Fällen) Seelen sein, die sich auf der

---

[166] Stefánsdóttir 2007, S. 33-35.

[167] Beispiel: Pascal Voggenhuber beschreibt, wie er die Aura sieht und darum seiner Freundin sofort sagen konnte, wenn sie ihn anlog (Voggenhuber 2011/2012, S. 36/37).

[168] Ein Beispiel aus der Schweiz aus dem Jahr 2009, allerdings ist es dort zuerst ein lautloses Objekt, erst später folgen Lichter-Sichtungen durch verschiedene Leute: Radio TV srf, Nachtwach, 25./26.9.2012, zweiter Anrufer.

spirituellen Seite unserer Welt ohne Körper in unmittelbarer Nähe der Erde befinden.[169] Das könnten Seelen verstorbener Erdenbewohner sein. Falls dies stimmt, wären diese, ähnlich wie die Sterne, am Abend und in der Nacht manchmal am Himmel als Lichter sichtbar. Es könnten darunter aber auch Seelen sein, die sich auf einem anderen Planeten inkarnierten, und nun zu einer Art Touristen-Besuch in die Nähe der Erde kamen. Dass es dies gibt, berichtet Newton aufgrund der von ihm geleiteten Rückführungen[170], und Monroe begegnet auf seinen Astralreisen einem Beispiel.[171] Möglich sind solche Besuche, weil Distanzen in der spirituellen Welt keine Rolle spielen. Wenn die beobachteten Lichter Seelen von Wesen von anderen Planeten sind, sind sie in gewissem Sinne doch UFOs, nur ohne materielles Raumschiff. Und in gewissem Sinne auch Aliens, allerdings solche ohne Körper. Eben nur *Seelen* von Aliens.

Wenn die rätselhaften nächtlichen Lichter nicht in der Luft, sondern am oder in der Nähe des Bodens auftreten und nicht als Glühwürmchen oder physikalisch erklärbar sind, dann können sie auch von Naturwesen stammen. Dazu schreibe ich in Kapitel 8 mehr.

Hinweise, dass Ausserirdische mit einem *Körper* aus Fleisch und Blut und einem Raumschiff aus Materie je auf Erden waren, fand ich in den mir glaubwürdig scheinenden Berichten dagegen nicht. Es sind immer Seelen-Besuche, die meist für die Menschen unsichtbar bleiben.

Wo im Körper ist die Seele während der Inkarnation?

Seelen sind während der Inkarnationen im *ganzen* Körper[172], gemäss der Bibel im Blut[173]. Das Blut ist ja überall im Körper. Die Verbindung mit der geistigen Welt geschieht über das Sonnengeflecht. Dort ist die Seele am deutlichsten spürbar. Damit kann man erklären, weswegen wir dort so verletzlich sind, warum wir unser „Bauchgefühl" haben und warum manchmal Menschen nach einer Bauchoperation plötzlich viel ehrlicher und offener und weniger diplomatisch sind: Wahrscheinlich wurde durch die Operation der Zugang zur eigenen Seele verbessert, sodass man nachher offener sagt, was man wirklich denkt, wie ein kleines Kind.

Die Augen als Fenster der Seele

Sichtbar ist die Seele in den Augen, sie sind das Fenster der Seele.[174] Darum sind sie das Echteste am Menschen. Sie verraten zwar nicht alles, aber vieles.

Der Tod – ein Hinübergehen in einen anderen Bewusstseinszustand

Während der Nahtoderlebnisse und anderen Out-of-Body-Erfahrungen bleibt die Verbindung zwischen der Seele und dem Körper erhalten. Menschen berichten nach OBEs, sie seien während der OBE mit einem feinen silbernen Faden mit dem Körper verbunden.[175]

---

[169] Monroe erhält in der spirituellen Welt einmal ausdrücklich die Mitteilung, dass dies hinter unseren „UFO"-Sichtungen stehe: Monroe 1994, S. 50.
[170] Newton 2000, S. 69.
[171] Monroe 1985/2001, S. 126/128 und 234-237.
[172] Newton 2000, S. 391.
[173] 3.Mose 17, 11.
[174] Newton 1996, S. 37. Es entspricht auch der praktischen Alltagserfahrung.
[175] Buhlman 1996, S. 165; Stefánsdóttir 2007, S. 31; Stefánsdóttir sieht den Silberfaden auch bei Anderen, wenn sie mit ihrer Seele den Körper verlassen: Beispiel ebenda, S. 30.

In der Bibel wird im Buch Prediger (= Weisheit Salomos) gesagt, diese Verbindung werde beim Tod des Körpers zerrissen („eh denn die silberne Schnur zerreisst"[176], wobei mit dem Zerreissen der Schnur der Tod gemeint ist). Das Zerreissen dieser Verbindungsschnur ist der Unterschied zwischen einer OBE oder einem Nahtoderlebnis und dem Tod. Sonst aber dürfte dasselbe geschehen. Das, was wir Tod nennen, ist daher für die Seele kein Ende, sondern nur ein Hinübergehen in die andere Seite unserer Welt, genauer: in einen anderen Bewusstseinszustand, wie wenn man durch eine Türe in einen ganz andersartigen Raum gelangen würde, den einige Menschen ab und zu schon erleben, wenn sie noch einen Körper haben.

Da die Seele in der geistigen Welt schon existierte, bevor sie in den Körper ging, empfindet sie diesen andersartigen Raum, sobald sie wieder dort ist, als ihr wahres Zuhause. Das Hinübergehen wird dann wie die Heimkehr nach Hause empfunden, und der Aufenthalt auf Erden erscheint im Rückblick nur wie eine Durchreise.[177]

Der Schmetterling als Symbol für die Seele

Wegen des Wechels vom Körper in die spirituelle Welt haben Menschen die Seele seit Jahrhunderten mit einem Schmetterling verglichen: So wie sich der Schmetterling aus der Verpuppung löst und die Puppe zurücklässt, so löst sich die Seele beim Tod/Hinübergehen vom Körper und lässt diesen zurück. Der Schmetterling ist daher in der Kunstgeschichte ein altes Symbol für die Seele.

Wenn man von der Reinkarnation überzeugt ist, kann man sich den Vergleich weiter denken: So wie die Raupe aus den Eiern des Schmetterlings schlüpft, so inkarniert sich die Seele wieder. Der Wechsel zwischen Schmetterling und Raupe ist daher ein geeignetes Symbol für den Wechsel zwischen dem Bardo und den Inkarnationen.

Auffällig ist, wie viele Berichte es gibt von Schmetterlingen, die beim oder nach dem Tod eines Menschen den Hinterbliebenen erschienen sind. In vielen Fällen kann man das nicht als reinen Zufall abtun, etwa, wenn ein Schmetterling in der Kirche an der Abdankungsfeier einer Frau erscheint, die vor ihrem Tod sagte, sie werde als Schmetterling zurückkehren. Oder wenn ein Schmetterling an einer Abdankungsfeier oder einem Grabbesuch mitten im Winter erscheint.[178] In solchen Fällen hat die Seele des Verstorbenen den Schmetterling wohl als Erscheinungsform gewählt, weil sie hoffte, dieses Symbol werde verstanden. Die einfache Botschaft ist wohl auch hier: Ich bin mit meiner Seele noch da.

Beschädigung und Wiederherstellung der Seelen-Energie

Da die Seele während der Inkarnation im ganzen Körper ist, stellt sich eine Frage: Was geschieht mit ihr, wenn ein Mensch beim Tod auseinandergerissen wird oder wenn Glieder abgetrennt werden?

---

[176] Pred. 12, 6.

[177] Robert Monroe empfindet während seiner Astralreisen den Ort in der spirituellen Welt, von wo seine Seele kommt, als „home" (Monroe 1994, S. 25-30). Beispiele, wo jemand während einer Rückführung das Bardo als „home" empfindet: Weiss 2000, S. 163 und Whitton 1986, S. 70. Andere Beispiele: Pascal Voggenhuber berichtet, wie ihm einmal eine Seele mitteilte, sie habe nach dem Tod des Körpers das Gefühl gehabt, „wieder zu Hause angekommen" zu sein (Voggenhuber 2011/2012, S. 139). Und in van Lommel 2010, S. 39, berichtet ein Bub, er habe während einer Nahtoderfahrung das Gefühl gehabt: „I've been here before. It felt like a homecoming after an arduous journey."

[178] Diese und weitere Beispiele in Heathcote-James 2008, S. 93-96.

Wenn sie, was möglich ist[179], den Körper unmittelbar vorher verlassen hat, nimmt sie auch in solchen Fällen keinen Schaden. Wenn sie ihn aber erst mit dem Tod verlässt, kommt sie beschädigt im Bardo an. Doch sie wird dort wieder hergestellt[180], denn die Seelenenergie ist formbar und kann getrennt und wieder zusammengefügt werden. Das zeigt sich auch darin, dass die Seele nie sämtliche Seelen-Energie in eine Inkarnation mitnimmt, wie ich weiter unten erklären werde.

Tier-Seelen

Nicht nur die Menschen haben eine Seele. Dass auch Tiere eine Seele und darum eine individuelle Persönlichkeit haben, wissen Tierkenner. Es zeigt sich zum Beispiel in den Augen der Tiere, ferner darin, dass auch Tiere träumen, sowie in der Sprache: „Animal" ist auf Lateinisch das Tier, „anima" die Seele.

Höher entwickelte Tiere haben dieselben Seelen-Gefühle wie Menschen, auch wenn sie sie nicht formulieren können. So berichtet das Medium Frau Zeier Kopp, wie sie aufgrund eines Fotos die Seele und die Seelengefühle einer lebenden Kuh auf Distanz spüren konnte, so wie sonst die Gefühle und Botschaften verstorbener Menschen- und Tier-Seelen. Zeier Kopp fühlte sich eingesperrt, und plötzlich durchzuckte sie ein heftiger Schmerz im Unterleib und eine unendliche Trauer. Erst nachher erfuhr sie, dass ebendiese Kuh nur selten den Stall verlassen durfte und zwei Tage vorher ein Kälblein geboren hatte, das man ihr wegnahm.[181] Eine solche Geschichte zeigt, dass die industrielle Massentierhaltung genauso unmenschlich ist, wie sie es wäre, wenn auf dieselbe Weise Menschen gehalten und genutzt würden. Tiere haben genauso Muttergefühle und das Bedürfnis nach Freiheit wie Menschen.

Ein anderes Beispiel: In der srf-Sendung „Nachtwach" erzählte eine Frau, dass sie einmal nach einem Gewitter mit ihrem Mann und ihrem Sohn auf einem Weg in der Nähe ihrer Wohnung spazierte. Da sahen sie am Boden ein Meislein, das nicht abheben konnte. Katzen waren in der Nähe, darum wickelte der Mann den Vogel in ein Tüchlein und nahm ihn nach Hause, wo er in einem Körbchen voller Stroh sofort einschlief. Am nächsten Morgen wollte er wegfliegen. Der Sohn brachte ihn auf jenen Weg, wo die drei ihn angetroffen hatten, und liess ihn frei. Wenig später klopfte jemand an den Laden eines Fensters der Wohnung der drei. Es war ein Meislein. Es liess sich von allen dreien über den Kopf streicheln, was Singvögel sonst nie zulassen, und flog dann weg. Die Wohnung war eine von 40 Wohnungen eines grossen Blocks.[182] Die Geschichte kann man nur so verstehen, dass das Meislein zurückgekommen war, um sich zu bedanken. Nicht nur Menschen kennen also das Gefühl der Dankbarkeit.

Viele Beobachtungen zeigen auch, dass Tiere über den Tod von ihnen nahestehenden Tier- und Menschen-Freunden genauso traurig sind wie Menschen.

Verschiedene Berichte zeugen auch davon, dass Tier-Seelen ihren Körper genauso wie Menschen-Seelen vorübergehend verlassen können, und dass sie nach dem Tod des Körpers genauso in die spirituelle Welt gelangen: Jemand beobachtete zum Beispiel während einer OBE die oben erwähnte silberne Schnur, die Seele und Körper miteinander verbindet, bei seinem Hund, was bedeutet, dass

---

[179] Newton 2000, S. 89.
[180] Beispiel: ebenda, S. 87-90.
[181] Zeier Kopp 2004, S. 203/204.
[182] Radio TV srf, „Nachtwach", 1./2.5.2018, zweite Anruferin.

die Seele des Hundes den Körper ebenfalls verlassen hatte.[183] Einige Kleinkinder, die sich ans Bardo erinnern, erzählen von Tieren, die sie dort sahen.[184] Rückführungen ins Bardo bestätigen, dass sich in der spirituellen Welt auch Tierseelen befinden.[185] Zahlreiche Menschen berichten auch über Erscheinungen verstorbener geliebter Tiere, die jenen verstorbener nahestehender Menschen sehr gleichen.[186] Der Tierheiler Robert Haas erzählt sogar von einer Beobachtung, die man nur so deuten kann, dass ein verstorbenes Pferd einem anderen, mit ihm eng befreundeten Pferd erschien: Ein Pferde-Hengst tanzte auf der Weide plötzlich so herum, wie er es früher nur mit einem anderen, ein Jahr zuvor vom Hof weggebrachten Pferd getan hatte, das sein enger Freund war. Er verhielt sich so, als spielte er mit ihm. Später erfuhr die Besitzerin, dass genau an jenem Tag jenes andere Pferd gestorben war.[187]

Medien berichten, dass bei ihren Sitzungen auch die Seelen von den Menschen nahestehenden verstorbenen Tieren erscheinen und Botschaften übermitteln können.[188] So liess ein verstorbener Hund über das Medium James van Praagh seine hinterbliebene Herrin wissen, dass sie ihm vor seinem Tod, als er alt und krank war, half (sie war unsicher, ob das Einschläfern richtig war), und er übermittelte dem Medium ein Gefühl bedingungsloser Liebe zu seiner früheren Herrin.[189]

Tierseelen sind andersartig als jene der Menschen. Die Menschen haben Individual-Seelen, die meisten Tiere Gruppenseelen, was bedeutet, dass jede Tierart eine Gesamtseele hat, von der sich jeweils ein Teilaspekt mit bestimmten individuellen Persönlichkeitseigenschaften in einem einzelnen Tier inkarniert. Möglich ist das, weil Seelen-Energien, wie erklärt, teilbar sind. Bei Gesamtseelen entsteht bei der Erfüllung der Lebensaufgabe kein individueller Wille. Das heisst: Die (allermeisten) Tiere möchten nichts Anderes tun, als die ihrer Art zugewiesene Aufgabe im System der Natur wahrzunehmen, während die Menschen individuelle Lebensaufgaben haben und finden müssen.[190]

Nach einer Inkarnation vereinigt sich der Teilaspekt wieder mit der Gesamt-Seele. Diese ist genauso unzerstörbar und somit unsterblich wie eine individuelle Seele und entwickelt sich dank den gesammelten Inkarnations-Erfahrungen ihrer Teil-Aspekte weiter, ähnlich wie jede individuelle Menschen-Seele. Da die Seele immer auch einen Einfluss auf den Körper hat, könnte diese Weiterentwicklung der Gesamtseelen der Tierarten die Evolution der Körperformen zu immer höher entwickelten Wesen im Laufe der Jahrmillionen erklären. Wie im Kapitel 2 erwähnt, können ja die Wissenschaftler bisher nicht befriedigend erklären, wie es zur Evolution kommt.

(Zur Beseelung der Natur schreibe ich in den Kapiteln 4 und 8 etwas).

---

[183] Newton 2000, S. 36.

[184] Beispiel: Tucker 2006/2009, S. 3.

[185] Newton 2000, S. 296-302 (mit einem Beispiel); Demarmels 2009, S. 95.

[186] Beispiele: Heathcote-James 2008, S. 167-176; Haas 2017, S. 50/51.

[187] Haas 2017, S. 50.

[188] Beispiele: Smith 2003, S. 190-193; van Praagh 1999, S. 100, 176, 177/178; Zeier Kopp 2004, S. 200-203. Offenbar können die Seelen verstorbener Tiere nicht mit allen Medien direkt Kontakt aufnehmen. Voggenhuber schreibt, er könne mit den Seelen verstorbener Tiere nicht direkt kommunizieren, er sehe sie nur in Begleitung von Menschen (Voggenhuber 2011/2012, S. 201/202).

[189] van Praagh 1999, S. 202-209.

[190] Die Informationen zu diesem Abschnitt stammen von Menschen mit Kontakten zu Naturwesen (zum Beispiel erklärt es ein hoch entwickeltes Naturwesen Tanis Helliwell in: Helliwell 1997/2011, S. 106. Mehr zu ihr vgl. Kap. 8). Es stimmt aber auch ganz mit der Erkenntnis Newtons überein, wonach Tiere kein Seelen-Ego haben (Newton 2000, S. 296).

Positive und negative Nahtoderlebnisse

Zurück zur Menschen-Seele. Was geschieht mit ihr nach dem Tod des Körpers *genauer?*

Nimmt man die Nahtoderlebnisse als Quelle, so ergibt sich ein Problem: Es gibt zwar eine überwiegende Mehrheit sich stark gleichender und als sehr schön und angenehm empfundener Nahtoderlebnisse, aber es werden auch ein paar andere geschildert. Und darunter hat es auch unangenehme bis sehr unangenehme Erlebnisse. Es gibt also auch negative Nahtoderlebnisse. Das macht auf den ersten Blick Angst und verunsichert. Es könnte glauben machen, dass es die ewige Verdammnis doch gibt, die in den üblichen, positiven Nahtoderlebnissen nicht vorkommt.

Wenn man die Berichte von negativen Erlebnissen aber genauer studiert, stellt man fest, dass sie andere Erklärungen haben. Ich schreibe im Folgenden über sie zuerst.

Negative Nahtoderlebnisse

Während alle positiven Nahtoderlebnisse einander im Grundsätzlichen stark gleichen, sind die negativen Erlebnissen untereinander sehr unterschiedlich. Zum Beispiel kann es sein, dass die Seele angsteinflössenden Kreaturen begegnet, die nach ihr schnappen und picken,[191] oder hasserfüllten Kreaturen, die scheinbar miteinander kämpfen[192]. Jemand erzählte mir, sie sei von grossen Kugeln fast erdrückt worden. Andere Seelen sind einfach völlig alleine und verlassen.[193] Gemeinsam ist allen diesen Schilderungen das Gefühl von Angst, Verlassensein, Leiden und Verwirrung.

Doch Strafen für ein böses Leben sind das *nicht,* denn dieselbe Person kann beim gleichen Krisenereignis hintereinander ein negatives und dann ein positives Nahtoderlebnis haben.[194] Vielmehr findet man die Ursachen für die negativen Erlebnisse, wenn man schaut, wann sie eintreten:

Die einen finden sich in Erlebnissen, die keine ausserkörperlichen Wahrnehmungen enthalten.[195] Trotz Krisensituation (z.B. Herzstillstand) verliess die Seele den Körper also nicht. Mit anderen Worten: Es handelt sich bei diesen Erlebnissen in Wirklichkeit gar nicht um Nahtoderlebnisse, sondern um Angstträume in einem Zustand, in dem die Seele den Körper *nicht* verlassen hat.[196]

Es werden aber auch ein paar negative Nahtoderlebnisse *mit* ausserkörperlichen Wahrnehmungen berichtet, also wirkliche negative Nahtoderlebnisse. Sie geschehen, wenn die Seele während der letzten Minuten im Körper und/oder kurz danach auf dem (in den positiven Nahtoderlebnissen geschilderten) Weg ins Licht, zum Beispiel im Tunnel (siehe dazu unten), von negativen Gefühlen erfasst und beherrscht wird[197]. Die negativen Gefühle können zum Beispiel sein: Verwirrung, Scham, Schuldgefühle wegen dem, was man auf Erden tat, Hass usw.. Immer sind diese Gefühle mit grosser Angst verbunden. Was die Seele dann erlebt, ist ein Spiegel ihrer Gefühle und ihrer Angst.

---

[191] Moody 1988/1989, S. 151/152; van Lommel 2010, S. 30.

[192] Van Lommel 2010, S. 30/31.

[193] Ebenda, S. 214/215.

[194] Ebenda, S. 203-221; Moody 1988/1989, S. 25-27. In beiden Fällen ist die mittlere von drei Nahtoderfahrungen negativ, die anderen beiden sind positiv.

[195] So beim nach Raymond Moody schlimmsten in seiner umfangreichen Sammlung von Nahtoderlebnissen: Moody 1988/1989, S. 151.

[196] Zum Beispiel wurde das in der vorangegangenen Anmerkung erwähnte angebliche negative Nahtoderlebnis durch einen angsteinflössenden Drogenrausch ausgelöst.

[197] Van Lommel 2010, S. 30.

Überraschend ist das nicht: Alles, was die Seele während eines Nahtoderlebnisses erlebt, sind Bilder, die ihr Bewusstseinszustand schafft. Eine Seele, die starke Angst hat, erlebt daher Angstmachendes.

Wenn Schuldgefühle dahinter stehen, können negative Nahtoderlebnisse bei Verbrechern auftreten.[198] Doch meist haben sie nichts damit zu tun, ob man ein guter oder ein schlechter Mensch war. Sie können zum Beispiel vorkommen, wenn eine Seele überraschend und durch Gewalt (Unfall, Verbrechen, Krieg) ihren Körper verliert und sich darum nicht auf den Tod vorbereiten konnte. Einige Seelen verstehen dann nicht, dass ihr Körper gestorben ist, und sind verwirrt, denn die Klarheit und die volle Erinnerung an alles kommen erst später, wenn sie im Licht sind. Andere wissen oder ahnen, was geschehen ist, können sich aber nicht damit abfinden, weil sie auf Erden noch unerledigte Angelegenheiten haben oder noch gerne in die irdischen Ereignisse eingreifen würden.[199] In diesen Fällen werden die Desorientierung bzw. die Unmöglichkeit, in die irdischen Ereignisse einzugreifen, als etwas Angstmachendes erlebt.

Brian Weiss berichtet von einem Beispiel, das ihm persönlich zugetragen wurde und wo einer Frau wochenlang ein früherer Freund im Traum erschien und sie verwirrt und weinend fragte, was er tun solle, er wisse nicht, ob er tot sei. Erst nachher erfuhr die Frau, dass er kurz vorher tödlich verunfallt war.[200] Das Beispiel zeigt nebenbei, dass es auch Erscheinungen *leidender* Seelen bei Hinterbliebenen gibt, mit inhaltlich ganz anderen Mitteilungen als von Seelen, die im Licht sind.

Wenn die Seele nach dem Tod des Körpers von Angst und anderen negativen Gefühlen erfasst und bestimmt wird, kann sie also das in den positiven Nahtoderlebnissen beschriebene Licht nicht spüren und deswegen den Weg ins Licht nicht finden.

Genauer müsste man allerdings sagen: Nicht auf Anhieb finden. Denn der Angstzustand ist immer nur eine vorübergehende Seelenblockade. Bei den negativen Nahtoderlebnissen sind meist irgendwo Hilfsangebote von Seelen da, die schon im Licht sind und die blockierte Seele in jenen Licht-Zustand geleiten möchten. Die negativen Nahtoderlebnisse spiegeln also nur einen manchmal eintretenden unangenehmen *Zwischenzustand*, der unterschiedlich lange dauern kann. Dass es ihn nach dem Tod manchmal gibt, bestätigen auch die Rückführungen von Newton und Weiss[201], die Astralreisen Monroes und seiner Kursteilnehmenden und viele Medien.[202] Und bei Demarmels findet sich eine Rückführung, gemäss welcher die Seele nach dem Tod des früheren Körpers zunächst von ganz ähnlichen Visionen von nach ihr schnappenden Kraken heimgesucht wurde, wie sie in einigen negativen Nahtoderlebnissen beschrieben werden. Allerdings eben nicht dauerhaft.[203]

Auch im Volk wusste man früher, dass es blockierte und leidende Seelen gibt. Man sprach von den „verlorenen Seelen" ohne Ruhe, die nachts klagen, zum Beispiel auf Schlachtfeldern[204], auf

---

[198] Newton 2000, S. 164-169 (mit einem Beispiel).

[199] Newton 2000, S. 54-62 (mit Beispielen). Ein weiteres Beispiel: Whitton 1986, S. 174/175: Die Seele eines im Zweiten Weltkrieg umgekommenen Soldaten bemüht sich verzweifelt, seine Freundin von der Selbsttötung abzuhalten und seine gefangenen Kameraden vor der Folterung durch den Feind zu schützen, kann aber nicht.

[200] Weiss 1993, S. 134/135.

[201] Newton 1996, S. 45-52; Newton 2000, S. 56-62; Weiss 1993, S. 135.

[202] Z.B. van Praagh 1999, S. 93/94.

[203] Demarmels 2009, S. 163/164.

[204] Beispiel eines Schlachtfeldes aus dem Dreissigjährigen Krieg, auf dem man gemäss dem, was man sich im Volk erzählt, bis heute des Nachts Irrlichter sehen kann, vermutlich von den Seelen der dort gestorbenen Reiter: Puhle 2016, S. 50.

Friedhöfen[205] oder am Ort, wo jemand ermordet worden war. Spuk und Poltergeist-Phänomene (unerklärbare Geräusche, unerklärbares Bewegen oder Umwerfen von Gegenständen usw.), die an bestimmten Orten auftreten, können, wenn sie physikalisch nicht erklärbar sind, von solchen wehklagenden Seelen verursacht werden.[206] Sie drücken damit ihr Leiden aus und haben keine bösen Absichten. Dass es sie auch auf Friedhöfen gibt, ist übrigens ein Argument für die Kremation: Die Seele kann eher in der Nähe des verlorenen Körper hängen bleiben, wenn er noch vorhanden, also begraben, ist, als wenn er kremiert wurde.

Da die Seelenblockade immer nur vorübergehend ist, sind die negativen Nahtoderlebnisse aber keine Belege für eine Art Hölle. Es gibt keine ewige Verdammnis, keine Hölle im Sinne eines Ortes oder Zustandes ewiger Verdammnis, kein Schattenreich und keine Seelen, denen das Licht verwehrt ist. Sogar Seelen von Schwerverbrechern gelangen ins Licht (sie leiden dort jedoch beim Lebensrückblick, siehe unten). Es gibt nur Seelen, die auf dem Weg ins Licht Schwierigkeiten haben, weiter zu kommen, das heisst: ihren Bewusstseinszustand entsprechend zu ändern und sich dem Licht zu öffnen. Eine Strafe für böse Taten auf Erden ist das nicht, sondern nur die Folge und der Spiegel jener Ängste, welche einige Seelen kurz nach dem Tod des Körpers in sich tragen.

Das Seelen-Geleit für blockierte Seelen

Wie erwähnt, steht für die blockierten Seelen immer Geleit-Hilfe aus der spirituellen Welt zur Verfügung. Sie müssen sich dafür nur öffnen.

Es gibt auch Menschen mit Kontakten zur spirituellen Welt, welche diese Hilfe anbieten. Es gibt Geistheiler/innen, die sagen, sie könnten den Kontakt zu blockierten und verwirrten Seelen herstellen und sie schonend zum Licht geleiten.[207] In einigen Spuk-Fällen war nach einer Befreiung durch solche Heiler/innen der Spuk vorbei. Auch Robert Monroe lernte auf seinen Astralreisen, blockierten Seelen klar zu machen, dass sie keinen Körper mehr haben, und sie ins Licht zu geleiten.[208] Er brachte die Fähigkeit dazu auch seinen Kursteilnehmenden bei. Unter den solchermassen unterstützten Seelen sind auch einige, die einen Namen, ein Alter und einen Herkunftsort angaben und deren vergangene Inkarnation auf Erden aufgrund dieser Angaben erfolgreich nachgewiesen werden konnte.[209]

Wenn vorher blockierte Seelen ins Licht geleitet worden sind, geht es mit ihnen gleich weiter wie mit allen anderen Seelen und wie gemäss den unten beschriebenen üblichen, positiven Nahtoderlebnissen.

---

[205] Beispiel, wo die in Kapitel 8 erwähnte Tanis Helliwell verlorene Seelen, denen sie des Nachts auf einem Friedhof in Irland begegnet, ins Licht geleitet: Helliwell 1997/2011, S. 145-147. Viele der verlorenen Seelen auf jenem Friedhof sind offenbar von Menschen, die während der grossen Hungersnot von 1845/47 verhungerten und darum einen traumatischen und oft frühen Tod erlitten (Helliwell 2010, S. 74).

[206] Von einem Beispiel berichtet das isländische Medium Erla Stefánsdóttir: Zwei Seelen wussten nicht, dass sie keinen Körper mehr hatten, und verrückten in einem Haus Gegenstände und schalteten Kochherd und TV-Apparat plötzlich ein. Nachdem Stefánsdóttir und andere Medien für sie gebetet hatten, verschwand der Spuk (Stefánsdóttir 2007, S. 83/84).

[207] Beispiele solcher Heilerinnen: Wiesendanger 2010, S. 25/26 und 76. In den in der Literaturliste angeführten Büchern von Magali Jenny über Geistheiler/innen in der Schweiz finden sich einige, die auch Hausentstörungen machen, indem sie in Häusern blockierte Seelen ins Licht geleiten.

[208] Beispiele: Monroe 1994, S. 117-134.

[209] Ebenda, S. 252.

"Besetzungen"

Nach Angaben etlicher Geistheiler/innen kann es, sehr sehr selten allerdings, auch zu "Besetzungen" des Körpers eines noch lebenden Menschen durch eine blockierte Seelen kommen. Die Bezeichnung ist allerdings irreführend. Es geht nicht darum, dass eine fremde Seele Besitz von einem Körper ergreift und dessen eigentliche Seele verdrängt, sondern um eine Anklammerung an einen fremden Körper, weil die Seele nicht weiss oder sich nicht damit abfinden will, dass sie ihren eigenen Körper nicht mehr hat. Gemäss den dem Sterbeforscher Jakoby bekannten Fällen ist eine solche Anklammerung nur möglich, wenn zu Lebzeiten eine starke gegenseitige Anziehung (zum Beispiel zwischen zwei Lebenspartnern oder zwei Geschwistern) bestanden hat und nach dem Tod des einen beide nicht loslassen können.[210]

Solche Anklammerungen nehmen dem besetzten Hinterbliebenen viel Energie. Geistheiler/innen oder Medien mit entsprechenden Erfahrungen können dann die inkarnierte Seele von der Last befreien, indem sie mit der Seele des Verstorbenen in Kontakt treten und ihr auf schonende und verständnisvolle Art klar machen, dass sie ins Licht gehen sollte.[211] Wenn sie dort ist, ist sie froh: Jakoby schreibt von zwei Fällen, wo sie sich nachher in einem Traum bei der Hinterbliebenen, an welche sie sich geklammert hatte, bedankte.[212] Dabei ist zu berücksichtigen: Eine Seele kann immer nur ins Licht *begleitet* werden, weil sie ihren Bewusstseinszustand nur selber ändern kann. Darum sollte man nicht versuchen, sie mit Gewalt "auszutreiben", sondern sie sanft zur Loslösung aus der Anklammerung zu bewegen.

Das Seelengeleit aus der spirituellen Welt beim Hinübergehen

Aus der spirituellen Welt wird ein Seelen-Geleit nicht nur blockierten Seelen angeboten. Es scheint bei einem Hinübergehen, das seit einiger Zeit wegen Krankheit erwartet werden konnte, üblich zu sein, mit dem Unterschied, dass es dann schon *vor* dem Tod bereit ist und *mit* dem Tod einsetzt: Sterbende, die an einer Krankheit oder an Altersschwäche sterben und deren bevorstehender Tod sich seit einiger Zeit abzeichnete, erzählen manchmal, sie sähen am Fusse des Bettes einen verstorbenen nahestehenden Verwandten oder einen alten Mann oder einen Engel oder eine andere Figur. Manchmal erzählen sie auch, diese Erscheinung habe ihnen mitgeteilt, sie sei da, um sie abzuholen.[213] Solche Visionen sind keine Einbildungen. Es können sie auch Sterbende, die nicht unter Medikamenten-Einfluss stehen,[214] und Atheisten haben, die vorher glaubten, es werde nach dem Tod des Körpers nichts kommen, dann angesichts der Erscheinung aber plötzlich vom Gegenteil überzeugt sind.[215]

Dazu ein besonders eindrückliches Beispiel: Eine sterbende Frau sah kurz vor ihrem Tod ihren früher verstorbenen Mann, der sie abholen kam. Der sonst absolut furchtlose Hund war auch dabei, sauste aber mit gesträubten Haaren, Gejammer und voller Angst aus dem Zimmer. Er muss die Erscheinung mitgesehen haben.[216] Er hätte sie jedoch sicher nicht wahrgenommen, wenn sie das Hirngespinst seiner Herrin gewesen wäre. Das Beispiel bestätigt daher, dass solche Totenbett-Visionen keine

---

[210] Jakoby 2009, S. 107. Beispiele: Jakoby 2009, S. 106-108; Garcia 2009, S. 136.
[211] Siehe z. B. Berti 2005, S. 174-185, wo der Geistheiler Aldo Berti beschreibt, wie er dabei vorgeht.
[212] Jakoby 2009, S. 108.
[213] Van Lommel 2010, S. 310. Beispiele: Heathcote-James 2008, S. 31-33.
[214] Weiss 1993, S. 139
[215] Beispiel: ebenda, S. 137/138.
[216] Heathcote-James 2008, S. 34/35.

Fantasien Sterbender sind, sondern ein Zeichen sind, dass diese bereits mehr sehen als die Zurückbleibenden. Die Gestalt, die sie sehen, ist tatsächlich da, aber mit einem nichtstofflichen Körper. Es ist die Seele, die bereit steht, um die Seele des Sterbenden ins Licht zu geleiten, sobald sie ihren Körper verlassen hat, wie wenn einem jemand am Bahnhof des Reiseziels abholt.

Die Reaktion des Hundes ist übrigens ganz anders als jene des oben erwähnten Hengstes, der freudig um die Erscheinung seines verstorbenen Freundes herumtanzte. Tiere reagieren auf Erscheinungen Verstorbener offenbar ebenso unterschiedlich wie Menschen: manchmal mit Angst, manchmal mit grosser Freude.

Ein Seelengeleit durch Verstorbene, das schon *vor* dem Tod bereit ist und *mit* dem Tod beginnt, ist anscheinend nur möglich, wenn sich der Tod vorher wegen Krankheit oder Altersschwäche abzeichnete. Bei einem plötzlichen, unerwarteten Tod scheint kein Seelengeleit aus der spirituellen Welt bereit zu stehen. Es wird dann offenbar erst später möglich, wie oben erwähnt.

Was gemäss den üblichen und positiven Nahtoderlebnissen nach dem Tod des Körpers stattfindet

Und damit zu dem, was in den positiven Nahtoderlebnissen beschrieben und nach dem Tod des Körpers irgendwann von allen Seelen erlebt wird. Bestätigt wird es auch von den Rückführungen ins Bardo. Die einfacheren Elemente (Tunnel, Empfang durch Verwandte und Freunde, Begegnung mit „Gott"/Jesus usw., Wiedergeburt) werden auch von jenen Kleinkindern bestätigt, die sich ans Bardo erinnern können.

Nicht in allen (positiven) Nahtoderlebnissen ist alles enthalten, was ich im Folgenden beschreibe. Dies vor allem deswegen, weil sie nicht immer gleich weit gehen. Auch die konkrete Ausgestaltung der Erlebnisse in den Einzelheiten ist unterschiedlich, weil sie mit dem *eigenen* Leben und dem *eigenen* Bewusstsein zu tun haben. Keine zwei Nahtoderlebnisse sind *ganz genau* gleich. Doch im Grundsätzlichen sind die positiven Nahtoderlebnisse gleich:

- Als erstes hebt sich die Seele aus dem Körper. Das geschieht ganz schmerzlos und einfach.[217] Bei einem Nahtoderlebnis spürt die Seele von da an bis zur Rückkehr in den Körper den körperlichen Schmerz nicht mehr, wenn sie vorher wegen eines Unfalls usw. welchen spürte.
  Dass auch der richtige Tod einfach und schmerzlos ist, bestätigen Rückführungen ins Bardo und Mitteilungen, die Verstorbene über Medien an ihre Hinterbliebenen richten.[218] Demgegenüber können Menschen *vor* dem Tod, das heisst bevor sich die Seele aus dem Körper gelöst hat, manchmal ungeheure Schmerzen haben.

- Wenn sich die Seele aus dem Körper gehoben hat, schwebt sie oft noch einige Zeit über den Geschehnissen. Dann entfernt sie sich, wobei sie durch Häuser, Wände usw. hindurch gehen kann, und gelangt durch einen Tunnel in ein Licht. Der Tunnel ist wie die Türe, durch welche die Seele nach Hause zurückkehrt.
  Statt dem Tunnel kann auch einfach eine Passage in einer dunklen Umgebung beschrieben werden.[219] Aber auch das kann fehlen, es gibt auch direktere Übergänge ins Licht.[220]

---

[217] Beispiel, wo dies betont wird: Ring 1998/2006, S. 17.
[218] Beispiel: Voggenhuber 2011/2012, S. 138/139.
[219] Tucker 2013, S. 196.
[220] Beispiel: Heathcote-James 2008, S. 156.

Der dunkle, beengende Tunnel macht in der Regel etwas Angst. Da alles, was die Seele nach dem Verlassen des Körpers erlebt, ein Spiegel ihres Bewusstseinszustandes ist, ist er daher womöglich ein Bild für eine gewisse Angst, welche die nach dem Verlust des Körpers zunächst etwas desorientierte Seele beim Übergang ins Licht spürt. Das könnte erklären, warum er in einigen Nahtoderlebnissen fehlt.

Der Tunnel könnte aber auch mehr als nur ein Bild der Seele sein. Denn etliche Menschen berichten nach Nahtoderlebnissen, sie hätten im Tunnel neben anderen Seelen, die in gleicher Richtung wie sie selber reisten, auch solche gesehen, die in umgekehrter Richtung, das heisst von der spirituellen in die materielle Welt, reisten.[221] Das waren wohl jene, die in einen Fötus gingen, um neu geboren zu werden. Demnach sind die Tunnels die Tore zwischen der materiellen und der spirituellen/antimateriellen Seite unserer Welt. Man kann spekulieren, ob sie nicht das sind, was in unserer materiellen Welt als „scharze Löcher" im Universum erscheint.[222] Die Astronomen können bis heute die schwarzen Löcher nicht befriedigend verstehen. Dass sie weit von der Erde weg liegen, macht die Deutung als Übergänge zwischen der materiellen und der spirituellen Seite unserer Welt nicht weniger wahrscheinlich, denn in der geistigen Welt spielen, genau wie in den Träumen, Distanzen keine Rolle. Man ist dort, wo man gedanklich ist. Der Tunnel könnte daher gleichzeitig ein inneres Bild für einen Übergangs-Seelenzustand und ein Ort auf der materiellen Seite des Universums sein. Beides würde in den Seelenzustand, den man im Licht spürt, bzw. von dort in den Seelenzustand, den man in der materiellen Welt spürt, führen.

Von einem Tunnel, der von der materiellen Welt ins Licht der spirituellen Welt führt, wusste man schon in früheren Zeiten: Er findet sich zum Beispiel in einem Gemälde von Hieronymus Bosch (ca. 1500)[223]; und Passagen in zwei einander gegenläufigen Richtungen enthält schon Platos Beschreibung einer Nahtoderfahrung in der Antike.[224]

- Das Licht, in das die Seele nach der Reise durch den Tunnel gelangt, ist angenehm-warm. Nahtoderfahrende sagen, es sei die Liebe („I could describe this as «light» or «love» and it would be the same thing."[225]). Die Liebe ist in der spirituellen Welt also eine Lichtenergie. Sie zieht die Seelen unwiderstehlich an, ist heller als alle auf Erden bekannten Lichter und blendet doch nicht.[226] Manchmal „sehen" oder spüren Menschen dieses Liebes-Licht auch während einer Meditation.[227]

- Im Licht findet ein Wiedersehen mit den Seelen all jener verstorbener Menschen statt, die einem im Leben nahestanden: Partner, Verwandte, Freunde, Kollegen. Häufig hat man den Eindruck, dass diese als eine Art Empfangskomitee bereitstehen. Auch geliebte Tiere, zu denen man zu Lebzeiten eine Beziehung hatte, trifft man im Licht wieder.[228] Liebe und Freundschaft überdauern

---

[221] Beispiel: van Lommel 2010, S. 28; bestätigt durch Newtons Rückführungen: Newton 1996, S. 266.

[222] Buhlman 1996, S. 104; Newton 1996, S. 196.

[223] Der Flug zum Himmel. 1500-1504, Öl auf Holz, 87 × 40 cm. Venedig, Dogenpalast. Fragment eines verlorenen Weltgerichtsaltares.

[224] Leicht gekürzt abgedruckt in: van Lommel 2010, S. 97-99.

[225] „I could describe this as «light» or «love» and it would be the same thing." (Moody 1988/1989, S. 12). Weitere Beispiele: Moody 1988/1989, S. 111; Ring 1998/2006, S. 189; Whitton 1986, S. 57/58.

[226] van Lommel 2010, S. 33/34; Moody 1988/1989, S. 12/13. Bestätigt in Rückführungen, z. B. Whitton 1986, S. 58 oder Weiss 1997, S. 74.

[227] Beispiel: Weiss 2000, S. 153-155.

[228] Beispiel: Newton 2000, S. 298-301.

also den Tod des Körpers, und kein Abschied von einer geliebten Seele ist je endgültig. Nur der Abschied von einer Inkarnation ist endgültig.

Da alles, was die Seele in der spirituellen Welt erlebt, ein Spiegel ihres Bewusstseinszustandes ist, stellt sich allerdings die Frage: Sind nun diese Freunde und Verwandten wirklich da oder stellt man sie sich nur vor? Sie sind beides, sie sind tatsächlich *und* in unserem Bewusstsein da, denn in der spirituellen Welt ist alles nur Bewusstsein, aber das individuelle Bewusstsein verbindet sich mit dem gemeinsamen Bewusstsein mehrerer und schliesslich aller sich auf Erden inkarnierender Seelen. Jede Seele ist darum immer dort, wo sie sich hindenkt *und* wo andere Seelen an sie denken. Sie kann daher gleichzeitig ihren eigenen Bewusstseinszustand haben und in den Bewusstseinstzuständen weiterer Seelen sein, wobei alle diese Bewusstseinszustände nicht voneinander getrennt werden können. Man sieht: Die spirituelle Welt ist für uns unvorstellbar und mit unseren Worten nur annäherungsweise beschreibbar.

Noch etwas ist beim Empfangskomitee auf den ersten Blick erstaunlich: Es empfangen einem auch Seelen, die wahrscheinlich inzwischen längst wieder inkarniert sind, zum Beispiel Grosseltern.[229] Ähnlich können unter den Seelen, die Kontakt aufnehmen mit Medien, auch solche sein, die schon vor recht langer Zeit gestorben sind und sich inzwischen wohl wieder inkarniert haben.

Wie ist das möglich? Weil die Seelenenergie, wie weiter oben erklärt, teilbar ist, und weil die Seelen jeweils nicht ihre ganze Energie in eine Inkarnation mitnehmen. Mit dem Rest sind sie daher immer auch in der spirituellen Welt anwesend und vereinigen sich mit dem inkarnierten Teil wieder, wenn dieser von einer Inkarnation zurückkehrt.[230]

Mit dem gerade inkarnierten Teil ist man aber nicht in der spirituellen Welt anwesend. Nach übereinstimmenden Berichten von Nahtoderlebnissen wird man immer nur von den Seelen von Verstorbenen empfangen und nie von jenen von Hinterbliebenen, die man in der gerade beendeten Inkarnation zurückliess.

Die Teilung der Seelen-Energie bedeutet nicht, dass sich die Seele während den Inkarnationen von gewissen Erinnerungen trennt. Es sind immer *alle* Erinnerungen aus früheren Inkarnationen *überall* in der Seele gespeichert.[231] Man nimmt also in eine Inkarnation nicht die ganze Seelen-Energie, aber das ganze Seelen-Wesen (mit allen Seelen-Erinnerungen/Seelen-Informationen aus allen früheren Inkarnationen) mit, und nachdem man von einer Inkarnation zurückgekehrt ist, bereichern und erweitern die während jener Inkarnation gemachten Erfahrungen das *ganze* Seelen-Wesen.

- Im Licht gibt es auch eine Begegnung mit einem höheren Licht-Wesen, das den verschiedenen Seelen in unterschiedlicher Gestalt erscheint. Es erscheint einem immer in jener Gestalt, die man aufgrund der eigenen Überzeugungen auf Erden am ehesten erwartet: einem Christen als Gott oder Jesus, einem Moslem als Allah, einem Buddhisten als Buddha, einem Atheisten als Lichtwesen ohne Bezug zu einer Religion usw..[232] Dies vermutlich deswegen, weil die Körper in

---

[229] Newton 1996, S. 30.
[230] Ebenda, S. 85; Newton 2000, S. 108 und S. 117.
[231] Newton 1996, S. 154/155.
[232] Moody 1988/1989, S. 13.

der spirituellen Welt nicht aus Materie bestehen, sondern gedachte Körper sind, und weil jenes Wesen daher für jede Seele die geeignete Gedanken-Gestalt annimmt.

- Es findet ein Lebensrückblick statt, eine Konfrontation mit dem Leben, das man auf Erden führte.[233] Das ganze Leben rollt dann wie ein Film vor einem ab. Man schaut den Film an, ist aber auch drin. Das heisst: Man beobachtet das Leben und lebt es gleichzeitig erneut durch. Dabei wird man mit *allen* eigenen Taten, Worten und Gedanken sowie ihren Auswirkungen auf die eigene Seele und *alle* anderen Seelen konfrontiert, auf die man eine Wirkung hatte: die Seelen anderer Menschen, aber auch aller Tiere und Pflanzen, mit denen man zu tun hatte, mit den Auswirkungen aufs ganze Universum.[234]

Bei dieser Begegnung mit dem eigenen Leben spürt man alles, was man anderen Seelen an Nützlichem und Schädlichem zugefügt hat, als ob man es der eigenen Seele zugefügt hätte.[235] Das ist möglich, weil die Seelen in der spirituellen Welt alle miteinander verbunden sind, da sie nicht mehr im Körper gefangen sind. Ein Verbrecher berichtete darum nach einer Nahtoderfahrung, er habe die Auswirkungen seiner Taten auf *alle* seine Opfer *und deren Angehörige* erlebt.[236]

Was man anderen Seelen an Schädlichem zufügte, führt dann zu unangenehmen Schuldgefühlen. Man wünscht sich, man hätte diesem und jenem dieses und jene unnötige Leid nicht zugefügt. Und dort, wo es nötig war, etwas zu tun, worunter jemand anders litt, wünscht man sich, man hätte das eigene Handeln besser erklärt. Manche Seelen haben darum beim Lebensrückblick das Gefühl, das sei die Hölle.[237] Die christlich-jüdisch-islamischen Vorstellungen von der Hölle könnten von diesem Teil der Nahtoderlebnisse genährt worden sein.

Der Lebensrückblick ist also eine Lebensbilanz, und zwar eine lückenlose und schonungslos ehrliche. Man wird mit der ungeschminkten Wahrheit über einem selber konfrontiert. Nichts wird ausgelassen. Jeder muss die vollständige Verantwortung für alle seine Taten übernehmen.

Allerdings zeigt sich im Lebensrückblick auch: Was schädliche und nützliche, „gute" und „schlechte" Taten waren, wird in der spirituellen Welt nicht unbedingt gleich gesehen, wie wir das auf Erden meinten.[238] Das kann meinem Eindruck nach damit zu tun haben, dass es nicht um die Auswirkungen der eigenen Taten auf andere *Menschen/Tiere usw.* geht, sondern auf deren *Seele*, und zudem auch auf die *eigene Seele*. Man erlebt, wie die eigenen Taten, Worte und Gedanken innerlich, in der Seele, erlebt wurden. Während der Inkarnationen weiss man aber nicht bei allem, was man tut oder sagt, wie es sich aufs Innerste von jemand Anderem auswirkt, man merkt es manchmal nicht einmal bei sich selber, wenn man keinen guten Zugang zum eigenen Inneren hat.

Auch alles, was man im Leben als Opfer erfuhr, erlebt man im Lebensrückblick wieder. Und auch dabei sind die Grenzen zwischen den Individuen aufgehoben. Man sieht ins Innere des Täters. Man erfährt seine Beweggründe, sodass man ihn besser verstehen kann. Und man erlebt auch, was das Tun anderer Menschen, beispielsweise der Eltern, im eigenen Inneren bewirkte und wie

---

[233] Siehe dazu die verschiedenen Beispiele in Ring 1998/2006, S. 145-185.
[234] Beispiel: ebenda, S. 176/177.
[235] Moody 1988/1989, S. 46/47. Beispiele in Ring 1998/2006: siehe vorletzte Anmerkung.
[236] Ring 1998/2006, S. 160.
[237] „No mistake or accident went unaccounted for. If there is such a thing as hell, as far as I am concerned, this was hell." (aus dem Buch „Coming Back" von P.M.H. Atwater, zitiert nach Ring 1998/2006, S. 160).
[238] Beispiel: van Lommel 2010, S. 37.

dies das eigene Leben beeinflusste. Man lernt so auch, sich selber und das eigene Verhalten besser zu verstehen.[239]

Der Lebensrückblick findet mit Anleitung, Begleitung und Unterstützung durch fortgeschrittene Wesen der spirituellen Welt statt. Diese Begleitung erweckt manchmal den Eindruck, es gehe um eine Gerichtsverhandlung. Das ist der Lebensrückblick aber nicht, er wird höchstens manchmal von der Seele wie eine solche empfunden. Denn die Seelen sind ihr eigener härtester Richter,[240] die Begleiter dagegen sind keine Richter, sondern Unterstützer und Berater.[241] Wenn sich zum Beispiel eine sensible Seele zu sehr schuldig fühlt, etwa weil sie jemandem ohne böse Absicht einen Schaden zufügte, erhält sie eine Aufmunterung.[242] In anderen Fällen kann eine Ermahnung erfolgen, wenn zum Beispiel eine Seele in verschiedenen Inkarnationen denselben Fehler mehrmals wiederholte.

Der Lebensrückblick dient also nicht der Belohnung oder Verurteilung, sondern dem besseren gegenseitigen Verständnis von Tätern und Opfern und dem besseren Verständnis des eigenen Verhaltens. Den Abschluss bildet daher auch nie ein Urteil, schon gar kein ewig gültiges. Aber die Auseinandersetzung mit der Wahrheit und das bessere Verstehen sind die Grundlagen für das, was die Seele im Bardo hauptsächlich tut: Lernen über sich selber. Die vergangene Inkarnation liefert ihr dazu das jüngste Anschauungsmaterial. Das Lernen dient der Weiterentwicklung der Seele und der Vorbereitung der nächsten Inkarnation.

- Diese nächste Inkarnation folgt dann irgendwann. Wobei die Dauer zwischen zwei Inkarnationen stark variiert, zwischen ein paar Monaten bis mehreren Jahrzehnten oder sogar Jahrhunderten. Es gibt diesbezüglich keine Regel. Allerdings haben Newton und Whitton bei den Rückführungen ihrer Klienten festgestellt, dass sich bei den meisten Seelen die Inkarnationen im Laufe der Zeit in immer kürzeren Abständen folgten.[243] Das dürfte nicht nur mit der Bevölkerungszunahme zu tun haben, die dazu führte, dass immer mehr Körper zur Verfügung stehen, sondern auch mit den schnelleren gesellschaftlichen und technischen Veränderungen. Wenn die Seele diese nicht in kürzeren Abständen miterleben würde, hätte sie bei der nächsten Inkarnation grössere Mühe, sich zurechtzufinden, denn unbewusst ist alles bereits Erlebte irgendwo in der Seele gespeichert. Was man schon einmal lernte, erleichtert daher das Lernen in einer nächsten Inkarnation.

Merkmale des Bewusstseinszustandes im Bardo bzw. in der spirituellen Welt

Ich versuche im Folgenden noch, einige Merkmale des im Bardo bzw. in der spirituellen Welt erlebten Bewusstseinszustandes etwas ausführlicher zu beschreiben, soweit möglich:

- Man sieht und empfindet dort alles viel intensiver und klarer, daher viel realer als auf der Erde, und man verfügt über ein umfassendes Wissen und Verständnis über die Seelen-Zusammenhänge in der Welt, also eine Intelligenz im wörtlichen Sinne („Einsicht"), die jener auf Erden weit überlegen ist.

Menschen haben nach Nahtoderfahrungen darum oft das Gefühl: Unser Leben auf Erden ist wie ein Traum und was vorher war und nachher sein wird, ist die Wirklichkeit. Ein Klient Newtons

---

[239] Beispiele: Ring 1998/2006, S. 179; Whitton 1986, S. 57; Weiss 1988, S. 73, 75, 142/143, 185-187, 195.
[240] Beispiel: Ring 1998/2006, S. 167.
[241] Whitton 1986, S. 65-68; Newton 2000, S. 201-257.
[242] Beispiel: Whitton 1986, S. 235.
[243] Newton 1996, S. 202/203; Whitton 1986, S. 79.

sagte das so: „Der Tod ist wie das Erwachen nach einem langen Schlaf, in dem man ein getrübtes Bewusstsein hatte."[244]

- Es gibt dort nicht nur Energiewesen, die sich inkarnieren, sondern auch viele andere, die mit den Inkarnationen schon fertig sind oder sich nicht inkarnieren.

  Wenn sie sich inkarnieren, nennen wir solche Wesen „Seelen"; höhere Wesen, die sich nicht inkarnieren, nennen wir „Engel", während „Geist" eine Bezeichnung für ein Wesen ist, das sich in der materiellen Welt irgendwie bemerkbar macht, ohne einen Körper zu haben. Doch das sind alles nur menschliche Versuche, etwas zu kategorisieren, was in Wirklichkeit viel komplizierter und vielfältiger ist.

- Alle diese Wesen vibrieren, nur in der spirituellen Welt schneller als in einem Körper.[245]

  Die Schwingungen sind bei jedem Energiewesen, bei jeder Seele anders, weil sie ein Spiegel der Persönlichkeit, der Gefühle und des Entwicklungsstandes der Seele sind, und diese sind individuell unterschiedlich.

  Dass die Schwingungen als intensive Farben sichtbar sind, erklärte ich bereits weiter oben. Sie sind auch hörbar als Musik. Hören und Sehen kann man also auch in der spirituellen Welt, allerdings nicht über Augen und Ohren, die man ohne Körper nicht hat, sondern mit der ganzen Seele. Darum ist das Sehen ein 360-Grad Rundum-Sehen. Und da man alle Schwingungen mit der ganzen Seele aufnimmt, ist Hören und Sehen nicht voneinander zu trennen wie auf Erden, wo es über verschiedene Organe aufgenommen wird. Man kann dies vergleichen mit einem Fernseh-Apparat, in den auch alle Bilder und Töne gleichzeitig via Wellen übertragen werden.

  Die Farben und die Musik der spirituellen Welt umfassen weit mehr als das auf Erden bekannte Spektrum[246] und werden nach Nahtoderlebnissen als schöner beschrieben als alles, was man hier auf Erden schon sah bzw. hörte.[247] Die unbewusste Erinnerung an jene Musik und jene Farben könnte erklären, warum uns hier auf Erden Musik und Farben/Malerei gefühlsmässig so stark ansprechen.

  Mozart sagte übrigens, er erfinde die von ihm komponierte Musik nicht; sie sei schon da, er höre sie nur und versuche sie dann wiederzugeben.[248] Vielleicht hatte sein Gehör einen Zugang zur spirituellen Welt bewahrt.

  Es gibt auch Menschen, die auf Erden Hören und Sehen nicht immer voneinander trennen können und Farben auch als Musik wahrnehmen und Musik auch als Farben. Für sie ist eine Musik-Sinfonie gleichzeitig auch eine Farbensinfonie. Auch dies könnte man als aus dem Bardo stammende Fähigkeit erklären.

  Andererseits gibt es die verbale Kommunikation mangels Körper (Lippen, Zunge, Stimmbänder, Kehlkopf) in der spirituellen Welt nicht. Die Menschen-Seelen erlebten also die Musik *vor* der verbalen Sprache, weil es sie bereits in der spirituellen Welt gab. Dies lässt vermuten, dass auch auf Erden die Menschen Musik machten, bevor sie sprachen, und dass ihre ersten Worte gesungen waren. Darauf deutet auch das griechische Wort „poesis": Es bedeutet eigentlich

---

[244] Newton 2000, S. 49.

[245] Dies gemäss einer Mitteilung der „Meister" aus der spirituellen Welt an Brian Weiss (Weiss 1997, S. 62).

[246] Ring 1998/2006, S. 189 und 292 (bezüglich Farben), Stefánsdóttir 2007, S. 71 (bezüglich Musik). Das isländische Medium Erla Stefánsdóttir schreibt dort aufgrund ihrer eigenen Erfahrungen, die Musik der Sterne sei 20 Oktaven tiefer als das, was das menschliche Ohr hören könne, und jene der Moleküle 20 Oktaven höher.

[247] Moody 1988/1989, S. 161; Newton 2000, S. 307; Whitton 1986, S. 58.

[248] van Lommel 2010, S. 322.

„Erschaffung" und weist damit auf den Beginn des verstandesmässigen Denkens und somit auf den Beginn der Sprache hin. Es bedeutet aber auch „Poesie", also takthaltige Rede, die Sprache der Gedichte. Das heisst: Der Anfang des Sprechens war takthaltige Rede. Sinn macht das nur, wenn die ersten Worte als Begleitung zu Musik gesungen wurden, denn Musik ist takthaltig.

- Die Zeit gibt es in der spirituellen Welt nicht. Das ist für uns auf Erden kaum vorstellbar. Denn es bedeutet weit mehr, als dass es nur das Zeit*gefühl* nicht gibt. In der spirituellen Welt erlebt man Dinge, die in der materiellen Welt nur nacheinander erlebt und erzählt werden können, miteinander, und nimmt sie auch miteinander wahr.[249] So können Menschen Stunden lang über das berichten, was sie während ihrer Nahtoderfahrung sahen und erlebten, auch wenn der Herzstillstand, während dem sie das Erlebnis hatten, in Erdenzeit nur ein paar Minuten dauerte.[250] Wenn man dies konsequent weiterdenkt, kommt man zum Schluss, dass in der spirituellen Welt *alles* gleichzeitig geschieht. Das wird in Nahtoderfahrungen und Mitteilungen aus der spirituellen Welt auch bestätigt.[251]

Und trotzdem gibt es eine Abfolge der Ereignisse, wie die Berichte von Nahtoderlebnissen, insbesondere vom Lebensrückblick, auch zeigen. Diese Abfolge ist in der spirituellen Welt also klar, obwohl alles gleichzeitig geschieht und gleichzeitig erlebt und wahrgenommen wird. Das ist für uns auf Erden ein Widerspruch, in der spirituellen Welt offenbar nicht.

Derselbe Widerspruch zeigt sich bei den Reinkarnationen: Diese werden in der spirituellen Welt alle gleichzeitig erlebt; trotzdem gibt es eine Abfolge, denn in der materiellen Welt müssen sie in einer zeitlichen Reihenfolge stattfinden: Ich las nie von jemandem, der sich zum Beispiel im 20. Jahrhundert und danach in der Römerzeit inkarnierte. Die Reinkarnationen folgen unserem Zeitablauf, eine neue findet später statt.

- Da die spirituelle Welt ein Bewusstseinszustand ist, gibt es dabei auch die Dimension des Ortes nicht. Darum gibt es auch keine Distanzen. Man ist sofort dort, wo man sich hindenkt, und alles ist gleichzeitig nahe und unendlich weit weg, aber sehen tut man alles gleich deutlich, wie wenn man mit einer Kamera alles gleich scharf sähe.

Ein paar Menschen haben auch auf Erden die Fähigkeit des Fern-Sehens im wörtlichen Sinne, das heisst die Fähigkeit, durch Konzentration Dinge zu sehen, die an einem ganz anderen, unter Umständen weit entfernten Ort sind oder stattfinden. Auf diese Art fanden Sehende schon Dinge, welche ihre Besitzer verloren hatten.[252] Da die Besitzer in solchen Fällen gar nicht wussten, wo die Dinge waren, ist Fern-Gedankenlesen als Erklärung unmöglich.

- Wie erwähnt, ist verbale Kommunikation in der spirituellen Welt nicht möglich. Kommuniziert wird dafür via Gefühle und vor allem Gedanken, welche in der spirituellen Welt sichtbar sind und,

---

[249] Whitton 1986, S. 53.
[250] Ebenda, S. 36.
[251] Aus einer Nahtoderfahrung: „I saw everything at once" (gemeint: gleichzeitig) (van Lommel 2010, S. 36).
[252] Beispiele: Drossinakis 2008, S. 79/80; Smith 2003, S. 91-95; van Lommel 2010, S. 321/322; Stefánsdóttir 2007, S. 118/119, wo das Medium Stefánsdóttir beschreibt, wie sie während eines Telefongesprächs mit einer hilfesuchenden Frau sah, wo ein alter Geldschatz, wohl das Erbe der Frau, versteckt war, nämlich in einer Berghütte in einem Geheimfach eines auf dem Dachboden vergessenen Schreibtisches. Dort wurde er dann auch gefunden. Oder ein Bericht, wie Pascal Voggenhuber den verloren gegangenen Schlüssel eines Freundes in dessen neuer Wohnung sah, obwohl er noch nie dort gewesen war (Schweizer Fernsehen srf, Sendung Reporter vom 15.10.2008 (https://www.youtube.com/watch?v=nQCdwn2t46o, zuletzt abgerufen am 24.1.2018)).

zusammen mit Farben und Musik, von den Schwingungen der Seele ausgedrückt werden. Man hat also in der spirituellen Welt an Stelle unserer einzelnen, an den Körper gebunden fünf Sinne einen auf Schwingungen beruhenden Gesamt-Sinn, mit dem man alles gleichzeitig hört, als Bild sieht, und die dazu gehörigen Gedanken und Gefühle erkennt. Das ist eine viel umfassendere, tiefer gehende und ehrlichere Kommunikation als hier auf Erden.

Diese Gedanken- und Gefühls-Kommunikation wird meist als „Telepathie" bezeichnet. Das ist jedoch für das, was in der spirituellen Welt stattfindet, ein falscher Begriff, denn „Telepathie" bedeutet "Fern-Leiden". Kommuniziert wird in der spirituellen Welt aber nicht nur Leiden, sondern alles, was man spürt und denkt. Es geht um eine umfassende Gedanken- und Gefühls-Sprache und ein Gedanken- und Gefühls-Erkennen.
Es gibt einen Grund, weswegen man diese Sprache als „Telepathie" bezeichnet: Zu „Telepathie" im wörtlichen Sinne sind etliche Menschen auf der Erde fähig. Sie spüren es, wenn es einem nahestehenden Menschen, der weit weg ist, plötzlich sehr schlecht geht. Mir haben schon zwei Menschen eigene solche Erfahrungen mitgeteilt, wobei es im einen Fall um den Tod des Vaters wegen Krebs und im anderen um einen Unfall eines Freundes ging. Im einen Fall wurden also starke Schmerzen, im anderen ein starker Schock wahrgenommen. Auch in der Sendung „Nachtwach" von Radio/TV srf haben schon Menschen mit entsprechenden Erfahrungen angerufen.[253] Wobei es sein kann, dass die telepathisch Fühlenden nicht spüren, *welcher* nahestehenden Person es schlecht geht bzw. *wer* gerade starb, und dies erst nachher erfahren, aber es kann auch sein, dass sie genau spüren, um wen es geht.
Möglich ist diese Telepathie im wörtlichen Sinne, weil auch während der Inkarnationen alles, was man tut, sagt und denkt, als Schwingung ausgesendet wird. Nur können hier auf Erden die meisten Menschen diese Schwingungen nicht mehr aufnehmen. Aber ein paar besonders empfindsame Menschen nehmen die deutlichsten Schwingungen noch wahr, und das sind eben jene, die beim schlimmsten Leiden entstehen, weil der Mensch das Leiden meist intensiver spürt als die Freude.

Babies und Kleinkinder sind noch empfänglicher für die Gedanken- und Gefühlsschwingungen als die meisten Erwachsenen. Darum merkt ein Baby sehr gut, was für Gefühle von einem Menschen in seiner Nähe ausgehen, auch wenn es die Worte noch nicht versteht. Kleinkinder sind allgemein noch recht offen gegenüber der spirituellen Welt, daher die Erinnerungen einiger Kleinkinder an ihr Vorleben. Mit etwa 5-7 Jahren[254] findet dann ein grundlegender Wandel in der Entwicklung statt: Das Kind beginnt, stärker vom Verstand bestimmt zu werden, die Offenheit geht meist verloren. Körperlich fällt dieser Wechsel mit dem Ersatz der Milchzähne zusammen.

Auch die Tiere verstehen die Gefühls- und Gedanken-Sprache (sowie die Körpersprache) viel besser als die Menschen. Da ihnen die anatomischen Voraussetzungen für die Bildung von Wörtern fehlen, können sie mit Lauten viel weniger ausgefeilt kommunizieren als Menschen. Doch dank diesem Mangel haben sie viel mehr von der in der spirituellen Welt vorhandenen Offenheit gegenüber anderen Wesen bewahrt als die Menschen. Sie nehmen daher die von anderen Wesen ausgehenden Schwingungen viel besser wahr und spüren viel besser, wie es anderen Wesen geht.

---

[253] Beispiel: Radio/TV srf, Nachtwach, 8./9. 11. 2016, letzte Anruferin.
[254] Newton 1996, S. 270/271.

Es gibt Menschen, die mit den Tieren in der Gedanken- und Gefühlssprache kommunizieren können. In der Literaturliste habe ich zwei Bücher dazu von Penelope Smith, einer Pionierin dieser Kommunikation mit Tieren, aufgeführt, mit eindrücklichen Beispielen, die unter anderem zeigen, wie sie durch Kommunikation mit Tieren die vorher manchmal rätselhafte Ursache von deren Erkrankungen findet und geeignete Heilungsmassnahmen veranlasst. Es zeigt sich dabei, dass Tiere selber oft am besten wissen, wo die Ursache ihres Leidens liegt. Die Heilung in Fällen, wo Tierärzte vorher nicht weiter kamen, ist der beste Beweis für die Echtheit der Kommunikation. Auch der Schweizer Robert Haas, der Tiere durch die in Kapitel 7 beschriebene Geist-Heilkraft heilt, berichtet, wie er erfolgreich mit Tieren kommuniziert, um die Ursachen ihres Leidens zu finden.[255]

- In der spirituellen Welt ist also alles, was man denkt, sofort sichtbar. Man kann Anderen nichts mehr vormachen, und die eigenen Schwachstellen sieht man sofort. Das kann den Menschen-Seelen zunächst Angst machen, wenn sie von einer Inkarnation zurückkommen. Doch es ist damit auch ein Gefühl grösserer innerer Nähe zu anderen Seelen verbunden, das als angenehm empfunden wird. Aus der Sicht der spirituellen Welt macht eher die mit der Inkarnation beginnende Isolierung in einem Körper Angst, sie wird manchmal wie eine Art Gefangenschaft empfunden.[256]

  Dies erklärt auch ein Paradox: Für uns hier auf Erden ist die Geburt eines Kindes das Schöne und der Tod eines Menschen das Schlimme, weil viele meinen, der Tod sei das Ende. Aber für die Seele ist es umgekehrt: Für sie ist die Geburt der Beginn einer neuen Reise ins Unbekannte, der Tod jedoch eine Heimkehr ins Bekannte. Daher erlebt die Seele die Geburt meist als schwieriger und schockierender als den Tod.[257]

- Die Seelen haben in der spirituellen Welt keinen Körper aus Materie (Fleisch und Blut usw.), aber einen Schein-Körper, den sie sich denken, also einen Gedankenkörper; man könnte auch sagen: einen Geistkörper.

  Mit ihm können sie materielle Dinge nicht greifen. Wer auf der spirituellen Seite der Welt ist und versucht, nach einem Gegenstand der materiellen Seite zu greifen, greift durch ihn hindurch.[258] Darum können Seelen, nachdem sie sich aus dem Körper hinausgehoben haben, durch Wände und andere Dinge aus Materie gehen, und alles Materielle (ein Feuer, eine Bombe usw.) kann ihnen nichts mehr anhaben.

  Dasselbe geschieht auch umgekehrt, das heisst wenn ein Inkarnierter, dem ein Verstorbener erscheint, versucht, nach ihm zu greifen und ihn zu berühren: Er greift in die Erscheinung hinein oder durch sie hindurch.[259]

Je nach dem, welcher anderen Seele eine Seele erscheint, denkt sie sich unterschiedliche Körper. Sie erscheint jeder anderen Seele in jenem Körper, den jene Seele am ehesten erwartet und der für sie der geeignetste ist. Dies ist zu berücksichtigen, wenn Medien oder Geistheiler/innen

---

[255] Haas 2017, S. 34 (Beruhigung eines Pferdes), S. 52-57 (allgemeine Bemerkungen zur Kommunikation mit Pferden, vor allem bei Heilungen).

[256] So zum Beispiel ausdrücklich in einem in Ring 1998/2006, S. 15, berichteten Nahtoderlebnis: "…, it seemed like everything prior to this (= vor der Loslösung der Seele aus dem Körper, UL) was like being in some sort of a cage".

[257] Newton 1996, S. 266; Wambach 1979, S. 63; Demarmels 2009, S. 53.

[258] Beispiele: Weiss 1993, S. 49 (während einer Nahtoderfahrung); Monroe 1994, S. 118.

[259] Beispiel: Weiss 1993, S. 133.

sagen, ihnen erscheine ein berühmter Verstorbener (Jesus, Maria usw.) oder ein Engel, oder ein Indianer oder ein tibetischer Mönch, oder wenn Sterbende am Totenbett einen Engel sehen: Das bedeutet nicht automatisch, dass ihnen tatsächlich der betreffende Verstorbene bzw. Engel erscheint. Man kann dies zwar nicht ausschliessen, aber wahrscheinlicher ist, dass ihnen eine Seele erscheint, welche für sie die betreffende Gestalt annimmt, um so am besten verstanden zu werden. Wenn zum Beispiel jemand ein grosses Vertrauen in die Weisheit der Indianer oder tibetischer Mönche hat, erscheint ihm ein Schutzengel (dazu siehe Kapitel 5) vielleicht in jener Gestalt. Oder wenn ein Sterbender an Engel glaubt, erscheint ihm die Seele, die ihn nach dem Tod ins Licht geleiten möchte, am Totenbett vielleicht als Engel usw..

- Nicht nur einen Gedanken-Körper können sich die Seelen in der spirituellen Welt durch ihr Denken schaffen, sondern auch eine ganze Gedanken-Umgebung mit Häusern, Landschaften usw., wie wir das ja auch in unseren Träumen tun.[260] Daher gibt es manchmal etwas fantastisch tönende Berichte von Seelen Verstorbener, die sich in der spirituellen Welt inmitten einer schönen Umgebung befinden, Pferde reiten, Fussball spielen usw.. Das sind eben nur *gedachte* Umgebungen und Tätigkeiten, wie man sie auch in Träumen erleben kann, nur viel klarer.

- Alle ans Materielle und den Körper gebundenen Leiden gibt es in der spirituellen Welt nicht: Krankheiten und Behinderungen gibt nicht. Wer auf Erden blind war, sieht genauso schöne Farben wie alle anderen Seelen. Wer gehörlos war, hört genauso schöne Musik. Wer körperbehindert war, hat einen völlig intakten Geistkörper. Wer geistig behindert war oder an Demenz starb, verfügt genauso über alle Seelen-Fähigkeiten und Erinnerungen wie alle anderen Seelen[261] usw..
  Gewalt und Kriege gibt es in der spirituellen Welt ebenfalls nicht, denn alle auf der Erde dafür vorhandenen Gründe (Gier nach Besitz/Macht) fehlen.

- Sex im körperlichen Sinne ist in der geistigen Welt unmöglich, da man keinen Körper hat. Aber ein orgasmusähnliches Gefühl, das viel intensiver ist als ein sexueller Orgasmus auf Erden, ist dort auch möglich. Es entsteht, wenn zwei Seelen, die einander lieben, ihre Energie vorübergehend vereinigen. Davon berichten Menschen während Rückführungen[262] sowie Astralreisende, die diese Verschmelzung während einer Astralreise schon selber erlebten[263]. Sie könnte den auf Erden gespürten Liebestraum von der gegenseitigen Verschmelzung erklären.
  Es gibt Menschen, die bereits hier auf Erden durch Meditation einen besonders intensiven Orgasmus erzeugen können, wie es ihn sonst nur in der spirituellen Welt gibt. Das erfuhr ich, unabhängig voneinander, von drei Menschen, die das können.
  Während Seelen das auf Erden erlebte Orgasmus-Gefühl in der spirituellen Welt also nicht vermissen, weil sie es dort noch intensiver haben, kann es sein, dass Verstorbene die körperlichen Berührungen und Umarmungen ein bisschen vermissen, die in der spirituellen Welt mangels eines Körpers nicht möglich sind.[264]

---

[260] Beispiele: Whitton 1986, S. 60/61.
[261] Bericht über geistig Zurückgebliebene, die in der spirituellen Welt vital und wie alle Anderen sind: van Lommel 2010, S. 25. Bericht über eine an Alzheimer verstorbene Frau, die in der spirituellen Welt wieder im Vollbesitz aller geistigen Kräfte ist: Schwab 2015, S. 86/87.
[262] Newton 2000, S. 49.
[263] Monroe 1994, S. 269; Buhlman 1996, S. 42/43.
[264] Dies berichtet das Medium Pascal Voggenhuber: Voggenhuber 2011/2012, S. 212.

- Unklar ist mir, wie das Denken in der spirituellen Welt funktioniert, zum Beispiel, wie weit es der analytischen Logik folgt. Die Seelen wissen in der spirituellen Welt auf jeden Fall viel mehr als in der materiellen Welt. Doch, wie ich schon in Kapitel 2 schrieb, gelten in der spirituellen Welt die Gesetze der klassischen Physik und der Mathematik nicht. Selbst bei gleichen Bedingungen ist nie voraus berechenbar, was geschehen wird. Das schliesst eigentlich analytische Berechnungen und logisches Denken aus. Andererseits ist die materielle Welt, in welcher es das logische Denken gibt, von irgend einer Kraft aus der spirituellen Welt geschaffen worden. Man kann aber nicht etwas schaffen, was über die eigenen Fähigkeiten hinausgeht. Das logische Denken muss es also in der spirituellen Welt doch auch geben, wohl nur als Teil eines für den Menschen unfassbaren, umfassenderen und höheren Denkens.

  Dass es das logische Denken in der spirituellen Welt auch gibt, wird dadurch bestätigt, dass Astralreisen nach Monroe und anderen Experten möglich werden durch Synchronisierung, also Aufeinander-Abstimmen, der beiden Hirnhälften.[265] Monroe schreibt sogar, je stärker er die linke Hirnhälfte – welcher (in einer groben Vereinfachung) der analytische Verstand zugeordnet wird – sich beteiligen lasse, desto tiefer könne er in die spirituelle Welt gelangen.[266] Es ist also nicht so, dass, wie gerne gesagt wird, für einen Kontakt mit der spirituellen Welt der Verstand immer ausgeschaltet werden muss. Unser *gesamtes* Gehirn ist an Astralreisen beteiligt. Wenn es aber so ist, dann muss es auch alles, was in unserem Gehirn ist, und somit auch das logische Denken, in der spirituellen Welt geben[267].

- Menschen, die besonders tiefgehende OBEs bzw. Astralreisen unternehmen können, berichten[268], was auch einige Rückführungen[269] und, ganz selten, besonders tief gehende Nahtoderlebnisse[270] bestätigen: Man kann das Bewusstsein auch in der spirituellen Welt weiter ändern und damit immer tiefer in sie bzw. in die eigene Seele gelangen. Es gibt also nicht nur einen irdischen und einen spirituellen Bewusstseinszustand, sondern sehr viele spirituelle Bewusstseinszustände. Die spirituelle Seite unserer Wirklichkeit ist daher vielschichtig, mit Bewusstseinszuständen, die jenem in der materiellen Welt ähnlicher oder weniger ähnlich sind. Wenn Menschen auf OBEs mit ihrem Bewusstseinszustand dem von der materiellen Welt her gewohnten Zustand noch sehr nahe sind, erleben sie die spirituelle Welt, wie in Kapitel 2 erwähnt, als eine Fast-Parallelwelt zur materiellen Welt, weil ihre Umgebung und sie selber gespiegelt werden (mit ein paar Abweichungen in den Einzelheiten). Doch je tiefer Astralreisende in die spirituelle Welt gelangen, das heisst je mehr sich ihr Bewusstseinszustand von jenem auf Erden entfernt, desto mehr erleben sie eine ganz andere Welt.

  Man kann daher die spirituelle Welt mit einem Ozean vergleichen, in den man nach dem Tod des Körpers hineintaucht. An der Oberfläche spiegelt das Wasser denjenigen, der hineinblickt, verzerrt das Bild aber wegen der Wellen auch ein wenig. Doch je tiefer man hineintaucht, desto mehr gelangt man in eine ganz fremdartige Welt. („Dalai Lama" bedeutet übrigens „ozeangleicher Lama (Oberer)". Der Dalai Lama ist also nach tibetischem Verständnis ein geistiger Führer, der tief in die spirituelle Welt hineinblicken kann.)

---

[265] Monroe 1971/2001, S. 203-227; Monroe 1985/2001, S. 265-270; Monroe 1994, S. 86.

[266] Monroe 1994, S. 108.

[267] Dies wird auch bestätigt von den Rückführungen Whittons, mit einem Beispiel: Whitton 1986, S. 58.

[268] Monroe 1994, S. 141-161; 209-211; Buhlman 1996, S. 113.

[269] Weiss 1988, S. 172 (Mitteilung eines "Meisters" aus der spirituellen Welt).

[270] Ring 1998/2006, S. 285-300.

Individuelles und kollektives Bewusstsein

Dinge gibt es in der spirituellen Welt nur zum Schein, denn man kann sie sich denken. Dass auch alle materiellen Dinge in ihrem Kern nicht fest sind, sondern schwingen, schrieb ich in Kapitel 2. Dass sie ebenfalls durch ein Denken entstanden sind, schreibe ich später. Was durch Denken entstand, kann sich durch Denken auch ändern, wie jeder Traum sich ständig ändert. Es ist also nicht dauerhaft.

In Wirklichkeit gibt es also nichts Festes, sondern nur das sich ständig wandelnde Bewusstsein, welches sich alles denken kann. Damit stellt sich aber eine Frage: Wenn es so ist, müssten dann nicht alle Nahtoderlebnisse ganz unterschiedlich sein, weil jede Seele ein anderes Bewusstsein hat und damit etwas Anderes denkt? Warum gibt es, sobald die Seele durch den Tunnel hindurch ist, in allen Nahtoderlebnissen grundsätzlich dieselben sich gleichenden Ereignisse und Erfahrungen?

Vermutlich, weil alles, was die Seele im Bardo erlebt, eine *Mischung* zwischen ihrem individuellen Bewusstsein *und dem kollektiven (gemeinsamen) Bewusstsein aller daran beteiligter Seelen* ist.[271] Das heisst: Das sich Gleichende an den Erfahrungen aller Menschen-Seelen im Bardo geht auf das kollektive Bewusstsein aller Menschen-Seelen zurück; das Treffen mit den verstorbenen Verwandten und Freunden geht auf das mit ihren Seelen gemeinsame Bewusstsein zurück, usw.. Was die Seele im Bardo erlebt, ist daher wie ein besonders klarer Traum, der gemeinsam von jener Seele und allen anderen daran beteiligten Seelen gemacht wird. Eine Grenze zwischen dem individuellen und dem kollektiven Bewusstsein gibt es nicht, es besteht beides gleichzeitig, da jede individuelle Seele Anteil an jenem kollektiven Bewusstsein hat. Darum ist es zum Beispiel nicht möglich, zu sagen, in welchem Masse sich Seelen ihren Gedankenkörper selber denken und in welchem Masse er von jenen Seelen gedacht wird, denen sie begegnen.

Zur Mischung von individuellem und kollektivem Bewusstsein im Bardo passt auch die Tatsache, dass die negativen Nahtoderlebnisse individuell so unterschiedlich sind: Man hat sie ja, wenn die Seele in einem Bewusstseinszustand blockiert ist, der noch stark dem Bewusstsein auf Erden gleicht, das viel stärker individuell geprägt ist, weil die Seele im Körper gegenüber den anderen Seelen isoliert ist.

Allerdings geht der kollektive Anteil an unserem Bewusstsein/unserer Seele auch während der Inkarnationen nicht verloren, er ist nur weniger deutlich spürbar. Spürbar ist er vor allem in den Träumen durch jene den Menschen aller Kulturkreise gemeinsamen Traumsymbole, welche C.G. Jung als „Archetypen" bezeichnete. Auch die in Kapitel 2 erwähnten Klarträume sind wahrscheinlich ein Ergebnis kollektiven Bewusstseins. Man empfindet und sieht in ihnen wohl deswegen alles als besonders wahrhaftig, weil sie nicht oder nicht alleine von der eigenen Seele, sondern (auch) von helfenden Wesen der „anderen" Seite gemacht werden.

Eine schwer vorstellbare Welt

Vieles am Seelen- oder Bewusstseinszustand im Bardo ist für uns schwer oder gar nicht vorstellbar (z.B. die Mischung aus individuellem und kollektivem Bewusstsein, die Art des Denkens, die Abwesenheit der Dimensionen des Ortes und der Zeit). Gerne wird die spirituelle Welt deswegen und wegen der verschiedenen Bewusstseins-Zustände als „multidimensional" bezeichnet. Doch das legt die Vorstellung nahe, dass zu den auf der Erde bekannten Dimensionen (Länge, Breite und Höhe als die drei örtlichen Dimensionen, sowie die Dimension der Zeit) noch weitere hinzukommen. Aber so

---

[271] So auch: Buhlman 1996, S. 122; Tucker 2013, S. 206. Und früher C.G. Jung (gemäss van Lommel 2010, S. 304).

ist es nicht. Distanzen und Zeit und damit alle bei uns bekannten Dimensionen gibt es im spirituellen Bewusstseinszustand gar nicht. Er ist daher zwar multidimensional, aber auch – gemessen an dem, was wir uns vorstellen können – anders-dimensional.

Man merkt: Mit dem Wort „Dimension" oder „dimensional" kann man das Bewusstsein im Bardo gar nicht angemessen beschreiben. Und so ist es allgemein: Man kann mit Worten, die geschaffen wurden, um unsere materielle Welt und das hier Mögliche zu beschreiben, den Seelenzustand bzw. die Welt, in die wir nach dem Tod des Körpers gelangen werden, nicht angemessen beschreiben. Das bestätigen auch Nahtoderlebende: Sie sagen, dass sie das Erlebte mit Worten nicht richtig beschreiben können. Wir werden daher nach dem Tod des Körpers in einen Bereich unseres Bewusstseins gelangen, der hier auf Erden ganz unvorstellbar ist. Wir können versuchen, ihn uns auszumalen, aber wenn wir dort sind, wird wahrscheinlich alles ganz anders sein.

Sehr seltene Fälle: Das vermutliche Hinübergehen der Seele ohne Tod des Körpers

Als Abschluss zu diesem Kapitel noch etwas über einen ganz andersartigen Nahtod: Es kommt sehr, sehr selten vor, dass jemand ins Koma fällt, fast stirbt, aber dann wieder erwacht und das Gefühl hat, er/sie sei jemand Anderer. Die Betroffenen erinnern sich dann genau an ihr bisheriges Leben, sind aber völlig sicher: *Vor* dem Koma war das ein Anderer. Das war nicht ich.

Ein Beispiel: In einer der „Nachtwach"-Sendungen von Radio/TV srf berichtete ein Mann, er habe sein Leben beenden wollen, was schliesslich ins Koma führte. Er sei aber wieder erwacht und habe von da an wieder leben wollen. Er habe sich an seine Kindheit und Familie zwar erinnert, aber ohne Emotionen, und habe ganz neue Emotionen, Geschmäcker (beim Essen) und Interessen gehabt und einen ganz anderen Beruf ergriffen.[272]

Wie dieses Phänomen wohl zu erklären ist, zeigt ein Fall aus Indien, bei dem ein Bub, der wegen einer Krankheit bereits für tot gehalten worden war, dann doch wieder erwachte und von da an behauptete, ein Anderer zu sein. Das Besondere an jenem Fall war, dass sich der Bub nach dem Erwachen auch an ein Vorleben *in einem anderen Körper* erinnerte, so wie das von einigen Kleinkindern bekannt ist. Die Erinnerungen waren sehr genau und beinhalteten den Namen des Vaters, den Wohnort und die Todesursache, was sich alles bei der folgenden Überprüfung durch Prof. Stevenson als richtig herausstellte, ausser dass der Tod jenes Mannes, der der Bub gewesen zu sein behauptete, nach seinen jetzigen Angaben ein Verbrechen und nicht, wie alle meinten, ein Unfall gewesen war.[273] Doch der Mann, der der Bub im Vorleben gewesen zu sein behauptete, war *nicht vor der Geburt* des Buben gestorben, *sondern während dessen Krankheit*. Diese Geschichte erlaubt nur eine Interpretation: Als der Bub für tot erklärt wurde, ging seine Seele hinüber, aber der Körper starb dann doch nicht, worauf eine andere Seele in den Körper ging, welche ihrerseits vorher ihren Körper verloren hatte. Das ist auch in allen anderen solchen Fällen die einzig mögliche Erklärung, wenn man das sichere Gefühl der Betroffenen, wonach das vorher ein Anderer gewesen sei, ernst nimmt. Es ist auch die Erklärung, die der erwähnte Anrufer aus der „Nachtwach"- Sendung für sich vorzieht.

Wenn diese Erklärung stimmt, dann bestätigen diese Geschichten, dass jede Menschen-Seele ein eigenes Ich-Bewusstsein hat.

---

[272] Radio TV srf, Nachtwach, 7./8.5.2013, zweitletzter Anrufer. Weitere Beispiele: Stemman 1997/1999, S. 109-111.
[273] Stevenson 1974, S.34-52.

4. Der Zweck der (Re-)Inkarnationen und die Lebensführung

In diesem Kapitel geht es darum, wozu die Inkarnationen überhaupt dienen, also wozu wir auf der Erde sind, und wie wir als Folge davon leben sollen. Diese Fragen kann man nur beantworten, wenn man sie einbettet in die grösseren Fragen: Woher kommen wir ursprünglich und wohin werden wir einst, ganz am Schluss, gehen, wenn die Inkarnationen beendet sind?

Die Quellen für die Antworten zu diesen Fragen

Antworten zur Frage, wie man leben soll, findet man in den Berichten von Medien, über welche die Seelen der Verstorbenen Kontakt mit den Hinterbliebenen aufnehmen können, ferner in den Nahtoderlebnissen, vor allem im Lebensrückblick, sowie in den Rückführungen ins Bardo, dort vor allem bei der Frage, was die Seele aus den Erfahrungen der vorangegangenen Inkarnation lernen soll.

Über die letzten Dinge (Woher kommen wir ursprünglich? Wohin werden wir einst gehen?) findet man in einigen wenigen Nahtod-Erlebnissen etwas.[274] Meine Hauptquellen dazu und zu den beiden folgenden Kapiteln (5 und 6) sind daher Rückführungen ins Bardo und Astralreisen.

Ich kommentiere zunächst den Informations-Wert dieser beiden Quellen.

Rückführungen ins Bardo

Bei den Rückführungen ins Bardo geht es um die Erfahrungen derselben Rückführungsleiter/innen, die ich bereits in Kapitel 2 einführte: Newton, Whitton, Wambach, Demarmels, Weiss. Sie führten bzw. führen ihre Klienten nicht nur in frühere Leben, sondern auch ins Bardo zurück. Ich erklärte in Kapitel 2, weswegen ich ihre Ergebnisse über frühere Leben für weitgehend oder vollständig richtig halte. Hier stellt sich die Frage: Stimmen auch ihre Erkenntnisse über das Bardo?

Ich denke ja. Einige Argumente:

- Ihre Erkenntnisse stimmen in jenen Aspekten der spirituellen Welt, die sich auch in Nahtoderlebnissen und Erinnerungen von Kleinkindern ans Bardo finden, ganz mit jenen überein (Tunnel, Empfangskomitee, Lebensrückblick usw.). Wobei Newton, Whitton und Wambach schon in den 70er Jahren begannen, ins Bardo zurückzuführen, als es noch keine wissenschaftlichen Bücher über Nahtoderfahrungen gab. Eine Beeinflussung durch entsprechende Bücher ist daher unmöglich.

- Bis in die 1970er Jahre galt unter Fachleuten die Meinung, man könne durch Rückführungen höchstens in frühere Inkarnationen, nicht aber in die Zeit dazwischen gelangen. Newton, Whitton und Weiss gelangten dann durch Zufall und unabsichtlich erstmals dahin:
  - Newton gab einer Patientin während einer Rückführung in frühere Leben die Anweisung, an den Ursprung ihres Gefühls von Einsamkeit zu gehen. Er ahnte nicht, dass dieser Ursprung im Bardo lag, weil er noch nicht wusste, dass man sich immer wieder mit denselben Seelen inkarniert. Die Patientin sagte dann, dass sie einige der Freunde in ihrer Gruppe vermisse, worauf Newton fragte, wo diese Gruppe sei. Ihre Antwort: „Hier, in meinem dauerhaften Zuhause". Mit der Zeit merkte Newton, dass sie vom Bardo sprach.[275]

---

[274] Beispiele: Ring 1998/2006, S. 285-300.
[275] Newton 1996, S. 3.

- ○ Whitton gelangte durch einen Fehler bei den Anweisungen an eine Rückführungspatientin erstmals ins Bardo: Er hatte sie in eine frühere Inkarnation geführt und wollte von da aus in die vorangegangene Inkarnation gelangen. Dazu gab er die Anweisung: „Gehen Sie ins Leben, bevor Sie X (Name im früheren Leben) waren!" Üblicherweise hatte er jeweils gesagt: „Gehen Sie in die Inkarnation, bevor Sie X waren!". Die Patientin begann dann statt von der vorangegangenen Inkarnation davon zu reden, wie sie auf ihre Geburt wartete, und Whitton merkte, dass sie im Bardo war.[276]
- ○ Bei Weiss gelangte jene in Kapitel 2 erwähnte Patientin, die als seine erste und völlig unerwartet in frühere Leben gelangte, ebenso unerwartet auch ins Bardo, indem sie berichtete, wie es nach dem Tod des Körpers weiter ging.[277]

Dies zeigt: Diese Rückführungsleiter begannen ihre Klienten nicht durch irgendwelche offene oder unterschwellige Suggestion ins Bardo zu führen.

- Newton machte nach den ersten Klienten-Berichten aus dem Bardo die Gewinnung von Informationen darüber zum wichtigsten Ziel seiner Rückführungen. Die zahlreichen in seinen beiden Büchern veröffentlichten protokoll-artigen Ausschnitte zeigen, dass er nur von der Neugier und der Suche nach der Wahrheit geleitet war. Er schreibt selber, er sei ursprünglich überzeugter Atheist gewesen, und alles, was er über das Leben nach dem Tod des Körpers gelernt habe, habe er von seinen Klienten.[278] Auch Wambach war ursprünglich keine Anhängerin der Reinkarnation und war, wie Newton, von der Neugier geleitet.

  Bei den Psychiatern Whitton und Weiss stand/steht die Therapie eines Leidens im Mittelpunkt. Weiss entwickelte allerdings im Laufe der Zeit eine spirituelle Lebensphilosophie und Ethik, die er in seinen späteren Büchern verbreitete. Daher könnte man vermuten, dass in seinen späteren Rückführungen ab und zu versteckte Suggestion im Spiel sein könnte. Andererseits finden sich darunter auch aus Inkarnationen gezogene Lebens-Lehren, die nicht zu seiner Ethik passen.[279] Das spricht gegen Suggestion.

Abgesehen von Wambach, die Gruppen-Rückführungen machte, nahmen/nehmen die hier genannten Rückführungsleiter/innen die Rückführungen auf Tonband auf. Am ausführlichsten zitiert Newton daraus. Von allen hier berücksichtigten Quellen liefert er die umfassendsten und detailliertesten Erkenntnisse über das Bardo.

Fremde Stimmen, die während Rückführungen aus dem Bardo sprechen

Bei Weiss kommt neben den Rückführungen noch eine ganz andere Informationsquelle aus dem Bardo hinzu: Bei seiner schon mehrfach erwähnten ersten Rückführungs-Patientin, die einen besonders tiefen Hypnosezustand erreichte, meldete sich im Bardo plötzlich und unerwartet eine andere, tiefere, schwerer verständliche Stimme mit Botschaften aus der spirituellen Welt, welche für Weiss bestimmt waren.[280] Sie sagte auch Dinge über den als Säugling verstorbenen ersten Sohn von Weiss, welche die Patientin unmöglich wissen konnte.[281] Dies war wohl als Zeichen gedacht, dass hier

---

[276] Whitton 1986, S. 44.
[277] Weiss 1988, S. 39.
[278] Newton 1996, S. 273/274.
[279] Beispiel: Weiss vertritt den bedingungslosen Pazifismus, doch in seinen Rückführungen finden sich auch Lebensaufgaben im Kriegsdienst, wie ich unten im Ethik-Kapitel über Gewalt und Kriege zeige.
[280] Weiss 1988, S. 46.
[281] Ebenda, S. 53-57.

nicht die Patientin, sondern durch sie jemand anders sprach, der mehr wusste als sie. Die Patientin war also in jenen Momenten unbeabsichtigt Trance-Medium. In späteren Sitzungen erhielt Weiss weitere solche Botschaften, über spätere Patientinnen nur noch sehr wenige. Die Klientinnen erinnerten sich nachher an diesen Teil der Rückführungen nicht, an den anderen Teil, wo sie selber sprachen, schon.[282]

Offensichtlich sprachen da Seelen aus der spirituellen Welt mit Hilfe der Stimmwerkzeuge von besonders tief hypnotisierten Klientinnen zu Weiss. Auch bei Newton kam es in einigen Rückführungen vor, dass nicht der/die Klient/in, sondern eine andere, tiefere, schwerer verständliche Stimme die Antwort gab.[283] Bei Weiss und bei Newton meldeten sich alle diese Stimmen nach eigenem Willen und nicht, wenn es der Rückführungsleiter wollte.[284]

Diese an Weiss gerichteten „Messages from the Masters", wie sie sich selber nannten[285], wurden mit den ganzen jeweiligen Rückführungs-Sitzungen auf Tonband aufgenommen. Man findet sie, vollständig zitiert, über zwei von Weiss' Büchern verteilt.[286] Sie sind insgesamt nicht sehr umfangreich, doch sie geben einen kurzen Überblick darüber, weswegen die Menschen auf der Erde sind. Ich halte sie für sehr zuverlässig. Teilweise sind sie allerdings nicht eindeutig zu interpretieren. Ich stütze mich manchmal auf sie, wenn der Inhalt eindeutig ist.

Monroes Astralreisen

Zu den Astralreisen als Quellen zum Bardo: Die grundlegenden und besten Bücher dazu sind die drei des bereits in Kapitel 2 eingeführten Robert Monroe. Er führt protokoll-artig zahlreiche Erlebnisse vor, die er auf Astralreisen hatte, auf welchen er auch mit Wesen in der spirituellen Welt kommunizierte und von ihnen Informationen erhielt.

In den im ersten Buch („Journeys out of the Body") beschriebenen Reisen blieb er noch in einem verhältnismässig erdnahen Bewusstseinszustand, während die im zweiten Buch („Far Journeys") beschriebenen Reisen schon viel tiefer gingen, vor allem die im zweiten Teil beschriebenen. In den im dritten Buch („Ultimate Journey") beschriebenen spätesten Reisen gelangte Monroe tiefer in die spirituelle Welt, als es durch Rückführungen möglich ist.[287]

Monroe wollte kein Lebensberater werden und folgte darum dem Grundsatz, dass für die Frage, wie man leben soll, jeder seine eigenen Antworten finden solle.[288] Seine Erkenntnisse über das Bardo entsprechen inhaltlich weitestgehend dem Bild, das man aus Rückführungen und den am tiefsten gehenden Nahtod-Erlebnissen erhält. Seine Bücher sind aber streckenweise schwierig zu verstehen, gerade weil er protokoll-artig einfach seine Erfahrungen sowie die Mitteilungen aus der spirituellen Welt festhielt. Es empfiehlt sich daher, vorher einfachere Bücher über die spirituelle Welt zu lesen.

---

[282] Ebenda, S. 47.

[283] Newton 1996, S. 60.

[284] Weiss 1988, S. 144 und 148.

[285] Ebenda, S. 56.

[286] Im Originalzusammenhang und vollständig zitiert werden die meisten dieser Botschaften in Weiss' erstem Buch „Many Lives, Many Masters" (Weiss 1988), die übrigen in Weiss' weiterem Buch „Only Love Is Real" (Weiss 1997, S. S. 62/63, 133/134, 144). In Weiss' späterem Buch „Messages From the Masters" werden sie, trotz dem Titel, nur zum Teil zitiert.

[287] Vgl. Monroe 1994, S. 199, wo sogar die Wesen, die Monroe normalerweise begleiten, ihm mitteilen, sie würden nicht mit ihm auf seine nächste grosse Reise kommen.

[288] Monroe 1994, S. 52.

Mitteilungen hoch entwickelter Naturwesen

An einigen Stellen stütze ich mich zusätzlich am Rande auch auf Mitteilungen, welche Menschen, die mit den in Kapitel 8 erwähnten Naturwesen kommunizieren können, von hoch entwickelten Naturwesen erhielten. Es geht dabei um die in der Literaturliste aufgeführten Bücher von Tanis Helliwell und Margot Ruis. Genauer erkläre ich in Kapitel 8, weswegen ich sie für zuverlässig halte. In ihnen äussern sich jene Naturwesen auch über die grundsätzlichen Unterschiede zwischen ihnen selber und den Menschen und liefern damit interessante Informationen über beide. Inhaltlich bringen ihre Mitteilungen über die Menschen gegenüber den oben erwähnten Quellen keine zusätzlichen oder abweichenden Informationen, aber sie bestätigen sie von ganz anderer Seite.

Von Medien gechannelte Botschaften über die spirituelle Welt und das Leben

Es gäbe noch eine weitere mögliche Quelle für Informationen über das Bardo und den Sinn und Zweck des Lebens: Berichte von Medien, die sagen, sie würden Botschaften von Wesen der geistigen Welt über das Leben und die (spirituelle) Welt empfangen („channeln", das heisst ein „Kanal" sein für sie). Das ist etwas Anderes als die Botschaften, die (meist andere) Medien von Verstorbenen empfangen und die nur an deren Hinterbliebene gerichtet sind und deren Leben betreffen.

Gechannelte Lehren aus dem Jenseits sind bei vielen Menschen beliebt, wahrscheinlich, weil es einfacher ist, eine fertige Welterklärung zu erhalten, als sich eine aus Hunderten von konkreten Erfahrungsberichten selber zusammenzusetzen. Für das vorliegende Buch möchte ich jedoch das zweite tun. Deswegen stütze ich mich nicht auf gechannelte Lehren (ausgenommen einige der an Brian Weiss gerichteten „Messages from the Masters").

Da viele Leute sie schätzen, ein paar Hinweise dazu:

- Gute Medien sagen bereitwillig, dass die Unterscheidung zwischen Eingebungen aus dem eigenen Inneren und dem, was aus der spirituellen Welt kommt, nicht einfach ist, und dass sie dies zuerst lernen mussten. Und Trance-Medien müssen lernen, sich in Trance zu versetzen. Bei Medien stellt sich daher die Frage, ob sie dies genug zuverlässig gelernt haben?

- Es gibt meiner Meinung nach Mitteilungen, die wirklich aus der anderen Welt kommen. Beispiele sind jene an Brian Weiss gerichteten „Messages from the Masters" oder die umfangreichen Mitteilungen, die im „Spirits' Book" von Allan Kardec (1857; Originaltitel: „Le livre des esprits") zusammengestellt sind. Das „Spirits' Book" ist die Grundlage des im Kapitel 2 erwähnten Spiritismus. Kardec hatte zwei Trance-Medien über 1000 Fragen über Gott und die Welt vorgelegt. Sie sind mit den Antworten im „Spirits' Book" wortwörtlich protokolliert. „Spirit" ist Kardecs Bezeichnung für die Seele. Der Titel „Spirits' Book" will also sagen: „das von den (verstorbenen) Seelen verfasste Buch". Die Antworten zu Kardecs Fragen dürften tatsächlich von Wesen der spirituellen Welt stammen, denn die sehr jungen Medien waren einfache Mädchen, die von sich aus nicht auf den zum Teil sehr hochstehenden (aber immer leicht verständlichen) Inhalt der gechannelten Informationen gekommen wären.

- In der spirituellen Welt ist alles eine Mischung zwischen individuellem und kollektivem Bewusstsein. Wobei der individuelle Teil geringer ist, je weiter entwickelt das Wesen ist, von dem die Botschaft stammt. Das heisst: Auch echte Botschaften aus der spirituellen Welt sind teilweise, in den Einzelheiten, subjektiv, doch der allgemein gültige Teil wird grösser, je weiter entwickelt das Wesen ist, von dem die Botschaft stammt. Viele Medien-Botschaften, auch das Spirits' Book, bestätigen daher zwar das, was ich in diesem Buch schreibe, im Grundsätzlichen (Weiterentwicklung der Seele durch Reinkarnation), aber in den Einzelheiten halten sie ab und zu weniger Dinge für möglich als die von mir für dieses Buch berücksichtigten sehr vielfältigen Quellen.[289]

- Die Wesen in der spirituellen Welt wollen uns in erster Linie helfen, richtig zu leben. Bei Medien oder Adressaten, die einer bestimmten Religion angehören, kann es daher sein, dass die Botschaft, soweit möglich, in den Mantel jener Religion gekleidet wird, damit sie leichter angenommen werden kann. Im Spirits' Book wird zum Beispiel die Reinkarnation mit der (genauer erläuterten) Ethik Jesu verbunden (Dies ist einfach, denn Jesu Ethik entspricht weitgehend dem Verhalten einer Seele, die am Ende ihrer Inkarnationen angelangt ist). Auch Anpassungen an die Zeit sind üblich. So passt das Spirits' Book Jesu Ethik ans 19. Jh. an (mit einigen sehr interessanten Empfehlungen),[290] andererseits fehlen Hinweise zu Konkubinat oder gleichgeschlechtlichen Partnerschaften, wohl weil die damalige Gesellschaft nicht bereit gewesen wäre für diese Themen.

Nach diesen Vorbemerkungen über die Quellen, auf denen die Kapitel 4 bis 6 dieses Buches beruhen bzw. nicht beruhen, geht es im Folgenden zunächst um die eingangs angekündigte Grundfrage: Woher kommen wir ursprünglich und wohin werden wir einst gehen, wenn wir unsere Inkarnationen beendet haben?

Der Ursprung der Seelen

Gemäss Monroes Astralreisen, Newtons Rückführungen sowie besonders tief gehenden Nahtod-Erlebnissen entstehen neue Seelen ständig aus einer Energie-Quelle, in die sie einst zurückkehren werden.[291] Sie wird unterschiedlich bezeichnet: als „Quelle", „Aus-Sender" (englisch „Emitter")[292] oder „Matrix", d.h. „Gebärmutter"[293].

Einzelseelen und „Welt-Seele"

Da alle Seelen aus derselben Quelle entstehen, ist im Grunde jede Einzelseele nur ein Teil einer allumfassenden Weltseele. Ich bezeichne darum im Folgenden die Gesamtheit aller in der Welt vorhandenen Seelen-Energien als „Welt-Seele".

Was ist hinter allem?

Zur Frage, was hinter jener Energie-Quelle steht, erzählt ein Mann nach einem Nahtoderlebnis, er sei durch jene Quelle hindurch gegangen und in eine „Leere" („void") gelangt. Das war wohl jene Leere, welche die Buddhisten mit dem „Nirvana" (wörtlich „Abwesenheit" von „vana", das heisst von Begierde) meinen. Eine Leere ist nicht dasselbe wie das Nichts. Im Nichts wäre gar nichts. In der

---

[289] Zum Beispiel gibt es gemäss dem Spirits' Book keine Parallell-Leben (Kardec 137), gemäss den Erkenntnissen Newtons und Monroes aber schon (Genauere Erklärung in Kapitel 8).

[290] Beispiele: Gemäss dem Spirits' Book ist die Ehescheidung erlaubt (Kardec 697), gemäss Jesus nicht. Jesus fordert auf, dem zu geben, der bittet (Mt. 5, 42). Gemäss dem Spirits' Book soll man dagegen Almosen vor allem jenen geben, die, ohne zu betteln, still Not leiden, weil sie am meisten litten (Kardec 888).

[291] Newton 1996, S. 157, S. 193/194 und 197-200; Monroe 1994, S. 215-224; Ring 1998/2006, S. 287/288.

[292] So Monroe 1994, S. 219.

[293] So ein Nahtoderfahrender in Ring 1998/2006, S. 287.

Leere ist aber noch etwas, wenn es auch mit Worten nicht angemessen beschrieben werden kann. Jener Mann hatte in jenem veränderten Bewusstseinszustand immer noch das Gefühl, in allen Atomen des Universums zu sein. Ein Gefühl war also noch da, aber das Ich-Gefühl hatte sich aufgelöst, es war ganz zu einem Weltseelen-Bewusstsein geworden, die beiden Dinge waren nicht mehr zu trennen.[294] Und der Mann hatte das Gefühl eines umfassenden Wissens über alles und alle Zusammenhänge. Jemand anders schreibt, sie hätte während eines Nahtoderlebnisses in jener Leere umfassendes Wissen und eine umfassende Liebe gespürt.[295]

Dieses veränderte Bewusstsein ist wohl auch jenes „kosmische Bewusstsein", das heisst „Welt-Bewusstsein", das einige Menschen bei besonderen Meditations-Erlebnissen, aber manchmal auch ohne Meditation, kurzzeitig erleben: Ein Gefühl des Eins-Seins mit dem ganzen Universum, der allumfassenden Liebe und des umfassenden Wissens ohne Zeitgefühl[296].

Man kann daher vermuten, dass es eine denkende und liebende Ur-Kraft gibt, die hinter allem steht, und die alles aus sich selber heraus schuf und darum in allem, was ist, das heisst in allem Spirituellen und in allem Materiellen, drin ist.

Das bedeutet nicht, dass sie *nur* in allem ist. Sie ist wahrscheinlich noch unvorstellbar viel mehr. Denn sie war schon vorhanden, bevor sie alles aus sich selber heraus schuf. Sie ist auf jeden Fall viel mehr, als was sich die Menschen vorstellen können oder was sie in Worte fassen können, und mehr, als was ihnen mitgeteilt wird. Und vielleicht gibt es ja noch etwas, was hinter ihr steht. Das wissen wir nicht. Die letzten Dinge bleiben für den Menschen unergründlich und verborgen. Es ist für ein richtiges Leben auch nicht nötig, sie zu kennen.

Weitere Informationen über die Kraft, die hinter allem steht

Einen Hinweis zu jenen letzten Dingen erhielt Robert Monroe auf seinen späteren Astralreisen von seinen Seelen-Gesprächspartnern in der spirituellen Welt: Es war immer schon etwas und wird immer etwas sein. Es gibt also keinen Anfang und kein Ende.[297] Vor allem das Erste scheint mir schwer vorstellbar, andererseits überzeugt es, denn es ist nicht möglich, dass etwas aus dem Nichts heraus entsteht. Das heisst: Da etwas ist, muss immer etwas gewesen sein.

Eine Frage, die auf diese Weise bleibt, ist: Warum ist überhaupt etwas und nicht nichts? Dazu findet man nirgends irgendwelche Hinweise. Die letzten Dinge bleiben dem Menschen eben verborgen.

Monroe erhielt eine weitere Information: Alles geschieht nach einem Plan.[298] Damit kann aber nicht gemeint sein, dass *alles, was auf der Erde geschieht*, geplant ist. Denn der Mensch hat die Handlungsfreiheit (Erklärung dazu im Kap. 5). Gemeint ist daher wohl, dass die Kraft, die hinter allem steht, ein paar grundlegende Gesetzmässigkeiten festlegte, vermutlich:

• Das Gesetz des Karmas, dank dem die Menschen-Seele die Auswirkungen von allem, was ihre Inkarnation auf der Erde tut, sagt und (tiefer gehend) denkt, an sich selber spürt und darum alles schädliche Tun und Denken in den weiteren Inkarnationen überwinden möchte. Was zur Folge

---

[294] Ring 1998/2006, S. 288.
[295] Ebenda, S. 298/299.
[296] Beschreibung entsprechender Erlebnisse z. B. in Manning 1999/2003, S. 91/92 oder Whitton 1986, S. 199/200.
[297] „There is no beginning, there is no end, there is only change." (Monroe 1994, S. 217).
[298] „There is no limit, there is no chance, there is only a plan." (Ebenda).

hat, dass die Inkarnationen am Ende nur zur Vervollkommnung der spirituellen Welt beitragen können.

- Somit auch, dass die Weltseele und damit die ganze spirituelle Seite der Welt nach Vervollkommnung strebt.

- Dass alles in sich und zueinander in einem Gleichgewicht steht, und zwar in der spirituellen wie (ursprünglich) in der materiellen Welt. Darum ist in der Natur der Erde alles so perfekt aufeinander abgestimmt: In den Körpern aller Lebewesen passt alles perfekt zueinander, und die Lebewesen sind füreinander da (grosse Tiere fressen kleine). Der Mensch hat allerdings auch die Handlungsfreiheit, wodurch er dieses Gleichgewicht in den letzten 250 Jahren gewaltig durcheinander gebracht hat.

- Dass in der materiellen Welt alles wächst, blüht, vergeht und schliesslich stirbt und dann wiedergeboren wird. Beobachten kann man das bei den Pflanzen, Tieren, Menschen, Steinen, Planeten und sogar bei den Sternen und Galaxien.

- Die Entwicklung der Lebewesen auf der Erde zu immer höheren Formen im Laufe der Jahrmillionen.

Schöpfung durch Denken

Zur Feststellung, dass eine Ur-Kraft durch ihr Denken alles aus sich selber heraus schuf, passt die Beobachtung, dass auch Menschen-Seelen durch ihr Denken kleinere Dinge schaffen, verändern und auch wieder rückgängig machen können.

Dass dies in der spirituellen Welt und in unseren Träumen so ist, habe ich schon erklärt:

- In den Träumen geschieht das, was wir denken. So kann zum Beispiel ein Körper während eines Traumes seine Gestalt ändern, entsprechend unserem sich ändernden Denken über ihn. In unseren Träumen geschieht also ständig schöpferisches Denken auf einfachster Ebene.

- Ähnlich können sich, wie in Kapitel 3 erwähnt, die Seelen in der spirituellen Welt nichtstoffliche Dinge durch ihr Denken schaffen, zum Beispiel einen Geist-Körper, aber auch Umgebungen nach dem Vorbild von Dingen auf der Erde, an die sie sich erinnern.[299]

Menschen-Seelen können durch ihr Denken aber auch Dinge aus *Materie* schaffen und gestalten. Es ist jedoch wegen der grösseren Festigkeit (Dichte) der materiellen Dinge schwieriger als das Erschaffen in der spirituellen Welt und das Erschaffen durch uns alle in unseren Träumen, deswegen sind die Berichte darüber seltener. Aber es gibt sie auch:

- Monroe trifft auf seinen Astralreisen auch auf Seelen, die kleine, an Dinge auf der Erde erinnernde Welten *aus Materie* geschaffen haben.[300] Auch gemäss Newtons und Demarmels' Rückführungen sind einige Seelen am Schaffen materieller Welten beteiligt.[301]

- Auch lebende Körper können auf diese Weise entstehen:
Schon erwähnt habe ich die Berichte, wonach sich Verstorbene zum Zeitpunkt des Todes oder der Abdankung als Marienkäfer oder Schmetterlinge bemerkbar gemacht hätten. In einem besonderen Fall einer Erscheinung einer Verstorbenen berichtet der hinterbliebene Ehemann, er

---

[299] Newton 2000, S. 295.
[300] Monroe 1994, S. 233-43.
[301] Newton 1996, S. 165 und 185-189; Newton 2000, S. 334-344; Demarmels 2009, S. 117.

habe seine geliebte Frau dreiviertel Stunden lang *ganz körperlich* gespürt, im Wachzustand.[302] Das ist nur möglich, wenn sich die Verstorbene für einige Zeit selber materialisierte und dann wieder entmaterialisierte, was wiederum nur durch eine starke Denkanstrengung möglich ist.

Es scheint sogar *Inkarnierte* zu geben, die durch ihr Denken einfaches Leben schaffen können, wobei dies wohl noch viel seltener ist: Ein westlicher Forscher bezeugte, er habe im Amazonas-Gebiet beobachtet, wie ein Indio-Heiler durch sein Denken Ameisen schuf.[303]

- Dass Menschen durch Denkanstrengungen einfache Gegenstände entmaterialisieren und wieder materialisiern können, zeigte ein unter Beobachtung durchgeführtes Experiment in China: Da gelang es Kindern mit besonderen Fähigkeiten, durch ihr Denken Gegenstände, die in verschlossenen Briefumschlägen oder Käfigen lagen, aus diesen herauszubewegen, ohne dass die Briefumschläge bzw. Käfige ein Zeichen der Öffnung zeigten.[304] Das ist nur möglich, wenn die Gegenstände durch das Denken jener Kinder in ihre subatomaren kleinsten Bestandteile zerlegt und dann daraus wieder aufgebaut wurden, denn jene Teilchen können, wie weiter oben festgestellt, durch Materie hindurchgehen, wie das auch die Seele kann, wenn sie ausserhalb des Körpers ist. Es gibt weitere bezeugte Beispiele von De- und Re-Materialisierungen einfacher Gegenstände.[305]

  Die Psychokinese ist eine Vorform dieser Fähigkeit. Als „Psychokinese" (von griechisch „psyche" = Seele und „kinesis" = Bewegung) bezeichnet man die Fähigkeit einiger weniger Menschen, durch ihr Denken Dinge aus Materie, zum Beispiel einen Tisch oder ein Bett, zu bewegen oder formbare Gegenstände zu verformen.

Dass Dinge in der materiellen Welt erst durch das Denken ihre Gestalt erhalten, lassen auch Experimente mit Photonen annehmen: Bevor die Photonen beobachtet werden, existieren sie an verschiedenen Orten und zu verschiedenen Zeiten gleichzeitig. Eine scheinbar feste Position an einem Ort und zu einer Zeit erhalten sie erst durch die Beobachtung, das heisst durch das Denken des Beobachters.[306] Erst das Denken schafft also jene Bedingungen (Ort und Zeit und damit scheinbare Festigkeit), die in der materiellen Welt gelten und sie von der spirituellen Welt unterscheiden.

All das zeigt: Das Denken der Seelen schuf und schafft nicht nur alles Schein-Materielle (Geist-Körper usw.), das man in der spirituellen Welt und in den Träumen antrifft, sondern auch alles Materielle. Und es gibt dem Materiellen auch seine Gestalt. Die Träume sind zum grossen Teil das Ergebnis individuellen Denkens, kompliziertere materielle Welten wie die Erde wohl das Ergebnis von kollektivem Denken weit fortgeschrittener Seelen – von welchen genau, können wir nicht wissen.

Alles ist eins und immer im Fluss

Da alle Seelen und letztlich sogar auch alles Materielle aus derselben Quelle entstanden, ist im Grunde alles, das heisst nicht nur alles Seelische, sondern sogar auch alles Materielle, eins. Und es ist immer in Bewegung, im Fluss. Denn alles schwingt ständig, nur auf der spirituellen Seite viel schneller als auf der materiellen Seite.

---

[302] Heathcote-James 2008, S. 162/163.
[303] Stemman 1999, S. 221-23.
[304] van Lommel 2010, S. 324.
[305] So in Manning 1999/2003, S. 101/102, wo es um die unbewusste Materialisierung eines Blattes Papier geht.
[306] Tucker 2013, S. 172-75; van Lommel 2010, S. 233-240.

Doch auch innerhalb der materiellen Welt gibt es unterschiedlich schnelle Schwingungen: Im festen Zustand schwingt alles langsamer, im flüssigen schneller und im gasförmigen noch schneller.

Man kann das alles mit einem Vergleich erklären: Die Seelen-Energien, der menschliche Körper und die Steine verhalten sich zueinander wie Dampf, Wasser und Eis.[307]

Alle Natur ist beseelt

Es gibt jedoch auch einen grundsätzlichen Unterschied zwischen Materie und Seelen-Energie. Denn erst die Seelen-Energie gibt der Materie Leben, indem sie in einen Körper aus Materie hineingeht. Es ist, wie wenn in der Seelen-Energie etwas erwacht ist, während die Materie schläft.

Alle in der Natur vorhandene Materie ist beseelt. Für die meisten naturnah lebenden Stammesgesellschaften (Indianer usw.) war das immer selbstverständlich und ist es das auch heute noch. Für sie haben nicht nur die Menschen und die Tiere, sondern auch alle Bäume, Pflanzen, Felsen, Berge, Flüsse und alle übrigen Naturerscheinungen eine Seele, darum haben sie ihre heiligen Bäume, Berge und Flüsse und ihre heiligen Stätten in der Natur.

Im ganzen Kapitel 8 schreibe ich mehr über die Naturseelen. Hier folgen lediglich ein paar Beobachtungen und Hinweise, die zeigen, dass tatsächlich die ganze Natur beseelt ist.

Pflanzen-Seelen

Dass Pflanzen Gefühle haben, wissen aufmerksame Gärtner: Eine Pflanze, mit der man liebevoll redet, gedeiht besser als eine, die gefühllos behandelt wird.

Dazu eine bekannte Geschichte aus den USA: Nach dem Zweiten Weltkrieg wollten US-Wissenschaftler den Hopi-Indianern, die in der abgeschiedenen und kargen Wüste Arizonas noch immer Ackerbau mit Grabstöcken und Hacken betrieben, moderne Anbaumethoden für ihren Mais beibringen. Der Mais der Wissenschaftler verdorrte aber regelmässig, während jener der Hopi gut gedieh. Die Wissenschaftler konnten den Grund nicht erkennen und fragten schliesslich die Hopi. Deren Antwort: „Wir besingen unseren Mais."[308] Das Entscheidende sind wohl die Gefühle für die Pflanzen, die mit dem Singen ausgedrückt werden.

Pflanzen können auch Töne von sich geben, die Menschen üblicherweise nicht hören, aber von anderen Pflanzen gespürt werden. So haben wissenschaftliche Experimente gezeigt, dass Getreidesämlinge in einer hohen Frequenz Knackgeräusche von sich geben, und dass sich jedesmal, wenn sie das tun, andere Sämlinge nach ihnen ausrichten.[309] Da mit Tönen immer Gefühle ausgedrückt werden, zeigt auch dies, dass Pflanzen auf Gefühle reagieren und sie selber ausdrücken können.

---

[307] Dieser Vergleich stammt aus einer der Mitteilungen, die Brian Weiss von einem „Meister" aus der spirituellen Welt erhielt (Weiss 1997, S. 144. Die Mitteilung lautet: Gott, der Mensch und die Steine verhielten sich zueinander wie Dampf, Wasser und Eis. Mit „Gott" ist wohl die Seelen-Energie, mit „Mensch" der menschliche Körper gemeint).

[308] „Respekt vor dem Lebendigen". In: Umweltzeitung, Juli/August 2015, S. 4. (http://www.umweltzentrum-braunschweig.de/fileadmin/_uwz-pdfs/2015-04/Respekt_vor_dem_Lebendigen.pdf, eingesehen 30.8. 2017). Wobei die Agrarwissenschafter, die den Artikel verfassten, die Antwort der Hopi noch heute für Aberglauben halten.

[309] Wohlleben 2015, S. 19/20.

Die Seele des Wassers

Auch das Wasser kann Gefühle aufnehmen, wie seit den 1980er Jahren etliche Forscher nachgewiesen haben.

So froren der Japaner Masaru Emoto (1943-2014) und seine Mitarbeiter je 50-100 Tropfen desselben Wassers in je einem kleinen Gefäss in einem Kühlraum ein und fotografierten dann die Eis-Kristalle unter einem Mikroskop. Sie stellten fest, dass die Kristalle bei jeder Probe anders aussehen, dass es aber innerhalb der 50-100 Proben von *einem* Wasser jeweils eine deutliche Tendenz gibt:

- Klares, sauberes Wasser kristallisiert zu schönen, symmetrischen Kristallen aus, verschmutztes bildet keine Kristalle, chloriertes unschöne/halbseitige.[310]
- Wenn Emoto destilliertes Wasser gefror, bildeten sich keine Kristalle. Wenn er es aber vorher von zwei Seiten mit Musik beschallen liess, zeigte sich: Bei klassischer Instrumental-Musik bilden sich schöne Kristalle[311], bei Liedern, welche die Liebe oder sonst etwas Schönes besingen, ebenfalls, und zwar unabhängig vom Musikstil (Volksmusik, Pop).[312] Bei einem Volkslied, das von der Trennung zweier Liebender handelt, bildeten sich nur unschöne Kristalle,[313] bei einem Heavy Metal Song, der Wut ausdrückt, gar keine.[314]
- Wenn er die Fläschchen mit destilliertem Wasser mit Wörtern (meist japanische Schriftzeichen) beschriftete, bildeten sich bei „Liebe" oder „Danke" sehr schöne, bei „Dummkopf", „du machst mich krank", „ich bringe dich um" und ähnlichem keine Kristalle.[315] Wobei offen bleibt, ob die Beeinflussung durch die Schriftzeichen stattfand oder durch die Gedanken, welche die Menschen bei der Beschriftung hatten.
- Wasser aus einem Staudamm-See zeigte keine Kristalle, doch nachdem ein Shinto-Priester am Ufer eine Stunde lang gebetet hatte, sehr schöne.[316]

Emotos Ergebnisse sind wissenschaftlich nicht anerkannt, weil die einzelnen Kristalle nicht reproduzierbar sind. Doch die Tendenz ist reproduzierbar, und absolute Reproduzierbarkeit gibt es im Bereiche des Nicht-Materiellen nicht.

Emotos Versuche zeigen darum: Wasser kann sich wohl fühlen oder nicht. Sein Wohlgefühl hängt nicht nur davon ab, dass es sauber ist und nicht von menschlichen Abwässsern verschmutzt wurde, sondern auch von den Gedanken und Gefühlen in seiner Nähe.

Etwas Ähnliches wie Emoto macht Bernd Kröplin (1944-), (mittlerweile emeritierter) Professor für Luft- und Raumfahrttechnik an der Universität Stuttgart: Mit seinem Team fotografiert er seit 1998 die Bildstruktur von Wassertropfen unter einem Dunkelfeldmikroskop. Das wissenschaftliche Erfordernis der exakten, *ganz genauen* Reproduzierbarkeit kann auch Kröplin nicht erfüllen. Aber, wie Emoto, stellt auch er *ungefähre* Reproduzierbarkeit bei gleichbleibenden Bedingungen fest.

---

[310] Beispiele: Emoto 1999/2010, S. 20-27, 33-41, 46, 48-52.
[311] Beispiele: ebenda, S. 74-78.
[312] Beispiele: ebenda, S. 82-84; Emoto 2001/2010, S. 50.
[313] Emoto 1999/2010, S. 81.
[314] Ebenda, S. 86.
[315] Beispiele: ebenda, S. 90-103.
[316] Ebenda, S. 132-135.

„Ungefähr" heisst: Das Bild sieht bei gleichbleibenden Bedingungen immer sehr ähnlich, aber nicht ganz gleich aus. Ändert eine der Bedingungen, ändert auch das Bild stärker.[317]

Aus Kröplins Ergebnissen:

- Nimmt eine andere Person die Versuche vor, so entstehen andere Bilder. Ebenso, wenn sich der Gefühlszustand der Person, welche die Versuche vornimmt, ändert.[318]
- Wenn jemand Musik gehört hat, verändert sich die Struktur seiner dem Blut entnommenen Tropfen. Nach entspannender klassischer Musik zeigt sie eine viel feinere, zartere Struktur, nach Heavy Metall-Musik eine viel gröbere, klumpenähnliche Struktur.[319]

Kröplins Versuche bestätigen also Emotos Erkenntnis, wonach Wasser die in seiner Umgebung herrschenden Gefühle aufnimmt. Wer Gefühle aufnehmen kann, hat selber welche. Wasser hat also eine Seelen-Energie in sich.

Die Seele von Steinen

Kröplins Versuche zeigten auch, dass sich das Wassertropfen-Bild verändert, wenn man einen Kristall ins Wasser eingelegt hat, und zwar bei jeder Kristall-Sorte anders.[320] Dies bestätigt, dass auch von Kristallen Gefühle ausgehen, so wie das sensible Menschen, welche sie spüren, schon immer sagten. Es gibt sogar Menschen, welche die Gefühle wahrnehmen, die von „normalen" Felsen ausgehen.[321] Auch Steine haben also etwas, was man als ihre „Seele" bezeichnen kann.

Die Silbe OM

Dass die ganze Natur mit einer Energie beseelt ist, bestätigt auch eine weitere Beobachtung: Besonders sensible Menschen können plötzlich spontan aus der Natur die Silbe OM hören. Sie kann zum Beispiel aus einem Baum oder einem Berg oder einem Fels kommen, auch ganz kraftvoll und immer nur an einem bestimmten Ort, was zeigt, dass es sich nicht um eine Einbildung oder eine innere Stimme handelt.[322] Ein Klang wird von Schwingungen verursacht. Dass man an unterschiedlichen Orten in der Natur denselben Klang hören kann, weist auf die gemeinsame Quelle der in der Natur vorhandenen Seelen-Energie hin. OM ist darum der Klang jener Ur-Kraft, aus der alle Seelen-Energien hervorgegangen sind und die in allen Dingen enthalten ist. Das „Amen" am Ende eines Gebets erinnert lautmalerisch ein bisschen daran.

Auch gemäss altindischer Weisheit, wie man sie in den Upanischaden[323] findet, ist die Silbe OM der Ur-Klang, der mit der Quelle, aus der alles hervorgegangen ist, und mit Gott gleichgesetzt wird. Darum bringt einem nach altindischer Weisheit das Singen der Silbe OM jener Urkraft näher.

---

[317] Kröplin/Henschel 2016, S. 17 und 36/37.
[318] Ebenda, S. 82/83.
[319] Ebenda, S. 80.
[320] Ebenda, S. 55 (Versuch mit Rosenquarz).
[321] Beispiel: van Gelder 1977/1999, S. 72/73.
[322] Dies erlebten zum Beispiel Margot Ruis und ihr Mann, die Naturwesen sehen und mit ihnen kommunizieren können: Ruis 2011, S. 36/37.
[323] Altindische Weisheits-Schriften, entstanden vom 7. - 5. Jh. V. Chr..

Technik und Seele

Dass sogar in Maschinen etwas sein kann, was über das rein Materielle hinausgeht, zeigt sich darin, dass sie manchmal auch auf Gefühle ansprechen: Mechanische Uhren können sich unterschiedlich verhalten, je nach dem, wer sie trägt; dieselbe Uhr geht bei gewissen Menschen eher zu schnell, bei anderen zu langsam. Beispiele mit einem Auto und einem Computer finden sich am Ende von Kapitel 8.

Auch Maschinen können also beseelt sein. Was nicht heissen muss, dass sie es immer sind. Aber manchmal. Vermutlich kann man das auch auf andere von Menschen hergestellte Dinge übertragen. Ikonenmaler hatten und haben daher wohl nicht so Unrecht, wenn sie sagen, dass der/die Heilige in ihren Bildern lebt. Das kann wohl vor allem dann sein, wenn sie mit Liebe gemalt wurden.

Unterschiedlich enge Seelenverbindungen

Da alle Seelen aus derselben Quelle stammen, sind sie miteinander verbunden, wie die Adressen im Internet.

Aber nicht alle Seelen sind gleich *eng* miteinander verbunden. Menschenseelen sind enger untereinander als mit Tier- oder Pflanzenseelen verbunden. Und Rückführungen zeigen, dass es innerhalb der Menschenseelen Grossgruppen gibt, die miteinander enger verbunden sind, und innerhalb dieser wiederum Kleingruppen, die miteinander besonders eng verbunden sind und sich daher immer wieder gemeinsam inkarnieren (Genaueres dazu im Kapitel 5).

Wer anderen Seelen schadet, schadet sich selber

Die Verbindung mit allen anderen Seelen dürfte erklären, weswegen die Seelen im Lebensrückblick das, was sie auf Erden anderen Seelen antaten, spüren, als hätten sie es sich selber angetan, und weswegen sich die meisten Menschen gut fühlen, wenn sie anderen, auch Tieren oder Pflanzen, nützen oder helfen können. Sie fühlen sich gut dabei, weil sie damit letztlich auch etwas für sich selber tun. Umgekehrt schadet derjenige, der anderen Menschen oder auch Tieren oder der Natur Böses oder Schaden zufügt, letztlich auch sich selber. Darum wird sich derjenige, der andere Menschen tötet, zusammenschlägt, vergewaltigt, unterdrückt oder sich sonstwie auf ihre Kosten emotional bereichert, nachher immer höchstens vorübergehend an einem Machtgefühl berauschen können, aber nie eine dauerhafte Befriedigung über sein Tun finden. Was anderen (genauer: ihrer Seele) nützt, ist selbsterhaltend, was ihnen (genauer: ihrer Seele) schadet, ist selbstschädigend bis selbstzerstörerisch.

Die Seelen als Gottes-Funken

Ob man bei all diesen Zusammenhängen etwas „Gott" nennen kann, hängt ganz davon ab, was man unter dem Begriff „Gott" versteht. Das Wort „Gott" wurde von Menschen geschaffen, aber sie verbinden damit ganz unterschiedliche Vorstellungen. Aufgrund der von mir für dieses Buch benutzten Quellen scheint es mir – wenn man den Begriff verwenden will – am naheliegendsten, darunter die aus jener unvorstellbaren Ur-Kraft hervorgegangene Weltseele zu verstehen. Dann ist „Gott" die Seelen-Energie, die allen Menschen, Tieren, Pflanzen und übrigen Naturerscheinungen innewohnt. „Gott" ist dann das, was *in allem* ist. Und alle Menschen, Tiere, Pflanzen und übrigen Naturerscheinungen sind dann Kinder Gottes, die einen „Gottes-Funken" oder „Schöpfer-Funken" in sich tragen. Die Mystiker[324] aller Religionen fassten „Gott" immer schon so auf: Als Baal Schem-Tov (1700-1760), dem Begründer des osteuropäischen jüdischen Chassidismus (jüdische Frömmigkeits-Bewegung), angeboten wurde: „Ich gebe dir einen Rubel, wenn du mir sagst, wo Gott zu finden ist.", da antwortete er: „Ich gebe dir zwei Rubel, wenn du mir sagst, wo er *nicht* zu finden ist."

Wenn man hinter jener Ur-Kraft, aus der alles entstand, noch etwas Weiteres vermutet, wäre es auch naheliegend, dies als „Gott" zu bezeichnen. Dann ist „Gott" eine distanzierte höhere Kraft, die alles in Gang setzte.

Soweit einige Kapitel über die Ur-Kraft, den Ursprung der Seelen und die Beseelung der Natur. Als Nächstes geht es um den Weg der Menschen-Seelen durch die Inkarnationen und deren Zweck.

Der Weg der Menschen-Seelen im Überblick

Die Menschen-Seelen haben von Anfang an einen individuellen Charakter. Für die Inkarnationen stehen ihnen unzählige Planeten zur Verfügung. In der Regel inkarnieren sie sich weiter dort, wo sie einst damit anfingen, aber es gibt auch Wechsel vom einen zum anderen Planeten, allerdings nicht in dem Sinne, dass man sich abwechselnd mal auf diesem und dann auf jenem Planeten inkarniert, sondern als dauerhaften Wechsel. Es gibt auf Erden Seelen, deren erste Inkarnationen einst auf einem anderen Planeten stattfanden.[325]

Es kommt auf der Erde zu sehr vielen Inkarnationen. Man kann, wie im Buddhismus, von einer ganzen Kette von Inkarnationen reden. Wenn sie beendet ist, geht die individuelle Menschen-Seele wieder in die Weltseele ein, aus der sie einst hervorging.[326]

Der Zweck der Inkarnationen

Wozu dienen all diese Inkarnationen, und warum kommt es zu einer ganzen Kette davon?

Alle Religionen, welche die Reinkarnation kennen, sagen dazu dasselbe, was auch alle für dieses Buch berücksichtigten Rückführungen sowie die Erfahrungen Monroes auf seinen Astralreisen übereinstimmend bestätigen: Es geht dabei um die Weiterentwicklung und Vervollkommnung der Seelen. Diese sind zunächst unwissend und unerfahren, jedoch lernfähig. Lernen müssen sie, weil sie, sobald sie in einem menschlichen Körper sind, neben ihrer eigentlichen Seelen-Natur noch eine tierische, vom Körper ausgehende Natur haben. Deren an die materielle Welt gebundenen Bedürfnisse beginnt der Mensch, der noch eine schwache und unerfahrene Seele hat, mit seinen wahren Bedürfnissen zu verwechseln. Es entsteht so ein irdisches Schein-Ich, das nicht dasselbe ist wie das wahre Seelen-Ich. Das irdische Schein-Ich wird von egoistischen Motiven getrieben, die der Befriedigung von Zielen dienen, die es nur während der Inkarnationen gibt: Machtausübung, Besitzsucht, Genusssucht, Geldsucht usw.. Buddha fasste diese vom Schein-Ich ausgehenden Ziele als „Lebensdurst" zusammen. Man könnte auch sagen: Lebenssucht oder Gier nach den irdischen Schein-Genüssen und Schein-Befriedigungen.

Um die Auswirkungen dieses „Lebensdurstes" zu verstehen, muss man die besondere Stellung der Menschen auf der Erde verstehen: Nur die Menschen haben (wahrscheinlich neben ein paar wenigen

---

[324] „Mystik" kommt von griechisch „my-ein", das heisst „nach innen schauen". Mystiker sind Menschen, die Gott durch Versenkung/Meditation in sich suchen und finden. Es gab und gibt sie in allen Religionen.
[325] Newton 1996, S. 190-193, und Newton 2000, S. S. 326 und 350-353; Monroe 1985/2001, S. 230.
[326] Newton 1996, S. 179; Monroe 1994, S. 226/227.

höher entwickelten Tieren) Individual-Seelen. Tiere, Pflanzen und die übrigen Natur-Phänomene haben Gruppen-Seelen.

Bei Gruppen-Seelen stimmt der individuelle Wille mit dem Willen und Gleichgewicht des ganzen Systems überein. Die allermeisten Tiere, die Pflanzen und die übrigen Natur-Phänomene wollen darum immer jener Aufgabe nachgehen, die ihnen im gesamten System Erde gegeben ist. Ein Hund kann zwar entscheiden, ob er nach rechts oder links geht, wenn er nicht an der Leine ist, aber er muss und will einem Meister dienen (oder selber der Meister sein). Das ist seine Bestimmung im grösseren System, die er selber auch will.

Nur bei Individual-Seelen entsteht dagegen auch ein Individual-Wille, dank dem man seine Aufgabe/Tätigkeit auf Erden selber suchen und wahrnehmen kann und muss, durch den man sich aber auch in einen Gegensatz zum Willen und Gleichgewicht des gesamten Systems bringen kann.[327] Und genau dies tun die Menschen auch, wenn sie sich von den Ich-Motivationen des irdischen Schein-Ichs leiten lassen. Dadurch bringen sie aber nicht nur das gesamte System Erde, sondern auch ihre eigene Seele aus dem Gleichgewicht. Das ist schädliches Karma. Wie sehr die Menschen mit ihrem vom individuellen Willen und Ich-Motivationen geleiteten Tun ihrer eigenen Seele schaden, merken sie oft aber erst im Bardo. Das lässt in den Menschen-Seelen dann den Wunsch entstehen, die Neigung zum Tun des (Selbst-)Schädigenden und damit gleichzeitig auch den Lebensdurst als dessen Ursache zu überwinden. Das ist nur schrittweise in den weiteren Inkarnationen möglich. Das höchste Ziel ist die Überwindung der Ich-Motivationen, des Schein-Ichs und des individuellen Willens, soweit er vom Willen und Gleichgewicht des gesamten Systems abweicht. Hat die Seele dies erreicht, dann hat sie einen Willen, der identisch ist mit dem Willen des Ganzen. Sie kann sich damit wieder ins Ganze einordnen und somit wieder in die Weltseele eingehen.

Doch gleich wie vor dem Beginn der Kette der Inkarnationen ist sie dann nicht. Durch den zurückgelegten Lern- und Entwicklungs-Prozesses hat sie gelernt, echte Liebe zu geben, denn diese ist das Gegenteil der egoistischen und letzlich selbst-schädigenden Motive des Schein-Ichs. Und sie hat aus den vielen Erfahrungen Wissen gewonnen, mit dem nicht irdisches Prüfungswissen gemeint ist, sondern ein umfassendes Verstehen des Umgangs mit der eigenen Seele und mit anderen Seelen.

Das Geben echter Liebe sowie Weisheits-Wissen durch das Sammeln von Lebens-Erfahrungen sind also die Gewinne, welche die Seele aus ihrer Weiterentwicklung zieht. Monroe erfährt dies auf seinen Astralreisen[328] und einer Frau wird es während einer sehr weitgehenden Nahtoderfahrung bestätigt.[329]

Diese Gewinne bringen die Menschen-Seelen nach dem Abschluss ihrer Inkarnationen in die Weltseele ein. Da jede Einzelseele ein Teil der Weltseele ist, trägt sie damit, das heisst durch ihre

---

[327] Darauf weist der Leprechaun (Naturwesen) hin, mit dem Tanis Helliwell zusammenarbeitet (Helliwell 1997/2011, S. 14). Eine Grosse Wasserfrau erzählt Margot Ruis bei einem Vergleich zwischen Menschen und Naturwesen vom selben Unterschied (Ruis 1995/2013, S. 45/46).

[328] Monroe 1994, S. 213/214 und 216.

[329] „First, God told me there were only two things that we could bring back when we died: LOVE and KNOWLEDGE" (Ring 1998/2006, S. 296).

eigene Vervollkommnung, ein bisschen zur Vervollkommnung der Weltseele bei. Dieser Dienst am Ganzen ist der eigentliche Zweck der Inkarnationen und auch die Aufgabe der Einzelseele.[330]

Was bedeutet die Vervollkommnung der Weltseele konkret? Es bedeutet, dass die Urkraft in ihrer Tätigkeit, die eine ständige schöpferische Tätikeit ist, unterstützt und vervollkommnet wird. Die Urkraft ist durch die Vervollkommnung der Einzelseele mit Liebesfähigkeit und Erfahrungswissen bereichert worden, und das hilft ihr beim weiteren Schaffen neuer Seelen und neuer materieller Welten.

Die Inkarnationen der einzelnen Menschen-Seelen dienen also der Urkraft dazu, ihre eigene schöpferische Tätigkeit ständig zu vervollkommnen. Auf Erden haben (fast) nur die Menschen-Seelen die Möglichkeit, die Aufgabe und die Verantwortung, dazu beizutragen.

Die Erde – ein sehr schwieriger Inkarnations-Ort

Dass die Weiterentwicklung auf Erden sehr schwierig ist, sagen die Berichte und Erfahrungen von Newton und Monroe übereinstimmend. Ihnen gemäss ist die Erde im Vergleich zu anderen materiellen Orten, an denen sich ebenfalls Seelen inkarnieren, ein besonders schwieriger Planet, da besonders leidvoll und mit besonders vielen Lebensdurst-Versuchungen verbunden. Aber dafür sind die auf der Erde gesammelten Erfahrungen und Beiträge der Menschen-Seelen an die Vollkommnung der spirituellen Welt besonders wertvoll[331], weil durch die anstrengenden Inkarnationen „starke, einsichtsvolle Seelen" hervorgebracht werden,[332] und weil gerade durch das viele Leid besonders starke Liebe hervorgebracht wird.

Da das Lernen auf Erden sehr schwierig ist, ist es nur in kleinen Schritten möglich. Darum sind sehr viele Inkarnationen nötig. Zahlen erfährt man selten. Brian Weiss' erste Rückführungspatientin hatte bisher 86 Leben hinter sich[333], Robert Monroe erfährt aus der spirituellen Welt, dass er noch *ein* Leben vor sich und „vielleicht tausend" hinter sich habe, man habe aufgehört zu zählen.[334] Einige der frühesten Inkarnationen dürften in beiden Fällen auf einem anderen Planeten stattgefunden haben.[335] Auch unter Newtons Klienten finden sich solche mit fortgeschrittenen Seelen, die schon eine sehr lange Kette von Inkarnationen hinter sich haben, allerdings offenbar meist auf der Erde, zum Teil in Körperformen der frühen Menschen.[336]

---

[330] So zum Beispiel gemäss den Informationen, die Newton bei der Rückführung einer weit fortgeschrittenen Seele aus der spirituellen Welt erhält: „The source creates for fulfillment of itself." …. „I see the creator's perfection … maintained and enriched … by sharing the possibility of perfection with us (= Menschen-Seelen, UL) and this is the ultimate extension of itself." (Newton 1996, S. 199.)

[331] Newton 1996, S. 157 und 190; Monroe 1994, S. 24 und 175/176.

[332] „vigorous, insightful souls" (Newton 2000, S. 352. Zitat eines Seelenbegleiters aus der spirituellen Welt.)

[333] Weiss 1988, S. 186.

[334] Monroe 1994, S. 173.

[335] Monroe 1994, S. 158/159 bzw. Weiss 1988, S. 68 und 186.

[336] Beispiel: Newton 1996, S. 170/171.

Atlantis und andere frühere Menschheits-Zyklen

Gemäss einigen Quellen inkarnierten sich Menschen-Seelen vor der jetzigen Menschheit bereits in früheren Zyklen auf Erden. Eine Klientin Newtons sagte dies während der Rückführung.[337] Vor allem sagen es die gegen Ende des 19. bzw. entstandene Theosophie[338] und die von ihr anfangs des 20. Jhs. abgespaltene Anthroposophie Rudolf Steiners (1860-1925), zwei spiritualistische Religionen, die sich selber als Wissenschaften verstehen. Steiner nahm für sich in Anspruch, in der „Akasha-Chronik" „lesen" zu können – womit er meinte: die in der spirituellen Welt gespeicherte Vergangenheit der Erde und der Menschheit mit seinem inneren Auge in Bildern sehen zu können. Gemäss der Theosophie und der Anthroposophie fand der letzte Inkarnationszyklus auf „Atlantis", der vorletzte auf „Lemurien" statt, zwei Kulturen, die auf untergegangenen Grossinseln im Atlantik bzw. im Indischen Ozean lokalisiert werden.

Ich denke: Wenn es frühere Inkarnationszyklen von Menschen-Seelen gab, dann müssen jene Kulturen noch auf einer aus heutiger Sicht sehr primitiven Stufe gestanden haben, denn die Seelen entwickeln sich immer weiter. Auch müssten sie stattgefunden haben, bevor die Vorformen der heutigen Menschen entstanden, also vor Millionen von Jahren. Phantastisch tönende, womöglich bis in Einzelheiten gehende Berichte über technologisch hochstehende Kulturen sowie ihre Lokalisierung auf Grossinseln, die erst vor ein paar tausend Jahren untergegangen sein sollen, würde ich darum mit grosser Vorsicht geniessen. Andererseits kann man das Gesetz der langsamen Höherentwicklung durch *wiederholtes* Wachsen und Vergehen überall in der materiellen Welt beobachten. Mehrere Inkarnationszyklen für Menschen-Seelen würden dazu passen.

Für die Frage, weswegen wir hier sind und was nach dem Tod des Körpers kommt, ist es jedoch ohne Belang, ob es Atlantis, Lemurien usw. gab oder nicht.

Einige Fragen

Gemäss obigen Erklärungen wurde die Erde also geschaffen, damit die sich hier inkarnierenden Menschen-Seelen einen Beitrag zur Vervollkommnung der spirituellen Seite des Universums leisten. Das wirft ein paar Fragen auf:

- Warum hat die spirituelle Seite des Universums eine Vervollkommnung nötig?
  Weil immer alles in Bewegung ist. Statisches gibt es nicht. Vollkommenheit so, wie wir sie verstehen, nämlich als statischen Zustand, gibt es darum nicht. Sie ist, wie alles Statische, eine Illusion. Echte Vollkommenheit kann nur eine Entwicklungsrichtung sein. Die spirituelle Welt kann daher nicht vollkommen sein im Sinne eines vollendeten Zustandes, sie kann nur ständig nach weiterer Selbst-Verbesserung und Vervollkommnung *streben*.
  Das Universum ist also in einem ewig weiter gehenden Schöpfungsprozess, der ein Selbstvervollkommnungsprozess ist. Das Ziel ist dabei die ständige Vervollkommnung der spirituellen Seite. Die vergänglichen materiellen Welten wurden nur geschaffen, um dies zu erleichtern.

---

[337] Ebenda, S. 171.

[338] Die anglo-indische Theosophie ist in der 1875 in New York gegründeten Theosophischen Gesellschaft organisiert ist und geht hauptsächlich auf die Schriften der in den Westen emigrierten Russin Helena Blavatsky (1831-91), eines ihrer Gründungsmitglieder, zurück. Sie hat Anhänger/innen vor allem in den angelsächsischen Ländern. Mit der Bezeichnung „Theosophie" (von griechisch „theos" = Gott und „sophia" = Weisheit) ist das Wissen über die spirituelle Welt gemeint.

Da die Selbstvervollkommnung ein ständiger Vorgang ist, liegt der Zweck der Inkarnationen der Einzelseelen auch bereits in dem, was sie während jeder Inkarnation ständig für die Weltseele tun oder tun sollten. Der Satz „Der Weg ist das Ziel" trifft daher auf diesen ganzen Selbstverbesserungsprozess zu.

Wie schon mehrfach erklärt, gibt es auch in der materiellen Welt Statisches in Wirklichkeit nicht. Es ist darum eine Illusion, zu glauben, die irdische Weltgeschichte könne einen statischen Endzustand, eine Art Paradies auf Erden, erreichen.

- Warum wurde zur Vervollkommnung der spirituellen Seite des Universums eine materielle Seite geschaffen?

  Weil die spirituelle Welt eine harmonische Welt ohne Leid und darum ohne Gegensätze und Spannungen ist.[339] Wären die Seelen nur in der spirituellen Welt, würden sie sich auch weiter entwickeln, aber viel langsamer,[340] weil ihnen ohne das Leid die Anstösse zur Änderung fehlen würden.

  Die materielle Welt ist dagegen voller Gegensätze (Polaritäten) und Spannungen, die zur Auseinandersetzung der Seelen/Menschen mit sich selber und der Welt anregen. Das Leid, das es ohne vergänglichen Körper nicht gäbe, regt dazu an, etwas zu ändern. Die Liebe als positiver Gegensatz regt zur Entwicklung von Mitgefühl, zu Liebes-Taten und zum Tun des für Andere Nützlichen und damit zum wichtigsten Aspekt der Vervollkommnung der Seelen an.

- Wenn die Erfahrungen auf der Erde zur Vervollkommnung der spirituellen Seite des Universums beitragen sollen, stellt sich eine weitere Frage: Viel Leid auf der Erde ist menschen-gemacht, die Menschen fügen einander viel Schädliches zu. Kann es daher nicht sein, dass das System Erde am Ende zu einer Schädigung statt einer Vollkommnung führt?

  Auf der Erde vielleicht schon. Aber darum geht es nicht. Es geht um die Vervollkommnung der *ewigen spirituellen* Seite des Multiversums. Die materiellen Welten sind nur die vergänglichen Vehikel dafür. Dafür, dass auf der spirituellen Seite nur das Nützliche bleibt und zu diesem Zweck alles Schädliche irgendwann in Nützliches umgewandelt wird, sorgt das Gesetz des Karmas, das ich in Kapitel 6 genauer zu erklären versuche.

Die Liebe

Das Lernen echter Liebe ist für die Seelen zentral. Die Liebe ist aber viel mehr als nur das Gegenteil des Egoismus. Die Liebe *ist* die denkende und schöpferische Ur-Kraft, aus der alles hervorgegangen ist. So wird zum Beispiel einer Frau während einer Nahtoderfahrung mitgeteilt, alles sei Liebe („...the light told me everything was Love, and I mean everything!").[341] Die Liebe ist darum in der spirituellen wie in der materiellen Welt die wichtigste Kraft, die alles erschafft, alles miteinander verbindet und alles zusammenhält. In der spirituellen Welt ist sie die stärkste Kraft, in der materiellen Welt die schönste und innerlich erfüllendste Kraft, die dem Menschen am meisten innere Stärke gibt. Sie ist das Salz des Lebens, welches all das Leid auf Erden ausgleichen kann.

---

[339] Vgl. dazu eine Mitteilung, die Brian Weiss von einem Meister aus der spirituellen Welt erhält: „...Why can't we learn as spirits?" „...We must feel the pain. When you're a spirit, you feel no pain. ... When you're in physical state in the flesh, you can feel the pain ; you can hurt. .... The interaction between people in the spiritual form is different. When you are in physical state, ... you can experience relationships." (Weiss 1988, S. 124).

[340] Das erfährt gemäss Newtons Rückführungen einmal ausdrücklich eine Seele, die sich zunächst nicht weiter inkarnieren möchte und sich dann dank der Mitteilung doch wieder dazu entschliesst (Newton 1996, S. 205).

[341] Ring 1998/2006, S. 45.

Die Liebe verbindet uns mit allen Menschen, allen Tieren und aller Natur, auch wenn wir das nicht immer spüren. Und sie verbindet uns mit der spirituellen Welt: Das Licht, in dem sich die Seelen während eines Nahtoderlebnisses befinden, *ist* die Liebe. Wobei das dort nicht ein Gefühl des Verliebtseins ist, sondern ein Gefühl tiefster Geborgenheit und tiefsten Angenommen-Seins.[342] Jenes Liebes-Licht ist aber nichts Anderes als die Energie der dortigen Seelen, Engel und Geistwesen. Die Seelen *sind* also Liebe, und diese Liebe verbindet das ganze Universum, spirituelle und materielle Seite.[343]

Doch warum haben es dann die Seelen nötig, durch die Inkarnationen zu lernen, Liebe zu geben? Weil sie zwar mit der Fähigkeit entstanden sind, Liebe zu geben, aber es noch nicht tun. Sie sind wie Pflanzen, die noch nicht blühen und noch nicht Frucht tragen. Durch die Inkarnationen soll ihre Liebes-Fähigkeit geweckt werden, sie sollen dazu gebracht werden, Liebe sozusagen zu produzieren.[344] Dazu soll sie eben die Begegnung mit dem Leid auf Erden bewegen.

Lernen, echte Liebe zu geben, ist nicht einfach und benötigt viele Inkarnationen. Unreif ist es, wenn wir unter dem Vorwand der „Liebe" nur unsere eigenen Bedürfnisse befriedigen wollen. Reif ist die echt dienende Liebe, sie kann uns die Kraft zu den höchsten dienenden Leistungen für andere Menschen bis zur völligen Selbstlosigkeit geben.

Die höchste Form der Liebe ist bedingungslos, sie sucht keine Gegenleistung. Sie kann durch die Liebe zu einem bestimmten Menschen, auch zu einem Tier oder zur Natur geweckt werden, ist selber aber unpersönlich, ein Gefühl, das einem erfüllt, das man ausstrahlt und nach dem man lebt. Am meisten bringt dieses Liebes-Gefühl der Seele selber, die es spürt und davon gibt, denn die Liebe ist das Einzige, was durch das Geben mehr wird und nicht weniger. Und da sie eben das ist, woraus die Urkraft alles schuf und was alles zusammenhält, leistet jede Seele mit ihrer Ausstrahlung auch ihren Beitrag zur Vervollkommnung von Allem.

Die Lebensaufgabe für eine einzelne Inkarnation

Da der ganze Lern- und Entwicklungsprozess nur in kleinen Schritten erfolgen kann, gibt es für jede Inkarnation eine Lebensaufgabe, die einen kleinen Lernschritt beinhaltet.

Sie wird oft in Nahtoderlebnissen erwähnt. Menschen berichten danach manchmal, sie hätten die Wahl gehabt, auf die Erde zurückzukehren oder nicht, wobei ihnen meistens gleichzeitig von Wesen in der spirituellen Welt klar gemacht wurde, dass die Rückkehr die richtige Entscheidung sei, weil sie noch eine Aufgabe hätten.[345] In anderen Fällen wird ihnen gesagt, sie *müssten* zurückgehen, da ihre Zeit noch nicht gekommen sei, sie hätten noch eine Aufgabe.[346] Worin diese Lebensaufgabe besteht, wird in den Nahtoderfahrungen fast nie gesagt. Doch die Protokolle von Newton, Whitton und Weiss und die Berichte von Wambach und Monroe zeigen, dass es dabei um ein Stück Seelen-Weiterentwicklung sowie eine Nützlichkeitsaufgabe geht, das heisst eine Tätigkeit, mit der man auf

---

[342] Beschrieben zum Beispiel in van Lommel 2010, S. 34 („I was immersed in a feeling of total love"); Moody 1988/1989, S. 12; Weiss 1988, S. 84; Monroe 1985/2001, S. 257.

[343] So auch gemäss einer der Mitteilungen, die Brian Weiss von einem „Meister" aus der spirituellen Welt erhält: „Love breaks down the barriers and creates unity" (Weiss 1988, S. 144).

[344] Das Hervorbringen von Liebe ist das Ziel der Inkarnationen auch gemäss einer gleichnishaften Geschichte, die Monroe auf einer seiner fortgeschrittenen Astralreisen aus der spirituellen Welt mitgeteilt wird, wobei dort die Liebe als „loosh" bezeichnet wird: Monroe 1985/2001, S. 162-170.

[345] Beispiele: van Lommel 2010, S. 39/40; Heathcote-James 2008, S. 156; Ring 1998/2006, S. 16.

[346] Beispiele: Ring 1998/2006, S. 29/30 und S. 296; Moody 1988/1989, S. 120.

irgendeine Weise für die Welt (für andere Menschen oder Tiere, Pflanzen, die Natur usw.) nützlich sein kann. Das Nützlich-Sein ist eine Form von Liebe *und* ein Dienst an einem selber. Denn genauso wie die Seele in der spirituellen Welt ein Teil eines Ganzen ist, ist auch der einzelne Mensch während jeder Inkarnation ein Teil eines Ganzen, das heisst der ganzen Menschheit und der ganzen Erde. Der Dienst am Ganzen ist daher immer auch ein Dienst an einem selber.

Der Zweck eines einzelnen Lebens besteht also nicht darin, möglichst lange zu leben, sondern lange genug, um die vorgesehene Lebensaufgabe wahrnehmen zu können, die grundsätzlich aus eigener Weiterentwicklung und Nützlich-Sein besteht.

Die eigene Weiterentwicklung

Welche Seelen-Weiterentwicklungs-Aufgabe man im aktuellen Leben hat, merkt man anhand der Probleme, die sich einem stellen. Es kann sein, dass man in einem Leben an mehreren solchen Lebens-Themen arbeiten muss.[347] Aber oft ist darunter ein zentrales Lebensproblem, das einem stark prägt oder beschäftigt. Das ist das (Haupt-)Lebensthema, an dem man arbeiten sollte. Es hat immer, wenn auch oft nur indirekt, mit der Liebe zu tun und ist individuell ganz unterschiedlich, je nach dem, an welchem Entwicklungspunkt eine Seele steht. So kann es zum Beispiel sein, dass eine Seele lernen muss, sich nicht zu wichtig zu nehmen und sich ins Ganze einzuordnen, während eine andere gerade das Gegenteil lernen muss, nämlich sich durchzusetzen, denn die Liebe ist ein Kind der Selbstständigkeit.

Wer den Willen hat, an sich selber zu arbeiten, merkt in der Regel, welches sein Haupt-Lebensthema im aktuellen Leben ist. Es entwickelt und ändert sich, wenn man erfolgreich daran gearbeitet hat.

Es geht bei der Weiterentwicklung der Seele nicht darum, ihren Kern zu ändern, sondern ihn zu finden und zum Hervorbringen von Liebe zu bringen. Dazu muss man alle schädlichen Gefühle, die man während der Inkarnation hat entstehen lassen, und durch welche die Seele aus dem Gleichgewicht gebracht wurde (individueller Wille, Ich-Motivationen, Gier nach den Verlockungen der materiellen Welt), überwinden.

Theorien im Kopf genügen für eine Weiterentwicklung der Seele nicht, sie kratzen nur an der Oberfläche.   Was man an sich selber ändern möchte, muss in die Tiefe, in die Gefühle gehen. Ob es das tut, zeigt sich anhand des tiefer gehenden Denkens, das Gefühle ausdrückt, und seiner Umsetzung ins praktische Handeln und Reden.[348]

Das Lernen hört mit dem Tod des Körpers nicht auf. Im Gegenteil, dann setzt es verstärkt ein, mit Hilfe des Materials, das die Erfahrungen aus den vorangegangenen Inkarnationen liefern. Durch ihr Studium gewinnt man Einsichten, nach denen dann die nächste Inkarnation vorbereitet wird, durch welche der nächste Schritt der Weiterentwicklung in Angriff genommen wird.

Nützlich sein

Zum anderen Teil unserer Lebensaufgabe, dem Nützlich-Sein für die Welt: Für jeden sind irgendeine oder mehrere solche Nützlichkeits-Aufgaben vorgesehen. Sie können mehr im Familienleben, in der

---

[347] Beispiele: Wambach 1979, S. 49; Whitton 1986, S. 141.

[348] Monroe 1985/2001, S. 258 (Dinge werden auch real, indem man sie Anderen mitteilt). Monroe 1994, S. 72 (alle bewussten Gedanken bleiben in der Seele gespeichert). Bestätigt auch durch eine Mitteilung aus der spirituellen Welt an Brian Weiss: Weiss 1988, S. 209. Ein eindrückliches Beispiel: Whitton 1986, S. 140/141.

Freizeitaktivität oder im Beruf liegen, und sie entwickeln sich im Laufe eines Lebens mit der eigenen Entwicklung. So kann es sein, dass man irgendwann im Laufe des Lebens feststellt, dass vorangegangene Tätigkeiten und Aufgaben Vorstufen zu einer grösseren Lebens-Aufgabe waren, für welche man jene vorangegangenen Erfahrungen braucht. Es kann auch sein, dass man die eigene Bestimmung erst auf Umwegen findet, die vielleicht nötig waren, weil man früher noch nicht reif genug war dafür.

Die grössere Aufgabe beinhaltet meist viele kleinere Teil-Aufgaben. Zum Beispiel können einem die eigene berufliche Stellung und/oder die eigenen Kenntnisse befähigen, für bestimmte Menschen, denen man begegnet, nützlich zu sein. Die konkreten Gelegenheiten dazu muss man dann nicht suchen. Sie treten von selber an einen heran.

Die Erde und die menschliche Gesellschaft sind so eingerichtet, dass es für das Funktionieren des Ganzen unterschiedlichste Dienste/Aufgaben braucht. Es gibt daher keine besseren und schlechteren Lebensaufgaben oder Berufe. Es braucht Menschen in sozialen Berufen, im Handwerk, in der Polizei, im Gerichtswesen, als Soldaten, als Fussballspieler, als Künstler oder Schriftsteller, als Geschäftsleute usw.. Es kommt weniger darauf an, welche Aufgabe man wahrnimmt, als darauf, dass es die für einem richtige/vorgesehene ist und dass man sie mit der richtigen inneren Einstellung wahrnimmt: nicht zum Eigennutzen, sondern, um anderen Menschen/der Welt/der Natur usw. zu nützen. Jede Tätigkeit sollte ein Dienst am Ganzen sein.

Die Seelen haben bestimmte Interessen und Neigungen und suchen darum in ihren Inkarnationen gerne (wenn auch nicht ausschliesslich) wieder ähnliche Nützlichkeits-Aufgaben. Rückführungen zeigen, dass es zum Beispiel Seelen gibt, die immer wieder in irgendeiner Weise lehrend tätig sind,[349] solche, die immer wieder in irgendeiner Weise das Wissen der Menschheit erweitern helfen (Forscher-Seelen),[350] solche, die immer wieder in den Bereichen Kunst und Kunsthandwerk tätig sind,[351] solche, die immer wieder Aufgaben im Militär/Geheimdienst/Gerichtswesen suchen,[352] solche, die immer wieder einfachere Aufgaben wahrnehmen und suchen[353], solche, die immer wieder Führungsaufgaben haben usw..

Es kommt aber auch vor, dass eine Seele eine neue Nützlichkeits-Aufgabe findet, der sie in den weiteren Inkarnationen weiter nachgeht. So findet sich in Newtons Rückführungen eine Seele, die immer wieder Aufgaben im Bereiche des Tierschutzes sucht, seit sie in einer Inkarnation die Schlachtung von Tieren miterlebte und davon traumatisiert wurde.[354] Auch wegen der Entwicklung der menschlichen Wirtschaft und Gesellschaft müssen Seelen ihre Nützlichkeits-Aufgabe immer wieder anpassen (Früher waren viele Menschen Bauern, dann Arbeiter, heute überwiegt die Arbeit im Dienstleistungsbereich).

---

[349] Eine Seele, die immer wieder Lebenslehrer ist/war, scheint der Psychiater und Rückführungsleiter Brian Weiss zu haben (Z.B. Weiss 1988, S. 30 und 95; Weiss 1993, S. 153-155).
[350] Ein Beispiel ist Robert Monroe. Zu ihm wird auf einer seiner Astralreisen gesagt: „He is...you are...like an explorer" (Monroe 1994, S. 41).
[351] Beispiel: Whitton 1986, S. 157.
[352] Beispiel: ebenda, S. 176.
[353] Beispiel einer Seele, die immer wieder eine dienende bis aufopfernde Aufgabe in Kriegen sucht und hat: Newton 2000, S. 105-109.
[354] Ebenda, S. 301/302.

Da die Seele die Erfahrungen aus ihren Inkarnationen mitnimmt und in den folgenden Inkarnationen unbewusst darauf zurückgreift, kann sie Talente und Interessen weiter entwickeln. So kann die Begabung mancher herausragender Sportler, Musiker usw. darauf beruhen, dass sie schon in früheren Inkarnationen entsprechende Fähigkeiten sammelten.

Die meisten Menschen empfinden es als sehr befriedigend, wenn sie etwas für Andere und die Welt Nützliches tun dürfen. Das kann man am besten in jenem Bereich, in dem man ein Talent hat. Jedes Talent ist darum ein Geschenk, für das man dankbar sein sollte, und aus dem man etwas machen sollte, für die Anderen, für sich und für die eigenen zukünftigen Inkarnationen, in denen man auf die Erfahrungen zurückgreifen kann.[355]

Mögliche Widersprüche zwischen der Lebensaufgabe und den irdischen Pflichten

Es kann geschehen, dass man in einen Widerspruch gerät zwischen einer höheren Lebensaufgabe und irdischen Vorschriften. In Diktaturen kann man dann vor sehr schwierige Entscheidungen zwischen den Befehlen und Strafandrohungen der Obrigkeit und dem, was man für Andere tun könnte, gestellt werden. In demokratischen Staaten finden sich bescheidenere Beispiele, etwa, wenn man für einen Patienten, Klienten, Untergebenen usw. etwas tun müsste oder könnte, was den Vorschriften des Arbeitgebers oder den sonst für den Beruf geltenden Vorschriften widerspricht.

Zur Ethik

Was für ein Leben man führen sollte, ist sehr unterschiedlich, weil jede Inkarnation ihre eigene Lebensaufgabe und darum ihr eigenes, an ihre individuellen Bedürfnisse angepasstes Lebens- und Lernprogramm erhält. An ihm wird jede Inkarnation im Lebensrückblick in erster Linie gemessen.

Das für einen Menschen richtige Lebens- und Lernprogramm liegt in jedem Menschen drin. Man kann es nur selber erkennen. Man sollte daher keinen Guru suchen, der einem sagt, wie man leben soll, sondern die eigenen Antworten auf die eigenen Fragen in sich selber suchen. Wer so die eigene Lebensaufgabe gefunden hat, hat auch den Sinn seines Lebens gefunden.

Doch trotz den unterschiedlichen Lebensaufgaben geht die Reise für alle in dieselbe Richtung. Das Ziel ist am Ende für alle dasselbe. Nur der Weg dorthin ist unterschiedlich. Daher kann man, abgestützt auf die Berichte über Nahtoderfahrungen sowie die erwähnten Rückführungen und Astralreisen, doch einige *ganz allgemeine* Hinweise zu ethischen Werten zusammenstellen, welche zu diesem Ziel führen und somit die Weiterentwicklung der Seele fördern (Ich füge im Folgenden auch einige Beobachtungen und Erfahrungen von mir ein, deklariere das an den entsprechenden Stellen aber auch so):

- Liebe und Mitgefühl sind die wichtigsten Dinge, welche die Seele am Ende der Inkarnationen gelernt haben sollte. Sie sind eine Sache der *inneren Haltung* und der *Art und Weise*, wie man andere bzw. die Tiere und die Natur behandeln soll.

- Beim Bemühen um *gelebte* Nächstenliebe kann ein Dilemma entstehen zwischen Herz und Verstand. Denn das Leben auf der Erde ist nicht so eingerichtet, dass es langfristig oder für die Gesamtheit immer gut herauskommt, wenn man das kurzfristig gegenüber einem einzelnen Menschen oder Tier Liebe und Nette tut. Das wäre viel zu einfach und bequem. Zu dem, was man

---

[355] So auch ausdrücklich gemäss einer Mitteilung aus der spirituellen Welt an Brian Weiss (Weiss 1988, S. 85).

durch die Inkarnationen lernen sollte, gehören eben auch das Verzichten und die Unterordnung unter das Gesamte, damit alles in einem Gleichgewicht ist.

Beispiele findet man leicht: bei der Kindererziehung, im Schulunterricht, bei der Tierfütterung, und in der Politik fast bei jedem Thema. Wer einem Kind jeden Wunsch erfüllt, ist zwar lieb und nett, aber das Kind lernt so keine Frustrationstoleranz. Eine Regierung, die Schulden macht, beschenkt damit zwar das Volk in der Gegenwart, belastet es aber in der Zukunft, wenn das geliehene Geld zurückbezahlt werden sollte. Usw..

Nicht immer ist bei solchen Themen klar, was richtig ist. Oft kann für unterschiedliche Menschen in derselben Situation unterschiedliches Handeln richtig sein, je nach dem, was sie für eine Lebensaufgabe haben und wo sie in ihrer Entwicklung stehen. Die Lebensaufgabe kann bedeuten, dass man Dinge tun muss, unter denen Einzelne leiden, weil das langfristig für sie selber oder für die Gesamtheit gut ist. Wer die Lebensaufgabe im Geiste der Verantwortung und nicht des Eigennutzes wahrnahm, hat richtig gelebt. Im Widerspruch zum Mitgefühl ist das nicht. Denn man kann fast alles mit Liebe, Mitgefühl und Wohlwollen tun. Das Gegenteil von Mitgefühl ist nicht Strenge, sondern Grausamkeit und Gefühlskälte.

Dazu die ganz allgemeine Leitlinie für das menschliche Handeln, die Robert Monroe auf einer seiner Astralreisen von einem Begleiter aus der spirituellen Welt erhält:
„Tu, was du tun musst, und tu es mit Liebe."[356]

- Eine andere, oft gehörte allgemeine Leitlinie wäre, nach „bestem Wissen und Gewissen" zu handeln. Das Gewissen ist in manchen Fällen ein guter Ratgeber, aber nicht immer: Wer überstreng und zum blinden Gehorchen erzogen wurde, hat schon deswegen ein schlechtes Gewissen, weil er etwas tun möchte, was Eltern, Religionvertretern usw. nicht passt. So jemand kann mit Hilfe des Gewissens leicht von Autoritätspersonen zur Verfolgung eigener Zwecke missbraucht werden. In solchen Fälle verhindert das Gewissen eine eigenständige Entwicklung. Eine Befreiung von den selbstschädigenden Teilen des Gewissens wäre dann angebracht.

- Viele Menschen empfehlen als Grundsatz im Umgang mit anderen Menschen auch die „Goldene Regel":
Sie besagt in der positiven Formulierung: „Tue anderen Menschen das an, was du möchtest, dass sie es dir antun!". So formuliert sie Jesus[357], und so findet man sie auch als Rat aus der spirituellen Welt in Kardecs „Spirits' Book".[358] In der weniger weit gehenden negativen Formulierung lautet sie: „Tue anderen Menschen nichts an, was du nicht willst, dass man es dir selber tut!". So findet man sie bei Konfuzius und Kant, dem wichtigsten Philosophen der Aufklärung des 18. Jhs..
Wenn man die Goldene Regel auf das *praktische Handeln in dieser materiellen Welt* bezieht, ist sie aus meiner Sicht nicht immer sinnvoll. Sie müsste dann zum Beispiel dazu führen, dass man jederzeit alles, was man besitzt und verdient, anderen, auch nicht-bedürftigen Menschen geben sollte, weil man das selber an ihrer Stelle auch so möchte. Oder, dass die Schweiz alle Bewohner/innen der Erde, die dies möchten, einwandern lassen müsste, weil man es selber an

---

[356] Monroe 1994, S. 176.
[357] Mt. 7, 12.
[358] Kardec 632.

ihrer Stelle auch so möchte. Was bald ein paar Dutzend Millionen wären. In der negativ formulierten Fassung müsste sie zum Beispiel dazu führen, dass man einen Verbrecher nicht bestrafen soll, weil man selber an seiner Stelle auch nicht bestraft werden möchte. Usw..

Viel überzeugender fände ich, die Goldene Regel als Grundsatz anzusehen für die *Haltung*, aus der heraus man andere Menschen behandeln sollte: So wie man von anderen Menschen mit Wohlwollen, Verständnis, Ehrlichkeit, Mitgefühl usw. behandelt werden möchte, so sollte man auch sie mit Wohlwollen, Verständnis, Ehrlichkeit, Mitgefühl usw. behandeln. So verstanden, dürfte sie eine Wurzel darin haben, dass alle Seelen miteinander verbunden sind und dass man darum beim Lebensrückblick in der spirituellen Welt alles, was man anderen *Seelen* antat, selber spürt.

Darum denke ich, dass man die Goldene Regel leicht umformulieren sollte, damit sie die innere Haltung betont und beim praktischen Handeln offener bleibt: *„Sei* zu anderen Menschen so, wie du möchtest, dass sie zu dir *sind!“*

- Zum Thema Helfen:
Aus der spirituellen Welt wird immer wieder mitgeteilt, das grösste Problem der Menschen seien Ängste. Die meisten Menschen haben mehr eigene Kräfte, um mit Problemen fertig zu werden, als sie selber meinen, aber Ängste aller Art hindern sie daran, sie wahrzunehmen. So wagen sie nicht, sich zu ändern und weiterzuentwickeln.[359] Darum besteht aus der Sicht der spirituellen Welt die beste Hilfe darin, das Selbstvertrauen der Menschen zu stärken, damit sie sich mehr zutrauen.

Zur Frage, wie man das Selbstvertrauen anderer Menschen stärken kann, ein paar Hinweise von mir: Indem man ihnen zum Beispiel, ohne zu lügen, sagt, was sie für Talente und Stärken haben, was sie Gutes und Richtiges getan haben, und indem man ihnen für das, was sie taten, die eigene Wertschätzung und Anerkennung ausspricht.

In diesem Sinne halte ich auch das positive Denken für hilfreich. Üblicherweise ist damit gemeint: „Rede dir ein, dass alles schon gut herauskommt“. Solcher Zweckoptimismus hilft meiner Erfahrung nach nicht wirklich. Wenn mit dem positiven Denken aber gemeint ist, dass man an die eigenen Vorzüge und Talente denken und diese entwickeln soll, anstatt sich auf das zu konzentrieren, was man nicht so gut kann, dann ist es eine Hilfe.

- Wie beim Lebensrückblick im Bardo (Kapitel 3) bereits erklärt, kommt es bei der Frage, wie eine Handlung in der spirituellen Welt gesehen wird, darauf an, ob man etwas für die *Seele* Nützliches tat oder ihr Schaden zufügte, das heisst, ob man mit einer Tat das Gegenüber *im Innersten* erreichte und bewegte.

Oft erreichen wir andere Menschen mit Dingen, die uns während des Lebens als klein und unwichtig erschienen. Diese werden dann im Lebensrückblick als besonders nützliche Taten herausgehoben, während etwas, was wir meinten, sei besonders wichtig, unter Umständen kaum beachtet wird.

Ein Beispiel dazu findet sich in einer der Rückführungen Newtons: Ein Mann erwartete, dass im Lebensrückblick bei den speziell guten Taten seine vielen Geldzuwendungen an wohltätige Organisationen betont würden. Hingewiesen wurde er stattdessen auf ein Ereignis, das er im

[359] Smith 2003, S. 207; Newton 1996, S. 184.

irdischen Leben ganz vergessen hatte: In der Zeit der Grossen Depression in den USA (Dreissiger Jahre) hörte er eines Abends, als er in Eile war, an einer Bushaltestelle eine ihm unbekannte Frau weinen und setzte sich auf einen Impuls hin zu ihr, legte ihr den Arm um die Schultern, sprach mit ihr und sagte dabei, er glaube, sie werde die Zeit durchstehen, sie sei stark genug dafür. Er gab ihr aber kein Geld, obwohl in jener Zeit viele Menschen aus materiellen Gründen in Verzweiflung waren. Doch sie war aufgestellt, stand auf und sagte ihm, sie werde „all right" sein. Worauf er die Frau nie wieder sah und die Begegnung bald vergass. Dies wurde in der spirituellen Welt deswegen als speziell gute Tat gesehen, weil der Mann die Frau zutiefst im Innern erreicht und berührt und ihr gerade darum ihr Selbstvertrauen zurückgegeben hatte, sodass sie wieder glaubte, selber mit ihren Problemen fertig werden zu können.[360] Wobei ich vermute, dass das Entscheidende dabei weniger der Inhalt des Gesagten war, sondern das, was der Mann der Frau emotional vermittelte: Mitgefühl und Anteilnahme.

Was mit diesem Beispiel gezeigt wird, wird auch bestätigt durch jemanden, der nach einer Nahtoderfahrung das Folgende über seinen Lebensrückblick berichtete:
„Du denkst: «Oh ich gab jemandem, der nicht viel hatte, sechs Dollars, und das war toll von mir.» Das bedeutete gar nichts. Es sind die kleinen Dinge – vielleicht ein verletztes Kind, dem du halfst, oder ein Stopp, um einem Kranken („shut-in") Hallo zu sagen. Das sind die Dinge, die am wichtigsten sind."[361]

Man kann sich dazu auch selber fragen: Wann, mit welcher Tat oder Geste, hat wer mich *zutiefst im Innern* mit etwas Positivem, Gutem (oder auch mit etwas Schädlichem) erreicht und berührt? Man wird wohl feststellen, dass es oft nebensächlich oder gering scheinende Dinge waren. Und man wird wohl auch feststellen, dass Dinge darunter sind, von denen es der andere vermutlich gar nicht erwartete oder weiss.

Das alles bedeutet nicht, dass materielle Hilfe in der spirituellen Welt für wertlos angesehen wird. Dazu zwei Beispiele aus den Rückführungen Newtons: In einer geht es um einen holländischen Gasthausbesitzer im 19. Jh.. Sein Geschäft war zwar auf Profit ausgerichtet, aber er gab auch Mittellosen regelmässig Unterkunft und Verpflegung. Das wurde in der spirituellen Welt als sehr gut beurteilt und förderte das Weiterkommen der Seele.[362] In einem anderen Fall bedauerte es eine Seele nach dem Tod, dass sie als wohlhabende Matrone im London des 19. Jhs. nichts für die Strassenkinder und ledigen Mütter tat, und sie beschloss, im nächsten Leben Mitgefühl zu lernen. Dass das Mitgefühl das Lernziel ist, bestätigt: Es geht um die Seelen-Gefühle, das Geldspenden spielt eine Rolle als Ausdruck davon. Darum sind gute Taten am wertvollsten, wenn sie aus dem Herzen kommen. Viele Menschen sagen nach Nahtoderlebnissen, es komme darauf an, dass etwas von Herzen komme.

Da alle Tiere und alle Erscheinungen der Natur eine Seele haben, ist auch alles, was Menschen für Tiere, Pflanzen und die ganze Natur tun, gut und nützlich. So erhält zum Beispiel Frau

[360] Newton 2000, S. 221-224.
[361] Englisches Originalzitat in Ring 1998/2006, S. 156; Übersetzung von mir.
[362] Newton 1996, S. 131 und 135.

Demarmels einmal während einer Rückführung eines Klienten die an sie gerichtete Mitteilung aus der spirituellen Welt, es sei wichtig, dass sie sich für den Tierschutz einsetze.[363]

Eines kann man aufgrund der Beispiele von Lebensrückblicken in Nahtoderlebnissen und Rückführungen sicher sagen: Keine Tat, und scheint sie noch so geringfügig, bleibt in der spirituellen Welt unbemerkt.

Darum ist es ratsam, sich selber im Umgang mit allem und allen eine Sorgfaltspflicht aufzuerlegen, das heisst, immer an die Auswirkungen des eigenen Tuns auf andere Menschen, Tiere und die Natur zu denken.

- Dass man alle Seelen mit Liebe behandeln soll, bezieht sich *auch auf die eigene Seele*. Man sollte auch die *eigene* Seele lieben, ihr Gutes tun und im Umgang mit ihr eine Sorgfaltspflicht beachten. Auch daran wird man im Lebensrückblick gemessen.

  Was aber ist genau gemeint mit der Liebe zur eigenen Seele?

  Eine Frau sagt es nach einer Nahtoderfahrung so: „Nie mehr wollte ich irgend etwas Anderes tun oder sagen als das, was ich wirklich dachte und fühlte. Wenn ich eine weitere Chance bekäme, würden die Dinge anders sein: Ehrlichkeit! Sie würde anfangen mit Offenheit und Wahrhaftigkeit gegenüber mir selber."[364]

  Es geht also weniger um die sehr missverständliche Selbstliebe und auf jeden Fall nicht um Selbst-Verliebtheit, sondern um Selbst-Annahme, wobei mit dem „Selbst" das Seelen-Selbst, unser wahres Ich, gemeint ist. Man soll die echten, innersten eigenen Wünsche annehmen und ihnen gemäss handeln. Das zeigt sich zum Beispiel bei der Wahl des Liebespartners, bei der Berufswahl usw... Da soll man dem eigenen Inneren folgen und sich nichts von aussen (Familie, Eltern, Gesellschaft) vorschreiben lassen.[365]

  Zu dem, was man in den Inkarnationen lernen muss, gehört darum auch innere Stärke, um anderen Menschen und ihren Ansprüchen Grenzen setzen zu können. Um sie zu finden, muss man sich von zwei Süchten befreien: Erstens von der Sucht, anderen zu gefallen. Was Andere von einem denken, sollte aber nicht wichtig sein. Und zweitens von der Sucht, so zu sein wie alle anderen. Das Wertvolle an einem Menschen ist aber gerade das, was anders und damit besonders ist an ihm. Denn jede Seele ist einmalig, jeder Mensch ist einmalig, jeder Weg ist einmalig, jeder Beitrag zur Vervollkommnung der Weltseele ist einmalig.

  Dem eigenen Innersten zu folgen, ist kein Widerspruch dazu, dass man für andere Menschen nützlich sein soll. Nützliches und Hilfreiches zu tun, bedeutet nicht, immer das zu tun, was die anderen wollen. Und nur wer sich selber innerlich helfen kann, kann auch der Seele anderer Menschen helfen. Wer sich dagegen selber unterdrücken lässt, ist nicht geeignet, andere zu einem selbstbestimmten und damit gesunden Leben zu ermuntern.

---

[363] Demarmels 2009, S. 102.

[364] Englisches Originalzitat in: van Lommel 2010, S. 208. Übersetzung von mir.

[365] Ein Beispiel einer Seele, die im Lebensrückblick merkt, dass sie sich bei der Berufswahl zu wenig gegen die Erwartungen der Eltern durchsetzte, und dass es richtig wäre gewesen, gegen den Willen der Eltern aus dem Talent als Musiker eine Berufskarriere zu machen, was diese Seele eigentlich auch gewünscht hätte: Weiss 1993, S. 160/161. Ein anderes Beispiel, wo die Seele erkennt, dass sie sich als Mutter im vorangegangenen Leben täuschte, als sie meinte, zu wissen, was das Beste für ihre Tochter sei: Demarmels 2009, S. 174-176.

- Zu Gewalt und Kriegen:

Das Schlimmste daran ist aus der Sicht der spirituellen Welt, wenn Menschen getötet werden, bevor sie die Gelegenheit hatten, die für sie vorgesehene Lebensaufgabe wahrzunehmen, was am häufigsten in Kriegen vorkommt.[366] Das Ziel im Privatleben und in der Politik sollte daher sein, Konflikte gewaltlos zu lösen. So erfuhr in den Rückführungen Whittons eine Seele, dass es richtig ist, im laufenden Leben gelernt zu haben, Provokationen nicht mehr mit Tötungen zu vergelten, wie sie es als Mann in früheren Inkarnationen getan hatte.[367] Eine andere Seele, die als Mann einen politisch motivierten Mord an einer Gegnerin der Französischen Revolution begangen hatte, erkannte in der spirituellen Welt, dass er sich ohne Gewalt hätte wehren sollen, und der Mord führte zu tiefsten Schuldgefühlen, die in den beiden folgenden Leben abgetragen werden mussten.[368]

Das Lernen der unbedingten Gewaltlosigkeit mit Militärdienstverweigerung kann darum für einige Seelen zur Lebensaufgabe werden.[369] Doch andere Seelen suchen und erhalten eine Lebensaufgabe, die im Kriegsdienst wahrgenommen werden muss. Dabei geht es natürlich nicht ums Lernen der Gewalt, sondern zum Beispiel darum, seine Pflicht zu tun, den Wert von Freundschaft zu erfahren,[370] oder höchste Selbstlosigkeit (Selbstaufopferung für andere) zu lernen und zu üben.[371]

Tötungen aus Gier nach Reichtum oder um einen Machtrausch zu erleben, sind dagegen immer falsch, im Kriegsdienst und ausserhalb.[372]

Im Ganzen ergibt sich der Eindruck, dass im konkreten Fall die spirituelle Welt den Kriegsdienst sehr unterschiedlich sieht, je nach Kriegsgrund und Motivation des Einzelnen. Mit der richtigen Einstellung und Motivation geleistet, kann er für einige Seelen eine Gelegenheit zur spirituellen Weiterentwicklung sein. Der Weg zur Erlösung ist eben nicht für alle derselbe, und die Seelen haben unterschiedliche Neigungen. Es ist daher auf jeden Fall falsch, Menschen mit einer anderen Einstellung zum Kriegsdienst moralisch zu verurteilen. Bedingungsloser Pazifismus kann für einige Menschen das Richtige sein, wie der Kriegsdienst für andere. Man sollte weder das eine noch das andere von allen einfordern. Dass die Überwindung der Gewalt das *Ziel* der Politik sein sollte, ändert nichts daran.

Der Kriegsdienst ist aber immer etwas sehr Schwieriges, denn er bietet viele Versuchungen zu falschem, grausamem Tun, allerdings bietet er auch Gelegenheiten zur höchsten Selbstlosigkeit, wenn man sich zum Beispiel für Kameraden opfert oder das eigene Leben für sie riskiert.

- Negative Emotionen wie Wut, Ärger, Hass, Aggressivität, Neid oder Eifersucht sollte man zu überwinden trachten. Man fügt damit manchmal anderen, immer aber der eigenen Seele Schaden zu. Darum sollte man möglichst nur positive Gefühle (Liebe, Freude, Zufriedenheit, Dankbarkeit) in sich tragen. Das ist natürlich schneller gesagt als getan, deswegen brauchen wir auch soviele Inkarnationen. Aber man kann und sollte daran arbeiten.

---

[366] So zum Beispiel gemäss einer an Brian Weiss gerichteten Botschaft der „Meister" aus der spirituellen Welt (Weiss 1988, S. 76).
[367] Whitton 1986, S. 107.
[368] Ebenda, S. 194-197.
[369] Beispiele: Demarmels 2009, S. 185; Weiss 2000, S. 150.
[370] Beispiel: Weiss 2000, S. 95.
[371] Beispiel: Newton 2000, S. 105-109.
[372] Beispiele: Weiss 1997, S. 53; Demarmels 2009, S. 56 und 140.

- Nicht nötig für die Weiterentwicklung der Seele ist die Abwertung des analytischen Verstandes. Man kann mit seiner Hilfe Probleme analysieren und überlegen, was man falsch machte, und was man beim nächsten Mal besser machen möchte.

- Zwei Hinweise zur eigenen Weiterentwicklung:
  - Sich weiter entwickeln kann man nur, wenn man sich überlegt, was man selber an sich ändern könnte, und nicht, wenn man versucht, die anderen oder gar die Welt zu ändern.
    Dies zeigt sich auch in den Mitteilungen, welche Verstorbene über Medien an Hinterbliebene richten: Man merkt dabei immer wieder, wie sehr sie das beschäftigt, was sie selber im Leben hätten anders machen sollen, und nicht das, was andere hätten anders machen sollen, und wie sehr sie die Ursache für ein Problem bei sich selber sehen, während wir sie zu Lebzeiten gerne bei den anderen suchen.
    Andere Menschen kann man sowieso nicht ändern. Doch wer sich selber ändert, kann oft die überraschende Entdeckung machen, dass sich *als Folge* auch die anderen ändern.
    Auch die Welt kann man nicht nach dem eigenem Willen ändern, aber durch das eigene Vorbild kann man vielleicht einige Menschen beeinflussen. Gandhi forderte daher: „Sei du selbst die Veränderung, die du dir für die Welt wünschest!".

  - Etwas lernen und sich weiter entwickeln kann man nur auf der Grundlage der Wahrheit, insbesondere der Wahrheit über einem selber. Sie ist nicht unbedingt angenehm und leicht, aber sie ist die einzige echte Lehrmeisterin des Lebens. Daher soll man nach der ungeschminkten Wahrheit über einem selber streben und sie annehmen, so wie es die oben zitierte Frau nach einem Nahtoderlebnis sagte: „Ehrlichkeit! Sie würde beginnen mit Offenheit und Wahrhaftigkeit gegenüber mir selber!"

- Die Seelen haben keine Religion (im Sinne dogmatischer Glaubenssysteme), kein Geschlecht, keine Volkszugehörigkeit, keine Rasse, keine sexuelle Orientierung und keine Behinderung. Alle diese Eigenschaften gibt es in der spirituellen Welt nicht. Dementsprechend gibt es auch keine Bevorzugungen, Auf- oder Abwertungen oder Sonderstellungen wegen irgendeiner dieser oder weiterer Eigenschaften. Alle Seelen sind in der spirituellen Welt grundsätzlich gleichwertig. So sollte es auch mit den Menschen in der materiellen Welt sein.
  „Gleichwertig" heisst allerdings nicht „gleich". Wie am Anfang von Kapitel 3 erklärt, werden alle Seelen mit individueller Persönlichkeit, also ungleich, geschaffen. Und der Weg der Inkarnationen ist für jede Seele anders, eben auf ihre Bedürfnisse zugeschnitten; nur das Ziel ist am Ende dasselbe.

- Man sollte sich nicht über Andere stellen und sich selber und eigene Ansprüche nicht zu wichtig nehmen. Unser Glück auf Erden ist nicht das Wichtigste.[373] Demut und Bescheidenheit sind Tugenden, Arroganz und Selbstüberschätzung (Hybris) sind Untugenden. Denn bestimmen tut eine höhere Kraft, und hier sind wir, um unseren kleinen Dienst (– zur Vervollkommnung der Weltseele beizutragen –) im Rahmen eines unermesslich weiten Systems zu leisten. Wir sind im Universum nur kleine Ameisen unter Billionen von Ameisen.
  Die Hochmütigen werden darum vom Leben irgendwann von ihrem Sockel geholt. Und jedes Talent, jeder Erfolg, jede Macht, jeder Reichtum und jede Bewunderung, die man erhält, wird zur

---

[373] Beispiel einer Seele, deren Lebensaufgabe darin bestand, dies zu lernen: Weiss 2000, S. 121.

Falle, wenn es dazu führt, dass man meint, man sei besonders wichtig, grossartig, gescheit usw.. Man sollte darum auch im Erfolg bescheiden bleiben und nie etwas für selbstverständlich nehmen. Es könnte alles immer auch anders sein.

Demut ist übrigens nicht dasselbe wie Schwäche oder Unterwürfigkeit. Das Wort bedeutet eigentlich „dienende Gesinnung". Wer anderen Menschen, Tieren oder der Natur dient, stellt das Eigeninteresse nicht ins Zentrum, sollte sich aber sehr wohl wehren können. Das Gegenteil von Demut ist nicht Schwäche, sondern Egoismus und Anmassung, und Demut kann mit Stärke verbunden sein. Gandhi führte das vor: Er war persönlich äusserst anspruchslos, trat aber den Mächtigen erfolgreich entgegen.

Mir scheint, auf die besondere Wichtigkeit der Demut soll uns auch das hinweisen, was wir „die Ironie des Schicksals" nennen: Immer dann, wenn wir meinen, wir seien der Grösste, könnten oder wüssten etwas am besten – vor allem, wenn wir es auch noch sagen oder gar damit prahlen – lässt das Schicksal etwas geschehen, was uns zeigt, dass wir uns täuschten. Und gerade dann, wenn wir etwas am meisten erwarten, geschieht es nicht. Das kann man nur als Warnung vor Überheblichkeit, Prahlerei und eingebildetem Wissen verstehen.

- Ähnlich ist Dankbarkeit eine Tugend, und Anspruchshaltungen sind Untugenden. Jede Inkarnation in der materiellen Welt ist ein Geschenk, für das man dankbar sein sollte, weil es Erfahrungen ermöglicht, die man in der spirituellen Welt nicht machen kann.
  Dazu ein paar Gedanken von mir:
  o Leider ist die Dankbarkeit durch unseren wachsenden Wohlstand und unsere Freiheit, nicht grösser, sondern kleiner geworden, weil man begonnen hat, für selbstverständlich zu nehmen, was nicht selbstverständlich ist. Zum Beispiel: Die meisten Leute denken bei uns nicht mehr daran, dafür zu danken, dass genug Essen auf dem Teller ist. Oder: Statt dankbar zu sein für das, was wir haben, überlegen sich die meisten Menschen auch bei uns am liebsten, was sie für weitere Rechte einfordern könnten.
  o Auch für jeden Erfolg sollte man dankbar sein, denn er beruht nie nur auf eigener Leistung, sondern auch auf geschenkten Begabungen und geschenktem Talent.
  o Geben macht seliger denn Nehmen. Daher sollten Menschen in sozialen Berufen (Lehrer, Ärzte usw.) ihren Schülern und Patienten auch dafür danken, dass sie sie unterrichten bzw. behandeln durften. Meist erwarten sie aber nur ein Danke aus umgekehrter Richtung.

- Geduld mit den Fehlern anderer Menschen ist ebenfalls eine Tugend. Alle Seelen, die durch die Inkarnationen am Lernen sind, machen ihre Fehler, nur nicht alle dieselben. Jeder ist also auf seine Art eine Flasche, und die Menschen mit fortgeschrittenen Seelen, die es weniger sind, waren es früher auch mehr.

- Da eine höhere Macht bestimmt, sollte man nicht erwarten, dass alles nach dem eigenen Willen geschehen muss, sondern es akzeptieren, wenn es anders kommt. Menschliche Rechnungen gehen häufig nicht auf, oder mit anderen, manchmal sogar gegenteiligen Folgen, als man meinte.

- Mitnehmen werden wir eines Tages nur die Folgen, die unser Tun, unsere Worte und unsere Gedanken für andere und unsere eigene Seele hatten und haben. Alles andere ist uns auf dieser Erde nur geliehen. Darum ist es paradox: Was wir weggeben, werden wir einst behalten, und was wir behalten, werden wir einst verlieren. Das gilt für alles, für materiellen Besitz wie auch für Wissen und Gefühle.

- Den Körper und die Natur gibt es in der spirituellen Welt nicht, jedenfalls nicht als materielle Dinge. Sport, Natur, Essen, Sex (als körperliches Gefühl) usw. sind alles Dinge, die zu geniessen man sich inkarnieren muss. Sie sind nicht der eigentliche Zweck der Inkarnationen, werden uns aber geschenkt als Ausgleich, um uns das Leben hier zu versüssen, und auch als eine Art Tankstelle, die uns Kraft gibt. Die Sexualität kann ausserdem ein Tor zu Liebe und Mitgefühl sein, und die Liebe zur Natur kann die Demut und die Unterordnung unter das Ganze fördern.
  Der Genuss der irdischen Annehmlichkeiten gehört daher zur Inkarnation. Doch man sollte ihm nicht verhaftet sein.[374] Das heisst: Man darf sich an ihm freuen, aber immer mit Mass und ohne dass er zur Sucht wird. Wenn er es wird, ist er auch keine echte Freude mehr.

  Sexuelle Enthaltsamkeit ist also für die Erlösung aus der Kette der Wiedergeburten nicht erforderlich. Grundsätzlicher oder zeitweiliger Verzicht auf Genuss, auch auf Sex, kann allerdings als *freiwilliger* Verzicht eine Übung in Selbstdiziplin sein und damit der Weiterentwicklung dienen, sofern man darüber die Freude am Leben nicht verliert, das heisst, wenn man, zum Beispiel in der Meditation, eine andere Quelle von Lebensfreude gewonnen hat, so wie der Dalai-Lama. Selbstquälerei hilft dagegen der Weiterentwicklung der Seele nicht.

- Man darf und soll Freude am Leben haben. Freude ist die Nahrung für die Seele, wie Essen und Trinken die Nahrung für den Körper sind. Gemeint ist eine Freude am Dasein an sich, nicht eine Freude, die davon abhängt, dass irgendwelche Wünsche in Erfüllung gegangen sind.[375] Alle Medien, die Kontakt mit den Seelen Verstorbener haben, berichten, wie sehr diese ihre Hinterbliebenen immer wieder auffordern, sich nicht im Gram über den Tod nahestehender Menschen zu verzehren, sondern wieder Freude am eigenen Leben zu haben.

- Mehrere unterschiedliche Quellen aus der spirituellen Welt teilen mit, dass der Humor ein spezielles Geschenk ist, das den Erdenbewohnern gegeben ist, und dass man ihn daher gerne pflegen kann, solange er nicht verletzt.[376]

- Glaubenssysteme interessieren in der spirituellen Welt nicht. Nach dem, was man glaubte (Religion, politische Ideologie usw.), wird in der spirituellen Welt nie gefragt, wohl aber danach, wie man mit anderen Menschen und Lebewesen und mit der eigenen Seele umging.
  Niemand ist also ein besserer Mensch, weil er an dies oder jenes glaubt. Anhänger/innen jeder Religion, auch Menschen, die sich ihren eigenen Glauben zusammensetzten, Linke und Rechte und auch Atheisten können „gute" Menschen sein und ihre Lebensaufgabe gut bewältigen, selbstverständlich auch ohne an die Reinkarnation oder andere Dinge, die ich in diesem Buch schreibe, zu glauben.

---

[374] So auch gemäss einer Botschaft, die Brian Weiss aus der spirituellen Welt von den dortigen „Masters" erhält: Weiss 1988, S. 86.

[375] Demarmels 2009, S. 116; Beispiel einer Rückführung in ein Leben, in dem die Freude das Lebensziel gewesen wäre: ebenda, S. 115.

[376] Smith 2003, S. 81; Monroe 1994, S. 50; Monroe 1985/2001, S. 261/262. Dass Humor auch in der spirituellen Welt unter den Seelen, die sich auf der Erde inkarnierten, existiert, berichten Newton (Newton 1996, S. 129, und Newton 2000, S. 210 und 306) und Voggenhuber (Voggenhuber 2011/2012, S. 144/145).

(Anmerkung: Alle bestehenden Religionen haben Aspekte, welche die Weiterentwicklung der Seele fördern, wenn man aus *eigenem* Willen danach lebt und nicht versucht, andere dazu zu zwingen: ethische Werte und Lebensweisheiten von zeitlosem Wert, Selbstdisziplin und der Respekt einer höheren Macht. Das sind Dinge, die jede Seele irgendwann lernen muss.)

- Auch das Vergeben sollte man lernen. Es ist für Täter *und Opfer* wichtig. In den Mitteilungen, welche die Seelen der Verstorbenen via Medien an ihre Hinterbliebenen richten, findet sich auffällig häufig die Bitte um Vergebung. Für den Täter ist es nach dem Hinübergehen in die spirituelle Welt also ein grosses Bedürfnis, dass ihm vergeben wird. Das Vergeben ermöglicht es aber auch dem Opfer, sich innerlich von den schädlichen Folgen einer Tat zu verabschieden. Denn es befreit sich durch echtes Vergeben von Unzufriedenheit, Wut und Hass – Gefühlen, die ihm selber am meisten schaden.

  Voraussetzung für das Vergeben ist meiner eigenen Erfahrung und Beobachtung nach, dass die Wahrheit erzählt werden konnte und anerkannt wurde. In den Mitteilungen der Verstorbenen ist das der Fall, sie sehen ihre Fehler ein. Zu Lebzeiten kann die Anerkennung statt vom Täter auch von der Gesellschaft und/oder den Gerichten kommen. So können überlebende KZ-Insassen aus dem Zweiten Weltkrieg ihren Peinigern oft vergeben, weil die deutsche Gesellschaft sich mit dem ihnen angetanen Unrecht intensiv auseinandergesetzt und es anerkannt hat.

  Zum Vergeben gehört auch, dass man sich selber vergibt, um sich mit sich selber versöhnen zu können. Das ist für viele Menschen schwieriger, als Anderen zu vergeben. Es ist ratsam, sich selber am Ende einer Inkarnation zu vergeben, um in Versöhnung mit sich selber und damit in Frieden sterben zu können.

- Die Loslösung aus der Kette der Inkarnationen wird möglich, wenn die Seele die Ungleichgewichte, die sich während der Inkarnationen eingestellt haben, und alle Ich-Motivationen überwunden hat. Vollständig überwunden hat man sie, wenn man das Schein-Ich selber überwunden hat, das heisst, wenn man jederzeit auch auf das Leben selber verzichten könnte, nicht aus Verzweiflung, sondern als Ausdruck dessen, dass man sich nicht für wichtig hält und dem Leben nicht mehr verhaftet ist und somit keinen „Lebensdurst" mehr hat. Jederzeit auf das eigene Leben verzichten zu können, ist nicht dasselbe, wie darauf verzichten zu *wollen*. Mit „wollen" wäre es ein negativer Wille, und das wäre auch wieder ein Wille, ein „Durst".

  Wer auf alles verzichten kann, ist innerlich ganz frei und wohl auch glücklicher als jener, der alles Mögliche will. Und er/sie kann sich in die stärkere und höhere Macht, die in der Welt bestimmt und alles im Gleichgewicht hält, ganz einordnen. Zum Himmel kann man dann das sagen, worum die Christen Gott im Vater-Unser-Gebet bitten: *„Dein* Wille geschehe!" Gemeint ist nicht, dass man keinen Willen mehr hat, sondern, dass man keinen *individuellen* Willen mehr hat, der vom Gleichgewicht und Willen des ganzen Systems abweicht. Gemeint ist daher auch nicht, dass man nichts mehr tut, sondern, dass man ohne Absicht und Erwartung handelt und das Ergebnis einer höheren Kraft, dem alles lenkenden Gleichgewicht, überlässt. Alles Notwendige und Unvermeidliche, das Leid und das Nicht-Leid, nimmt man dann gleicherweise ohne Zorn, Schmerz oder Enttäuschung, möglichst sogar mit Freude, an. Eine sehr sehr anspruchsvolle Einstellung zum Leben, welche die meisten Menschen inklusive mich selber (noch) völlig überfordert.

  Eine ganz hervorragende Tat ist es daher, wenn man, aus Mitgefühl oder auch einfach, weil man sich nicht für so wichtig hält, sein eigenes Leben zu Gunsten des Lebens von jemand Anderem riskiert, zum Beispiel beim Helfen bei einem Unfall. (Anmerkung: Selbstmordattentäter sind genau das Gegenteil: Sie wollen sich durch eine Mordtat wichtig machen. Sie sind innerlich nicht erwachsen, sondern kleine Kinder).

Wenn man es kurz zusammenfassen möchte, ist das Wichtigste in einer bestimmten Inkarnation die Wahrnehmung der jeweiligen Lebensaufgabe (Weiterentwicklung und Nützlich-Sein); das Wichtigste am Ende der Kette der Inkarnationen sind die echte Liebe, die Einordnung in das alles bestimmende Ganze und Gleichgewicht sowie die vielen gesammelten Lebens-Erfahrungen.

Dieses Ziel ist ungeheuer anspruchsvoll. Darum kann es nur in vielen einzelnen Inkarnationen erreicht werden. Man erhält soviele Leben, wie für die Erreichung des Ziels nötig sind. Wichtig ist nicht, dass man in einem Leben am Endziel ankommt, sondern dass man auf dem eigenen Weg dahin ein wenig weiter kommt. Dazu sollte man sich *bemühen*, sich weiter zu entwickeln. Jeder Mensch hat in sich einen angeborenen Willen zum Lernen und zum Sich-Verbessern, denn jede Seele ist aus der Weltseele entstanden, die ein inneres Bedürfnis nach Selbstvervollkommnung in sich trägt. Unseren Willen zum Lernen und zum Uns-Verbessern sollten wir darum in erster Linie in die Weiterentwicklung dessen stecken, was wir als Mensch sind.

Unterschiedlich weit fortgeschrittene Seelen

Es leben auf Erden gleichzeitig nebeneinander ganz unterschiedlich weit fortgeschrittene Menschen-Seelen. Selbstverständlich gibt es viele Kinder, deren Seele weiter fortgeschritten ist als jene ihrer Eltern oder Lehrer. Wessen Seele wie weit fortgeschritten ist, können wir nicht wissen. In der spirituellen Welt kann man es anhand der Farben erkennen, welche durch die für jede Seele typischen Schwingungen hervorgebracht werden. Die Schwingungen und damit auch die Seelenfarben verändern sich mit der Entwicklung der Seele.[377] Newton fragte seine Klienten während der Rückführungen ins Bardo jeweils danach und schätzt aufgrund der Antworten, dass drei Viertel der Seelen, die sich auf der Erde inkarnieren, noch sehr jung sind.[378] Zwar kann er nicht wissen, ob ein repräsentativer Querschnitt der Menschheit zu ihm kommt, doch wenn man schaut, wie die Menschen einander in Kriegen gegenseitig umbringen und wie sie durch die Naturzerstörung ihre eigene Lebensgrundlage zerstören, erhält man tatsächlich den Eindruck, dass hier viele Kindsköpfe am Werk sind.

Fortgeschrittene Seelen finden sich nach Newtons Erkenntnissen in allen Berufen (sozialen, künstlerischen, handwerklichen, technischen)[379] und tendenziell eher in materiell bescheidenen Lebensverhältnissen und nicht oben in der Gesellschaft.[380] Sie sind klug und weise,[381] was aber nicht dasselbe ist wie intelligent. Der Fortschrittsgrad einer Seele steht in keinem Zusammenhang zur Intelligenz eines Menschen.[382]

Eigenschaften, die fortgeschrittene Seelen auszeichnen, sind nach Newton:[383]

- Mitgefühl, Liebe, Freundlichkeit, Wohlwollen und Verständnis gegenüber Anderen; Vergeben.

---

[377] Newton 2000, S. 170-182.
[378] Newton 1996, S. 123.
[379] Ebenda, S. 169/170.
[380] Ebenda, S. 105 und 175.
[381] Ebenda, S. 175.
[382] Ebenda, S. 248; Newton 2000, S. 386.
[383] Newton 1996, S. 105, 127, 170, 248.

- Geduld und innere Ausgeglichenheit. Man hat die eigenen Emotionen im Griff. Das Ideal wäre wohl jenes der Philosophie der griechischen Stoa: die heitere innere Gelassenheit angesichts der Wechselfälle des Lebens und der unvermeidlichen politischen und gesellschaftlichen Turbulenzen.
- Innere Stärke; die Fähigkeit, mit Problemen fertig zu werden.
- Ehrlichkeit; Suche nach der Wahrheit über einem selber.
- Unabhängiges Denken.
- Das Eigeninteresse wird hintangestellt. Konzentration auf die Aufgabe, in irgendeiner Weise nützlich zu sein.
- Einsatz für den menschlichen Fortschritt (wobei natürlich der Fortschritt bei der Seelen-Entwicklung gemeint ist).
- Materielle Dinge bedeuten ihnen nichts.

Keine Eigenschaft einer fortgeschrittenen Seele ist hingegen der Wunsch, nicht mehr wiedergeboren zu werden. Dies ist eher ein Zeichen, dass die Seele noch nicht stark oder reif genug ist, um mit den Schwierigkeiten der Inkarnationen auf dem Planeten Erde fertig zu werden.[384]

Nach der Beendigung der Kette der Inkarnationen

Nach der Beendigung der Kette der Inkarnationen gehen die Einzelseelen oft nicht sofort wieder in die Weltseele ein, sondern bleiben als Unterstützer von Seelen tätig, die sich noch inkarnieren. Sie unterstützen sie zum Beispiel beim Lebensrückblick oder bei der Vorbereitung der Inkarnationen oder wachen über Menschen als eine Art Schutzengel. Es ist sogar möglich, dass sie sich selber erneut inkarnieren, um auf Erden zu helfen.[385] Sehr viele solcher „Weisen" gibt es gemäss Newton auf der Erde allerdings nicht.[386]

Irgendwann aber geht die vervollkommnete und sich nicht mehr inkarnierende Seele wieder in die Weltseele ein, aus der sie einst kam und deren Teil sie im Grunde immer war. Dabei bringt sie ihre gewonnene Liebes-Ausstrahlung sowie ihre während der Inkarnationen gesammelten Erfahrungen und die darauf beruhende Weisheit als ihr Geschenk für die Weltseele mit, welche damit ein kleines Stück weiter vervollkommnet wird.

Das dannzumal veränderte Bewusstsein beschreibt einer der „Meister" aus der spirituellen Welt in einer Botschaft an Brian Weiss so: „Schliesslich werden sie sehen, dass es, … , nur eine Seele gibt. Und alle Erfahrung wird gleichzeitig geteilt. … Wenn du in die Augen eines Anderen, irgendeines Anderen, schaust, und du deine eigene Seele zurückblicken siehst, dann wirst du wissen, dass du eine andere Ebene des Bewusstseins erreicht hast. In diesem Sinne existiert die Reinkarnation nicht, denn alle Leben und alle Erfahrungen sind gleichzeitig."[387] Das eine ist in allem, und alles ist in jedem Einzelnen. So ist alles eins. Und alles geschieht gleichzeitig. Ort, Zeit und Ich-Gefühl gibt es nicht mehr.

---

[384] Demarmels 2009, S. 116.
[385] So gemäss Newtons und Demarmels' Rückführungen (Newton 1996, S. 174/175; Newton 2000, S. 331; Demarmels 2009, S. 94) und einer der Mitteilungen der Meister aus der spirituellen Welt an Brian Weiss (Weiss 1988, S. 46).
[386] Newton 1996, S. 175.
[387] Weiss 1997, S. 63. Übersetzung von mir.

Man kann dies ergänzen mit Informationen, die Robert Monroe auf einer seiner späteren Astralreisen von seinen Seelen-Gesprächspartnern in der spirituellen Welt auf die Frage nach dem End-Bewusstseinszustand der Seele erhält:

„....Es gibt keine Lehrer und keine Lernenden, nur Erinnerung.
Es gibt nichts Gutes, nichts Böses, nur Sich-Ausdrücken.
Es gibt keine Verbindung, kein Teilen, nur Eins-Sein.
Es gibt keine Freude, keine Traurigkeit, nur Liebe.
Es gibt nichts Überlegenes („no greater"), nichts Untergeordnetes („no lesser"), nur Gleichgewicht.
Es gibt keinen Stillstand, nur Bewegt-Sein („motion". Gemeint ist wohl, dass alles ständig vibriert und sich ständig ändert).
Es gibt kein Wachsein, kein Schlafen, nur Sein. ..."[388]

Wie wird es mit dem Universum weitergehen?

Gemäss dem Hinduismus und dem Buddhismus wird das Universum einst wieder vergehen, dann wird ein neues entstehen und wieder vergehen usw... Die Rückführungen und die Astralreisen Monroes liefern nicht so weitgehende Informationen. Doch da alles andere in der materiellen Welt dem Geborenwerden, Wachsen, Vergehen, Sterben und Wiedergeborenwerden unterworfen ist, wäre es seltsam, wenn es mit dem ganzen Universum (bzw. mit allen Universen, es dürfte ja mehrere geben,) nicht auch so wäre.

Das würde bedeuten: Wie die einzelnen Seelen, würden am Ende die ganzen Universen wieder in jene Ur-Kraft eingehen, aus der sie einst hervorgingen. Man kann dann spekulieren, welchem Zweck Entstehung, Blühen und Vergehen eines ganzen materiellen Universums dienen würde: Womöglich demselben, dem für die einzelne Seele eine Inkarnation dient: der Verbesserung der spirituellen Welt. Ein Universum wäre für die Kraft, die es denkend schuf, dasselbe wie ein Leben für eine einzelne Seele, das heisst eine Quelle von Erfahrungen und Liebesfähigkeit, die in die folgenden Universen einfliessen können.

---

[388] Monroe 1994, S. 217. Übersetzung von mir.

5. Wodurch wird unser Leben bestimmt?

Der Ausgang der *Kette* der Inkarnationen ist vorausbestimmt: Sie dauert, bis die Seele die Ungleichgewichte, die sich während der Inkarnationen eingestellt haben, überwunden hat.

Während der Inkarnationen ist unser Leben aber eine Mischung aus Handlungsfreiheit sowie Vorausbestimmung und Hilfe aus der spirituellen Welt. Um diese Mischung geht es in diesem Kapitel.

Die Vorbereitung einer Inkarnation

Jede Inkarnation wird vorgängig in der spirituellen Welt vorbereitet. Die Seelen erhalten dabei Unterstützung durch fortgeschrittene Seelenbetreuer.[389] So werden die Lebensaufgaben und einige Eckwerte für das bevorstehende Leben auf Erden geplant. Zur Inkarnation kommt es, nachdem die betroffenen Seelen ihre Zustimmung zum ganzen Programm gegeben haben.

Warum erinnert sich unser Bewusstsein nicht an frühere Leben?

Bevor die Seele in den Körper geht, wird dann die Erinnerung an die früheren Leben, an den Zwischenzustand in der geistigen Welt und damit auch an die Vorbereitung der Inkarnation aus dem Bewusstsein ausgelöscht. Allerdings nicht immer vollständig: Wie gesehen, erinnern sich Kleinkinder manchmal an einige Dinge aus dem vorangegangenen Leben. Aber auch in allen anderen Fällen ist die Erinnerung an die früheren Leben im Unterbewusstsein vorhanden und beeinflusst unser Verhalten. Darum kann man in Rückführungen unter Hypnose an sie herankommen.

Wenn wir nach dem Tod des Körpers wieder in der spirituellen Welt sind, kehren alle Erinnerungen zurück. Allerdings nicht sofort. Erst wenn wir im Licht sind.

Dass die Erinnerungen aus dem *Bewusstsein* meist ganz gelöscht werden, hat mehrere Gründe:

- Die Erinnerung an alle Lebensprobleme, welche man in früheren Leben hatte, würde Kinder und Jugendliche seelisch überfordern. Sie könnten nicht damit umgehen, vor allem, wenn darunter schlimme Dinge sind, deren Opfer oder (Mit-)Verantwortliche sie waren.
- Ein Kind, das sich an frühere Leben erinnert, könnte in einen Loyalitätskonflikt zwischen seiner jetzigen und seiner früheren Familie geraten. Solche Loyalitätskonflikte gibt es auch tatsächlich manchmal bei Kindern, die sich an ihre frühere Familie erinnern.
- In der spirituellen Welt gibt es keine körperlichen Leiden und Kriege. Wenn die Erinnerung daran nicht ausgelöscht wäre, würden womöglich viele Menschen dorthin zurückkehren, d.h. sterben wollen.
- Wie ich unten erklären werde, sind die oben erwähnten geplanten Eckwerte für das bevorstehende Leben als Tests, als eine Art Prüfungsfragen, gedacht. Wenn wir uns an sie erinnerten, würden wir immer wissen, was wir tun müssten. Es wäre wie in einer Prüfung, in der man alle Fragen voraus kennt. Das Lernen, das der eigentliche Zweck einer Inkarnation ist, wäre nicht mehr echt.

Wenn die Ausschaltung der Erinnerung sinnvoll ist, stellt sich jedoch die Frage, ob Rückführungen in frühere Leben und manchmal sogar ins Bardo grundsätzlich unangebracht sind?

---

[389] Newton 1996, S. 214-218; Whitton 1986, S. 69-78; Weiss 1993, S. 86/87. Es wird auch ab und zu durch die Erinnerung eines Kleinkindes ans Bardo bestätigt. Ein Beispiel: Tucker 2006/2009, S. 171/172.

Ich denke, bei Kindern und Jugendlichen schon. Doch bei Erwachsenen, die sich die Sache vorher überlegt haben und bereit sind dazu, nicht. Bei ihnen erhält man den Eindruck, dass Rückführungen ins Bardo von der spirituellen Welt her begleitet und unterstützt werden. Dazu gehört, dass Dinge aus dem Bardo, welche die Klienten nicht wissen sollten, verdeckt werden.[390] So habe ich kein Beispiel gefunden, wo etwas aus der Vorbereitung des laufenden Lebens, das noch nicht eingetroffen ist, enthüllt worden wäre. Jedoch einige Beispiele, wo die Rückführung bei der Vorbereitung des Lebens wohl eingeplant war als Mittel zur Problemlösung.[391]

Was an unserem Leben ist auf diese Weise vorbereitet?

Einige genauere Dinge zur erwähnten Vorbereitung unserer Inkarnation:

Zunächst wird beschlossen, welche Lebensthemen und -aufgaben wir in der nächsten Inkarnation angehen und welche Nützlichkeits-Aufgabe wir wahrnehmen sollen. Dabei berücksichtigen die erfahrenen Seelen-Ratgeber, mit denen zusammen die Inkarnation geplant wird, auch unsere Wünsche. So gibt es Seelen, die es gemächlich nehmen möchten und ein einfacheres Leben wünschen, und andere, die ein schwieriges Leben möchten, weil sie auf diese Art mehr lernen und sich so rascher weiter entwickeln können.

Nach diesen Grundsatzentscheiden werden die Eckpunkte des Lebens, welche diesen Zielen dienen sollen, mit uns besprochen und uns in Bildern, ähnlich einer Reihe von Filmausschnitten, gezeigt. Dabei erfahren wir nicht alles aus dem bevorstehenden Leben, aber einige wichtige Dinge:

- Mit welchen Familienmitgliedern, Lebenspartnern, Freunden und engen Kollegen wir uns inkarnieren werden. Wobei die wichtigen Menschen in unserer Umgebung immer wieder zur selben Gruppe von Seelen gehören, denn die Weiterentwicklung der Seelen ist eine Gruppenaufgabe. Es gibt Grossgruppen, die nach Newton nie weniger als tausend Seelen umfasssen und ihre Zusammensetzung kaum ändern.[392] Innerhalb dieser Grossgruppen stehen bestimmte Seelen einander besonders nahe, und darunter wiederum sind Seelen, die einander ganz besonders eng verbunden sind. Sie inkarnieren sich so, dass sie einander auch auf Erden immer wieder (aber nicht notwendigerweise in jedem Leben) nahe bzw. besonders nahe sind, meist als Menschen, die sich auf derselben Ebene begegnen, also als Lebenspartner, Geschwister, Freunde und enge Kollegen.[393] Mit den Seelen der Eltern kann man in der spirituellen Welt auch sehr eng verbunden sein, doch weniger häufig. Sie sind einem daher tendenziell aus früheren Leben nicht so gut bekannt wie die Lebensgefährten, Geschwister und engen Freunde und Kollegen.[394]
Es gibt also auch in der spirituellen Welt eine Art Familien. Von den biologischen Familien hier auf Erden unterscheiden sie sich darin, dass sie nichts Hierarchisches sind, sondern kleine Gruppen von Gleichgestellten, und dass auch Seelen dazu gehören, mit denen wir hier auf Erden nicht verwandt sind, mit denen wir jedoch enge Beziehungen haben. Die Seelen-Kleingruppen

---

[390] So auch gemäss einer Mitteilung der ersten Rückführungs-Patientin von Brian Weiss: „What is revealed to me is what is important to me, what concerns me." (Weiss 1988, S. 74/75).

[391] So in Whitton 1986, S. 237.

[392] Newton 1996, S. 88 und 105; Monroe 1994, S. 227.

[393] Newton 1996, S. 135.

[394] Beispiele, wo die Eltern bzw. die Kinder aus früheren Leben nicht bekannt sind, Partner, Geschwister und Freunde aber schon: Wambach 1979, S. 29/30.

können einander überschneiden, wie man auch auf Erden enge Beziehungen zu Menschen haben kann, die ihrerseits wieder andere Freunde und ihre eigenen Lebensgefährten haben.[395]

Es gibt auch Menschen, die sich immer wieder mit denselben Haustier-Seelen (genauer: Seelen-Aspekten, da Tiere Gruppenseelen haben) inkarnieren.[396]

Da die Informationen über die Reinkarnation in Gruppen hauptsächlich aus Rückführungen stammen, mag man sich eine Frage stellen: Woher weiss jemand während einer Rückführung, dass in einem Menschen, den man unter Hypnose in einem früheren Leben sieht, dieselbe Seele ist wie in einer heutigen Person? Man weiss es, wenn man in die Augen, das Tor zur Seele, blickt, oder, indem man es einfach spürt.

Dass man jemanden von einem früheren Leben her kennt, ahnt man manchmal auch im normalen Leben, so, wenn man bei einem Menschen das unerklärliche Gefühl hat, er sei ein alter Bekannter, obwohl man ihm in diesem Leben noch nie begegnet ist. Oder wenn man bei der ersten Begegnung mit einem Menschen, den man in diesem Leben noch nie sah, ein unerklärbar positives oder unerklärbar negatives Gefühl hat.

Dass bei der Wahl der Familie unsere eigenen Wünsche mit berücksichtigt werden, bestätigen auch einige Erinnerungen von Kleinkindern: Es gibt Kleinkinder, die sich daran erinnern, wie sie vor ihrer Geburt in der spirituellen Welt die Eltern auswählten.[397] Und offenbar werden sogar Wünsche berücksichtigt, die man am Ende der vorangehenden Inkarnation äusserte: Es gibt Fälle, wo ein Kleinkind behauptete, es sei im letzten Leben X (Name) gewesen, und bei der nachfolgenden Überprüfung stellte sich heraus, dass X gegen Ende seines/ihres Lebens sagte, er/sie möchte als Sohn bzw. Tochter jener Person wiedergeboren werden, deren Kind das sich erinnernde Kleinkind tatsächlich ist.[398]

- Mit der Familie ist auch vorbestimmt, wo wir geboren werden, und somit, in welche Kultur wir hineingeboren werden. Das ist also kein Zufall. In der Regel inkarniert man sich wieder im gleichen geographischen Raum.[399] Das zeigen nicht nur Rückführungen, es wird auch durch die Erinnerungen von Kleinkindern an ihr letztes Leben bestätigt. Die Nordamerikaner, um die es in den von mir für dieses Buch berücksichtigten Rückführungen oft geht, inkarnierten sich meist schon in den vorangehenden Leben in Nordamerika oder in Europa, noch früher auch im Alten Ägypten oder in Vorderasien. Die Religion (Katholizismus, Judentum usw.) oder die genaue Volkszugehörigkeit (Deutscher, Engländer, Franzose usw.) kann dabei allerdings leicht wechseln, beides spielt offensichtlich in der spirituellen Welt keine Rolle.

---

[395] Ebenda, S. 87/88. Newton schreibt von Kleingruppen von bis zu 25 Seelen, aber da sich deren Mitglieder auf gleicher Ebene oder als Eltern/Kind inkarnieren können, muss es auch Überschneidungen zwischen diesen Gruppen geben.

[396] Demarmels 2009, S. 100.

[397] Ein eindrückliches Beispiel, weil es zwei Geschwister betrifft, welche dieselben Eltern wählen wollten, sich aber uneinig waren, welche das sein sollten: Tucker 2006/2009, S. 164-166. Die beiden Brüder redeten als Kleinkinder davon, wie sie zuerst als Zwillinge einer Tante und eines Onkels geboren werden sollten, aber während der Schwangerschaft der Mutter starben, da der eine jene Eltern nicht wollte. Von der Totgeburt jener Zwillinge hatten ihre Eltern nie geredet, die Kinder konnten die Information nur aus der eigenen Erinnerung haben.

[398] Zwei Beispiele: Stevenson 1974, S. 158 und 236.

[399] Newton 1996, S. 218.

Es kann zwischendrin auch einmal eine Inkarnation in einer *ganz anderen* Kultur, für einen Europäer zum Beispiel in China oder Indien oder Afrika, geben. Solche Zwischen-Inkarnationen in einer völlig anderen Kultur sind wohl deswegen eher selten, weil man bei der Weiterentwicklung am besten von dort ausgeht, wo man in den früheren Leben stehen blieb.

- Was für einen Körper und damit auch was für ein Geschlecht wir haben werden, sehen wir bei der Vorbereitung der Inkarnation ebenfalls, auch da können wir bei der Wahl mitbestimmen. Jüngere Seelen (und somit vermutlich die meisten Menschen-Seelen) inkarnieren sich gemäss Rückführungen gerne wieder im gleichen körperlichen Geschlecht. Allerdings ist das nur eine Tendenz.[400] Zwischendrin inkarnieren sie sich auch im ungewohnten Geschlecht. Bei den (vermutlich selteneren) fortgeschrittenen Seelen sind Geschlechtswechsel häufiger. Am Ende spielt das Geschlecht keine Rolle mehr,[401] weil dann „weibliche" und „männliche" Eigenschaften in der Seele ausgeglichen sind.

- Auch einige wichtige Ereignisse sowie wichtige Begegnungen mit uns weniger nahestehenden Personen, die für uns vielleicht nur für kurze Zeit eine Rolle spielen, erfahren wir bei der Vorbereitung des Lebens, sind also vorbestimmt. Dazu können Begegnungen aller Art gehören, zum Beispiel Beziehungen zwischen einem Lehrer und einem Schüler oder einem Arbeitgeber und einem Arbeitnehmer. Nicht alle solchen Begegnungen und Ereignisse sind arrangiert, sondern nur die für uns wichtigen.

Bei der Vorbereitung der Inkarnation werden uns vor allem Begegnungen und Geschehnisse aus den ersten 20 Jahren unseres Lebens gezeigt. Je früher im Leben etwas geschieht, desto höher also die Wahrscheinlichkeit, dass es bei der Vorbereitung des Lebens bekannt war. Und je später, desto höher die Wahrscheinlichkeit, dass wir etwas nicht oder nur in allgemeinen Andeutungen oder nur als Möglichkeit voraus erfuhren, da es davon abhängt, was für Entscheide wir vorher im Leben gefällt haben.[402] Was aber nicht heisst, dass spätere Ereignisse nicht auch von der anderen Seite her arrangiert sein können. Es wird uns bei der Vorbereitung des Lebens nur weniger darüber enthüllt.

Nicht jedes Leben wird gleich sorgfältig und gleich detailliert vorbereitet und vorbesprochen.[403] Es kann sein, dass eine Seele sich mit einer oberflächlichen Vorbereitung begnügt. Oder sie kann, was aber offenbar selten ist, die Ratschläge der fortgeschritteneren Vorbereitungs-Helfer übergehen.[404]

Inkarnationen ohne Seelen-Freunde

Nicht ganz immer inkarnieren sich Seelen mit anderen Seelen, die ihnen aus früheren Leben bekannt sind.[405] So sind aus Burma und anderen Ländern Fälle bekannt, wo Kleinkinder sagten, sie seien im letzten Leben im Zweiten Weltkrieg als Kampfpilot des Kriegsgegners abgeschossen worden, oder sie seien ein Mitglied einer Besatzungsarmee gewesen und im Krieg getötet worden.[406] In allen diesen

---

[400] Newton 1996, S. 34 und 36; Newton 2000, S. 363; Stemman 1997/1999, S. 141; Wambach 1979, S. 79.
[401] Newton 1996, S. 66.
[402] Newton 1996, S. 212/213. Beispiele: Whitton 1986, S. 73/74 und S. 76/77.
[403] Monroe 1985/2001, S. 249; Wambach 1979, S. 63.
[404] Wambach 1979, S. 46/47.
[405] Demarmels 2009, S. 88.
[406] Beispiele: Stevenson 1974, S. 171-180 (Bub in Sri Lanka, der sich an ein Leben in England erinnert und vermutet, er sei als britischer Kampfpilot auf der nahe gelegenen britischen Luftwaffenbasis gewesen). Tucker 2006/2009, S. 120/121 (Kinder in Burma, die sich an ein Leben und einen Tod als Mitglieder der japanischen

Fällen empfinden die Kinder früh eine Abneigung gegen das Essen, die Kleidung, das Klima usw. ihres jetzigen Landes und eine Sehnsucht nach den Dingen des früheren Lebensortes. Sie werden von ihrer Umgebung auch als fremd angesehen, sind also anscheinend nicht mit früheren Bekannten wiedergeboren worden. Man erhält aus diesen Fällen den Eindruck, dass Menschen, die weit weg von zu Hause, von ihrer Familie und ihren Freunden sterben, manchmal in der Nähe des Todes-Ortes wiedergeboren werden[407] und darum dann ein Leben ohne die gewohnten Lebensbegleiter führen. Wenn, wie Newton versichert, die Seelengruppen langfristig zusammen bleiben, können das nur Zwischenleben sein.

Weitere Fälle ohne Inkarnation mit irgendwelchen aus der spirituellen Welt bekannten Freunden sind jene Seelen, die sich früher auf anderen Planeten inkarnierten und nun neu auf die Erde kommen. Bei Newton findet sich ein solches Beispiel eines Mannes, der auf Erden die zweite Inkarnation erlebt und in der Rückführung sagt, seine Freunde aus früheren Leben auf anderen Planeten hätten nicht mit ihm auf die Erde kommen wollen.[408] Auch Monroe begegnet auf seinen Astralreisen einer Seele, die von einem anderen Planeten kommt und sich dann auf Erden zu inkarnieren beginnt, aber ohne den Freund, der sie auf die Reise Richtung Erde begleitete.[409]

Der Zweck dieser Arrangements: Lerngelegenheiten

Die Familienmitglieder, Freunde und Begegnungen mit weiteren Menschen werden gewählt, dass sie uns veranlassen sollen, unsere Lebens- und Lernaufgabe wahrzunehmen. Der Zweck ist jedoch nicht, dass andere für uns ein Problem lösen. Die arrangierten Begegnungen und Ereignisse liefern uns nur Gelegenheiten, die wir beachten und wahrnehmen können oder auch nicht. Sie geben unserem Leben also nur einen Rahmen, der es in die geplante Richtung lenken soll.

Einige der arrangierten Beziehungen und Ereignisse dienen daher dazu, uns jene Probleme zu schaffen, mit dem wir uns auseinandersetzen sollten, andere dienen unserer Unterstützung bei deren Lösung. Probleme brauchen wir, weil man eher etwas lernt, wenn man ein Problem hat, als wenn alles gut geht. Wenn es uns immer nur gut geht, sehen wir uns kaum veranlasst, etwas an uns zu ändern. Zur Lösung eines Problems brauchen wir aber auch Unterstützung unterschiedlicher Art.

Die Eltern nehmen für ihre Kinder in der Regel eine unterstützende *und* eine problemschaffende Rolle gleichzeitig wahr. Denn sie fördern das Kind meist in bestimmten Bereichen, schaffen ihm aber auch Probleme.

Alle arrangierten Begegnungen und Beziehungen mit anderen Menschen, auch wenn sie uns ferner stehen, wiederholen sich in verschiedenen Inkarnationen oft in ähnlicher (unterstützender oder Problem-verursachender) oder umgekehrter Rolle.[410]

Besatzungsarmee im Zweiten Weltkrieg erinnern). Ebenda, S. 121/122 (britischer Junge, der sagt, er sei als Nazi-Pilot über Grossbritannien abgeschossen worden).

[407] In einem Fall berichteten zwei burmesische Kleinkinder (Zwillinge), die sich an ein Leben und einen Tod als Mitglieder der japanischen Besatzungsarmee im Zweiten Weltkrieg erinnerten, sie wären gerne in Japan wiedergeboren worden, aber das sei nicht möglich gewesen (Stemman 1999a, S. 47).

[408] Newton 2000, S. 352.

[409] Monroe 1985/2001, S. 126/128 und 234-237.

[410] Weiss 1993, S. 87.

Arrangierte Lebensprobleme und Rückführungen

Die Probleme, die zu lösen wir uns für das laufende Leben vorgenommen haben, stammen immer aus früheren Leben. Die Tatsache, dass sie im gegenwärtigen Leben zwecks Lösung erneut speziell angelegt sind, zeigt, dass Rückführungen nicht nötig sind für ihre Erkennung. Alle Anstösse zum Erkennen jener aus früheren Leben stammenden Probleme, die man im gegenwärtigen Leben lösen sollte, finden sich auch im gegenwärtigen Leben. Deswegen reicht es dazu meistens, unser laufendes Leben zu betrachten. Aber in einzelnen Fällen kann eine Rückführung die Problemlösung entscheidend unterstützen, wie ich in Kapitel 7 genauer erkläre. In jenen Fällen gehört die Rückführung womöglich zum arrangierten Lebensprogramm.

Opfer und Täter

Die Lebensplanungen der Seelen, die im folgenden Leben miteinander zu tun haben, sind aufeinander abgestimmt. Ein Beispiel: Zwei Seelen sind in früheren Leben immer wieder als Mann und Frau zusammen gewesen, wobei der Mann seine Macht missbrauchte und die Frau sich dies gefallen liess. Nun wollen beide das Problem in einer Partnerschaft miteinander überwinden, in welcher der Mann erneut eine Tendenz zum Missbrauch hat und seine Partnerin erneut eine Neigung, sich dies gefallen zu lassen. Die Aufgabe des Mannes wäre es, sein Fehlverhalten zu erkennen und aufzuhören damit; jene der Frau wäre es, sich den Missbrauch nicht mehr bieten zu lassen und sich, falls der Mann sich nicht ändert, irgendwann aus dieser Beziehung zu verabschieden. Das wäre also ein Plan, eine eigene Seelen-Unzulänglichkeit gemeinsam durch Wiederholung der Rollen (als Lerngelegenheiten) zu lösen.[411] (Anmerkung: Die Wiederholung der Rollen ist nur *eine* Methode, nach der sich die Seelen entwickeln. Eine andere wäre die Umkehrung der Rollen, damit man das, was man jemandem zufügte, als Opfer erlebt und daraus lernt. Auch bei Missbrauch gibt es das.[412]).

Im obigen Beispiel weiss eine Seele bei der Lebensplanung, dass sie der „Bösewicht" sein wird, weil sie den Hang zu etwas „Bösem" überwinden möchte. Daneben kann es auch sein, dass Missetaten aufgrund der unten beschriebenen Handlungsfreiheit der Menschen ungeplant geschehen. Das kann aber auf der Seite *des Opfers* bei der Lebensplanung bekannt sein, auch wenn es nicht mit dem Täter *vereinbart* wurde.

Handlungsfreiheit und Lebensbilanz

Die Menschen haben (innerhalb der durch die physikalischen Gesetze erzwungenen Grenzen) die Handlungsfreiheit, das heisst die Freiheit, zu tun, was sie wollen. Ohne diese Freiheit könnten sie sich nicht echt weiter entwickeln, denn echt lernen kann man nur, wenn man auch die Freiheit hat, sich anders zu entscheiden. Ob wir aus den Lern-Gelegenheiten tatsächlich etwas machen, und wenn ja, was, hängt daher ganz von uns ab. Die arrangierten Schlüsselereignisse und -begegnungen haben zwar den Zweck, unser Leben in eine bestimmte Richtung zu lenken, das heisst: man rechnet mit einer bestimmten Reaktion von uns darauf oder hofft darauf. Aber sicher ist diese nicht, wir können uns dank unserer Handlungsfreiheit immer auch anders entscheiden, mit den entsprechenden Folgen für uns selber und andere.

---

[411] Das Beispiel hat es gegeben. Es stammt aus Weiss 1997, S. 80.
[412] Ein Beispiel findet man unter Newtons Rückführungen: Newton 1996, S. 51.

Im Lebensrückblick wird dann darüber Bilanz gezogen, wie weit man in der vorangegangenen Inkarnation das dafür vorgesehene Lebensprogramm erfüllte. In der Regel erfüllt man es teilweise. Die Seelen machen mit den allermeisten Inkarnationen Fortschritte in Richtung Vervollkommnung. Und jeder Fortschritt hilft, in weiterer Leben weitere Fortschritte zu erzielen. Denn alles, was eine Seele in einer Inkarnation erarbeitet hat, bleibt irgendwo gespeichert. Sie behält es für alle Ewigkeiten.[413] Die Erinnerung daran wird zwar am Anfang einer Inkarnation aus dem Bewusstsein gelöscht, aber unbewusst ist sie vorhanden und kann daher bei der Weiterentwicklung helfen. Zum Beispiel kann einem ein erfolgreich ertragenes Leiden eine unbewusste Stärke geben, die man für das Ertragen von Leiden in einem späteren Leben mobilisieren kann.[414] Eine fortgeschrittene Seele ist darum in der Lage, auch eine schwierige Kindheit ohne Schaden zu überstehen, eine junge Seele muss das zuerst lernen.[415]

Es ist aber auch möglich, dass das Leben gegenüber dem, was im Plan für das laufende Leben beabsichtigt war, völlig entgleist. Das geschieht meist dann, wenn man einer Sucht ganz verfällt, sei es dem Alkohol, den Drogen, dem Geld, dem Genuss der Gewalt oder der schlimmsten und verbreitetsten Sucht, jener nach Macht über Andere.[416] In solchen Fällen macht die Seele keinen Fortschritt.

Zwei Dinge können einem auch dann trösten: Für die spirituelle Welt ist jede Erfahrung eine Bereicherung, denn lernen kann man aus allem.[417] Und Stagnation oder gar ein leichter Rückschritt sind nie dauerhaft. Irgendwann wird sich jede Seele aus der Kette der Wiedergeburten erlöst haben.

Jeder Teil eines Lebensprogramms, den man nicht erfüllte, wird einem im folgenden Leben erneut gegeben, bis man das Thema geklärt bzw. das Problem gelöst hat.[418]

Neben einer unvollständigen Erfüllung des Lebensprogramms gibt es auch das Umgekehrte, wobei ich dazu nur sehr wenige Beispiele fand: Menschen, die ihr Lebensprogramm über-erfüllen. Dies zum Beispiel, indem sie mehr nützliche Dinge tun, als bei der Vorbereitung des Lebens gedacht oder erhofft, oder, indem sie ein Lebensproblem früher als erwartet überwinden. Wenn Letzteres geschieht, werden Gelegenheiten zum Angehen von weiteren Seelen-Ungleichgewichten, die ursprünglich erst für zukünftige Leben vorgesehen waren, ins laufende Leben vorverlegt.[419]

Aussteiger-Seelen

Gemäss den Erkenntnissen Newtons gibt es in sehr seltenen Fällen Seelen, die vor lauter Enttäuschung über ihre Leistungen mit den Inkarnationen auf Erden aufhören und sich auf einfacheren Planeten weiter entwickeln.[420]

Unklar ist, ob es auch Seelen gibt, die mit den Inkarnationen ganz aufhören und sich nur noch in der spirituellen Welt weiter entwickeln. Newton erhält aus der spirituellen Welt die Information, es

---

[413] Newton 2000, S. 216. Das ist dort eine Mitteilung aus der spirituellen Welt, von einem Seelenbegleiter.
[414] Beispiele: Newton 1996, S. 229; Demarmels 2009, S. 28.
[415] Dies sagte eine fortgeschrittene Seele in einer Rückführung über sich selber: Newton 2000, S. 386.
[416] Beispiele: Whitton 1986, S. 133 und 154; Newton 1996, S. 57-68.
[417] Monroe 1994, S. 176.
[418] Weiss 1988, S. 172 (Information aus der spirituellen Welt an Brian Weiss). Beispiel: Whitton 1988, S. 107.
[419] Beispiele: Whitton 1986, S. 74 und 143.
[420] Newton 2000, S. 156; Monroe 1994, S. 251.

müsste eigentlich möglich sein, aber man kenne kein Beispiel.[421] Möglich müsste es sein, weil die Inkarnationen am Ende immer freiwillig sind und sich die Seele in der spirituellen Welt auch ohne Inkarnationen weiter entwickeln kann (wenn es so auch viel länger dauert).

Handlungsfreiheit, Gefühlsfreiheit und Willensfreiheit

Noch einige Überlegungen zur Handlungsfreiheit der Menschen: Dass wir diese haben, bedeutet nicht, dass wir auch die Gefühls- und die Willensfreiheit haben. Die Handlungsfreiheit ist die Freiheit, zu tun, was wir wollen; die Gefühlsfreiheit wäre die Freiheit, jene Gefühle zu haben, die wir wollen; die Willensfreiheit, so wie ich sie verstehe, wäre die Freiheit, zu wollen, was wir wollen. Die Gefühls- und die Willensfreiheit haben wir nicht. Wir können tun, was wir wollen, aber unsere Gefühle und unseren Willen können wir nicht nach unserem Willen ändern.

Dazu ein Beispiel mit Prüfungsangst: Man kann bei Prüfungsangst entscheiden, ob man die Prüfung schreibt oder nicht (Handlungsfreiheit). Es funktioniert aber nicht, wenn man beschliesst: Ich habe jetzt keine Prüfungsangst mehr (keine Gefühlsfreiheit). Und wenn man erkennt, dass man sie hat, weil man eine gute Note will, und dies wiederum, weil man die Anerkennung der anderen und die Selbstanerkennung will, wenn man also erkennt, dass die tieferen Gründe für die Prüfungsangst im eigenen Willen liegen, dann funktioniert es nicht, wenn man sich sagt: Noten und Anerkennung sind mir jetzt egal (also keine Freiheit, den eigenen Willen zu bestimmen). Allerdings: Solche Überlegungen helfen bis zu einem gewissen Grad schon. In kleinen Schritten können wir schon daran arbeiten, unsere Gefühle und unseren Willen zu ändern. Und das sollten wir auch tun. Denn darum, unsere Gefühle zu ändern (zum Beispiel durch Überwindung von Ängsten) und unseren individuellen Willen zu überwinden, geht es ja auf dieser Erde. Damit entwickeln wir unsere Seele weiter. Doch das ist ungeheuer schwierig und in jeder Inkarnation nur bis zu einem gewissen Grad möglich. Deswegen brauchen wir sehr viele Inkarnationen, bis die Arbeit abgeschlossen ist.

Allerdings schreiben die meisten spirituell engagierten Autoren, der Mensch habe den „freien Willen". Meiner Meinung nach sollte man diesen Begriff nicht verwenden, da er unscharf ist. Manche Autoren meinen damit nur die Handlungsfreiheit, aber viele fassen darunter alles zusammen, was ich als „Handlungs"-, „Gefühls"- und „Willens"-Freiheit bezeichne, und schreiben ausdrücklich, der Mensch könne *nach eigenem Willen* auch seine Gefühle ändern.[422] Wenn dies stimmen würde, müssten die Seelen in der Lage sein, das Ziel ihrer Vervollkommnung in ganz wenigen Inkarnationen zu erreichen. Es sind aber nach allen Quellen für alle Seelen sehr viele Leben nötig.

Der „freie Wille" ist übrigens nicht dasselbe wie der „individuelle Wille". Der Mensch hat einen individuellen, das heisst eigenen Willen, aber keinen freien Willen (im Sinne von Freiheit, zu wollen, was man will).

Zufall und Vorbestimmung

Nach dem oben Gesagten ist klar: Vieles, was in unserem Leben ein Zufall zu sein scheint, ist in Wirklichkeit vorbestimmt bzw. von der anderen Seite arrangiert.

Bedeutungsvolle „Zufälle", die in Wahrheit keine sind, geschehen gerne, wenn man *spontan* etwas tut, weil man dann am ehesten durch die spirituelle Welt bzw. die eigene Seele beeinflusst werden

---

[421] Newton 1996, S. 205.
[422] So Brian Weiss (Weiss 2000, S. 55/56) und Ursula Demarmels (Demarmels 2009, S. 118).

kann, welche unser Lebensprogramm kennen. Es gibt zum Beispiel Menschen, die erzählen, sie hätten die Liebe ihres Lebens per „Zufall" gefunden, als sie sich spontan entschlossen, dort und dorthin zu gehen.

Bedeutungsvolle „Zufälle" geschehen aber nicht nur beim spontanen Entscheiden. Zum Beispiel wurden „zufällig" gerade an jenen beiden Schulen, die für mich die richtigen waren, in meinem Fach, in welchem Lehrerstellen dünn gesät sind und selten frei werden, zur genau richtigen Zeit, nach dem Ende meines Studiums, je ein Lehrerjob mit der für mich genau richtigen Arbeitsbelastung frei. Bald darauf kaufte die eine Schule die andere, und aus den beiden Jobs wurde der eine, in dem ich 20 Jahre lang mit Befriedigung arbeitete, bis ich wegen meiner Krankheit aufhören musste. Ich hatte immer das Gefühl, es sei für mich genau der richtige Job. Aber natürlich musste ich mich auch um die Stelle bemühen und mir bei der Arbeit Mühe geben. Dass etwas kein Zufall ist, heisst nicht, dass es einem automatisch, ohne eigenes Zutun, in den Schoss fällt. „Zufälle" helfen uns nur, wenn wir uns auch selber helfen.

Ich habe auch den Eindruck, dass sogar gewisse Namen (Vor- oder Nachnamen) sowie Geburts- oder andere Daten von Menschen, die in unserem Leben eine Rolle spielen (z. B. der Tag der ersten Begegnung), keine Zufälle sind, sondern leise Hinweise des Himmels. In meinem Leben gab es zum Beispiel einige auffällige Häufungen und Ähnlichkeiten oder Übereinstimmungen bei den Namen von Menschen, die für mich oder für die ich beim Thema Liebe und Freundschaft eine Rolle spielten. Jemand erzählte mir, dass sein bester Freund am gleichen Tag im gleichen Jahr geboren wurde. Der Tierheiler Robert Haas schreibt, er habe am selben Tag Geburtstag wie jenes Pferd, das auch eine Art bester Freund von ihm ist.[423]

Auch fällt mir im Nachhinein auf, dass meine wichtigsten Lebensthemen und -probleme schon in der Kindheit angelegt waren, und dass es schon damals kleine Hinweise und Warnungen gab, die zu den richtigen Antworten hätten führen können.

Doch alle solchen Nicht-Zufälle und Arrangements bedeuten nicht, dass unser *ganzes Leben* voraus geplant war oder von oben bestimmt wird. Das Leben ist eine Mischung aus einem arrangierten bzw. (mit unserer Zustimmung) vorbestimmten Rahmen und nicht vorherbestimmten menschlichen Reaktionen darauf, mit deren Folgen.

Es gibt allerdings Menschen, die sagen, *alles* in unserem Leben sei arrangiert und es gebe den Zufall nicht. Doch wenn es so wäre, hätten wir die Handlungsfreiheit nicht. Diese beinhaltet immer die Möglichkeit, dass wir etwas Ungeplantes tun und die Folgen uns selber und andere treffen. Man kann daher auch zu häufig meinen, etwas sei von oben arrangiert, weil man sich wünscht, es wäre so.

Andererseits erleben Menschen, die besonders offen sind gegenüber der spirituellen Welt, also zum Beispiel fähige Medien und Geistheiler, in ihrem eigenen Leben *tatsächlich sehr sehr häufig* seltsame „Zufälle", die wohl keine sind. Ich habe jedoch den Eindruck, dass dies mit ihrer besonderen Offenheit gegenüber der spirituellen Welt zu tun haben könnte.

---

[423] Haas 2017, S. 52.

Wie weit haben wir unser Leben gewollt?

Was bedeutet das Lebensprogramm für die Frage, wieweit wir unser Leben gewollt haben?

Mit unserem irdischen Schein-Ich haben wir unsere Probleme meist nicht gewollt. Bei unserem wahren Seelen-Ich ist die Sache etwas komplizierter: Mit ihm gaben wir grundsätzlich die Zustimmung zu unserem Leben.

Doch wir wussten dabei nicht alles, was auf uns zukommen wird. Es wurden uns bei der Vorbereitung nur einige Eckpunkte gezeigt. Unser Leben kann schlimme Dinge enthalten, von denen die Seele bei der Vorbereitung nicht oder nicht genau wusste. Zum Beispiel wussten wir nicht, was aufgrund unserer eigenen Handlungsfreiheit alles geschehen wird, mit den bei der Vorbereitung des Lebens nicht gewollten Folgen.

Dazu kommt:

- Eine Seele gibt ihre freiwillige Zustimmung zu einem künftigen Leben zwar ohne äusseren Zwang, aber unter einem inneren Zwang. Denn sie trägt ein inneres Bedürfnis nach Selbstvervollkommnung in sich und möchte sich darum weiterentwickeln.[424] Eine Seele wählt daher ein Leben nicht, weil es schön und toll ist, sondern weil es das ist, was sie für ihre Weiterentwicklung braucht.[425] Aus der Sicht der spirituellen Welt liegt der Sinn des Erdenlebens eben nicht im Genuss, sondern in der Weiterentwicklung.

- Sogar der grundsätzliche Entscheid, ob man überhaupt nochmals wiedergeboren werden möchte, fällt gemäss den Rückführungen Newtons, Whittons und Wambachs den Seelen nicht immer leicht. Viele Seelen stehen einer Wiedergeburt, wohl als Folge der im vorangegangenen Leben erfahrenen Schwierigkeiten, zunächst eher skeptisch bis ängstlich oder gar widerstrebend gegenüber und werden erst dank der Beratung und Unterstützung durch erfahrenere Seelen dazu gebracht, zuzustimmen.[426] Auch die wenigen Kleinkinder, die sich ans Bardo erinnern, reden oft nicht von ihrem *Wunsch* nach Wiedergeburt, sondern formulieren vorsichtiger: „Ich war bereit zurückzukommen"[427] oder „er wurde ausgewählt, ... geboren zu werden"[428] oder „sie sagten: sende sie zurück!"[429] oder „Gott lässt uns zurückkommen, wenn wir sterben"[430] usw..

Allerdings: Wenn die Seele das schwierige Ziel ihrer Vervollkommnung erreicht hat, ist sie immer sehr froh und tief befriedigt über das Erreichte und würde das Ganze wieder tun.[431]

---

[424] Gemäss Monroe ist das Hauptmotiv das zu erwartende Ergebnis, wenn man sich selber vervollkommnet hat (Monroe 1985/2001, S. 248). Gemäss Wambach spielt oft auch ein Dienst-Bewusstsein eine Rolle, das heisst ein in der spirituellen Welt stärkeres Bewusstsein, dass man ein Teil eines Ganzen ist und daher seinen Dienst an der Vervollkommnung der Weltseele leisten sollte und möchte (Wambach 1979, S. 42).

[425] Wambach 1979, S. 42; Newton 1996, S. 237.

[426] Newton 1996, S. 203 („Some of us have to be given a push"); oder ebenda, S. 203/204 („I'd like to stay", gemeint: im Bardo); weitere Beispiele in Wambach 1979, S. 56-60, und Whitton 1986, S. 78, 81 und 236 („I'm not ready to go back – I'm afraid").

[427] Tucker 2006/2009, S. 2.

[428] Ebenda, S. 13.

[429] Ebenda, S. 173.

[430] Ebenda, S. 142.

[431] Monroe 1985/2001, S. 257.

Ein Vergleich

Man kann die Kette der Inkarnationen mit einer Schule vergleichen, in der am Ende alle denselben Abschluss erreichen. Bis man so weit ist, gelangt man vom einen Schuljahr zum anderen weiter, wie man durch die einzelnen Inkarnationen mit der Entwicklung der Seele weiterkommt. Die Prüfungen entsprächen den arrangierten Lerngelegenheiten. Wobei in der Lebensschule jeder eigene, auf ihn zugeschnittene Prüfungsaufgaben erhält.

Eine einzelne Inkarnation ist also eine grosse Lebensprüfung, die aus vielen grossen und kleinen Prüfungen (Lern-Gelegenheiten) besteht. Meist besteht man sie, aber mit Fehlern, so wie man meistens in den Schulprüfungen ein paar Fehler macht.

Es folgen nun ein paar Kapitel über einige zwischen-menschliche Beziehungen und einige gesellschaftliche Minderheiten, alles aufgrund dessen, was man über die Vorbereitung der einzelnen Inkarnationen, aber auch allgemein über die Reinkarnation sagen kann.

Eltern und Kinder

Viele Leute geben für ihre Probleme gerne den Eltern die Schuld, vor allem, weil viele unserer Probleme ihre Wurzeln tatsächlich schon sehr früh im Leben haben. Umgekehrt haben Eltern, vor allem Mütter, rasch Schuldgefühle, wenn sich ein Kind nicht wie erwartet entwickelt. Sie suchen dann den Grund bei der Erziehung oder beim genetischen Erbe der Eltern („das hat er von dir" bzw. „das hat sie von mir"), weil sie denken, es könne nur diese beiden Ursachen haben.

Dazu zeigt das über die Reinkarnation und die Vorbereitung des Lebens Gesagte:

- Wie sich ein Kind entwickelt, kann man nie nur mit dem Einfluss der Gene und der Umwelt erklären. Die bereits vor dem Leben vorhandene Seele des Kindes kommt dazu. Sie prägt die Persönlichkeit unterschwellig stark. Das sollte Eltern von Schuldgefühlen entlasten.

- Der Zweck einer Inkarnation besteht nicht darin, ein möglichst tolles Leben zu haben, sondern eines, das unserer Weiterentwicklung dient. Darum wählten wir unsere Eltern nicht mit dem Ziel, dass sie für uns ein perfekt schönes und problemfreies Leben anbahnen, sondern dass sie uns in gewissen Bereichen Unterstützung geben, jedoch vielleicht in anderen Bereichen zum Lebensproblem, an dem wir in dieser Inkarnation arbeiten wollen, beitragen oder es sogar auslösen.

- Auch die Eltern haben Seelen, die noch am Lernen sind. Darum wählen nicht nur die Kinder ihre Eltern, sondern auch die Eltern ihre Kinder. Eltern-Kind-Beziehungen dienen also der wechselseitigen Weiterentwicklung. Auch die Eltern können und sollen dank ihren Kindern lernen. Und alle Lernenden sind unvollkommen und können daher die in ihrem Lebensplan enthaltenen Lern-Gelegenheiten wahrnehmen oder auch nicht.

Wenn man unter Perfektion die Abwesenheit von Problemverursachung versteht, können und sollen die Eltern daher nie perfekte Eltern sein. Aber sie sind wahrscheinlich die für jenes Lernprogramm, das wir uns für die gegenwärtige Inkarnation vorgenommen haben, bestmöglichen Eltern.

Hilfreich ist bei Leuten, die über ihre Eltern erzürnt sind, oft auch die Überlegung: Was (was für Erfolge, Werte, Eigenschaften usw.) hätte ich ohne diese Eltern *nicht*? Was für Fähigkeiten und

Interessen wären ohne diese Eltern *nicht* geweckt oder gefördert worden? Denn, wie erwähnt: Die Eltern haben neben der problemschaffenden immer auch eine unterstützende Rolle.

Hilfreich ist auch, wenn man sich in Erinnerung ruft, dass es in der spirituellen Welt keine Fortpflanzung und keine Generationen gibt. Die Seelen der Eltern und jene der Kinder sind einander dort gleichgestellt. Man sollte daher niemanden auf ein Podest stellen, und niemand sollte sich selber auf ein Podest stellen.

Adoption

Die Fälle von Adoption, auf welche die von mir genannten Rückführungsleiter/innen stiessen, zeigen: Adoptionen sind bei der Vorbereitung des Lebens bekannt. Mit den Adoptiveltern bestehen immer Beziehungen aus früheren Leben, so wie bei anderen Kindern meist mit den natürlichen Eltern. Die biologischen Eltern adoptierter Kinder sind dagegen oft aus früheren Leben nicht bekannt und werden dann nur gewählt, weil die Adoptiveltern keine biologischen Kinder haben oder weil das Kind für sein Lebensprogramm den von den biologischen Eltern stammenden Körper braucht.[432] In jenen Fällen, in denen mit den biologischen Eltern ebenfalls eine Beziehung aus früheren Leben besteht, geht es ums Verlassenwerden, das nun in umgekehrter Rolle erfahren werden soll. Das heisst: Die Seele, die jetzt das Kind ist, hat in einem anderen Leben auf irgendeine Weise die Seele, die jetzt ein Elternteil ist, verlassen oder aufgegeben und soll nun Ähnliches selber erfahren.[433]

Aus der Sicht der spirituellen Welt besteht daher kein Unterschied zwischen einem Adoptivkind und einem biologischen Kind: In beiden Fällen stammt die Seele nicht von den Eltern, sondern war schon vorhanden, bevor sie in den jetzigen Körper ging, und in beiden Fällen beabsichtigen Eltern und Kinder, miteinander ein aus früheren Leben stammendes Problem anzugehen.

Soul Mates

Viele Menschen interessiert die Frage: Gibt es den Soul Mate, den für jeden Menschen vorausbestimmten idealen Seelen-Partner bzw. die ideale Seelen-Partnerin?

Die Rückführungen von Newton und Weiss sagen: Ja. Und sie belegen das mit vielen Beispielen, die zeigen, dass Soul Mates in vergangenen Leben immer wieder (wenn auch keineswegs in jedem Leben) zusammen waren.[434] Weiss schrieb über die Geschichte eines solchen Paares ein Buch: Ohne voneinander zu wissen, unterzogen sich die beiden bei ihm einer Rückführungstherapie. Weiss stellte dann eines Tages fest, dass sie in einigen Rückführungen von denselben Partnerschaften sprachen, nur vom Standpunkt des jeweils anderen Partners aus. In allen jenen Leben hatten sie einander tief geliebt. Weiss arrangierte dann die Behandlungstermine so, dass sich die beiden kurz sahen. Die Beziehung begann aber erst, als ein weiterer „Zufall" zu Hilfe kam, indem die beiden sich unerwartet auf demselben Flug wieder begegneten. Heute sind die glücklich verheiratet.[435]

Dass es den Soul-Mate gibt, wird bestätigt vom bekannten englischen Medium Rita Rogers. Sie hat sich darauf spezialisiert, ihren Klienten zu sagen, wer ihr Soul Mate ist oder gewesen wäre. In ihrem

---

[432] Wambach 1979, S. 163/164; Weiss 1993, S. 165.

[433] Ein detailliertes Beispiel: Newton 1996, S. 235/239.

[434] Newton 2000, S. 259-264. Beispiele: Ebenda, S. 47, 266-274 und 336; Newton 1996, S. 256-260; Weiss 1997, S. 1/2 und S. 157-159.

[435] Alles ist detailliert beschrieben in Weiss 1997 (das ganze Buch handelt davon).

Buch „Soul Mates"[436] beschreibt sie zahlreiche Beispiele. Im Vorwort dazu schreibt eine Journalistin, sie habe nichts von Medien gehalten und einen Artikel über deren Inkompetenz schreiben wollen. Dann sei sie zuletzt zu Rita Rogers gegangen und habe alle ihre Vorurteile über den Haufen werfen müssen. Rita Rogers sagt einem Dinge, auch Namen, die sie nicht hat wissen können.[437]

Newton, Weiss und Rita Rogers stimmen überein: Mit dem Soul Mate ist man in vielen Leben immer wieder zusammen, und man wird ihm nach dem Tod des Körpers in der spirituellen Welt wieder begegnen. Dass man ihm in dieser Welt begegnet, merkt man daran, dass man tief in sich das Gefühl hat, ihm zu begegnen. Es ist dann, wie wenn man in einem Hafen oder bei sich zu Hause angekommen ist.[438] Oft erkennt man einander auch an einem Blick in die Augen.[439] Darum die „Liebe auf den ersten Blick". Allerdings kann sich der Mensch mit dem Kopf auch leicht Dinge einreden, auch und gerade in der Liebe. Es gibt daher auch Fälle, wo man sich *einredet*, man sei dem Soul Mate begegnet, weil man sich wünscht, es wäre so, aber nach einiger Zeit feststellen muss, dass man sich täuschte.

Für eine Partnerschaft mit dem Soul Mate braucht es eine gewisse Reife. Darum oder weil man Probleme zu lösen hat, die nicht zueinander passen, begegnet man einander nicht in jedem Leben und lebt nicht in jedem Leben miteinander in Partnerschaft. Es ist aber auch möglich, dass man einander begegnet und es nicht merkt. Oder dass man eine Partnerschaft miteinander eingeht und sich dann wieder trennt, weil man zu wenig an sich und der Beziehung arbeitete, und es danach bereut.

Soul Mates inkarnieren sich in der Regel in unterschiedlichen Geschlechtern, aber nicht immer. Es gibt auch gleichgeschlechtliche Partnerschaften von Soul Mates.[440] Auch muss der Soul Mate einem nicht unbedingt als Lebenspartner begegnen. Man muss also nicht unbedingt in jedem Leben sexuelle Bedürfnisse haben mit ihm. Es ist auch möglich, dass er einem als ein Familienmitglied oder als bester Freund oder beste Freundin begegnet. Das merken die Betreffenden dann daran, dass sie einander innerlich ganz besonders eng verbunden sind, sodass sie füreinander emotional an erster Stelle kommen.[441] Das ist dann tiefe Liebe ohne Sex, auch wenn die Beziehung als „Freundschaft" oder „Kollegialität" bezeichnet wird.

Es gibt auch Seelen, die eine Art Neben-Soul-Mates sind. Mit ihnen ist man emotional sehr eng verbunden, aber sie kommen an zweiter Stelle, nach dem eigentlichen Soul Mate. Auch solchen Neben-Soul Mates begegnet man nach dem Tod des Körpers in der spirituellen Welt wieder, wie allen Menschen und Tieren, mit denen man eine innerlich enge Beziehung hatte.

Die erwähnten Autoren behaupten, *jede* Seele habe einen Soul Mate. Davon bin ich nicht überzeugt. Ich habe eher den Eindruck, dass es in der spirituellen und in der materiellen Welt bezüglich Liebe und Beziehungen *alles* gibt, daher auch Soul-Mate-Losigkeit. Zum Beispiel gibt es, wie oben erklärt, Seelen, die sich früher auf anderen Planeten inkarnierten und irgendwann als Einzelseelen zur Erde wechselten. Da frage ich mich, wie sie einen Soul Mate haben können. Weiter findet sich bei Newton eine Dreier-Gruppe, die sich meist gemeinsam inkarniert, wobei aber meist dieselbe Seele alleine

---

[436] Rogers 2000.
[437] Ebenda, S. ix-xiii.
[438] Beispiel: Whitton 1986, S. 166.
[439] Rogers 2000, S. 24.
[440] Beispiel: ebenda, S. 209-218.
[441] Ebenda, S. 218.

bleibt, während die anderen beiden eine Partnerschaft eingehen. Jene Seele, die meist alleine bleibt, ist seit vielen Inkarnationen ein Einzelgänger, der/die das Alleinsein auch sucht.[442]

Zwillinge, Zwillingsseelen und Parallell-Leben

Zwillinge sind in der Regel nicht Soul Mates[443] (obwohl es wahrscheinlich auch Fälle gibt, wo sie es sind, denn es gibt in der Liebe eben alles), sondern haben je ihren eigenen Soul Mate. Sie sind aber oft Neben-Soul Mates. Jedenfalls sind sie Seelen, die einander auch in früheren Leben sehr nahe standen, sei es als Geschwister, enge Freunde oder Freundinnen usw.. Sie waren in früheren Leben meist nicht Zwillinge, entschieden sich aber, nun einander einmal auf diese Weise nahe zu sein.[444]

Zwillinge haben keine „Zwillingsseelen". Unter „Zwillingsseelen" verstehen einige Leute Seelen, die ganz am Anfang, nach der Entstehung der Seelen, aus der Trennung einer Seele entstanden seien und daher die identische Seelenpersönlichkeit hätten. Solche Zwillingsseelen gibt es nach den Erkenntnissen von Newton und Rogers nicht.[445] Jede Seele hat ihre eigene Persönlichkeit.

Was es aber gemäss Newton, Weiss und Monroe gibt, wenn auch sehr selten und offenbar nur bei fortgeschrittenen Seelen, sind zwei parallele Leben einer Seele.[446] Möglich ist dies, weil die Seelenenergie teilbar ist und man nie die ganze Seelenenergie in die Inkarnation mitnimmt. Es kommt daher ab und zu vor, dass sich eine Seele für zwei ungefähr gleichzeitige Inkarnationen teilt. In den wenigen Beispielen, die berichtet werden, fanden diese beiden Inkarnationen aber weit voneinander entfernt statt. Die beiden Menschen begegneten einander im irdischen Leben nie. Wenn sie einander begegnet wären, wäre es wohl gewesen, als ob sie einer Zwillingsseele begegnet wären.

Nach der Beendigung zweier paralleler Leben fügt sich deren Seelenenergie wieder zusammen und setzt sich im Lebensrückblick mit den gemachten Erfahrungen auseinander. Die reichhaltigere Erfahrung ermöglicht eine Beschleunigung der Inkarnationen. Dies dürfte auch der Zweck einer solchen parallelen Inkarnation sein.

Homosexualität

Homosexualität ist bei der Vorbereitung des Lebens bekannt, also beabsichtigt.[447] Sie kann (muss nicht) eintreten, wenn sich eine Seele, die sich vorher gerne im Körper des einen Geschlechtes inkarnierte, zur Abwechslung im Körper des anderen Geschlechtes inkarniert. Demnach haben Schwule meist ein eher weiblich geprägtes Inneres, Lesben ein eher männlich geprägtes.[448] Die Betroffenen hören das zwar nicht gerne, weil sie fürchten, deswegen weniger attraktiv zu sein, aber die praktische Beobachtung bestätigt es meiner Meinung nach immer wieder. Es zeigt sich zum Beispiel bei den (Berufs-)Interessen oder in der Art und Weise, wie mit anderen Menschen kommuniziert wird. In diesen Punkten unterscheiden sich Frauen und Männer im Durchschnitt stark, doch Schwule interessieren sich, wie die Frauen, häufiger für soziale Berufe, Kunst und Spiritualität

---

[442] Newton 1996, S. 148.
[443] Rogers 2000, S. 221.
[444] Wambach 1979, S. 153-156; Newton 2000, S. 119.
[445] Newton 2000, S. 264; Rogers 2000, S. 119.
[446] Newton 2000, S. 119; Newton 1996, S. 151-155; Weiss 1997, S. 63; Monroe 1994, S. 174 (Monroe erfährt dort, dass seine eigene Seele sich gleichzeitig noch in einem anderen Körper, jenem einer Frau, inkarniert).
[447] Newton 1996, S. 66.
[448] Ein Beispiel: Newton 2000, S. 364.

als heterosexuelle Männer und kommunizieren eher wie Frauen (gerne verbal und über ihr Inneres redend).

Eine Inkarnation als Schwuler oder Lesbe kann verschiedenen Zwecken dienen, etwa, zu lernen, auch bei gesellschaftlicher Ablehnung gemäss dem wahren Ich zu leben, oder sich mit den herrschenden Geschlechterbildern auseinander zu setzen, oder die patriarchalen Gesellschaften – welche Homosexualität zwischen Erwachsenen immer radikal ablehnen – auf ihre Intoleranz aufmerksam zu machen.

Transidentität

Unter den von mir für diese Arbeit berücksichtigten Rückführungen findet sich keine eines transidenten Menschen. Doch unter den Erinnerungen von Kleinkindern an ihr früheres Leben hat es Beispiele, die zeigen, dass Transidentität grundsätzlich in derselben Lage entsteht wie Homosexualität: Wenn sich eine Seele, die sich im vorangegangenen Leben im Körper eines bestimmten Geschlechtes inkarnierte und auch Eigenschaften und Interessen hat, die überwiegend mit jenem Geschlecht verbunden sind, einmal im Körper des anderen inkarniert.[449] Der Unterschied zur Homosexualität ist nur, dass sich die Seele bei Transidentität mit dem ungewohnten Geschlecht nicht anfreunden kann. Ob das bei der Vorbereitung des Lebens beabsichtigt war, weiss ich nicht.

Behinderungen

Behinderungen werden in unserer auf irdischen Erfolg und irdische Perfektion angelegten Gesellschaft meist als unerwünschte Hindernisse angesehen. Die Pränataldiagnostik hat dazu geführt, dass Föten mit Behinderungen, zum Beispiel Trisomie 21, häufig abgetrieben werden.

Doch die spirituelle Welt sieht dies ganz anders. Angeborene Behinderungen und Krankheiten sind, wie alles Angeborene, bei der Lebensplanung bekannt und gewollt und dienen dazu, dass entweder die Betroffenen und/oder die Menschen in ihrer Umgebung (Familienangehörige usw.) die entsprechenden Erfahrungen machen und etwas daraus lernen können. Auch früh im Leben eintretende Unfälle mit bleibenden Schäden sind nach Newtons Erkenntnissen meistens geplant, damit man etwas daraus lernt (z.B. Demut[450]) und/oder damit das Leben in neue, erwünschte Bahnen gelenkt wird. Ein Beispiel für Letzteres: Ein Mädchen war als Folge eines schweren Unfalls für den Rest des Lebens ans Bett gefesselt, wurde aber dadurch als erwachsene Frau zur Lebensratgeberin für viele andere Menschen. Der Unfall war mit genau diesem Zweck in der Lebensplanung vorgesehen.[451]

Auch von einem geistig behinderten Menschen kann die Umgebung etwas lernen, zum Beispiel, dass man (sofern man von den nicht-behinderten Menschen gut behandelt wird) glücklich sein kann, wenn man im Hier und Jetzt lebt und sich keine Gedanken über Vergangenheit und Zukunft macht.[452]

---

[449] Beispiel: Stemman 1997/1999, S. 134-136: Das Mädchen erinnert sich daran, im letzten Leben ein Soldat gewesen zu sein, will schon früh nur Männerkleider tragen, tritt später als Mann auf und lässt sich als Mann ansprechen und will im nächsten Leben wieder ein Mann sein.
[450] Beispiel: Newton 1996, S. 153.
[451] Ebenda, S. 226/227.
[452] Beispiel: Demarmels 2009, S. 127-130.

Es folgen nun zwei Kapitel zur Frage, wie weit die Art und der Zeitpunkt des Todes vorbestimmt und von einer höheren Macht gewollt sind.

Der Zeitpunkt des Todes

Der Tod eines nahe stehenden Menschen erschüttert uns am stärksten, vor allem, wenn er junge Menschen trifft. Es gibt Leute, die dann den Hinterbliebenen sagen, der Tod sei vorbestimmt gewesen.

Die Informationen aus der spirituellen Welt sagen dazu: Grundsätzlich ist es mit dem Tod wie mit allen Ereignissen in unserem Leben: Er kann so, wie er eintrat, bei der Vorbereitung des Lebens gewollt gewesen sein, aber er kann auch die Folge einer nicht vorgesehenen Handlung des betreffenden Menschen oder anderer Menschen sein.[453]

Im konkreten Fall erfährt man dazu in Rückführungen meist nur etwas bei Menschen, die jung starben, denn je später im Leben etwas geschieht, desto geringer ist die Chance, dass es bei der Vorbereitung der Inkarnation gesehen wurde.

Demnach ist der frühe Tod bei kleinen Kindern, die an einer Krankheit oder Behinderung sterben, bevor sie in der Lage sind, etwas aus dem Leben zu lernen, bei der Lebensplanung in der Regel bekannt und arrangiert und dient dazu, dass die Eltern daraus etwas lernen.[454] Das bestätigt auch das Medium Pascal Voggenhuber, der schon viel mit Eltern zu tun hatte, deren Kind starb.[455] Solche Kinder haben meist eine sehr fortgeschrittene Seele, die stark genug ist für diese Aufgabe.[456]

Auch der Tod eines jungen Erwachsenen durch eine nicht-ansteckende Krankheit (Krebs, MS, ALS usw.) scheint oft geplant zu sein. Einige Beispiele: Bei einem jungen Erwachsenen diente die Krankheit dazu, dass der Betreffende zu akzeptieren lernte, dass es eine höhere Kraft gibt.[457] Bei einem Familienvater dazu, dass er lernte, loszulassen.[458] Bei einem Ehepartner dazu, dass die Partnerin lernen konnte, auch alleine glücklich zu sein und ihr Glück nicht von einem anderen Menschen abhängig zu machen.[459]

Der frühe Tod durch Infektionskrankheiten wie Aids scheint dagegen häufiger nicht geplant gewesen zu sein.[460]

Der frühe Tod durch Gewalt, sei es ein Unfall, ein Verbrechen oder in einem Krieg, ist oft nicht geplant. Einige Beispiele:

- Unter den Kindern, die sich an frühere Leben erinnern, sind etliche, die eines gewaltsamen Todes starben (Mord, Unfall usw.) und das Gefühl haben, ihr letztes Leben sei nicht fertig gewesen.[461]

---

[453] So erhält Monroe auf einer seiner Astralreisen aus der spirituellen Welt die Mitteilung: „Accidents do happen." (Monroe 1994, S. 183). Wobei mit „accidents" gemeint ist: ungeplante Dinge. Dass es Fälle gibt, wo der Lebens-Plan nicht zu Ende geführt werden konnte, weil das Leben „abrupt" beendet wurde, bestätigen auch Mitteilungen der „Meister" aus der spirituellen Welt an Brian Weiss (Weiss 1988, S. 76 und 185).
[454] Demarmels 2009, S. 111; Newton 1996, S. 219; Beispiel: Newton 2000, S. 382.
[455] Voggenhuber 2011/2012, S. 151. Beispiel: Voggenhuber 2018, S. 77.
[456] Voggenhuber 2011/2012, S. 152; Beispiel: ebenda, S. 161.
[457] Newton 2000, S. 374-376.
[458] Demarmels 2009, S. 30.
[459] Ebenda, S. 51.
[460] Beispiel: van Praagh 1999, S. 134.

- Newton stellte bei seinen Rückführungen fest, dass Seelen, die in erdnahem Bewusstseinszustand blockiert sind, ihren Körper meist durch einen unerwarteten gewaltsamen Tod verloren und dann darunter leiden, dass sie die für jenes Leben vorgesehene Aufgabe nicht erledigen konnten.[462]
- Unter Newtons Fällen findet sich ein Sechzehnjähriger, der freiwillig in einen Krieg zog, obwohl das im Lebensplan nicht vorgesehen war, getötet wurde und dann in der spirituellen Welt gefragt wurde: Warum bist du schon wieder hier?[463]
- Voggenhuber berichtet von einem 22jährigen, der durch einen Selbst-Unfall starb und dessen Seele dann Voggenhuber bittet, seinen Bruder vor demselben risikoreichen Verhalten zu warnen.[464] Das macht eigentlich nur Sinn, wenn der Tod des Bruders ungeplant wäre. (Es geht um Masturbation mit Einschränkung der Luftzufuhr. Das verstärkt den Orgasmus, kann aber tödlich enden.)

Doch ein gewaltsamer Tod kann bei der Vorbereitung des Lebens auch bekannt und eingeplant sein.[465] So berichtet Newton von vier Frauen aus derselben Seelen-Gruppe, die bei der Lebensplanung wussten, dass sie in jungen Jahren in einem Nazi-Konzentrationslager sterben würden und dazu ihre Zustimmung gaben. Sie kümmerten sich dort aber noch liebevoll um die Kinder und erfüllten so ihre Lebensaufgabe vollständig.[466]

Ob im konkreten Fall die Todesart und der Todes-Zeitpunkt beabsichtigt waren und der Tod so geschehen sollte, wie er geschah, können wir nicht wissen. Aufgrund der Beispiele und Mitteilungen aus der spirituellen Welt gewinne ich den Eindruck, dass bei einem gewaltsamen Tod durch ein Verbrechen, einen Unfall oder in Kriegen Menschen oft zu früh sterben, bevor sie ihre Lebensaufgabe erledigt haben, während mir bei einem Tod durch eine Krankheit oder Behinderung die Wahrscheinlichkeit, dass er geplant war, viel grösser zu sein scheint, insbesondere bei kleinen Kindern und bei nicht-ansteckenden Krankheiten. Aber sicher können wir es im konkreten Fall nie wissen.

Selbsttötung

Eine Selbsttötung ist im Lebensplan fast nie vorgesehen. Sie beendet das Leben also in den allermeisten Fällen zu früh. Wie bei allen Tötungen von Menschen, wird dann jener Teil des Lebensprogramms, den man wegen des vorzeitigen Todes nicht hat erledigen können, zu einem Teil der Lebensaufgabe des folgenden Lebens. Eine Seele kann daher nie durch Selbsttötung eine Lebensaufgabe loswerden. Da sie sich vorzeitig von ihrer Lebensaufgabe verabschiedet hat, empfindet sie die Selbsttötung nachher, auf der spirituellen Seite, als Dummheit, Fehler und Versagen,[467] und, je nach Fall, auch als selbstsüchtig, zum Beispiel wegen des Leides, das nahestehenden Menschen bereitet wurde.[468] Die betroffenen Seelen sind dann sehr traurig und fühlen sich zunächst schlecht. Aber bestraft werden sie genauso wenig wie andere Seelen, und auch

461 Stemman 1997/1999, S. 22/23.
462 Newton 2000, S. 55/56.
463 Ebenda, S. 372/373.
464 Voggenhuber 2011/2012, S. 131-135.
465 Newton 1996, S. 219 und Newton 2000, S. 373.
466 Newton 1996, S. 220.
467 Beispiele: Newton 1996, S. 57/58; Newton 2000, S. 153-155.; Weiss 1997, S. 133; Zeier Kopp 2004, S. 133/134 und 188; Demarmels 2009, S. 126/127; van Praagh 1999, S. 158-182.
468 Beispiel: Newton 2000, S. 155.

für sie gibt es die notwendige Hilfe in der sprituellen Welt.[469] Wenn sie sich genug erholt haben, inkarnieren sie sich erneut.

Da die Seelen in Gruppen lernen, kommt es in sehr seltenen Fällen aber auch vor, dass eine Selbsttötung in der Lebensaufgabe vorgesehen war, damit irgendwelche Hinterbliebenen daraus etwas lernen. So berichtet Voggenhuber von einem 19jährigen, der sich aufgrund seines vorgesehenen Lebensprogramms das Leben nahm, damit die Mutter dadurch stärker werde. Aber auch Voggenhuber schreibt, dieser Fall sei seiner Erfahrung nach eine grosse Ausnahme.[470]

Es ist auch klar, dass eine erweiterte Selbsttötung, das heisst eine, die mit der Tötung weiterer Menschen verbunden ist, weit mehr ist als nur Selbsttötung. Sie ist auch Mord/Tötung und zieht die entsprechenden Schuldgefühle im Bardo und den Zwang zum Ausgleich in späteren Leben nach sich.

Alle diese Bemerkungen zur Selbsttötung beziehen sich nicht auf jene Fälle, wo sich Menschen wegen einer tödlichen und nur noch Leiden verursachenden Krankheit das Leben nahmen oder die lebenserhaltenden Maschinen abstellen liessen. Ihr Körper wäre sowieso bald gestorben. Das Medium Zeier Kopp berichtet von einer alten Frau, die sich wegen einer unheilbaren und schmerzvollen Krebserkrankung das Leben nahm und nachher in der spirituellen Welt glücklich war, dass sie das unnötige Leiden auf diese Weise abgekürzt hatte, und nichts bereute.[471] Auch die Seelen eingeschläferter Haustiere haben nach dem Tod schon über ein Medium mitgeteilt, dass die Einschläferung richtig war, wenn die Alternative Schmerzen bis zum Tod waren.[472]

Bei der Vorbereitung einer Inkarnation werden solche Lebensthemen meist nicht behandelt, da sie eher im Alter auftreten. Doch bei Newton findet sich der Fall eines Mannes, der sehr jung an ALS starb und bei dem das Abstellen der lebenserhaltenden Maschinen im Lebensplan vorgesehen war.[473] Was nicht heissen soll, dass man dies tun *muss*. Denn auch hier gibt es keine Regeln, die immer anzuwenden wären. Es ist auch hier vorstellbar, dass das Lebensprogramm etwas anderes vorsah: dass man zum Beispiel der Lebensverlängerung zustimmt, damit Wissenschaftler daraus etwas lernen können.

Wieder etwas anderes ist Pflegebedürftigkeit. Dass man auf Hilfe angewiesen sein kann und lernt, sie anzunehmen, ist eine Erfahrung, die jede Seele irgendwann machen muss. Denn die Zusammenarbeit der Menschen ist wichtig. Man kann nicht immer nur geben, man muss auch nehmen können, und die Dankbarkeit ist dann auch wieder eine Form von Geben. Pflegebedürftigkeit alleine ist daher kein Grund für Selbsttötung. Wer es trotzdem tut, muss die Erfahrung der Pflegebedürftigkeit in späteren Leben machen bzw. zu Ende führen.

Schwangerschaftsabbruch

Was kann man mit Blick auf die Reinkarnation zum Schwangerschaftsabbruch sagen?

Grundsätzlich ist für diese Frage entscheidend, wann die Seele in den Fötus geht, denn damit beginnt das Leben.

---

[469] Beispiele: Zeier Kopp 2004, S. 134 und 188; Cummings/Leffler 2007, S. 171.
[470] Voggenhuber 2018, S. 67-74.
[471] Zeier Kopp 2004, S. 135.
[472] Beispiele: Smith 2003, S. 191; van Praagh 1999, S. 207.
[473] Newton 2000, S. 374-76.

Die Rückführungen von Newton, Weiss und Wambach zeigen, dass sie nicht zu einem bestimmten Zeitpunkt hinein geht, sondern dass die Verbindung zwischen der Seele und dem Fötus allmählich beginnt, weil die Seele zunächst abwechselnd im Körper und ausserhalb ist.[474] Den Beginn der Verbindung konnte Newton nie *vor* dem Ende des dritten Schwangerschafts-Monates feststellen, Wambach fast nie.[475] Bei ihr findet sich ein Beispiel, wo jemand sagt, die Verbindung *scheine* mit der Empfängnis begonnen zu haben.[476] Sicher scheint sich die Frau allerdings nicht zu sein. Abgesehen von diesem einen Ausnahmefall kann man also feststellen: Die Verbindung zwischen dem Foetus und der Seele und somit das Leben beginnt *nicht* mit der Empfängnis und meist auch *nicht vor* dem Ende des dritten Schwangerschafts-Monates.

Wenn der Schwangerschaftsabbruch zu einem Zeitpunkt stattfindet, zu dem die Verbindung zwischen der Seele und dem Fötus noch nicht begonnen hat, dann ist dadurch kein menschliches Leben vorzeitig beendet worden, und es muss in der spirituellen Welt niemand getröstet werden.[477] Wenn der Schwangerschaftsabbruch hingegen zu einem Zeitpunkt stattfindet, zu dem die Verbindung zwischen der Seele und dem Fötus schon begonnen hat, dann empfindet die Seele des Fötus die Abtreibung als Schock und leidet nachher zunächst darunter.[478] Wie für alle Seelen nach dem Tod des Körpers, gibt es auch für diese Seelen Hilfe, das Leiden ist vorübergehend.

Wenn ein Fötus mit einer Seele abgetrieben wird, dann war dies nach Newtons Protokollen und auch gemäss dem Medium Voggenhuber auf der Seite der Seele des Fötus bei der Vorbereitung einer Inkarnation immer bekannt,[479] genauso wie bei verlorenen Föten, deren Verbindung mit einer Seele schon begonnen hat.[480] Wenn also zum Zeitpunkt des Schwangerschaftsabbruchs die Verbindung der Seele mit dem Körper bereits begonnen hat, dann wird immer eine Seele abgetrieben, für welche keine weitere Lebensaufgabe geplant war. Die Seele hatte sich zu ihrem kurzen Leben zur Verfügung gestellt, damit die Frau etwas lernen könne. Trotzdem erlebt sie die Abtreibung als Schock, wenn sie schon im Fötus ist, denn die Erinnerung an die Vorbereitung des Lebens mit dem Vorauswissen um die Abtreibung wurde mit dem Beginn der Inkarnation gelöscht.

Gemäss den Beobachtungen von Newton und Weiss, welche von Erinnerungen von Kleinkindern an ihr früheres Leben bestätigt werden, geht eine abgetriebene Seele nach Möglichkeit in den Fötus eines späteren Kindes derselben Frau.[481] Wenn diese nie Kinder will, geht sie in den Fötus einer ihr nahestehenden, zum Beispiel mit ihr verwandten anderen Frau.[482] Zu jener engen oder Liebesbeziehung, zu der es wegen des Schwangerschaftsabbruchs nicht gekommen ist, soll es so doch noch kommen können.

Das alles soll keine Einladung sein, leichtfertig abzutreiben oder ungewollt schwanger zu werden. Denn der Mensch muss sich immer um den ihm möglichen Beitrag zur Vermeidung eines Problems bemühen.

---

[474] Weiss 1997, S. 33; Newton 1996, S. 267; Wambach 1979, S. 116.
[475] Newton 2000, S. 382.
[476] Wambach 1979, S. 116.
[477] Newton 1996, S. 268.
[478] Beispiel: Zeier Kopp, S. 130/131.
[479] Newton 1996, S. 267, und Newton 2000, S. 383; Voggenhuber 2018, S. 75.
[480] Voggenhuber 2018, S. 43.
[481] Newton 1996, S. 219; Weiss 1997, S. 34.
[482] Newton 2000, S. 383/384, mit einem Beispiel. Beispiel auch in: Tucker 2006/2009, S. 114-116.

Organspende

Ich schliesse hier ein paar Bemerkungen zur Organspende an, weil diese mit dem Tod zusammenhängt.

Mit einer Organspende nützt man anderen Menschen, rettet sogar Leben. Sie ist also grundsätzlich eine nützliche Tat, welche die Entwicklung der Seele fördert.

Doch die vollständige Wahrheit sieht nicht ganz so aus, wie uns die Ärzte sagen. Es gibt Menschen, die im Koma lagen und von den Ärzten für hirntot erklärt wurden und daher für die Organentnahme in Frage gekommen wären und nachher wieder erwachten. Van Lommel – selber Arzt – schildert in seinem Buch über Nahtoderlebnisse ein Beispiel: Ein Mann habe ihm berichtet, er sei mit dem Arzt am Bett seiner im Koma liegenden Frau gestanden. Der Arzt hatte die Frau für hirntot erklärt und fragte den Ehemann, ob er die Maschinen abstellen könne, die Frau sei nur noch ein „Gemüse". Der Ehemann lehnte ab, die Frau erwachte einige Monate später und konnte alles, was der Arzt mit ihrem Mann besprochen hatte, berichten. Sie sagte, sie sei entsetzt gewesen über die Worte des Arztes, habe überleben und bei ihrer Familie und den Kindern sein wollen, habe sich aber nicht äussern oder sonstwie ihren Willen ausdrücken können.[483]

Etwas Ähnliches wurde von einem der Opfer des Schiessmassakers von Las Vegas (2017) berichtet: Die Frau lag wochenlang im Koma, die Ärzte legten den Angehörigen nahe, die lebenserhaltenden Maschinen abstellen zu lassen. Da sagte der Ehemann, seine Frau sei ihm im Traum erschienen und habe ihm gesagt, die Maschinen sollten nicht abgestellt werden, sie werde wieder erwachen und sich erholen. Der Ehemann stimmte daher dem Abstellen der Maschinen nicht zu, die Frau erwachte und erholte sich.[484]

Ein anderes Beispiel berichtet die Heilerin Vreny Zehnder: Ein 14jähriges Mädchen lag nach einem schweren Unfall im Koma. Ein Arzt sagte der Familie, sie solle die Hoffnung aufgeben, da das Mädchen schwerstbehindert bleiben werde, sterben wäre besser. Es wurde im Spital ins Sterbezimmer gebracht. Die Familie gab die Hoffnung nicht auf und holte Frau Zehnder, die durch wiederholtes Handauflegen dem Mädchen die in Kapitel 7 beschriebene Heilkraft aus der spirituellen Welt zuleitete. Dadurch wurde es zuerst aus dem Koma geweckt und dann geheilt. Es blieben keine Schäden.[485]

Es gibt aber auch umgekehrte Beispiele: Pascal Voggenhuber berichtet, wie sich in einer seiner öffentlichen Vorführungen ausnahmsweise nicht die Seele eines Verstorbenen, sondern eines Mannes meldete, der seit drei Jahren im Koma lag. Die Seele teilte mit, der Körper könne nicht mehr aus dem Koma geweckt werden, aber gehen könne sie auch nicht, solange der Körper noch lebe. Die Seele bat um das Abstellen der lebenserhaltenden Maschinen, was die Ärzte schon seit langem empfohlen hatten. Die im Publikum anwesende Mutter war erleichtert, weil sie nun nicht mehr verantwortlich für den Entscheid war, und sagte, sie werde nun zustimmen.[486]

Die Beispiele zeigen: Bei Koma-Patienten, die nur noch mit Maschinen am Leben erhalten bleiben können, gibt es keine Patentrezepte, was zu tun das Beste ist. Sicher kann man nur sagen: Eine sichere Prognose, ob solche Patienten wieder erwachen können, und wenn ja, in welchem Zustand,

---

[483] Van Lommel 2010, S. 23 und 336.

[484] https://www.yahoo.com/news/vegas-shooting-victim-apos-husband-203330843.html (gepostet am 25.1.2018; abgerufen am 26.1.2018).

[485] Zehnder 1999, S. 100-103.

[486] Voggenhuber 2011/2012, S. 199/200.

kann auf Erden niemand machen. Die Ärzte können, entgegen dem, was sie selber sagen, bei solchen Patienten den Hirntod nicht zuverlässig diagnostizieren. Wer dies weiss und trotzdem zur Spende der eigenen Organe bereit ist, tut eine umso selbstlosere Tat, denn er ist zur Lebensrettung auch dann bereit, wenn er das eigene Leben dafür geben müsste. Andererseits freuen sich auch die Angehörigen, wenn ein Mensch wieder aus dem Koma erwacht, es ist auch für sie gut. Die Frage der Organspende ist daher schwieriger, als uns in öffentlichen Kampagnen gesagt wird. Jeder sollte sie für sich entscheiden und dies schriftlich festhalten, damit gegebenenfalls nicht die Angehörigen vor die schwierige Entscheidung gestellt werden.

Hilfe und Betreuung aus der spirituellen Welt

Nach diesen Kapiteln über den Tod folgen ein paar Kapitel über die Hilfe und Unterstützung, die wir während unserer Inkarnationen aus der spirituellen Welt erhalten können. Diese Unterstützung soll nur beschränkt sein, da sie unsere Selbstverantwortung nicht beeinträchtigen und daher alles, was als Lerngelegenheit für unser Leben arrangiert wurde, nicht ändern soll.

Jene Arrangements selber sind eine Form von Hilfe aus der spirituellen Welt. Die Hilfe kann aber noch auf andere Weise und auch einfach als Nothilfe geschehen.

Seelen-Betreuer und Schutzengel

Unterstützung aus der spirituellen Welt erhalten wir vor allem von unseren Seelen-Betreuern. Jede Seele hat mehrere Betreuer in der spirituellen Welt. Das sind fortgeschrittenere Seelen, die sich aber zuweilen auch selber noch inkarnieren. Newton traf in allen seinen Rückführungen auf sie[487], Monroe wurde bei allen seinen Astralreisen von ihnen geleitet, und alle Medien, die Botschaften Verstorbener vermitteln können, berichten von ihnen und werden bei ihrer Arbeit auch selber von ihren eigenen Seelenbetreuern begleitet und unterstützt.

Die eindrücklichsten Hinweise zur Existenz dieser Seelenbetreuer erhält man dann, wenn einer von ihnen durch ein Medium, das in tiefer Trance ist, redet. Das Medium selber erinnert sich nachher nie an das Gesagte. James van Praagh erhielt einmal auf diese Weise, mit Zeugen und Tonbandaufnahme, eine solche Botschaft von seinem Seelenbetreuer.[488] Gordon Smith berichtet, dass er während einer Sitzung mit einem Klienten in Trance fiel und der Klient ihm nachher sagen musste, was er dabei sprach. Die Mitteilungen waren Informationen von einer von Smiths Seelenbetreuerinnen über ihr letztes Leben auf Erden, die Smith überprüfen konnte und die sich als richtig herausstellten.[489]

Die Seelenbetreuer/innen können sich einigen Menschen mit einem erdachten Schein-Körper zeigen, der männlich oder weiblich sein kann, aber eigentlich haben sie als Wesen der spirituellen Welt kein körperliches Geschlecht.

In den deutschsprachigen Büchern werden diese Seelenbetreuer meist als „Seelenführer" bezeichnet, aber den Begriff halte ich wegen des Beigeschmacks von Befehlen und Diktatur im deutschen Wort „Führer" für unglücklich. Er gelangte wohl als Übersetzung des englischen Wortes

---

[487] Newton 1996, S. 110, allgemein S. 107-122. Beispiel eines Seelenbetreuers, der sich noch inkarniert: Newton 1996, S. 113/114.
[488] Van Praagh 1999, S. 74.
[489] Smith 2003, S. 203-205.

„soul guide" in die deutsche Sprache. Die Bedeutung der beiden Wörter ist aber nicht deckungsgleich. Ein „guide" weiss mehr und gibt Rat, er ist daher ein unterstützender Begleiter und nicht einer, der vorangeht und befiehlt (Letzteres wäre auf Englisch ein „leader"). Die Seelenbetreuer befehlen uns nichts. Sie lösen auch keine Lebens-Probleme für uns, denn dafür tragen wir alleine die Verantwortung. Darum greifen sie auch nicht in die für unser Leben vereinbarten Lerngelegenheiten ein. Aber sie unterstützen uns in der spirituellen Welt und wachen über uns, wenn wir in der materiellen Welt sind. Sie sind also unsere Seelen-Lehrer und Beschützer. Unsere Beziehung zu ihnen ist wie jene zu einem älteren Freund und Lebens-Lehrer. Sie werden auch gerne als Schutzengel bezeichnet, aber das Wachen und Beschützen ist nur eine ihrer Aufgaben.[490]

Wir haben meist mehrere Seelenbetreuer/innen, darunter einen Hauptbetreuer. Daneben wachen auch die Seelen verstorbener nahestehender Menschen über uns[491], wir haben also mehrere Schutzengel.

Seelenbetreuer/Schutzengel bewahren uns manchmal vor schlimmen Dingen, die unser Leben vorzeitig beenden oder in eine nicht beabsichtige Richtung lenken könnten. Meist greifen sie ein, indem sie uns schützende Gedanken eingeben, und zwar in den Bauch, nicht in den Kopf.[492] Im konkreten Fall ist es aber kaum möglich, zu unterscheiden, ob eine spontane Idee von uns selber oder von einem schützenden Wesen aus der spirituellen Welt kommt. So ist es uns meistens nicht bewusst, wenn wir von einer schützenden Macht geleitet werden oder wenn sie uns beisteht.

Dazu zwei besonders eindrückliche Beispiele aus der Radio- und Fernsehsendung „Nachtwach":

- Ein Bauarbeiter berichtete, er habe monatelang mit dem (elektrischen) Bohrer bohren müssen. Zwischendrin pflegte er sich eine Zigarette anzuzünden, normalerweise mit einer Hand, während die andere auf dem Bohrer blieb. Einmal tat er es mit beiden Händen, liess deswegen den Bohrer für ein paar Sekunden ausnahmsweise los, und genau dann riss der Bagger die Starkstromleitung herunter, sodass ein tödlicher Stromstoss durch die Leitung ging.[493]
- Eine Mutter berichtete: Als einmal ihre beiden kleinen Kinder draussen spielten, sei sie plötzlich überzeugt gewesen, dass sie auf die Toilette sollten, sei nach draussen gegangen und habe sie gegen den Widerstand der beiden hereingeholt. Unmittelbar darauf fiel genau dort, wo sie gespielt hatten, ein grosses Schneebrett mit Eis vom Dach.[494]

Weitere Beispiele findet vermutlich jeder in seinem Leben. In meinem eigenen Leben und jenem meiner Geschwister gab es vor allem in der Kindheit ein paar Dinge, die um ein Haar sehr schlimm ausgegangen wären und worüber ich heute denke, dass da wohl der Schutzengel am Werk war. Kinder und Jugendliche brauchen ihn wohl ganz besonders.

Die vom Schutzengel eingegebenen Gedanken können manchmal auch sichere „Vorausahnungen" sein. „Vorausahnungen" sind manchmal mehr als die üblichen dumpfen Ahnungen, die jeder ab und zu hat und die mehr eine Befürchtung sind. Sie sind dann gefühlte Voraus-*Gewissheiten* und würden

---

[490] Voggenhuber schreibt, die von ihm „Seelenführer" genannten Betreuer seien nicht dieselben wie der/die Schutzengel (Voggenhuber 2011/2012, S. 233). Newton (Newton 1996, S. 120) und weitere Autoren (z.B. van Praagh 1999, S. 67) unterscheiden jedoch nicht.

[491] Zeier-Kopp 2004, S. 74/75 und 186. Ein schönes Beispiel auch in Smith 2006, S. 262.

[492] Weiss 1988, S. 140/141.

[493] Radio/TV srf, Nachtwach, 27./28.6.2017, erster Anrufer.

[494] Radio/TV srf, Nachtwach, 16./17.2.2012, zweitletzte Anruferin.

auch passender so bezeichnet. Jene Leute, die solche schon spürten, hatten sie am ehesten vor etwas Schlimmem, das dann eintraf und dem sie durch die Voraus-Gewissheit aus dem Weg gingen.

Der Schutzengel kann auch mit Hilfe eines Traumes vor etwas warnen oder einen Rat geben, am ehesten in Klar-Träumen.[495] Ein Beispiel: Ein schwer krebskranker Mann, dem die Ärzte nicht mehr helfen konnten, berichtete, dass ihn ein lange nicht mehr gesehener Bekannter angerufen und ihm erzählt habe, er sei in einem Traum aufgefordert worden, ihm mitzuteilen, er solle zum bekannten brasilianischen Geistheiler João de Deus (John of God) gehen. Was er dann auch tat und dort geheilt wurde.[496]

Seltener fällt das Eingreifen des Schutzengels als „aussergewöhnliche" Wahrnehmung auf. Drei Beispiele:

- In der Sendung „Nachtwach" berichtete ein junger Mann, der ein enges Verhältnis zum verstorbenen Grossvater gehabt hatte, wie ihm jedesmal, wenn Gefahr drohe, ein Marienkäfer über den Weg laufe. Erstmals sei er ihm am Grab des Grossvaters aufgefallen. Dieser sei ihm auch einmal am Strassenrand als Lichtgestalt erschienen, sodass er abbremste. Wenig später lag ein Tierkadaver auf der Autobahn.[497]
  Dieses Beispiel zeigt auch, wie verstorbene Familien-Mitglieder als Schutzengel wirken können.

- Ein ebenfalls aus der Sendung „Nachtwach" stammendes Beispiel, in welchem der verstorbene Grossvater seinem Enkel eine Warnung etwas anderer Art schickte: Ein junger Mann berichtete, er sei teilweise bei der Grossmutter aufgewachsen. Als Jugendlicher sei er auf die „schiefe Bahn" geraten und auch in Kontakt mit Drogen gekommen. Einmal, als die Grossmutter abwesend war, habe er in ihrer Wohnung gekifft. Am folgenden Tag habe er in nüchternem Zustand das an der Wand hängende Foto, das der verstorbene Grossvater einst von ihm aufgenommen habe, betrachtet, wobei er das schwer beschreibbare Gefühl bekam, es zerspringe von innen oder gehe von innen auf. Gleichzeitig hörte er aus dem benachbarten Esszimmer einen Knall. Als er hinüberging, flackerten die Lichter des Kronleuchters, und eine Birne war kaputt. Er bekam Angst und verliess die Wohnung. Die Grossmutter erklärte die Sache später als normalen Kurzschluss.[498] Doch entstehen wegen des Betrachtens eines Fotos keine Kurzschlüsse. Auch kann man so das Gefühl, das nachher unversehrte Foto sei explodiert, nicht erklären. Wahrscheinlicher ist daher, dass der verstorbene Grossvater seinen jugendlichen Enkel mit einem Warnschuss von der schiefen Bahn und vom Kiffen abbringen wollte. Dass sich Verstorbene am leichtesten über die Elektrizität bemerkbar machen, schrieb ich schon weiter oben.

- Der erfolgreiche Heiler Rolf Drevermann berichtet, dass er hin und wieder sehr deutlich einen rätselhaften Rosenduft rieche, den jeweils auch die Mehrheit seiner Patienten wahrnehme. Zum ersten Mal sei er aufgetreten, als er wegen der Drangsalierungen durch die Behörden, die ihm seine Heiltätigkeit verbieten wollten, in besonderer Not war. Unmittelbar danach habe ihn ein unbekannter Mann, ein Medium, angerufen und ihm mitgeteilt, der Duft stamme von Padre Pio,

---

[495] Beispiel: Heathcote-James 2008, S. 66/67.
[496] Cummings/Leffler 2007, S. 184.
[497] Radio/TV srf, Nachtwach, 7./8.6.2010, erster Anrufer.
[498] Radio/TV srf, Nachtwach, 26./27.6.2018, dritter Anrufer.

einem 1968 verstorbenen süditalienischen Volksheiligen und Heiler, von dessen Stigmata nach dem Bericht seiner Besucher ebenfalls ein Wohlgeruch ausging, und der sein spiritueller Vater sei. Seither trete der physikalisch nicht erklärbare Duft immer bei besonderen Gelegenheiten auf, meist in schwierigen Zeiten. Er sei dann als Ermunterung, manchmal aber auch als Warnung gedacht.[499] Wie er zu verstehen sei, merke er anhand dessen, was ihn gerade beschäftige.

In allen bisher geschilderten Beispielen sandte der Schutzengel Gedanken oder Zeichen, welche Menschen dazu veranlassen sollten, etwas Bestimmtes zu tun. Das ist das Übliche: Dass die spirituelle Welt durch unsere Hände wirkt.

Ganz selten, wohl in besonderen Notfällen, greift der Schutzengel aber auch selber direkt ein, um ein Unglück abzuwenden. Ein Beispiel, ebenfalls aus der Sendung „Nachtwach": Eine Frau berichtete, sie habe einen Kurs über Engel besucht, dabei aber keinen Kontakt herstellen können. Aber wenig später sei sie am Tramgeleise von hinten weggezogen worden, sodass sie nicht unter das nahende Tram geriet. Sie drehte sich um, doch es war niemand da.[500]

Nicht immer schützt die spirituelle Welt vor Unglücken, sonst gäbe es keine. Und nicht allzuviele Menschen erhalten Hilfe oder Signale auf scheinbar „übernatürliche" Weise (die in Wirklichkeit nicht übernatürlich, sondern nur aussergewöhnlich ist). Es gibt Menschen, die sie auf solche Weise *einmal* im Leben erhalten, aber auch andere, die sie immer wieder erhalten.

Ich denke, dies kann damit zu tun haben, wie offen jemand für Eingriffe aus der spirituellen Welt ist. So berichten etliche Geistheiler/innen und Medien von auffällig vielen aussergewöhnlichen Ereignissen in ihrem Leben. Und im obigen Beispiel des Patienten von John of God war womöglich der Bekannte offener und konnte darum besser über einen Traum erreicht werden als der Patient selber. Robert Monroe erhielt aus der spirituellen Welt die Mitteilung, dass 9 von 10 Menschen gegenüber der spirituellen Welt so verschlossen seien, dass sie auch in Träumen nicht erreicht werden können.[501] Wobei Kinder meistens viel offener sind.

Es kann auch sein, dass der Schutzengel nicht eingreift, weil es um eine arrangierte Lerngelegenheit geht, oder weil ein Gruppen-Karma am Werk ist (dazu vgl. Kapitel 6), oder es kann andere Gründe haben, die uns nicht bekannt sind.

Wenn der Schutzengel nicht zu Hilfe kommt, sollte man dies auf keinen Fall als Zeichen deuten, dass jemand der Hilfe nicht wert ist. Die Wesen aus der spirituellen Welt kümmern sich um alle Menschen. Doch Unglücke gibt es, auch solche, die nicht geplant waren, wie oben erwähnt. Letztlich kann der Mensch nicht wissen, warum jemand „Glück" hat und ein anderer nicht.

Jedenfalls sollte man nie leichtfertig etwas riskieren in der Erwartung, es werde dann ja schon geholfen. Das könnte ins Auge gehen. Denn niemand hat einen Gutschein. Wir haben immer die Selbstverantwortung, soweit es uns möglich ist. Soweit, wie man kann, sollte man sich immer selber helfen und sich Mühe geben.

---

[499] Drevermann 2001, S. 98, 104 und 106-115.
[500] Radio/TV srf, Nachtwach, 10./11.12.2013, erste Anruferin.
[501] Monroe 1994, S. 174.

Gebete

Gebete können erhört werden, können also auch zu Hilfe aus der spirituellen Welt führen. Einige Empfehlungen dazu:

- In der spirituellen Welt wird nicht mit Wörtern, sondern mit Gedanken, Gefühlen und Bildern kommuniziert. Geistesabwesend einen Text herunterzurattern, bringt daher nichts. Wer möchte, dass seine Wünsche auf der anderen Seite ankommen, sollte sich während des Gebetes ganz auf den Inhalt konzentrieren, ihn sich bildlich vorstellen und mit dem Herzen empfinden. Je echter und bildhafter man sich die Gedanken vorstellt, desto besser versteht man sie auf der spirituellen Seite.[502] Am besten werden wohl Wünsche verstanden, die man während des Meditierens empfindet und sich vorstellt.

- Intensiv empfundene Gefühle können während des Betens die Wünsche überdecken, sodass auf der anderen Seite nur die Gefühle verstanden werden. Wenn man zum Beispiel in tiefer Verzweiflung oder tiefem Schmerz betet, kann die andere Seite wahrscheinlich nur die Verzweiflung und den Schmerz wahrnehmen, die Wünsche könnten darin unter gehen. Man sollte daher vor dem Beten auch solche intensiv empfundenen Gefühle irgendwo parkieren, damit man sich auf den Inhalt des Gebetes konzentrieren kann.

- Man sollte sich aufs Wesentliche beschränken und sich daher vorher genau überlegen, was einem wichtig ist, und wie man es möglichst einfach sagen und dabei denken könnte.

- Da auf der spirituellen Seite Gedanken und Bilder aufgenommen werden, formuliert man die eigenen Wünsche am besten positiv. Denn ein Bild und gleichzeitig der Gedanke, dass man das nicht möchte, kann verunklären. Also, wenn möglich, um das bitten, was man möchte, und nicht um das, was man nicht möchte.

- Ehrlichkeit ist auch im Gebet wichtig.

- Wir können nur wünschen, nicht entscheiden. Demut ist daher auch im Gebet wichtig.

- Wir haben keine Garantie, dass wir erhalten, was wir uns wünschen, aber wir haben eine grosse Chance, dass wir erhalten, was wir brauchen.

- Wenn Wünsche in Erfüllung gehen, dann oftmals auf eine andere Weise, als man meinte, und manchmal mit unerwarteten (Neben-)Ergebnissen.

- Zur Erfüllung von Gebets-Wünschen muss man immer auch den eigenen Beitrag leisten, soweit man kann.

Wer auf der anderen Seite Gebete erfüllt, weiss ich nicht. Wahrscheinlich am ehesten unsere Schutzengel. Ich habe jedoch nicht den Eindruck, dass es eine Rolle spielt, ob wir zum Schutzengel oder zum Lieben Gott oder zu beiden beten. Ein Funke des Lieben Gottes ist ja in allen Wesen drin. Das Spirits' Book empfiehlt, zum Schutzengel *und* zu Gott zu beten.[503]

Wahrträume

Man kann sich auch die Frage stellen, ob Wahrträume als Hilfe aus der spirituellen Welt gedacht sind. Menschen träumen manchmal auch schlimme Dinge voraus. Es kann dann sein, dass sie Schuldgefühle haben, wenn die Dinge eingetreten sind, und sich fragen, ob die Träume als Auftrag gedacht waren, die Betroffenen zu warnen.

---

[502] Das wird Monroe in der spirituellen Welt auch ausdrücklich mitgeteilt: Monroe 1994, S. 19.
[503] Kardec 919.

Ich weiss das nicht. Ich vermute aber, dass wenn Träume als Hilfsauftrag gedacht sind, es auch irgendwie so vermittelt wird, so wie oben im Beispiel mit dem Patienten, der zu João de Deus gehen sollte, und dass man in den übrigen Fällen etwas vorausträumt, was man nicht ändern kann.

Voraussagen über die Zukunft

Es gibt auch Menschen, die Rat oder Sicherheit suchen bei Leuten, welche mit Berufung auf die spirituelle Welt Voraussagen über die Zukunft anbieten. Je nach der Art und Weise, wie das Zukunfts-Wissen gewonnen wird, muss man dabei zwischen Sehern/Seherinnen, Medien und Wahrsagern/ Wahrsagerinnen unterscheiden.

Das „Sehen"

Es gibt ein paar wenige Menschen, die – meist bei vollem Bewusstsein – in bildhafter Form Dinge in der spirituellen Welt wahrnehmen.[504] Das können auch Bilder aus der Vergangenheit und der (meist näheren) Zukunft sein. Letzteres ist aus demselben Grund möglich, aus dem auch Wahrträume möglich sind: weil es in der spirituellen Welt die Zeit nicht gibt. Der Begriff „Sehen" für solche Wahrnehmungen ist aber missverständlich, denn es geht um die in Kapitel 2 erklärte Wahrnehmung mit dem Dritten Auge, die über reines Sehen hinausgeht.

Sehen ist nicht dasselbe wie Medialität: Ein Seher nimmt etwas wahr, was sowieso dort ist, ein Medium vermittelt eine Botschaft, die speziell für bestimmte Menschen oder alle Menschen geschaffen wurde. Wobei es auch Menschen mit medialen *und* seherischen Fähigkeiten gibt.

Oft ist mit den Begriffen „das dritte Auge" und „Sehen" speziell die Fähigkeit des In-die-Zukunft-Sehens gemeint, und Menschen, welche diese Fähigkeit haben, werden als „Seher" bzw. „Seherinnen" bezeichnet. Solche Seher/innen sind bedeutend seltener als Medien. Doch es gab sie immer schon. So wird in der antiken Mythologie vom thebanischen Seher Teiresias oder von der trojanischen Seherin Kassandra berichtet.

Für Seher/innen stellt sich die Frage, ob ihre Fähigkeit als Hilfe aus der spirituellen Welt gemeint ist und damit als Auftrag, Rat zu erteilen und Schlimmes zu verhüten. Ich stelle dazu ein paar Antworten von erfahrenen Sehenden zusammen:

- Der bekannteste Seher, Nostradamus (1503-66), konnte sich in einen Trance-ähnlichen Bewusstseins-Zustand bringen[505] und sah dann Bilder aus der Zukunft der Weltgeschichte, die er in etwas rätselhaft formulierten Vierzeilern niederschrieb. Das Negative dominiert darin, wohl weil es die Menschen emotional stärker beschäftigt als das Positive.
  Eine Reihenfolge haben die Vierzeiler nicht, und eine Zeitangabe fehlt fast immer, wahrscheinlich, weil Nostradamus nur Bilder sah und keinen Ablauf von Geschehnissen und keine zeitliche Einordnungen. Trotz gegenteiligen Behauptungen ist es auch noch niemandem

---

[504] Beispiele von Sehern, die sagten, sie würden vieles in der spirituellen Welt übersinnlich wahrnehmen, waren Rudolf Steiner oder der schwedische Naturwissenschaftler und Mystiker Emanuel Swedenborg (1688-1772). Sie verbanden das Wahrgenommene mit ihren christlichen Überzeugungen, wenn auch nicht auf dieselbe Weise. Rudolf Steiner sagte auch, er sehe Dinge voraus. Sie betreffen alle die spirituelle Entwicklung der Menschheit und sind daher kaum überprüfbar.

[505] Nostradamus I, 1 und 2.

gelungen, die Vierzeiler in die richtige Reihenfolge zu bringen. Dass Nostradamus trotzdem Wahres voraussah, kann man anhand einiger Namen feststellen, die in passendem Zusammenhang vorkommen, so Varennes als Ort, an dem in der Französischen Revolution der aus Frankreich fliehende König erwischt wurde, oder der spanische Diktator Franco.[506] Hitler erscheint als „Hister", „Hadrie"[507] usw..

Nostradamus sagte selber, man werde die Richtigkeit seiner Profezeiungen jeweils erst im Nachhinein erkennen. So ist es bisher auch immer gewesen. Hintendrein merkt man, dass der und der Vierzeiler genau passt, aber für eine Voraussage sind die Texte zu unklar. Man kann auf ihrer Grundlage höchstens voraussagen, dass die Weltgeschichte nicht friedlich weitergehen wird, aber darauf kommt man auch, wenn man die gegenwärtige Lage der Welt betrachtet. Man kann also nicht mit Hilfe der Profezeiungen des Nostradamus den Lauf der Weltgeschichte ändern oder Kriege vermeiden. Sie sind nicht als Ratgeber gedacht.

- Lilo von Kiesenwetter, die „Seherin vom Rhein" und gegenwärtig bekannteste Seherin Deutschlands, sieht in den Augen von Menschen, die ihr begegnen, zum Beispiel zu ihr als Klienten kommen, Bilder aus deren Vergangenheit und (näherer) Zukunft, aber ohne Daten. Dass sie dabei Wahres sieht, wird von Klienten im Gästebuch ihrer Website bestätigt.[508] In die eigene Zukunft sieht sie nicht und sagt, sie möchte das auch nicht.[509] Obwohl sie sagt, sie könne das Eintreten der von ihr vorausgesehenen Ereignisse nicht verhindern, bringt sie es offenbar fertig, das von ihr Gesehene den Klienten – jedenfalls jenen, die im Gästebuch ihrer Website ihre Erfahrungen beschreiben – als hilfreichen Rat mitzuteilen.

- In der Sendung „Nachtwach" berichtete einmal ein Mann, er sehe seit seiner Kindheit ab Anfang Jahr im Schlafzimmer über seinem Bett jeweils Kreuze für die Verwandten und Freunde, die im Laufe des Jahres sterben würden, zum Teil überraschend. Er habe auch schon die Betroffenen gewarnt, diese hätten die Warnung aber missachtet und seien gestorben. Seither tue er nichts mehr. Er wisse auch, dass er selber mit 84 Jahren sterben werde. Seine Fähigkeit belaste ihn nicht, da er keine Angst vor dem Tod habe.[510]

Voraussagen von Medien

Medien erhalten manchmal Bilder oder Gefühle von Dingen, die später eintreten, manchmal aber auch nur von Möglichkeiten, die eintreffen *können*. Was dann wirklich eintritt, hängt von den Entscheidungen der Menschen ab, welche von den Medien nicht vorausgesehen werden. So schreibt Pascal Voggenhuber, manche der Dinge, die er voraus spüre oder sehe, seien schon eingetroffen, andere jedoch nicht.[511] Auch die berühmt gewordenen weltgeschichtlichen Profezeiungen des wohl bekanntesten amerikanischen Mediums, Edgar Cayce (1877-1945), sind nur Möglichkeiten.[512]

---

[506] Nostradamus IX, 20 bzw. 16.
[507] Nostradamus II, 24 bzw. 55.
[508] Wobei die Klienten mit vollem Namen und Mail-Adresse unterzeichnen: http://seherin.com/ (abgerufen am 9.9.2017)
[509] Dies sagte sie in einem Interview in einer Fernsehsendung über ihre Tätigkeit. Leider schrieb ich mir den Sender und das Datum nicht auf.
[510] Radio TV srf, Nachtwach, 14./15. 5.2013, vierter Anrufer.
[511] Voggenhuber 2011/2012, S. 51. Ein Beispiel, das eintraf, war eine schwere Krankheit eines Freundes: ebenda, S. 39/40.
[512] Thurston 2004, S. 234/235.

Eine Voraussage, die in Wirklichkeit nur eine Möglichkeit ist, kann natürlich falsch sein. Andy Schwab, Voggenhubers Lehrer, und das Medium Zeier Kopp beschreiben in ihren Büchern Beispiele von Voraussagen anderer Medien, die sich als falsch herausstellten.[513] Sie und Voggenhuber empfehlen daher anderen Medien, ihren Klienten keine Zukunftsprognosen anzubieten, und sie machen auch selber keine. Insbesondere Zukunftsvoraussagen mit Zeitangaben sollten skeptisch stimmen. Sie sind meistens nicht möglich, da man, wenn man überhaupt etwas Zukünftiges zu sehen bekommt, meist nur Bilder sieht, ohne dass man weiss, wann sie eintreffen werden bzw. können.

Ob es auch Medien gibt, die Bilder oder Gefühle von zukünftigen Dingen erhalten, die später *immer* eintreten, weiss ich nicht.

Wahrsagerei

Neben dem In-die-Zukunft-Sehen und Zukunftsprognosen von Medien gibt es die Wahrsagerei auf der Grundlage von Astrologie, Numerologie, Tarot-Karten usw.. Wieweit damit tatsächlich Zukünftiges vorausgesagt werden kann, kann ich nicht beurteilen, da ich mich nicht damit befasst habe.

Hand- und Gesichtslesen

Keine Hilfe aus der spirituellen Welt ist das Lesen aus der Hand oder dem Gesicht. Aus beidem kann man Persönlichkeitseigenschaften und zum Teil die psychische Verfassung eines Menschen erkennen. Dafür braucht man jedoch keine Fähigkeit zum Kontakt mit der spirituellen Welt, sondern eine entsprechende Ausbildung und Übung. Ich liess mir selber dreimal von einer Frau aus der Hand lesen, als Lebensberatung. Sie hatte vorher keine Informationen über mich erhalten. Sobald ich bei ihr war, nahm sie einen Abdruck beider Hände, verschwand dann für einige Zeit in einem Zimmer, um die Abdrücke zu analysieren, kehrte danach zurück und begann gleich mit den Mitteilungen über mich. Ich hörte einfach zu. Was sie mir über mich sagte, stimmte genau. Sie sagte mir auch, die Handlinien würden sich ständig mit dem Menschen ändern, man könne darum aufgrund der Hand die Zukunft nicht voraussagen, ausser einigen Möglichkeiten in den folgenden paar Monaten.

Heilkraft aus der spirituellen Welt

Zu dieser weiteren Art, wie wir Hilfe aus der spirituellen Welt erhalten können: siehe Kapitel 7.

Die Weiterentwicklung als Zusammenarbeit

Vieles am bisher Gesagten zeigt, dass jedes Leben das Ergebnis einer Zusammenarbeit verschiedener Seelen ist, von denen einige auf der materiellen und andere auf der spirituellen Seite der Welt sind: Bei der Vorbereitung des Lebens erhält man Beratung durch erfahrene Seelen, und während des ganzen Lebens erhält man immer wieder Hilfe aus der spirituellen Welt. Umgekehrt profitiert von den von einer Seele während ihrer Inkarnationen gemachten Erfahrungen, von ihrer Weiterentwicklung und ihren nützlichen Taten die ganze spirituelle Welt.

---

[513] Schwab 2015, S. 208-211; Zeier Kopp 2004, S. 172-174.

6. Karma, die Weiterentwicklung der Seele und das Leid auf Erden

Die Weiterentwicklung der Menschen-Seelen hängt eng mit dem Gesetz des Karmas zusammen. Darüber, was dieses genau ist und wie es unser Leben beeinflusst, bestehen jedoch sehr unterschiedliche und auch viele falsche Vorstellungen. Auch die altindischen Religionen (Hinduismus, Jainismus, Buddhismus), welche die ersten schriftlichen Äusserungen zum Thema lieferten und aus denen der Begriff "Karma" stammt, haben sehr unterschiedliche Vorstellungen darüber.

Meine Quellen zum Thema

Ich stütze mich daher bei der Frage, was "Karma" genau ist und wie es sich auf unsere Inkarnationen auswirkt, vor allem auf das, was aus den Beispielen kompetenter Rückführungen erkennbar ist. Am meisten Informationen dazu liefern die in den Werken Newtons und Whittons recht detailliert geschilderten Fälle, etwas weniger auch jene von Weiss, Demarmels und Wambach, die weniger in die Tiefe gehen. Genauso wie bei den Einblicken ins Bardo liefern die Beispiele aller dieser Rückführungsleiter/innen ein einheitliches Bild.

An einigen Stellen stütze ich mich ergänzend auf Erkenntnisse aus dem Buddhismus, dessen grundsätzliche Aussagen über das Karma dem, was aus den erwähnten Rückführungen erkennbar ist, stark gleichen.

Ein kurzer Überblick

Ich versuche zuerst, in einem Überblick zu erklären, was "Karma" ist.

Der Begriff "Karma" stammt aus dem altindischen Sanskrit und bedeutet "Tat, Handlung, Tatfolgen".

Das "Gesetz des Karmas" (oder kurz einfach "Karma") besagt, dass alles, was wir wir tun, sagen und (tiefer gehend) denken, eine (Rück-)Wirkung auf unsere Seele hat. Es ändert also unsere Seelen-Gefühle. Wobei mit "tiefer gehendem" Denken jenes Denken gemeint ist, das Gefühle und nicht rein intellektuelle Kopf-Überlegungen ausdrückt.

Das Gesetz des Karmas beginnt mit der ersten Inkarnation zu wirken. Vor der ersten Inkarnation ist die Seele in der spirituellen Welt in einem Gleichgewicht, das mit dem Willen des Gesamten übereinstimmt. Mit der ersten Inkarnation beginnt sich der Mensch von irdischen Ich-Motivationen leiten zu lassen, welche auf den individuellen Willen zurückgehen, der vom Willen des Gesamten und vom Gleichgewicht, in dem sich alles befinden sollte, abweicht. Dadurch gerät auch seine eigene Seele, mit allen anderen Seelen verbunden ist, in ein Ungleichgewicht. Damit beginnt ihr Karma. Taten, Worte und (tiefer gehende) Gedanken, durch welche die Seele sich weiter von jenem Gleichgewicht entfernt, haben ein schlechtes Karma. Taten, Worte und (tiefer gehende) Gedanken, durch welche die Seele dem Gleichgewicht wieder näher kommt, haben ein gutes Karma.

Am Ende der Inkarnationen hat die Seele ihre Ungleichgewichte überwunden und ist wieder mit sich selber und dem Gesamten in einem (durch Liebes-Ausstrahlung und Erfahrungen angereicherten) Gleichgewicht. Dann stimmt ihr individueller Wille wieder mit dem Gesamt-Willen des Systems (mit dem Gesamt-Willen der Weltseele) überein. Wenn sich die Seele zum Wohle der Welt dann noch ein paar Male inkarniert, wird das Handeln des Menschen ohne individuellen Willen und ohne individuelle Absicht in Übereinstimmung mit dem Gleichgewicht des gesamten Systems sein, er wird somit kein neues Karma mehr verursachen.[514]

Genau gesagt, ist unser Karma also die Gesamtheit der (Rück-)Wirkungen aller unserer Taten, Worte und (tiefer gehenden) Gedanken aus allen unseren bisherigen Leben (bis zum jetzigen Zeitpunkt) auf unsere Seele, soweit sie noch nicht wieder ins Gleichgewicht gebracht worden sind. Oder kürzer: Unser Karma ist die Gesamtheit aller Ungleichgewichte in unseren Seelen-Gefühlen.

Es geht beim Karma also nicht um das, was wir anderen antun, sondern um das, was wir, indem wir es anderen und uns selber antun, unserer eigenen Seele antun.

Da wir während jeder Inkarnation neue Dinge tun, sagen und denken, ändert sich unser Karma laufend während jeder Inkarnation.

Damit die Seele ihre Unvollkommenheiten (Ungleichgewichte) überwindet, werden für jede Inkarnation die in Kapitel 5 erwähnten Bedingungen und Ereignisse eingerichtet, die uns dazu veranlassen sollen, zu lernen und die Seele weiter zu entwickeln. Bestrafung bzw. Belohnung ist dabei kein Ziel. Der einzige Gesichtspunkt, nach dem jene Bedingungen und Ereignisse eingerichtet werden, ist das, was die Seele für ihre Weiterentwicklung braucht.

Es ist also *nicht* so, dass wir für gute Taten in den weiteren Inkarnationen mit materiellem Erfolg, Gesundheit und Glück belohnt und für schlechte Taten mit Unglück, Armut, Misserfolg usw. bestraft werden. Karma ist *nicht* ein Belohnungs- und Bestrafungssystem für gute und schlechte Taten, sondern ein System, das zum Lernen und zur Weiterentwicklung der Seele anregen soll und anregt, bis zur Vervollkommnung.

Die Vorstellung, dass Karma ein irdisches Bestrafungs- und Belohnungssystem sei, stammt aus dem Hinduismus, wo damit das Kastenwesen gerechtfertigt wird (für böse Taten werde man angeblich in einer niederen Kaste wiedergeboren, für gute in einer höheren). Etwas abgeändert, ohne Kastenwesen, glauben auch heute viele Leute in der westlichen Welt daran. Sie erklären dann alles menschliche Leiden, alle Kriege, Behinderungen usw. als Strafen für böse Taten in früheren Leben, und alles Glück mit guten Taten in vorangegangenen Leben. Doch im Grunde übertragen sie damit nur die jüdisch-christlich-islamische Vorstellung, wonach der Mensch nach dem Tod für die guten Taten belohnt und die bösen bestraft wird, auf die Reinkarnation. Das ist völlig falsch, aber wer es glaubt, hat eine bequeme Erklärung für alles menschliche Leid und alle Ungerechtigkeiten auf Erden. In Wirklichkeit hat das Leid auf Erden viel mannigfaltigere Ursachen.

Da Karma kein Bestrafungssystem ist, sind schädliche Handlungen auch nicht "Karma-Schulden", die man abtragen muss. Von "Schulden" redet man, wenn etwas eine Strafe nach sich zieht. Aber darum geht es beim Karma eben nicht.

Neben dem individuellen Karma gibt es auch Gruppen-Karmas und ein Karma der ganzen Menschheit[515], mit Lerngelegenheiten, welche die betreffende Gruppe (Gesellschaft, Kultur) bzw. die ganze Menschheit dazu anregen sollen, sich als ganze *Gemeinschaften* weiterzuentwickeln. Weiterentwickelt werden soll dann in erster Linie das in einer Gesellschaft vorherrschende Denken,

---

[514] Diese Information stammt aus dem Buddhismus, der sagt, dass die Boddhisattvas, die eigentlich ins Nirvana eingehen könnten, sich aber zum Wohle der Menschen weiter inkarnieren, kein Karma verursachen.
[515] Das wird bestätigt in einer Mitteilung aus der spirituellen Welt an Brian Weiss: Weiss 1997, S. 68.

das die Seelen-Gefühle der Gruppen-Mitglieder beeinflusst. Der Einzelne kann im Leben daher auch von Lerngelegenheiten getroffen werden, die für die ganze Gesellschaft oder Kultur eingerichtet wurden, der er oder sie angehört.

Im Folgenden versuche ich, einige der in diesem Überblick erwähnten Zusammenhänge etwas genauer zu erklären. Soweit nicht anders vermerkt, geht es dabei um das *individuelle* Karma.

Die (Rück-)Wirkungen auf die eigene Seele

Wie kommt es überhaupt zu den (Rück-)Wirkungen unserer Taten, Worte und (tiefer gehenden) Gedanken auf die eigene Seele? Bei den Gedanken ist es klar, dass sie sich sofort auf uns selber auswirken. Die Taten und Worte haben eine Rückwirkung auf die eigene Seele, weil alle Seelen miteinander verbunden sind. Darum spürt man spätestens im Bardo, wie sich die eigenen Handlungen auf die Seelen anderer Menschen bzw. die Seele von Tieren oder der Natur auswirkten, und das kann dann beim Handelnden zu unangenehmen Schuldgefühlen oder zu Gefühlen, das Richtige getan zu haben, führen.

Dabei hat etwas, was wir immer wieder tun, sagen oder denken, eine tiefere Wirkung als etwas, was wir nur einmal kurz tun, sagen oder denken. Und Worte, die aus dem Herzen kommen, haben eine nachhaltigere Wirkung als eine beiläufig hingeworfene Bemerkung.

Besonders stark wird die Seele von jenen Gefühlen und Gedanken geprägt, die wir unmittelbar vor und beim Tod des Körpers haben. Ein gewaltsamer und zu früher Tod kann darum mit Schreckens-Gefühlen/Gedanken verbunden sein, die das folgende Leben belasten.

Zum Gleichgewicht

Wenn das oberste Ziel der Menschen-Seele darin besteht, die innere Übereinstimmung mit dem Willen des Gesamten (das heisst mit dem harmonischen Gleichgewicht, dem sich alles befindet bzw. befinden sollte,) zu erlangen, und so auch selber im inneren Gleichgewicht zu sein, stellt sich die Frage: Wie kann man jenen Willen des Gesamten erkennen?

Bis zu einem gewissen Grad kann man ihn mit Hilfe des Verstandes erkennen. Zum Beispiel kann man damit leicht erkennen, dass zum Gleichgewicht der Natur in der materiellen Welt auch das Leid des Einzelnen gehört, denn grosse Fische fressen kleine Fische. Man kann auch leicht erkennen, dass der Mensch das Gleichgewicht der Natur auf der Erde immer stärker zerstört hat und weiter zerstört.

Doch die möglichen Rollen des Menschen im Gleichgewicht der Natur sowie das unter den Menschen mögliche Gleichgewicht kann man nicht erkennen. Denn der Mensch hat die Handlungsfreiheit. Darum und weil alles, auch das Gleichgewicht, immer im Fluss ist, kann er seine Rolle in der Welt, insbesondere sein Verhältnis zu anderen Menschen und damit das Gleichgewicht, das unter den Menschen bestehen könnte, innerhalb einer gewissen Bandbreite frei gestalten. Das Gleichgewicht ist daher im Grunde ein Weg, nicht ein feststehendes Ziel. Ein Weg, auf dem der Mensch einen gewissen, beschränkten Gestaltungsspielraum hat. Dieser Weg sollte das Ziel sein. Aber man kann ihn mit dem Verstand nicht erfassen und in Worten nicht beschreiben. Man kann allenfalls gewisse Möglichkeiten erahnen.

Ganz in Übereinstimmung mit ihm kann man nur leben, wenn man es fertig bringt, auf die eigene reine, unverfälschte Seele – man könnte auch sagen: auf die reine Intuition – zu hören, denn sie ist in

Übereinstimmung mit jenem Gleichgewicht. Sie spricht am Ende der Inkarnationen, wenn man alle Ich-Motivationen und den individuellen Willen überwunden hat.

Tao und Te

Das sich wandelnde Gleichgewicht, in dem sich alles in der Welt befindet, ist ein ewiges Naturgesetz. Es ist das, was im chinesischen Taoismus mit dem "Tao" gemeint ist. "Tao" wird auch als "Weg" übersetzt, und der Satz "der Weg ist das Ziel" findet sich auch im Taoismus. Das Tao Te King, das uralte "Buch vom Tao und vom Te", sagt schon in seinem Eröffnungssatz, dass der Mensch das Tao mit seinem Verstand nicht erfassen könne. Das "Te", wörtlich "das gerade Herz", ist das Gleichgewicht im einzelnen Menschen und seiner Seele, das wahre Seelen-Ich im Innern des Menschen. Wer es gefunden hat und danach lebt, lebt auch in Übereinstimmung mit dem Tao. Gemäss dem Tao Te King bedeutet dies, zu handeln ohne Absicht, Wünsche, Erwartung oder innere Anstrengung, ohne ins Unvermeidliche einzugreifen und ohne das Ergebnis sich selber zuzuschreiben.[516]

Wenn man chinesische und indische Begriffe kombiniert, kann man es kurz so sagen: Das Tao ist das Gleichgewicht im ganzen Universum, das Te ist das Gleichgewicht im Innern jedes Menschen, und das Karma ist das Gesetz, das uns dazu veranlassen soll, das Te zu finden und somit in Übereinstimmung mit dem Tao zu leben.

Seelen-Ungleichgewichte

Einfacher als zu sagen, was das Gleichgewicht ist, ist zu sagen, was es *nicht* ist. Rückführungen ins Bardo zeigen, was der Mensch in der jeweiligen nächsten Inkarnation lernen sollte. Sie zeigen daher die Seelen-Ungleichgewichte (Seelen-Unvollkommenheiten), die überwunden werden sollten:

- Alle Anhaftungen am irdischen Schein-Ich, zum Beispiel Arroganz, Unehrlichkeit, Ärger, Geldgier, Sucht nach Macht über Andere, Genusssucht, Rücksichtslosigkeit, Missbrauch usw..

- Alle Unterdrückungen der eigenen Seele, zum Beispiel mangelndes Selbstvertrauen, mangelndes Selbstwertgefühl oder Neigung, sich als erwachsene Person missbrauchen zu lassen usw.. Auch Stärke muss man lernen.

- Unreife Reaktionen auf ungerechte Handlungen anderer Menschen. Zum Beispiel, wenn man auf Unrecht mit Wut, Misstrauen, Hass, Ärger oder – falls man sich nicht wehren kann – mit Wut oder Hass auf sich selber reagiert. Eine fortgeschrittene Seele reagiert nicht mit negativen und somit selbstschädigenden Gefühlen auf eine Ungerechtigkeit.

- Auch alle Schuldgefühle müssen überwunden werden. Denn Schuld*gefühle* als Folge der Handlungen, mit denen man anderen Seelen schadete, gibt es sehr wohl, auch wenn es Karma-"Schulden" nicht gibt. Sie können einen normal sensiblen Menschen schlimm quälen und sind darum kaum zufällig die einzigen psychischen Probleme, die im Vater-Unser-Gebet erwähnt

---

[516] Tao Te King, Kapitel 2, letzter Teil. Der chinesische Begriff für entsprechendes Handeln wird oft mit "Nicht-Handeln" übersetzt. Das ist missverständlich, denn gemeint ist nicht, dass man passiv dasitzen und nichts tun soll, sondern dass man nicht mit Erwartungen oder Absichten, die auf den individuellen Willen zurückgehen, handeln soll.

werden, mit der Bitte um Vergebung. Sie führen dazu, dass man sich selber unbewusst bestraft und sich des Erfolges nicht für wert hält, und hemmen daher die Entwicklung der Seele.

Auch objektiv *ungerechtfertigte* Schuldgefühle müssen überwunden werden, denn sie wirken sich für die eigene Seele genauso schädlich aus wie alle Schuldgefühle. Ungerechtfertigt sind Schuldgefühle wegen Dingen, für die man nicht verantwortlich ist, zum Beispiel wegen eines Unfalls, für den man nichts konnte, oder weil man *gezwungen* war, etwas zu tun, worunter Menschen, Tiere oder die Natur litten. Vor allem sensiblere Seele neigen dazu, auch dann Schuldgefühle zu haben, wenn sie objektiv nicht gerechtfertigt sind. Sie haben es daher auf Erden schwerer. Andererseits erleben sie oft auch die schönen Dinge intensiver als die Dickhäutigen. Und da die Inkarnationen in Gruppen erfolgen, erhalten sie von anderen Seelen mehr Schutz.[517]

Die vollständige Eigenverantwortung

Für die Überwindung aller Seelen-Ungleichgewichte ist man immer vollständig selber verantwortlich. Ausreden nach dem Muster: "Aber ich hatte eine schwere Kindheit", "Andere haben es auch getan" usw. gelten in der spirituellen Welt nicht. Sie erleichtern das Verständnis, aber sie befreien von keiner Selbst-Verantwortung. Diese gilt für alle Menschen, die in der Lage sind, etwas zu lernen und sich weiterzuentwickeln. Sie beginnt daher überraschend früh im Leben, anscheinend ab dem Alter von etwa 6-7 Jahren, also jener Zeit, in der das Kind beginnt, stärker vom Verstand bestimmt zu werden.

Das früheste Beispiel in den Fällen Newtons ist ein Mann, der als Schulbub im vorangegangenen Leben andere, weniger aggressive Kinder schlug und mit Steinen nach ihnen warf. Dass die Wurzel dieses Tuns in der Angst vor dem eigenen Vater gelegen hatte, half im Bardo als Entschuldigung nicht. Die Seele bereute ihre Taten bitter und beschloss, im folgenden Leben Mitgefühl zu lernen.[518]

Der Aufschub der Überwindung eines Seelen-Ungleichgewichtes

Die Überwindung einer Seelen-Unvollkommenheit kann während mehrerer Inkarnationen aufgeschoben werden. Die Seele erinnert sich jedoch immer und hat die Neigung, das zu tun, was ihr bekannt ist. Solange man eine Seelen-Unvollkommenheit nicht überwunden hat, werden daher Verhaltensmuster in verschiedenen Leben oft wiederholt. So kann sich eine Neigung zu Gewalt[519], zu Eifersucht, zu Machtmissbrauch usw. in mehreren Leben wiederholen. Trotzdem kann es Sinn machen, die Lösung eines Problems aufzuschieben, wenn man sich noch nicht stark oder reif genug fühlt, sich ihm zu stellen. Man kann dann warten, bis einem die in weiteren Leben gemachten Erfahrungen die Stärke oder Reife dafür geben. Irgendwann muss man sich jedoch mit jedem Seelen-Ungleichgewicht auseinander setzen.[520] Verjährung gibt es in der spirituellen Welt nicht. Und wenn man sich einmal vorgenommen hat, die Lösung eines bestimmten Problems zum Lebensprogramm zu machen, dann muss man so lange daran arbeiten, bis man es gelöst hat, unter Umständen in mehreren Inkarnationen. Wobei offenbar die Regel gilt: Wenn man scheiterte, erhält man dasselbe Problem im folgenden Leben auf schlimmere Art, damit der Druck, es zu lösen, stärker wird.

---

[517] Newton 1996, S. 135.
[518] Newton 2000, S. 167/168.
[519] Beispiel: Demarmels 2009, S. 139-141.
[520] Beispiel eines Karma-Problems, das erst ein paar Jahrtausende nach der Entstehung angegangen wurde: Newton 1996, S. 237/238.

Manchmal sind auch von Anfang an zwei oder mehr Leben vorgesehen für die Bewältigung eines Lernthemas.[521]

Zusammenhänge zwischen dem Karma und dem Lernprogramm für ein bestimmtes Leben

Da der Mensch in seinen vielen Inkarnationen alle Seelen-Ungleichgewichte beseitigen muss, haben die Menschen ganz unterschiedliche, sogar gegensätzliche Lernziele für eine einzelne Inkarnation. Es gibt Menschen, die lernen müssen, sich durchzusetzen[522] und/oder die Wahrheit zu sagen[523], neben anderen, die lernen müssen, ihr Ego hintanzustellen und demütig zu sein[524], zu vergeben usw.. Häufige Lernprogramme sind das Lernen der Liebe und des Umgangs damit und das Lernen von Mitgefühl.[525]

Nicht nur die Lernziele für ein bestimmtes Leben können sehr unterschiedlich sein. Die zum Erreichen der Lernziele eingerichteten Lern-Gelegenheiten können auch auf sehr verschiedene Weise mit den eigenen (selbst-)schädigenden Handlungen zusammenhängen:

- Eine Möglichkeit (- aber nur eine von vielen -) ist, dass man spiegelbildlich das oder fast das erleiden muss, was man in einem früheren Leben jemand anderem zufügte. Das sieht dann wie eine Strafe nach dem Grundsatz "Auge um Auge, Zahn um Zahn" aus, aber der Zweck ist nicht die Bestrafung, sondern das Lernen durch Empathie: Indem einem selber das angetan wird, was man jemand anderem antat, soll man spüren, wie er/sie sich fühlte. Das soll einem veranlassen, die Ich-Motivation, die zur Tat führte, zu beseitigen, sodass man es in Zukunft nicht mehr tut.[526]

  Dieses spiegelbildliche Erleben der eigenen Tat ist also keine Karma-Strafe, aber sie ist ein Beispiel für "Karma-Kompensation". Karma-Kompensation gibt es auch bei Dingen, die nicht mit schädlichen Handlungen zusammenhängen, nur zum Erleben der anderen Seite. Dies ist nötig für die Herstellung eines Seelen-Gleichgewichtes, das bei einseitigem Erleben nicht vorhanden ist. So muss zum Beispiel jemand, der sich am liebsten im einen Geschlecht inkarniert, auch einmal das andere erleben, und jemand, der immer nur geben und helfen möchte, muss irgendwann auch die Rolle des Hilfsbedürftigen erleben, vielleicht sogar im gleichen Leben.
  Ein anderes Beispiel: Jemand wollte in einem früheren Leben die weitestgehende Freiheit erleben und erhielt dafür den starken und robusten Körper eines umherziehenden Wikinger-Kriegers. Um auch das Gegenteil jener körperlichen Freiheit zu erleben, inkarnierte sich jene Seele Jahrhunderte später, im 19. Jh., als eine behinderte, ein Leben lang ans Bett gebundene Frau.[527]
  Karma-Kompensation bedeutet nicht, dass jede Seele in ihren Inkarnationen alles erleben muss, was man auf Erden erleben kann. Die Wege zur Erlösung sind unterschiedlich. Karma-Kompensation bedeutet nur, dass man eine grosse Chance hat, irgendwann das Gegenteil von dem zu erfahren, was man mit einseitiger Betonung erlebte.

---

[521] Beispiel: Whitton 1986, S. 182-197.
[522] Beispiele: Wambach 1979, S. 82; Weiss 1993, S. 86.
[523] Beispiele: Weiss 1993, S. 57 und 66.
[524] Beispiele: ebenda, S. 84; Newton 1996, S. 374; Whitton 1986, S. 109.
[525] Beispiele: Wambach 1979, S. 86-88.
[526] Ein weiteres Beispiel: Newton 2000, S. 61.
[527] Newton 1996, S. 224-229.

- Es kann auch sein, dass man etwas *anderes* (nicht Spiegelbildliches) erleiden muss, was dieselben Gefühle in einem auslöst wie das, was man einst jemandem zufügte. Das Ziel ist dasselbe: Weiterentwicklung durch Empathie.

- Es ist auch möglich, dass man durch genau das Umgekehrte wie Karma-Kompensation etwas lernen soll: Es ist möglich, dass man eine sehr ähnliche Situation in einem weiteren Leben in *derselben* Rolle wieder erlebt, doch diesmal als Gelegenheit, sich anders zu verhalten als in einem früheren Leben. Ein Beispiel: Eine Frau, die nach eigenem Gefühl ihre behinderte Tochter in einem früheren Leben nicht genügend beschützte, arbeitet im jetzigen Leben beruflich mit behinderten Kindern.[528]

Die Lerngelegenheiten werden immer dem einzelnen Fall angepasst, folgen darum keiner für den Menschen erkennbaren Gesetzmässigkeit und sind somit für uns hier auf Erden nicht voraussagbar. Dass alle unsere Handlungen, Worte und (tiefer gehenden) Gedanken eine (Rück-)Wirkung auf unsere Seele haben, ist ein Gesetz, doch zu was für Lernsituationen sie führen, wie sie also unsere weiteren Inkarnationen genau beeinflussen, kann der Mensch nicht voraussagen. Nur zwei Dinge haben, soweit ich sehe, alle Lerngelegenheiten gemeinsam: Die vollständige und alleinige Selbstverantwortung, und der Grundsatz: Du erhältst ein Problem, damit du an dir arbeitest.

Mit wem man die Seele weiterentwickelt

Man lernt am ehesten in der Auseinandersetzung mit anderen Menschen. Dabei spielt es offenbar manchmal keine Rolle, mit wem man beim Lernen zu tun hat, aber andere Themen müssen wir mit jenem Menschen klären, mit dem sie in einem anderen Leben entstanden. Da uns in verschiedenen Leben immer wieder Menschen aus derselben Seelen-Gruppe nahestehen, ergeben sich vor allem in den Beziehungen mit ihnen solche Probleme, die zusammen mit ihnen überwunden werden müssen.

Einige Beispiele zum Zusammenhang zwischen dem Karma und der Weiterentwicklung der Seele

In den Büchern von Newton[529], Demarmels[530], Weiss und Whitton finden sich Beispiele für den Zusammenhang zwischen dem Karma und den für ein Leben arrangierten Lern-Gelegenheiten. Am ergiebigsten behandelt Whitton das Thema, es steht im Mittelpunkt seines Buches.

Ich fasse im Folgenden einige der Beispiele aus jenen Büchern zusammen. Wo nicht anders vermerkt, stammen sie aus dem Buch von Whitton:

- Ein Mann, der im jetzigen Leben ein sehr friedlicher Mensch ist, tötete in zwei früheren Leben seine Partnerin. Zum ersten Mal im christlichen Mittelalter als Folge eines allgemein aggressiven Verhaltens, welches die Folge einer lieblosen Kindheit war. Beim zweiten Mal geschah es unabsichtlich durch Brutalität beim ersten Geschlechtsverkehr, die Folge sexueller Schuldgefühle wegen christlich-religiösem Fundamentalismus. Während der Rückführungen verzweifelte er zunächst fast, weil er den Eindruck erhielt, dass er mit jedem Leben weitere Karma-Probleme anhäufte.
  Dann sah er das dem jetzigen unmittelbar vorangegangene Leben: Darin war er eine Frau, die in eine religiös besonders fundamentalistische Familie hineingeboren wurde. Sie wurde dort – als

---

[528] Whitton 1986, S. 215-238.
[529] Newton 1996, S. 151-153 und 221-245.
[530] Demarmels 2009, S. 123-176.

Ergebnis der mit religiösem Fundamentalismus immer verbundenen väterlichen Herrschaft über die Familie – vom Vater sexuell missbraucht, was sie wiederum in die Prostitution, aber auch vom religiösen Fundamentalismus weg führte. Durch dieses Leben war der bisherige religiöse Fundamentalismus mit seiner Strenge gegenüber den Menschen überwunden, und die aus ihm folgenden sexuellen Verletzungen wurden spiegelbildlich in der Opferrolle der Frau erlebt, wodurch die Neigung zum Missbrauch ebenfalls überwunden wurde.

Im gegenwärtigen Leben inkarniert sich die betreffende Seele wieder als Mann. Er hat sich (bei der Vorbereitung des Lebens im Bardo) vorgenommen, die Tötung der ersten Partnerin gutzumachen. Dazu hat er erneut dieselben Seelen als lieblose Eltern und dieselbe Seele als Partnerin wie damals. Aber er ist diesmal nett zu ihr. Das Problem ist damit (dank anderem Verhalten bei der Wiederholung derselben Situation) überwunden. Die Entwicklung der Seele hat somit in diesem und im vorangegangenen Leben einen grossen Fortschritt gemacht.[531]

In diesem Beispiel lernt die Seele auf zwei gegensätzliche Arten, Aspekte ihrer Unvollkommenheit, die sich zweimal in derselben Tat (Tötung der Partnerin) zeigten, zu beseitigen, einmal durch Karma-Kompensation (Erleiden von Missbrauch und religiösem Fundamentalismus als Opfer), dann durch Wiederholung derselben Situation als neuer Chance.

- Eine Frau war im vorangegangenen Leben ebenfalls eine Frau. Das vor der Geburt vorbereitete Programm für jenes Leben sah für sie eine grosse Karriere als begabte Musikerin vor. Sie begann diese auch, aber dann verfiel sie in der Welt des Glamours dem Alkohol, beging Ehebruch und hatte schliesslich mit dem Geliebten einen Autounfall mit bleibenden Schäden und nahm sich darum schliesslich das Leben. Das Abgleiten in den Alkohol und dessen Folgen waren im Lebensprogramm nicht vorgesehen und beruhten darauf, dass die Frau ihr Leben zu wenig jenem Talent widmete, mit dem sie der Welt hätte am nützlichsten sein können, nämlich der Musik. Der tiefere Grund lag in einem schlechten Selbstwertgefühl als Folge einer lieblosen Kindheit. Daher erhielt sie im folgenden, gegenwärtigen Leben, in dem sie wieder eine künstlerische Begabung hat, noch lieblosere Eltern. Das schlechte Selbstwertgefühl zeigte sich diesmal auch körperlich, in Allergien. Das veranlasste die Frau zu einer Therapie, dank welcher sie sich mit der Ursache erfolgreich auseinandersetzte. Das Seelen-Ungleichgewicht wurde damit überwunden, das Lebensprogramm erfolgreich bewältigt.[532]

Das Beispiel zeigt, wie ein Leben gegenüber dem, was geplant war, entgleisen kann, und wie einer Seele ein Problem auf schlimmere Art erneut gegeben wird, wenn es im vorangegangenen Leben nicht überwunden wurde, es zeigt aber auch, wie gerade dies zur Lösung führen kann.

- Eine Frau verurteilte in einem früheren Leben als Maya-Richterin gerne Menschen wegen nichtiger Delikte zum Tod. Das Problem war mangelndes Mitgefühl. Die Lösung hat sie sich für das laufende Leben vorgenommen: Ihr Mann stirbt bei einem Flugzeugabsturz und lässt sie mit drei Kindern zurück, damit sie lernt, wie es ist, wenn ein geliebter Mensch stirbt. Daraus soll sie Mitgefühl entwickeln.[533]

In diesem Beispiel war der Tod durch einen Unfall geplant, im vorangegangenen war der Unfall nicht geplant. Das bestätigt: Wir können nicht wissen, ob ein tragisches Ereignis geplant war oder

---

[531] Whitton 1986, S. 135-144.
[532] Ebenda, S. 145-64.
[533] Ebenda, S. 108.

nicht. Auch zeigt dieses Beispiel, dass es sein kann, dass jemand früh stirbt oder leidet, damit jemand *anders* (hier seine Frau) daraus etwas lernt.

- Ein Mann war in einem früheren Leben als römischer Soldat bei der Niederwerfung eines Aufstandes der Juden besonders brutal. Er tötete Gefangene, indem er sie halb im Sand vergrub und dann mit dem Pferd auf ihnen herumtrampelte. Im gegenwärtigen Leben tut er dafür als Chirurg das Gegenteil: Er setzt Knochen zusammen. Zusätzlich erleidet er als Jude gewisse Diskriminierungen.[534]

  In diesem Beispiel werden Tötungen durch eine Lebens-erhaltende Aufgabe kompensiert, und Hass auf eine bestimmte Menschengruppe wird damit kompensiert, dass man selber in einer späteren Inkarnation jener Gruppe angehört und deswegen Ablehnung erlebt.

- Ein Beispiel von Brian Weiss:

  Eine Pflegefachfrau litt an vagen Gefühlen, wertlos zu sein, und fand bis Mitte Dreissig keinen Mann. Die Rückführung zeigte, dass sie sich in einem früheren Leben als weisse Siedler-Frau zusammen mit ihrem Baby vor den angreifenden Indianern verstecken musste. Sie sah auch, dass das Baby am Rücken ein Muttermal hatte. Da das Baby schrie, hielt sie ihm den Mund zu, sodass es, völlig unbeabsichtigt, erstickte. Deswegen bekam sie tiefe Schuldgefühle, wahrscheinlich die Ursache der jetzigen Gefühle von Wertlosigkeit.

  Nach der Rückführung behandelte diese Frau "zufällig" einen Asthma-Patienten, zu dem sie sofort eine (erwiderte) Anziehung spürte und der auf dem Rücken an genau derselben Stelle wie das Baby in jener Rückführung ein Muttermal mit genau derselben Form hat. Das Zeichen ist klar: Die Seele des Babies hat der Frau vergeben und hat sich erneut inkarniert, um den beiden erneut die Gelegenheit zu einer Liebesbeziehung zu geben. Die beiden sind heute verheiratet, die Schuldgefühle der Frau überwunden.[535]

  In diesem Beispiel wird ein aus einem früheren Leben stammendes Schuldgefühl durch eine erneute Gelegenheit zu einer Liebes-Beziehung aufgelöst.

  Nebenbei: Das Asthma des Mannes wurde höchst wahrscheinlich durch den traumatischen Erstickungstod im früheren Leben verursacht. Und dass ein Muttermal in zwei aufeinander folgenden Inkarnationen an genau derselben Stelle erscheinen kann, bestätigen auch Erinnerungen von Kleinkindern an ihr früheres Leben.[536] Das kann die Glaubwürdigkeit der Rückführung nur erhöhen.

- Ein Beispiel von Demarmels:

  Eine Frau tötete im vorangegangenen Leben als Mann die Ehefrau, weil er seine Freundin heiraten wollte, tarnte den Mord aber als Unfall. Im Bardo musste er aber eingestehen, dass der Unfall in Wirklichkeit Absicht war, und er bereute die Tat. Für das laufende Leben hat sich die Seele vorgenommen, zu lernen, Achtung vor dem Leben anderer Menschen zu haben und nicht mehr selber Schicksal spielen zu wollen. Dazu bekommt sie als junge Frau multiple Sklerose. Die Krankheit soll sie lehren, demütig zu sein und das Schicksal anzunehmen.[537]

---

[534] Ebenda. Ein ähnliches Beispiel findet sich in den Rückführungen von Brian Weiss: Weiss 1997, S. 16.
[535] Weiss 2000, S. 82-85.
[536] Beispiel: Tucker 2006/2009, S. 130.
[537] Demarmels 2009, S. 168-170.

Die schwere Krankheit ist hier nicht eine Strafe für den Mord, sondern ein Mittel, damit die Seele die tiefere Ursache, die zur Mordtat führte, beseitigt und sich so weiter entwickelt.

Es gibt auch bei Newton einen Fall, wo eine schwere Krankheit (dort ist es ALS) eines jungen Menschen arrangiert war, damit er lerne, demütig zu sein. Er hatte zwar keinen Mord oder Ähnliches begangen, hatte aber eine Neigung zum Übermut und hatte darum bisher zu wenig an die Auswirkungen seiner Handlungen auf die Gefühle anderer Menschen gedacht.[538]

Die meisten der angeführten Beispiele beinhalten ziemlich drastische Lebensprobleme. Es ist aber zu berücksichtigen, dass es in allen von Whitton und Weiss stammenden Beispielen um Menschen geht, die sich einer Rückführung unterzogen, um schwere aktuelle psychische Probleme zu lösen. Es sind daher keine Durchschnitts-Beispiele. Doch gerade darum zeigen sie den Zusammenhang zwischen dem Karma und den für ein Leben arrangierten Lern-Gelegenheiten besonders deutlich. Üblicher sind aber weniger spektakuläre Inkarnationen. Man kann die Seele auch in einfacheren Leben weiterentwickeln.

Karma noch im gleichen Leben

Lern- und Entwicklungsgelegenheiten, manchmal in der Form der Karma-Kompensation, können ab und zu noch im gleichen Leben eintreten, in dem das Seelen-Ungleichgewicht sichtbar wurde. Es kann vorkommen, dass uns genau das passiert, was wir früher im Leben, vielleicht auf etwas andere Weise, jemandem zufügten, oder dass wir jemanden auslachen, und dann passiert uns dasselbe usw..

Auch die Beobachtung, wonach einem eine Lebensaufgabe auf schlimmere Art erneut gestellt wird, wenn man sie nicht löst, kann man manchmal noch im gleichen Leben machen: Wenn sich ein Lebensthema stellt und man es einfach verdrängt, ohne daran zu arbeiten, kann man erwarten, dass es sich irgendwann schon im laufenden Leben auf unangenehmere Weise erneut aufdrängt.

Karma und irdische Gerechtigkeit

Die oben angeführten Beispiele zeigen deutliche Ungleichbehandlungen: Der eine kompensiert einen absichtlichen Massenmord durch eine Tätigkeit als Chirurg, der andere stirbt jung an ALS, weil er aus Übermut die Gefühle anderer Menschen übergangen hatte. Das zeigt: Karma ist nicht nur kein Bestrafungssystem. Es ist überhaupt kein System, das irdische Gerechtigkeit schaffen soll, sondern ein System, das die Seele zur Weiterentwicklung veranlassen soll. Man erhält darum nicht das, was man nach irdischem Verständnis *verdient* hat, sondern das, was man zur Weiterentwicklung der eigenen Seele *braucht*. Was in der materiellen Welt geschieht, ist aus der Sicht der spirituellen Welt nur ein Mittel, von dem die Seele und damit die spirituelle Welt profitieren sollen.

Karma ist somit kein Ersatz für unsere irdische Rechts- und Gerichts- oder Wirtschafts- und Sozialordnung. Es wirkt zum Nutzen der Seelen und damit der *spirituellen* Welt. Wenn die Menschen *irdische* Gerechtigkeit wollen, müssen sie daher hier auf Erden selber etwas tun dafür.

Allerdings gehört es zur Weiterentwicklung der Seele, dass man lernt, andere Menschen fair zu behandeln. Da die Lerngelegenheiten dazu anregen sollen, trägt das Karma indirekt doch zu gerechteren Beziehungen unter den Menschen und zu gerechteren menschlichen Gesellschaften bei. Doch das eigentliche Ziel ist dabei immer die Weiterentwicklung der Seele.

---

[538] Newton 2000, S. 374-376.

Warum gibt es das Leid auf Erden?

Die spirituelle Welt soll durch die Weiterentwicklung der Seelen vervollkommnet werden. Die materielle Welt ist dagegen nicht nur nicht vollkommen, sie ist auch nicht auf Vervollkommnung angelegt. Das Leid gehört zum irdischen Leben, auch zu jenem der Menschen, damit sie dazu veranlasst werden, etwas an sich zu ändern. Darum war in der Geschichte der Menschheit das Leid meistens der Normalzustand, wobei das schlimmste Leid den Menschen von anderen Menschen zugefügt wurde. Auch heute herrscht es in vielen Teilen der Welt vor. In der westlichen Welt haben wir dagegen seit dem Zweiten Weltkrieg eine lange Zeit des Friedens und des Wohlstandes erlebt, aber das ist, über die ganze Geschichte der Menschheit gesehen, eine Ausnahme, die vielleicht bald vorbei ist.

Obwohl das Leid grundsätzlich zum Leben auf Erden gehört, stellt der Mensch im konkreten Fall gerne die Frage: Warum genau kommt es zu diesem und jenem Leiden? Und warum ist das Leid so ungleich verteilt? Wobei einem diese Frage viel stärker beschäftigt, wenn man selber Opfer ist und Ungerechtigkeiten erleidet.

Ich versuche daher im Folgenden, mögliche Ursachen für Probleme, Unglücke, Katastrophen-Ereignisse usw., die uns treffen, zusammenzustellen. Dabei hat es auch Wiederholungen:

- Probleme können mit unserer Zustimmung für dieses Leben arrangiert worden sein, damit wir etwas lernen und unsere Seele weiterentwickeln, oder damit unser Leben in die beabsichtigte Richtung, zum Beispiel zur beabsichtigten Nützlichkeits-Aufgabe, gelenkt wird.

- Die Seelen lernen im Verbund. Es kann daher auch sein, dass eine Seele ein Leiden, eine angeborene Behinderung und/oder einen frühen Tod auf sich nimmt, damit *andere,* zum Beispiel die Familienmitglieder, etwas daraus lernen. Namentlich hat der frühe Tod eines Kindes durch eine Krankheit, wie in Kapitel 5 schon erklärt, meist mit der Lern-Aufgabe der Eltern und nicht mit jener des Kindes zu tun.

- Es kann auch sein, dass man eine schwere Krankheit bekommt oder einen schweren Unfall hat, weil man in *diesem* Leben *ungeplant* etwas falsch machte, zum Beispiel (bei einem Unfall) unaufmerksam war oder (bei einer chronischen Krankheit) zu wenig in Übereinstimmung mit den Bedürfnissen des eigenen Körpers und/oder der eigenen Seele lebte. In solchen Fällen ist das Leid die Folge von Fehlern in diesem Leben, nicht eine Strafe für Böses.

- Da es auch Gruppen-Karmas und ein Karma der ganzen Menschheit gibt, kann der einzelne (mit oder ohne Wissen bei der Vorbereitung des Lebens, verdient oder unverdient) auch von Leid, Problemen, Unglücken getroffen werden, die als Lerngelegenheiten für die ganze Gesellschaft oder Kultur, der er oder sie angehört, oder für die ganze Menschheit eingerichtet wurden.

- Aufgrund der Handlungsfreiheit der Menschen kann man auch unverdient, das heisst ohne Ursache aus den bisherigen Leben, von ungerechten und ungeplanten Handlungen anderer Menschen, zum Beispiel einem Verbrechen oder einem Krieg, getroffen werden. Die eigene Stärke und Klugheit entscheidet dann, ob dies beim Opfer zu neuen Seelen-Ungleichgewichten, das heisst zu neuem schlechtem Karma, führt und die nächsten Leben belastet.

Ich vermute, dass gerade in Kriegen solches unverdientes Leiden sehr verbreitet ist. Kriege überziehen höchst wahrscheinlich unzählige Menschen ungeplant mit unverdientem Elend und Tod.

Ein Beispiel aus den Rückführungen Newtons: Eine Seele inkarnierte sich zum ersten Mal im 13. Jh. und wurde als Mädchen im Alter von 6 Jahren in einem Krieg von feindlichen Soldaten umgebracht, was sie aber bei der Vorbereitung des Lebens nicht gesehen hatte.[539] Diese Tötung kann nicht die Folge eigenen Verhaltens im laufenden oder in früheren Leben gewesen sein, es war ja eben das erste Leben, und das Mädchen wurde als kleines Kind getötet.

Das Schlimmste geschieht ebenfalls in Kriegen: Soldaten werden im Krieg nicht nur gezwungen, sich in jungen Jahren für ihre Gruppe zu opfern, sondern auch, zu töten. Die meisten wollen das nicht, auch auf der Seite der Angreifer nicht. Der Zwang zum Töten ist das Schlimmste, was man einem Menschen antun kann, noch schlimmer als der Zwang, Opfer zu sein. Denn das Töten verursacht bei normal sensiblen Menschen schwerste neue Schuldgefühle, die in den weiteren Leben wieder abgetragen werden müssen. Andererseits braucht es Soldaten, denn Kriege sind manchmal nötig zur Überwindung des Bösen. Sonst müssten wir heute unter faschistischer oder kommunistischer Gewalt-Herrschaft leben.

Unverdientes Opfer- oder Täter-Sein zeigt meiner Meinung nach, dass es auch Leiden gibt, weil sich der Einzelne einem ganzen System unterordnen muss, welches ganz allgemein das Leid auf Erden als Anstoss zum Lernen und Sich-Entwickeln beinhaltet, namentlich als Anstoss, um Mitgefühl zu entwickeln. Alles Erlebte, auch unverdientes und ungeplantes Leid, ist eine Erfahrung, aus dem die Opfer oder andere etwas lernen können.

Manchmal muss daher der Einzelne leiden, weil seine/ihre Interessen hier in der materiellen Welt zu gering sind und das grosse Ganze Vorrang hat. Mit dem grossen Ganzen ist eben die Weiterentwicklung der spirituellen Welt gemeint. Sie ist das eigentliche Ziel, und sie ist eine Gemeinschaftsaufgabe aller sich auf Erden inkarnierender Seelen, und die ganze materielle Welt ist nur das Vehikel dazu. Das irdische Leid kann daher auch willkürlich, ohne Gerechtigkeit für den Einzelnen, über einem hereinbrechen und es kann zuweilen auch brutal sein, zum Beispiel, wenn man in jungen Jahren sterben muss, bevor man die vorgesehene Lebensaufgabe hat vollbringen können und ohne dass man auf den Tod vorbereitet war. Das Tao Te King sagt das so: "Für Himmel und Erde sind die Menschen stroherne Opferhunde."[540]

Der Einzelne auf Erden ist allerdings nur gegenüber dem Ganzen klein und unwichtig. Für einen anderen einzelnen Menschen bzw. eine andere einzelne Seele kann er dagegen der Grösste und das Wichtigste sein, und von ihm/ihr Liebe bekommen. Das kann ein Ausgleich für alles Leid sein. So sagt die oben erwähnte Seele, die als 6jähriges Mädchen im Krieg umgebracht worden war, sie habe in jenem kurzen ersten Leben auf Erden auch die Liebe als etwas Wunderbares erfahren. Gemeint war die Geschwisterliebe zu ihrem Bruder.

Auch kann jeder aus der spirituellen Welt Unterstützung erhalten, wie ich am Ende von Kapitel 5 schrieb. Doch über solche Unterstützung entscheidet die spirituelle Welt, der Mensch kann nur darum bitten. Gegenüber dem Himmel hat der einzelne Mensch Pflichten, aber keine Rechte.

---

[539] Newton 1996, S. 124/125.
[540] Tao Te King, Anfang des Kapitels 5.

Kurz zusammengefasst: Jeder Stein, den wir werfen und der andere Menschen trifft, wird irgendwann auf uns selber zurückfallen. Allerdings nicht unbedingt spiegelbildlich. Nur so, dass wir etwas lernen. Aber bei weitem nicht jeder Stein, der auf uns fällt, ist einer, den wir einst selber warfen. Alles ist aber immer auch eine Erfahrung und eine Lerngelegenheit.

Äusserungen von Wünschen, mit denen man Anderen schaden möchte

Bei der Tatsache, dass jeder Stein, den wir werfen, eines Tages in irgendeiner Weise auf uns selber zurückfallen wird, ist zu berücksichtigen: Solche Steine können nicht nur physische Handlungen sein, sondern auch Worte, vor allem Worte, mit denen wir jemandem absichtlich schaden wollen. Man sollte daher nie gegen andere Menschen oder Tiere Wünsche äussern, es möge ihnen etwas Schädliches geschehen. Äusserungen böser Wünsche werden irgendwann in irgendeiner Weise auf ihren Urheber selber zurückfallen.

Die Folgen nützlicher Taten

Von nützlichen Taten und Worten und guten Gedanken profitiert man hingegen. Allerdings führen sie nicht zu äusserem Glück und Erfolg in der folgenden Inkarnation. Ein erfolgreich bewältigtes Leben sowie nützliche Taten fördern die Entwicklung der Seele und damit das innere Glück. Es bedeutet aber nicht, dass man im nächsten irdischen Leben Millionär werden oder eine tolle Karriere machen wird. Eine herausgehobene gesellschaftliche Stellung auf Erden oder Erfolg auf Erden mit Geld, Reichtum, Macht usw. haben nichts mit einem guten Karma zu tun. Macht, Geld und Reichtum sind viel eher Gelegenheiten und Versuchungen als Belohnungen. Gelegenheiten, für andere Seelen (Menschen, Tiere, Natur) besonders viel Nützliches zu tun, und Versuchungen zum Gegenteil.

Man kann allerdings auch im laufenden Leben von eigenen nützlichen Taten profitieren, indem einem andere Menschen etwas zurückgeben dafür. Es gibt aber keine Garantie dafür. Und wenn etwas zurückkommt, kommt es nicht unbedingt von jener Person, für die man etwas tat, sondern oft von anderen Personen, die davon wissen.

Man kann das Karma nicht kennen

Die unterschiedlichen Leidensursachen sowie die sehr verschiedenartigen Arrangements für die Überwindung einer Seelen-Unvollkommenheit zeigen auch: Niemand kann die tieferen Gründe erkennen, weswegen jemand Opfer eines Unglücks, Krieges oder Verbrechens wird und jemand anders nicht. Am ehesten können wir etwas über unser eigenes Leben erkennen, sofern wir uns einer Rückführung unterziehen. Auch können uns karma-artige Lerngelegenheiten (auch in der Form scheinbarer Strafen) auffallen, welche jemand für Dinge erfährt, die er/sie im gleichen Leben anderen antat. Aber darüber hinaus können wir das Karma nicht kennen. Daher sollten wir nie zu einem Behinderten oder zu einem Opfer eines Krieges oder Verbrechens oder zu Menschen in Armut sagen, er oder sie leide wegen einer eigenen schädlichen Tat aus früheren Leben. Es gibt noch viele andere Gründe, die eine Behinderung oder ein anderes Leiden erklären könnten, und wir wissen nicht, welcher der richtige ist. Ein Opfer zu beschuldigen, sein Leiden sei eine Strafe für böse Taten in einem früheren Leben, ist daher sehr unfair. Wer das sagt, beweist damit nur eines: Dass er/sie nicht weiss, was Karma ist.

Tiere, Pflanzen, Natur und Karma

Sind auch die Seelen der Tiere, der Pflanzen und der übrigen Natur dem Gesetz des Karmas unterworfen?

Die Seelen der allermeisten Tiere, der Pflanzen, Felsen, Berge, Flüsse usw. sind Teilaspekte von Gruppen-Seelen und entwickeln darum bei der Erfüllung ihrer Aufgabe auf Erden keinen individuellen Willen, der vom Willen des Gesamten abweicht. Tiere, Pflanzen usw. möchten genau jene Aufgabe erfüllen, die ihnen im Gleichgewicht der Natur zugewiesen ist. Darum haben sie meiner Meinung nach kein Karma, das zu überwinden wäre, denn Karma ist ja die Gesamtheit aller vom Gleichgewicht *abweichenden* Seelen-Gefühle.

Dass sich Pflanzen- und Tierseelen trotzdem dank den auf Erden gemachten Erfahrungen allmählich weiter entwickeln, aber eben als Gruppenseelen, und sich vermutlich infolge dessen auf Erden als ganze Arten höher entwickeln, habe ich in Kapitel 3 schon geschrieben. Es kann sein, dass als Folge davon einige der am höchsten entwickelten Tierarten bereits einen individuellen Willen ausgebildet haben oder daran sind, einen auszubilden. Gemäss den Mitteilungen, welche Tanis Helliwell von einem Naturwesen erhält, ist das bei den Delphinen und Walen der Fall.[541] Solche Tierarten müssten dann meiner Vermutung nach auch beginnen, Individualseelen mit einem die Inkarnationen überdauernden Ich zu prägen, welches dann dem Gesetz des Karmas unterliegen würde.

Transmigration

Damit kann man auch besser die Frage beantworten, ob es Transmigration gibt. Als „Transmigration" (oder griechisch: „Metempsychosis") bezeichnet man die Wiedergeburt von Mensch zu Tier oder umgekehrt. Newton fand unter seinen vielen Klienten kein Beispiel dafür.[542] Wenn Tierseelen Aspekte von Gruppenseelen sind, ist es auch kaum möglich, dass sie sich zwischendrin plötzlich in einem Menschenkörper inkarnieren. Sie wären mit der ungewohnten Selbstentwicklungsaufgabe überfordert. Das Umgekehrte – das heisst eine Menschenseele, die sich ausnahmsweise in einem Tier inkarniert – wäre eher denkbar, und es gibt dies gemäss Ursula Demarmels in Ausnahmefällen auch.[543] Auch Gordon Smith berichtet von einem Hund, den er einst hatte und bei dem man dies vermuten kann: Seine Emotionen seien mehr menschlich als tierisch gewesen, und er sei an einer Form von Leukämie gestorben, die es sonst nur bei Menschen gebe.[544] Das ist kein Beweis, dass er eine Menschenseele hatte, aber ein gewisser Hinweis. Eine Reinkarnation als Tier dürfte kaum als dauerhafter Wechsel der Menschenseele in die zu ihr nicht passende Tierwelt gedacht sein, sondern nur als kurzer Abstecher, um zu erfahren, wie die Welt aus der Sicht eines Tieres aussieht. Wahrscheinlich kommen dafür am ehesten Körper von höher entwickelten Tieren in Frage, eben zum Beispiel von Hunden.

Gemäss Robert Monroe kommt es zudem manchmal vor, dass sich Seelen zuerst in Tieren inkarnieren und sich dann zu Inkarnationen in den anspruchsvolleren menschlichen Körpern

---

[541] Zunächst vermittelt ihr der Leprechaun ein Bild, dass Helliwell als Delfin versteht (Helliwell 1997/2011, S. 14). Dass auch Wale gemeint sind, geht aus einem späteren Buch Helliwells hervor, dass ich in der Literaturliste nicht aufgeführt habe (Tanis Helliwell: Hybrids. So You Think You Are Human? Wayshower Enterprises: ohne Ort 2015: S. 75-89).

[542] Newton 2000, S. 203 und 299.

[543] Demarmels 2009, S. 95.

[544] Smith 2003, S. 91.

emporarbeiten.[545] Das wäre dann ein dauerhafter Wechsel in den andersartigen Körper. Monroe sagt nicht, bei was für Tierarten es dies gebe. Am ehesten vorstellbar scheint es mir bei den oben erwähnten hoch entwickelten Tieren zu sein, die bereits einen individuellen Willen und daher womöglich auch eine individuelle Seele haben. Unplausibel ist eine solche Höherentwicklung nicht, denn Menschenseelen müssen sich ja einst auch in den tierischen Vorfahren der heutigen Menschen inkarniert haben.

Es gibt allerdings Leute, vor allem ausgesprochene Tierliebhaber/innen, die sagen, Transmigration im Sinne eines Hin und Hers zwischen Menschen- und Tierkörpern sei üblich und nicht die Ausnahme. Doch die von ihnen berichteten Beobachtungen überzeugen aus meiner Sicht nicht.[546]

Gruppen-Karma

Wie gesagt, sind die Menschen auch als Gruppen, Gesellschaften und Kulturen und als ganze Menschheit dem Gesetz des Karmas unterworfen. Denn ganze Gesellschaften und Kulturen und die Menschheit sollen sich auch *als Gemeinschaften* weiterentwickeln. Sicher erkennen kann man ihr Karma nicht. Man kann darüber sowie über die daraus folgenden Lerngelegenheiten, die manchmal wie Strafen aussehen, jedoch durch die Betrachtung der Geschichte Vermutungen anstellen.

Zwei mögliche Beispiele, die Überlegungen von mir sind:

* Zu Aids:
  Es fällt auf, dass Aids die Schwulen genau zu jener Zeit traf, als die westliche Gesellschaft als Folge der Aufwertung und Gleichstellung der Frau erstmals bereit war, sich mit der Jahrtausende alten Benachteiligung und Abwertung der Homosexualität auseinanderzusetzen und sie zu überwinden. Aids war der Anlass, der diese Entwicklung auslöste, weil Aids-Prävention nur möglich war, wenn offen über das vorher völlig tabuisierte Thema gesprochen wurde. Aids traf die Schwulen also genau zur "richtigen" Zeit. Das scheint mir etwas zuviel des "Zufalls" zu sein. Es sieht so aus, als ob Aids für die ganze Gesellschaft und auch für die Schwulen selber als Lerngelegenheit gedacht war, die genau in jenem Moment geschickt wurde, als die westliche Welt dafür bereit war. Dass die Krankheit für viele Schwule, auch junge, zu einem vorzeitigen und entwürdigenden Tod führte, war in dieser Sicht nicht eine Strafe für irgend etwas, sondern ein Zeichen, dass die Interessen des Einzelnen vor jener der Gruppe zurückstehen mussten.

* Zum Verhältnis zwischen China und dem Westen:
  Im 19. Jh. zwangen die europäischen Kolonialmächte das innerlich schwache und zerstrittene China zu wirtschaftlich ungleichen Handelsverträgen, gemäss welchen China westliche Güter billig importieren musste. Heute geschieht das Umgekehrte: China nützt die Aufnahme in die

---

[545] Monroe 1994, S. 166.

[546] Dass Transmigration verbreitet sei, schreibt zum Beispiel Penelope Smith, die erwähnte Pionierin der Gedanken-Kommunikation mit Tieren. Sie gewinnt diese Information, indem sie in der Gedankensprache die Tiere fragt. Zum Beispiel sieht sie einen Jaguar im Käfig und fragt ihn, warum er leide. Er antwortet ihr in Bildern, er habe im vorangegangenen Leben als Mensch Jaguare gewildert (Penelope Smith 1978/2008, S. 177. Allgemein über Transmigration: S. 173-179).
Wenn dies stimmen würde, würde es bedeuten, dass die Tiere über die Reinkarnation und ihr eigenes früheres Leben Bescheid wissen. Das halte ich für sehr unwahrscheinlich. Darum nehme ich an, dass Penelope Smith bei ihren Informationen über die Transmigration eigene Vorstellungen mit der angeblichen Antwort der Tiere vermischt hat.

Welthandelsorganisation zu ungleichen Handelsbeziehungen aus, um billig in die westlichen Staaten exportieren zu können. Verletzungen des Patentrechtes helfen dabei, doch die westlichen Staaten sind unfähig, geeint dagegen vorzugehen.

Das wäre ein Beispiel für spiegelbildliches Erleben von Unrecht, das man anderen zufügte, wie es das auch in der individuellen Seelenentwicklung gibt.

Zum Karma der Menschheit und der Frage: Wie wird die Menschheit enden?

Das Karma der Menschheit mit den darauf beruhenden Lerngelegenheiten soll die Menschheit wahrscheinlich dazu bewegen, sich als Ganzes weiter zu entwickeln in die Richtung, die ich im Kapitel 4 im Abschnitt über die Ethik beschrieb. Sie könnte sich dadurch in das Gleichgewicht der Natur neu einfügen. Etliche bisherige Errungenschaften bergen Chancen in dieser Richtung: Rechtsordnungen statt Faustrecht; medizinische Fortschritte; in der westlichen Welt mehr menschliche Selbstbestimmung, die für die eigenständige Entwicklung der Seele zentral ist usw..

Doch die menschliche Besitz-, Raub- und Machtgier hat sich bei all dem nicht verändert. Sie ist nur umgepolt worden: Früher wurde sie durch die Versklavung anderer Menschen und Kriege befriedigt, heute durch die Versklavung der Natur und Krieg gegen sie. Womit der Mensch fleissig daran ist, seine eigenen Lebensgrundlagen zu zerstören. Damit zeigt sich dasselbe wie im Leben jedes Einzelnen: Die Gier nach den Verlockungen der materiellen Welt ist letztlich selbstzerstörerisch.

Ein Ende dieser Entwicklung ist nicht in Sicht, denn wenn der Mensch ein bestimmtes Mass an Wohlstand und Rechten erreicht hat, ist er nicht zufrieden, sondern will noch mehr. So streben auch die reichsten Länder nach einem ständigen weiteren Wachstum der Wirtschaft und der Bevölkerungszahl. Dabei gibt es schon jetzt viel zu viele Menschen auf der Erde. Wenn alle wirtschaftlichen und sozialen Menschenrechte für alle Menschen erfüllt würden, würde die Erde in kurzer Zeit kollabieren.

Der Mensch weiss eigentlich, dass es zur Katastrophe kommen muss, wenn er so weiter macht, aber er handelt nicht danach, weil seine individuellen Interessen stärker sind. Die freiwillige Unterordnung unter das Interesse der Gesamtheit (inklusive zukünftige Generationen) – eine Errungenschaft sehr fortgeschrittener Seelen – fehlt den meisten.

Es gab in der Vergangenheit etliche Kulturen, welche durch Raubbau an der Natur ihre eigene Lebensgrundlage untergruben. Die Reaktionen darauf waren unterschiedlich: Die Maya und die Bewohner der Osterinsel begannen, statt die Ursachen anzugehen, einander gegenseitig in Kriegen zu zerstören, bis sie mit stark verminderter Bevölkerungszahl in der Bedeutungslosigkeit versanken. Japan führte dagegen bereits im 17. und 18. Jh. einen umfangreichen Waldschutz ein und sicherte sich so eine Zukunft. Dies war aber nur möglich, weil eine starke Regierung bestand, welche die Interessen der Allgemeinheit und der Zukunft gegenüber den individuellen Interessen der zeitgenössischen Bewohner durchsetzte. Eine solche Weltregierung fehlt zur Zeit. So ist zu befürchten, dass die Menschen einander früher oder später gegenseitig umbringen werden, wenn die Rohstoffe nicht mehr für alle reichen (wenn sie einander nicht schon vorher aus anderen Gründen gegenseitig umgebracht haben). Die Selbstzerstörung wäre dann die Konsequenz der Zerstörung und Ausplünderung der Natur, letztlich aber die Konsequenz der menschlichen Unfähigkeit, die eigene Raubgier zu überwinden.

Doch der Mensch kann nie sicher sein, wie es weitergehen wird. Sicher ist nur: *Irgendwann* wird das Ende der Menschheit *irgendwie* kommen. Falls es durch Selbstzerstörung kommt, sieht es zunächst aus, als sei die Menschheit total gescheitert. Doch von der spirituellen Seite aus gesehen wäre es nicht ganz so schlimm:

- Genauso wie der Zweck eines einzelnen Lebens nicht in einem möglichst langen Leben besteht, genauso besteht auch der Zweck der Menschheit auf Erden nicht darin, möglichst lange zu existieren, sondern darin, Vehikel zu sein für die Verbesserung der spirituellen Seite des Universums. Oder wie ich weiter oben schrieb: Der Weg ist das Ziel. Und dieses Ziel hätte die Menschheit auch dann erreicht, wenn sie sich selber zerstört. Denn während ihrer Existenz hätten sich viele Einzelseelen verbessert und damit einen kleinen Beitrag an die Vervollkommung der Weltseele geleistet.

  Die Möglichkeit des Untergangs der Menschheit ist daher kein Grund, sich keine Mühe mehr bei der Aufgabe zu geben, die man hier auf Erden hat. Ganz im Gegenteil. Luther sagte dies so: „Wenn morgen die Welt untergeht, pflanze ich heute noch ein Apfelbäumchen". Man müsste in diesem Satz nur die „Welt" durch die „Menschheit" ersetzen, denn die Welt mit all ihren Sternen und Galaxien und anderen Planeten wird nicht untergehen, wenn sich die Menschheit zerstört.

- Wenn sich die Menschheit selbst zerstört, könnten jene Seelen, die sich noch nicht fertig entwickelt hätten, dies auf einem anderen Planeten tun.

  Vielleicht gäbe es auch eine andere Möglichkeit: Wie die Berichte über Atlantis vermuten oder spekulieren lassen, könnte es auch sein, dass sich die Menschen-Seelen in Zyklen in sich entwickelnden Körpern auf Erden inkarnieren. Wenn es so ist, könnte aus den Trümmern der Menschheit auf der Erde wieder eine neue Menschheit entstehen, in deren neuartigen Körpern sich wieder dieselben Seelen inkarnieren könnten, in der Hoffnung, aus den Fehlern der vorangegangenen Menschheit gelernt zu haben und es diesmal besser zu machen.

  Vielleicht ist daher ein Menschenzeitalter für die Gesamtheit der Menschen-Seelen das, was ein einzelnes Leben für eine einzelne Seele ist: eine Lern-Prüfung.

Man kann sich auch fragen, wozu eine Vollendung der Entwicklung der Menschheit in positiver Richtung führen würde. Was wäre, wenn plötzlich alle Menschen bescheiden und friedlich würden und sich in das Gleichgewicht der Natur einfügen würden? Möglich wäre das nur, wenn sie rechtzeitig ihre Seelenentwicklung gewaltig beschleunigen und sich damit innerlich vervollkommnen würden (was wohl eher unwahrscheinlich ist). Dann wäre die Menschheit gerettet, aber die weitere Inkarnation der meisten Menschen wäre nicht mehr nötig. Die Menschen könnten gerade dann, wenn sie sich perfekt auf der Erde eingerichtet hätten, diese verlassen, weil sie sie als Lern-Ort nicht mehr bräuchten.

7. Bezüge zwischen Gesundheit/Krankheit und der spirituellen Welt; Geistheilung

In diesem Kapitel geht es um einige Bezüge zwischen Gesundheit/Krankheit, der spirituellen Welt bzw. der Seele und der Reinkarnation.

Psychische Probleme und Reinkarnation

Ein paar Überlegungen zu psychischen Problemen:

- Nicht möglich ist es, ein psychisches Leiden von den Eltern oder anderen Vorfahren genetisch zu erben. Denn von den Eltern haben wir nur den Körper, nicht aber die Psyche. Unsere Psyche war schon vorhanden, bevor sie in den von den Eltern gezeugten Körper ging. Die Eltern spielen allerdings eine grosse Rolle für uns als Vorbilder. Über das Vorbild können wir (müssen aber nicht) elterliche Verhaltensmuster übernehmen, welche zu denselben psychischen Problemen führen können wie bei den Eltern. Wir können zum Beispiel von den Eltern lernen, dass man Probleme verdrängt oder im Alkohol zu ersäufen versucht usw..

- Viele psychische Leiden kommen davon her, dass man etwas an die materielle Welt Gebundenes unbedingt will (zum Beispiel eine gute Prüfungs-Note) bzw. unbedingt nicht will (zum Beispiel Ausgelacht-Werden oder den Verlust des Jobs). So entstehen die meisten Ängste, denn Ängste sind die andere Seite des individuellen Willens. Je mehr man etwas will oder verhindern will, desto mehr hat man Angst, dass es anders kommt. Ängste können auch zu Ursachen lähmender Depressionen werden, wenn man glaubt, etwas unbedingt tun zu müssen, aber gleichzeitig das Gefühl hat, unfähig zu sein dazu. Auch Burnout ist die Folge eines zu stark an den Dingen der materiellen Welt verhafteten Willens, denn es entsteht, weil man zuviel arbeiten will oder denkt, man müsse soviel arbeiten.

  Die Ursprünge vieler seelischer Probleme liegen also beim individuellen Willen und dem darauf beruhenden Denken, mit dem man an den wahren Bedürfnissen der Seele vorbei lebt, worunter diese leidet und das mit einer Störung zeigt. Krankmachend bzw. falsch ist nicht die Seele, sondern der individuelle Wille. Um das Problem wegzubringen, muss man darum den individuellen Willen und das von ihm kommende Denken ändern. So sollte man, um Ängste abzubauen, die Möglichkeit des Scheiterns innerlich annehmen. Wer zum Beispiel Angst vor dem Reden vor Publikum hat, sollte sich sagen: Es ist nicht so schlimm, wenn die Leute sehen, wie ich mich verspreche, sie sind selber auch nicht perfekt. Um so umzudenken, muss man eigene Schwächen annehmen und sich auf den wahren Wert des Menschen besinnen, was zur Weiterentwicklung der Seele beiträgt.

Ängste und andere psychische Leiden sind somit auch ein Wegweiser, in welche Richtung wir unser Denken und unsere Seele weiter entwickeln sollten.

Als Mittel gegen Ängste nicht empfehlen würde ich dagegen das sogenannte „positive Denken" im Sinne von Sich-Einreden, dass man das, was man unbedingt will, schon erreichen werde (,,Du wirst schon eine gute Note machen"). Denn damit verstärkt man die Wurzel des Problems, nämlich den auf die Befriedigung von Zielen der materiellen Welt ausgerichteten individuellen Willen, nur. Deswegen überrascht es auch nicht, dass das positive Denken meiner Erfahrung nach im entscheidenden Moment nicht oder nicht viel hilft. (Positives Denken im Sinne von Vertrauen in die eigenen Fähigkeiten hilft hingegen schon.)

- Ein unerklärbarer Weltschmerz oder eine unerklärbare Todessehnsucht könnten möglicherweise auf eine unbewusste Erinnerung der Seele an den Zustand zwischen den Inkarnationen zurückzuführen sein, als wir zwar ohne alle körperlichen Genüsse waren, aber auch ohne Krankheiten und Kriege. Besonders sensible Seelen mögen im Vergleich dazu die Erde als schrecklich empfinden, und die unbewusste Erinnerung an jene andere Seite der Welt mag in einigen vielleicht eine Sehnsucht auslösen, dorthin zurückzukehren.

Eine weitere Art von Spuk und Poltergeist-Phänomenen

Im Kapitel 3 erwähnte ich (meist nächtliche) Spuk- und Poltergeist-Phänomene, die von verlorenen Seelen verursacht werden und an den Ort gebunden sind, wo diese nach dem Tod des Körpers stecken geblieben sind. Daneben gibt es ähnliche Phänomene, die an gewisse Menschen gebunden sind und daher überall dort auftreten können, wo sich diese befinden, auch tagsüber. Sie sind zwar sehr selten, wurden aber auch schon von unabhängigen Beobachtern bezeugt: Gegenstände heben sich plötzlich in die Luft und senken sich wieder; Bücher fallen ohne physikalischen Grund immer wieder aus dem Regal; Teller oder sogar Messer, die im betreffenden Haus nicht bekannt sind, sind plötzlich da und bewegen sich durch die Luft, als ob eine unsichtbare Hand (eben ein "Poltergeist") am Werk wäre. Wenn solches geschieht, dann meist nicht nur einmal, sondern wiederholt.[547] Dass dabei jemand verletzt worden wäre, habe ich nicht gelesen.

Ursache sind unterdrückte starke Gefühle in jenen Menschen, zum Beispiel unterdrückte Sexualität bei Jugendlichen, unterdrückte Aggressionen, unterdrückte Unzufriedenheit oder Schuldgefühle[548]. Die Ereignisse sind also ein Spiegelbild der inneren Verfassung jener Menschen, die sie auslösen, gleichzeitig auch Fälle von unbewusster und unbeabsichtigter Psychokinese und manchmal (dort, wo Gegenstände erscheinen, die im betreffenden Haushalt nicht vorhanden sind,) sogar auch von unbewussten Materialisierungen. Dies sieht auch Deutschlands bekanntester Erforscher aussergewöhnlicher Phänomene, Walter von Lucadou, als Ursache. Er ist der Leiter der Parapsychologischen Beratungsstelle in Freiburg im Breisgau, die sich wissenschaftlich um die Erforschung solcher Phänomene bemüht, und beschreibt auch ein eindrückliches Beispiel.[549] Allerdings kann er nicht erklären, *wie oder warum* unterdrückte Gefühle bestimmter Menschen zu jenen Phänomenen führen.[550] Er kann das nicht, weil er streng wissenschaftlich denkt und deswegen keine Einflüsse aus der spirituellen Welt in Betracht zieht. Doch solche Einflüsse dürften beteiligt sein. Die betreffenden Menschen unterdrücken nicht nur etwas, sie sind vermutlich auch sehr offen gegenüber der spirituellen Welt. Diese ist in den der materiellen Welt am nächsten stehenden Bewusstseinsebenen subjektiv (individuell) geprägt, also ein Spiegel der Seele der betreffenden Menschen. Deswegen erhält man von dort, was man aussendet, und das dürfte die besonderen Phänomene verursachen.

Diese verschwinden, wenn jene Menschen die Ursachen beseitigen.

---

547 Beispiele: Smith 2004, S. 87-104.
548 Ein Beispiel, wo der Grund in unterdrückten Schuldgefühlen lag: Whitton 1986, S. 215-238.
549 von Lucadou 1997, S. 56-59.
550 Ebenda, S. 59.

Dazu ein Beispiel: Eine blinde junge Frau (die in Kapitel 8 erwähnte Michaela Fetovski) nimmt vieles wahr, was die meisten Menschen nicht sehen können, zum Beispiel sieht sie Dinge voraus, die dann eintreten. Auch Poltergeist-Phänomene gab es in ihrer Umgebung (Tische, die sich von selber verschoben; Türen, die sich von selber öffneten; Elektrogeräte, die sich von selber ein- und ausschalteten). Die Umgebung schickte sie in psychiatrische Kliniken. Als sie bei einem Psychiater auf Verständnis stiess, hörten die Poltergeist-Phänomene auf. Sie waren offensichtlich durch eine unterdrückte Unzufriedenheit über das Unverständnis der Umgebung gegenüber ihren besonderen Fähigkeiten ausgelöst worden.[551]

Dass eine besondere Offenheit gegenüber der spirituellen Welt an jenen Poltergeist-Phänomenen beteiligt war, sieht man auch dort, wo sie beim Verschwinden durch einen anderen Kontakt mit der spirituellen Welt ersetzt werden konnten. So berichtet Whitton von einer Klientin, welche lernte, die unbewusste und unbeabsichtigte durch eine *bewusst gelenkte* Psychokinese zu ersetzen.[552] Etwas anders der bekannte britische Geistheiler Matthew Manning: Poltergeist-Phänomene traten in seiner Jugend immer dort auf, wo er war.[553] Eines Tages merkte er, dass sein Kanal zur spirituellen Welt auch für Sinnvolleres genutzt werden konnte,[554] und dass wenn er sich gedanklich darauf einstellte, jenes Sinnvollere stattfand und dafür die Poltergeist-Phänomene verschwanden. So ersetzte er sie schliesslich durch die Übertragung der geistigen Heilkraft (dazu siehe unten), und wurde zum bekannten und erfolgreichen Heiler.[555]

Wenn Leute meinen, von Spuk und Poltergeist heimgesucht zu werden, hat die Sache allerdings oft auch eine einfache physikalische Erklärung ohne Einbezug der anderen Seite unserer Wirklichkeit. Aber eben nicht ganz immer.

Körperliche Krankheiten und Seele

Nicht nur psychische Störungen, auch körperliche Krankheiten, vor allem chronische, können die Folge davon sein, dass man an den Bedürfnissen der Seele und/oder des Körpers vorbeilebt. Die körperlichen Symptome sind dann ein Zeichen des Leidens von Seele und Körper und machen somit spürbar, was am Leben falsch ist. Sie sind damit ein Wegweiser, in welche Richtung man sich ändern sollte. Viele altbekannte Redewendungen fassen den Zusammenhang zwischen Krankheitsbild und Ursache kurz zusammen: „Die Liebe geht durch den Magen", „das stösst mir sauer auf" (bei übersäuertem Magen), „die Angst sitzt mir im Nacken" (bei Nackenschmerzen), „das geht mir an die Nieren" (wenn einem etwas besonders tief trifft), „was ist dir über die Leber gekrochen?" (wenn man beleidigt ist), „da kommt mir die Galle hoch" (bei Ärger), „das kann ich nicht verdauen" usw..

Es gibt Ärzte und Heiler/innen und auch Laien, die davon ausgehen, dass *jede* Krankheit durch ein falsches Leben verursacht wurde und durch entsprechende Änderungen des Lebens und des Denkens mit einer eigenen Willensentscheidung weggebracht werden kann. Solche Leute glauben an die vollständige Willensfreiheit, also daran, dass der Mensch alles Denken und damit auch die Gefühle nach dem eigenen Willen ändern könne. Wenn jemand nicht gesund wird, sagen sie dann: „Das ist, weil du nichts an dir änderst, und ändern tust du nichts, weil du nicht gesund werden *willst*." An

---

[551] Puhle 2016, S. 105.
[552] Whitton 1986, S. 234.
[553] Manning 1999/2003, S. 5-32.
[554] Ebenda, S. 33.
[555] Ebenda, ab S. 133.

solchen Aussagen kann in einigen Fällen etwas Wahres sein, aber die Verallgemeinerung auf alle Krankheiten in allen Stadien ist falsch und darum gegenüber vielen Kranken unfair. Es gibt noch viele andere mögliche Gründe, weswegen jemand nicht gesund wird, und wir wissen meistens nicht, welcher der richtige ist:

- Wie ich in Kapitel 5 schrieb: Der Mensch kann nur seine Handlungen frei bestimmen. Seine Gefühle kann er zwar durch Umdenken beeinflussen, aber nur innerhalb eines bestimmten Rahmens. Denn nicht alles, was man mit dem Verstand einsieht, geht ins Gefühl über. So kann es auch sein, dass jemand mit dem Verstand sieht, was er/sie an sich ändern sollte, es aber mit den Gefühlen nicht *kann*.

- Nicht jede Krankheit entsteht als Antwort auf ein falsches Leben. Krankheiten, auch chronische, können auch vom Körper ausgehen. Ein Beispiel ist Krebs, der aus nicht verheilenden Verwundungen entstehen kann. Das können *seelische oder körperliche* Wunden sein. Und die meisten Infektionskrankheiten, zum Beispiel Tropenkrankheiten, gehen vom Körper aus.

- Unabhängig davon, warum sie entstanden sind, können sich Krankheiten auch irgendwann körperlich verselbstständigen, das heisst: Es kann sein, dass sie von einem bestimmten Punkt an durch Änderungen des Lebens und der Lebenseinstellung nicht oder kaum mehr beeinflusst werden können.

- Die Grenzen, die bei der Vorbereitung des gegenwärtigen Lebens zwecks Ausgleich eines Seelen-Ungleichgewichtes gesetzt wurden, können nicht geändert oder aufgehoben werden. Das heisst: Eine Krankheit, die man aus diesem Grund hat, kann erst dann geheilt werden, wenn der beabsichtigte Karma-Lernzweck erreicht ist. Wenn dieser vorsah, dass man die betreffende Krankheit ein Leben lang hat oder dass man daran stirbt, kann sie nicht geheilt werden. Nur kann man kaum wissen, ob man eine Krankheit oder ein Gebrechen karma-bedingt hat.

Neben der Bedeutung als Hinweis auf Fehler im bisherigen Leben kann jede Krankheit auch den Zweck haben, das Leben in eine Richtung zu lenken, die bei der Vorbereitung im Bardo möglicherweise beabsichtigt war. Auch Unfälle können diese Wirkung haben. Auf diese Bedeutung der Krankheit bzw. des Unfalls kommt man, indem man sich fragt: „Welche für mein Leben nützlichen Erkenntnisse oder Veränderungen hätte ich *nicht*, wenn ich die Krankheit/den Unfall nicht hätte?" Wer zum Beispiel wegen einer Krankheit oder eines Unfalls fast gestorben wäre, mag sich bewusster als andere Menschen werden, dass er/sie diesen Körper nicht ewig haben wird und dass er oder sie daher jetzt und nicht später das tun sollte, was ihm/ihr wirklich wichtig ist.

Alzheimer

Bei Alzheimer wird gesagt, die Krankheit zerstöre das Ich. Das stimmt nur teilweise. Die vom Gehirn ausgehenden kognitiven Fähigkeiten werden abgebaut und verschwinden. Damit verschwindet aber nur das vom Kopf stammende Schein-Ich. Das wahre Seelen-Ich ist unzerstörbar.

Es folgen nun einige Kapitel zu Heilmethoden, die mit der spirituellen Welt zu tun haben.

Heilung durch Rückführungen

Zu Rückführungen zwecks Heilung: Wie erwähnt, sind in den meisten Fällen Rückführungen nicht nötig für die Kenntnis und Lösung der Probleme, mit denen man sich in der laufenden Inkarnation auseinandersetzen sollte, da sie im laufenden Leben erneut angelegt sind, damit wir uns ihnen zuwenden. Doch in gewissen Fällen scheinen sie sogar der einzige Weg zur Heilung zu sein.

Allzu häufig sind solche Fälle wohl nicht. Aber wenn es um einen solchen Fall geht, dann können Rückführungen in die auslösenden Erlebnisse (in einer bis mehreren Sitzungen) zu erstaunlichen Verbesserungen oder gar vollständigen Heilungen führen, manchmal ohne begleitende Beratung oder Therapie, manchmal in Begleitung einer solchen. Entsprechende Heilungen beschrieben in ihren Büchern als erste die in den Kapiteln 2 und 4 erwähnten Psychiater Joel Whitton und Brian Weiss.[556] Wambach schreibt von derselben Heilungs-Erfahrung einiger Teilnehmerinnen und Teilnehmer ihrer Gruppen-Rückführungen, und zwar ganz ohne Therapie, denn eine solche ist bei Gruppen-Rückführungen nicht das Ziel und nicht möglich.[557]

Insbesondere unerklärbare Ängste, unerklärbare Schmerzen oder Asthma können auf traumatische Erlebnisse in früheren Leben, namentlich einen gewaltsamen Tod, zurückgehen.

Einige Beispiele, die meisten aus den Büchern von Brian Weiss:

- Jemand hatte seit frühester Kindheit starke Klaustrophobie (panische Angt vor dem Eingeschlossen-Werden in Räumen). In einer Rückführung sah die Person: Ich wurde als Sklavin im Alten Ägypten einem toten Pharao mit ins Grab gegeben. Darauf verschwand die Klaustrophobie.[558]
- Eine Frau konnte keine geschlossenen Hemden oder Krägen tragen. In den Rückführungen zeigte sich, dass sie in einem früheren Leben guillotiniert wurde. Darauf verschwand das Problem.[559]
- Eine Frau litt an schwerem Asthma und entdeckte in den Rückführungen, dass sie in einem früheren Leben durch Ersticken starb (sie wurde durch Verbrennen hingerichtet). Danach verschwand das Leiden ziemlich rasch.[560]
- In mehreren Fällen von unerklärbaren Schmerzen zeigte sich in den Rückführungen, dass der Betreffende in einem früheren Leben auf dem Schlachtfeld durch eine Verwundung starb, die ihm genau an der jetzt schmerzenden Körperstelle zugefügt worden war,[561] oder dass er an der betreffenden Stelle verletzt wurde, mit dauerhafter Behinderung.[562] In allen Fällen verschwanden die Schmerzen nach der Rückführung dauerhaft.

---

[556] Zusammenfassend beschrieben wird das Thema in Weiss' Buch "Through Time into Healing" (Weiss 1993), mit vielen Beispielen (S. 66/67, 87-89, 96-100, 101-104, 105-107). Ein einzelnes eindrückliches Beispiel beschreibt Weiss in seinem Bestseller "Many Lives, Many Masters" (Weiss 1988). Weitere, sehr detailliert geschilderte Beispiele: Whitton 1986, S. 121-248.

[557] Wambach 1978, S. 194.

[558] Weiss 2000, S. 40.

[559] Weiss 1993, S. 99.

[560] Beispiel: Weiss 1993, S. 69.

[561] Ein solches Beispiel ist der in Kapitel 2 erwähnte erste Rückführungspatient von Michael Newton. Ein weiteres Beispiel: Weiss 1993, S. 68.

[562] So in einem weiteren Beispiel bei Newton: Newton 1996, S. 229.

Esssucht, bei der alle gängigen Therapien versagen, kann nach Brian Weiss' Erfahrungen auf Hunger oder sexuellen Missbrauch in einem früheren Leben zurückgehen. Die Seele möchte dann, dass man sich eine Reserve anisst bzw. nicht attraktiv ist, damit sich die traumatische Erfahrung nicht wiederholt.[563]

Weswegen Rückführungen zu den Ursachen eines Problems manchmal *dermassen rasch* heilend wirken, weiss man nicht. Eine mögliche Erklärung ist, dass das erneute Durchleben traumatischer Erlebnisse während der Rückführung heilend wirkt.[564] Auch Traumata, die aus der Zeit im Mutterleib stammen (wegen seelischer Turbulenzen der Mutter während der Schwangerschaft[565]), können durch das erneute Durchleben während Rückführungen geheilt oder stark verbessert werden, wie zahlreiche Beispiele zeigen.[566] Eine andere Erklärung ist, dass man das Problem gehen lassen kann, weil man erlebt hat, dass es aus einem anderen Leben stammt. Es ist aber auch möglich, dass die Rückführung ins Bardo, die bei Weiss und Whitton zur Behandlung gehört, einen wesentlichen Anteil an der Heilung hat.[567] Denn sie gibt dem Leben und dem Leiden einen tieferen Sinn und lässt einem erleben, dass es nach dem Tod des Körpers weitergeht. Das lindert oder beseitigt allgemein viele Ängste. Auch für Menschen ohne schlimme Störungen haben Rückführungen in frühere Leben *mit Rückführung ins Bardo* eine sehr positive Wirkung.[568]

Heilmagnetismus, auch genannt „Geistheilung"

Heilung kann es auch durch eine aus der spirituellen Seite unserer Welt stammende Heilkraft geben, die mehr kann als alle anderen Heilmethoden. Sie war den Menschen schon immer und überall bekannt: In China wird sie „qi", in Japan „ki", in Indien „prana" genannt, und auch Jesus hat mit ihrer Hilfe geheilt. Eine moderne Bezeichnung ist „Bioenergie" oder „Lebenskraft". Oft nennt man Heilungen durch sie auch „Geistheilung". Von der westlichen „wissenschaftlichen" Schulmedizin wurde sie lange Zeit als unseriös verdrängt und bekämpft und wird dies zum Teil heute noch. Der in Paris wirkende Arzt Franz Anton Mesmer (1734-1815) konnte sie selber vermitteln und versuchte sie daher im 18. Jh. wieder salonfähig zu machen, allerdings vergebens. Er prägte für sie den wissenschaftlich tönenden Begriff „(Heil-)Magnetismus", weil er dachte, sie sei eine ähnliche Kraft wie der Erdmagnetismus, da man beide Kräfte nicht sieht und nur anhand ihrer Wirkung nachweisen kann. Er unterschied dann zwischen dem Erdmagnetismus und dem heilenden „animalischen Magnetismus", wobei er mit Letzterem nicht „Tiermagnetismus", sondern „Seelenmagnetismus" meinte (von lateinisch „anima" = Seele).

Da die geistige Seite unserer Wirklichkeit überall und mitten unter uns ist, ist auch diese Heilkraft immer und überall vorhanden. Die meisten Menschen können sie aber nicht direkt anzapfen. Doch einige können durch Konzentration als Kanäle wirken und sie damit in stärkerem oder weniger

---

[563] Weiss 1988, S. 219; Beispiele mit Missbrauch: Weiss 1993, S. 115-117, 117/118.

[564] So Whitton 1986, S. 141, und Weiss 2000, S. 40/41.

[565] Rückführungen in die Zeit im Mutterleib zeigen: Die Seele des Ungeborenen sieht, hört und spürt alles. Sie nimmt die Umgebung vom Beginn der Verbindung mit dem Körper des Fötus an wahr und wird daher von Problemen der Mutter mit-belastet. Psychische Probleme des Kindes können darauf zurückzuführen sein und auch bis ins Erwachsenenalter andauern. Ein Beispiel: Radio TV srf, Sendung "Nachtwach", 13./14. 2017, erste Anruferin.

[566] Weiss 2000, S. 46-50.

[567] Weiss 1993, S. 59.

[568] Ebenda, S. 135-139 und 159; Ursula Demarmels hat über die positive Wirkung ihrer Rückführungen, die ebenfalls das Bardo mitumfassen, ein ganzes Buch geschrieben (Demarmels 2009).

starkem Masse an andere Menschen vermitteln. Sich selber können sie hingegen in der Regel nicht heilen damit (es gibt Ausnahmen, einige können es). Wie für alle medialen Fähigkeiten, braucht man für die Fähigkeit zur Vermittlung dieser Heilkraft eine Begabung, welche man fördern oder einschlafen lassen kann. Oft wird sie durch ein einschneidendes Ereignis geweckt, zum Beispiel die Krankheit eines nahestehenden Menschen, den man überraschend heilt.

Menschen, welche diese Heilkraft vermitteln, werden als „Geistheiler/innen" oder „Magnetopathen"/„Magnetopathinnen" bezeichnet. Seriöse Geistheiler/Magnetopathen sagen selber, sie vermittelten diese Heilkraft nur, sie komme nicht von ihnen. Sie kann durch Handauflegen, aber auch auf Distanz wirken. Wobei die meisten Heiler/innen ihre eigene Methode haben. Zum Beispiel gibt es Heiler/innen, die ihre Hand leicht über den Patienten halten und ihn nicht berühren. Bei Fernheilungen brauchen die einen Heiler/innen ein Foto, andere die Stimme (am Telefon), andere beides oder andere Angaben. Fernheilung bieten allerdings nicht alle Geistheiler/innen an, weil sie mehr Anstrengung (Konzentration) erfordert. Die Wirkung auf Distanz ist deswegen möglich, weil in der spirituellen Welt, aus der diese Heilkraft kommt, Distanzen keine Rolle spielen. Man ist dort, wo man mit den Gedanken ist, wie in den Träumen.

Da die geistige Welt immer auch im Menschen drin ist, ist diese Heil- oder Lebenskraft immer auch im Menschen. Eine Vermittlung von aussen ist daher eine gesundheitsfördernde Verstärkung. Man kann die Heilkraft behelfsmässig mit dem Kraftstoff vergleichen, der ein Auto antreibt. Das Auto wäre dann der Patient, der Motor seine Seele und der Tankwart der Geistheiler. Indem das Auto frischen Kraftstoff erhält, läuft es wieder, genauso wie die Seele eines Patienten, der von der Heilkraft erhält, gestärkt wird, wodurch auch der Körper wieder gesünder wird.[569]

Es gibt Leute, die behaupten, es sei nicht diese Heilkraft, die heile, sondern der Glaube daran. Das heisst, sie wirke nur dank Placebo-Effekt. Das stimmt nicht: Es gibt sehr viele Berichte über Babies und Tiere, die durch diese Heilkraft Heilung oder Verbesserungen erfuhren,[570] und auch Berichte über Komapatienten, die durch sie aus dem Koma geweckt und geheilt wurden.[571] In allen diesen Fällen konnte man den Betroffenen nicht mitteilen, dass überhaupt ein Heilungsversuch im Gange war, sie wussten es nicht, also entfällt die Möglichkeit der Placebo-Wirkung. Auch eine Wirkung der Heilkraft auf Wasser, auch auf Distanz, wurde schon durch Versuche nachgewiesen.[572]

Geistheiler/innen gab und gibt es auf der ganzen Welt, zu allen Zeiten und in allen Kulturen. Jesus vertrat nie den Anspruch, dass nur er auf diese Weise heilen könne oder solle. An Pfingsten wurde der Heilige Geist über die Jünger ausgegossen, danach wirkte die Heilkraft auch durch sie. Trotzdem wurden Geistheiler/innen im christlichen Abendland lange Zeit an den Rand der Gesellschaft gedrängt oder sogar verfolgt. In Deutschland und, wohl wegen des deutschen Einflusses, auch in der

---

[569] Den Vergleich habe ich aus dem Buch des Heilers Aldo Berti: Berti 2005, S. 35.

[570] Siehe dazu ein paar Beispiele: Drossinakis 2008, S. 51-61; Zehnder 1999, S. 47/48, 56-59 und 63/64.

[571] Ein Beispiel wurde in Kapitel 5 im Unter-Kapitel über die Organspende geschildert: Zehnder 1999, S. 100-103.

[572] So durch die in Kapitel 4 erwähnten Versuche Emotos: Als er 500 Heiler bat, ein Fläschchen destillierten Wassers aus der Distanz mit der Heilkraft zu behandeln, bildeten sich sehr schöne Kristalle (Emoto 1999/2010, S. 128/129).
Ein Bericht über ein Experiment mit der Wirkung der Heilkraft auf grosse Distanz findet sich auf der Website der Heilerin Claudia Kressin: http://www.praxis-claudia-kressin.de/ (zuletzt abgerufen am 29.10.2017). Auch gemäss den Erfahrungen des Heilers Matthew Manning nimmt Wasser die von ihm vermittelte Kraft auf (Manning 1999/2003, S. 276).

Deutschschweiz herrschen noch heute viel Skepsis und Nichtwissen über ihre Arbeit. Das Nazi-Gesetz, das Heiler, die ohne Heilpraktiker-Ausbildung heilen, kriminalisiert, ist in Deutschland immer noch in Kraft und führte dazu, dass Geistheiler bis vor Kurzem von den Justizbehörden verfolgt werden konnten und bisweilen auch wurden. Davon berichten etwa die Heiler Rolf Drevermann, dem in Deutschland jahrelang die Tätigkeit verunmöglicht wurde,[573] oder Christos Drossinakis, welcher schliesslich bis vor das Bundesverfassungsgericht ging und dort 2004 Recht bekam.[574] Seither darf auch in Deutschland durch Handauflegen ohne spezielle Prüfung geheilt werden, sofern man darauf hinweist, dass damit die ärztliche Behandlung nicht ersetzt wird.

Eine offenere Einstellung findet man in der Westschweiz, in Skandinavien und in Grossbritannien, wo seit einiger Zeit Spitäler Listen von Geistheilern führen, die sie auf Verlangen zur Verfügung stellen.

Grundsätzlich kann die Geist-Heilkraft bei allen Arten von Leiden helfen:

- Bei körperlichen Krankheiten, auch chronischen, bei denen alle anderen Behandlungsmethoden versagt haben, und in Fällen, die aus der Sicht der Schulmedizin hoffnungslos sind;
- Bei psychischen Problemen, insbesondere bei Ängsten, denn die Heilkraft stärkt das Urvertrauen;
- Bei Verbrennungen und Verletzungen, wobei die Heilkraft nicht zum Beispiel einen Bruch wieder zusammenfügen kann, aber sie kann den Heilungsprozess beschleunigen und verbessern;
- Nach Operationen kann sie die Erholung beschleunigen;
- Bei belastenden konventionellen Behandlungen (Chemotherapien) kann sie die Belastung vermindern und die Erholung beschleunigen

Es gibt unzählige Berichte von Patienten über erstaunliche Behandlungserfolge auch bei Leiden, bei denen alle anderen Methoden versagten, auch bei von Geburt an vorhandenen Leiden.[575] Dabei ist zu berücksichtigen: Die meisten Leute gehen erst zu einem Geistheiler, wenn sie mit anderen Methoden, namentlich der Schulmedizin, austherapiert sind. Bei den Behandlungserfolgen geht es also meist um Fälle, bei denen die Schulmedizin nichts mehr ausrichten kann.

Eine Garantie für eine Heilung oder Verbesserung gibt es bei dieser Heilkraft aber nie. Es kann auch sein, dass man nichts oder nur sehr wenig spürt.

Die Heilkraft ist kein Ersatz für die schulmedizinische Behandlung oder schulmedizinische Medikamente, sondern eine Ergänzung zu diesen. Erst wenn man nach der Behandlung merkt, wie sie gewirkt hat, kann man, je nach dem, vielleicht jene Behandlung und jene Medikamente reduzieren oder womöglich ganz darauf verzichten.

Ob eine Behandlung mit dieser Heilkraft Erfolg hat, hängt von verschiedenen Faktoren ab (Die folgenden Punkte beruhen auf eigenen Erfahrungen als Empfänger der Heilkraft):

- Von der Einstellung des Patienten. Heiler/innen sagen, man sollte während der Behandlung „offen" sein. Meinem Eindruck nach bedeutet das: Man soll im Kopf einfach passiv sein und möglichst nichts denken, vor allem keine Abwehrhaltung und keine Erwartungen haben und nicht unter einer Anspannung stehen. Dazu am besten die Augen schliessen und die Beine und Arme nicht verschränken.

---

[573] Drevermann 2001, S. 150-158 und 166-172.
[574] Drossinakis 2008, S. 219-227.
[575] Beispiele: Siehe in den Büchern und Websites meiner Literaturliste.

Mein Eindruck ist, dass es wichtiger ist, keine Erwartungen zu haben und während der Behandlung das bewusste Denken abzustellen, als gar keine Angst zu haben. Ein bisschen Angst darf man während der Behandlung haben, aber es sollte nicht zuviel sein, denn wenn die Angst stärker wird, führt sie zu einer Abwehrhaltung, die wie eine Barriere wirkt.

- Wie oben erwähnt, muss man nicht an eine Heilung glauben. Aber es ist günstig, wenn man an die Heil*kraft* glaubt bzw. weiss, dass es sie gibt. Übrigens verlangte Jesus dasselbe. Wenn er sagt: „Dein Glaube hat dich geheilt", dann meint er meinem Eindruck nach nicht: Dein Glaube an die Heilung. Sondern: Dein Glaube, dass du durch mich (Jesus) geheilt werden kannst.

- Man muss auch Geduld haben. Eine einzelne Behandlung führt in der Regel nicht zum erhofften Erfolg. Es braucht meist mehrere Behandlungen. Wieviele, ist ganz unterschiedlich, je nach Heiler/in und der Schwere des Leidens.

- Bei chronischen Krankheiten und Störungen sollte der Patient auch die Ursache erkennen und daran arbeiten, sie zu überwinden, sonst kann eine Heilung/Verbesserung nicht dauerhaft sein.

- Die Geistheiler/innen leiten die Heilkraft unterschiedlich stark. Und nicht alle sind bei denselben Leiden erfolgreich. Die einen heilen besser bei psychischen Problemen, andere besser bei diesen oder jenen körperlichen Krankheiten. Wieder andere regen einfach den Energiefluss im Körper an, sodass man sich besser fühlt, ohne dass dadurch aber tiefer gehende körperliche Krankheiten geheilt werden. Daher bedeutet ein Misserfolg bei einem Heiler nicht unbedingt, dass es bei einem anderen gleich gehen muss. Vielleicht war man einfach nicht bei demjenigen, der für einem der Richtige ist. Ein Versuch bei einem anderen könnte sich also lohnen.
  Darum ist Skepsis angebracht, wenn ein Geistheiler bei einem Misserfolg behauptet, das sei, weil der Patient sich nicht ändern wolle oder nicht gesund werden wolle. Es könnte auch daran liegen, dass er selber die Heilkraft nicht so stark leitete oder für das betreffende Leiden nicht der Richtige ist. Man sollte sich jedenfalls durch die Behauptung, man wolle sich nicht ändern oder man wolle nicht gesund werden, nicht entmutigen lassen, wenn man selber das Gefühl hat, das stimme nicht.

- Auch Geistheilung kann nicht alles, denn auch für die geistige Heilkraft wird es je schwieriger, je fortgeschrittener eine Krankheit ist. Je früher man zu einem Geistheiler geht, desto grösser also die Erfolgschancen.

- Überdies habe ich den Eindruck, dass auch für die geistige Heilkraft grundsätzlich nicht alle Leiden gleich einfach zu heilen oder verbessern sind. Ich habe diesen Eindruck aus dem Lesen sehr vieler Heilungsberichte von Patienten gewonnen. Es fällt dabei auf, dass gewisse Krankheiten sehr oft vorkommen, so vor allem Hautkrankheiten, Schmerzen aller Art und Krebs, doch andere nie oder fast nie (Parkinson und Aids sehr selten, ALS in jenen Berichten, die ich las, nie, MS dagegen schon, wenn auch nicht häufig).

- Auch kann die geistige Heilkraft den normalen Alterungsprozess nicht rückgängig machen. Andernfalls gäbe es Menschen, die ewig jung bleiben und nie sterben.

- Die karma-bedingten Eckwerte, die für ein Leben festgelegt worden sind, können durch keine Heilmethode geändert werden. Soweit Krankheiten in jenen Eckwerten vorgesehen waren, kann nichts daran geändert werden.

Da es nicht immer einen Erfolg gibt, scheint mir eine geeignete Einstellung zu einer Behandlung mit Geistheilkraft zu sein: Ich äussere meine Wünsche, aber ich überlasse es dem Himmel, ob und, wenn ja, wieweit sie erfüllt werden.

Wie man als Patient die Heilkraft spürt, wenn man sie spürt, ist nicht vorauszusagen. Oft ist es Wärme, vor allem in den ersten Stunden bis Tagen nach der Behandlung.

Es gibt neben äusserst erfolgreichen Geistheilern und -heilerinnen auch Anfänger/innen, die ihre Fähigkeit zur Vermittlung der Heilkraft nicht oder noch nicht weit entwickelt haben. Da die Fähigkeit nicht durch einen Ausweis geschützt ist, gibt es darüber hinaus auch solche, die behaupten, sie könnten heilen, die es aber in Wirklichkeit nicht oder kaum können. Meiner Beobachtung nach gibt es nicht allzu viele Geistheiler/innen, welche die Heilkraft wirklich sehr stark vermitteln und auch bei schwierigen und schweren Leiden helfen können. Und jene, die es können, sind oft schwer zu finden.[576] Gerade gute Geistheiler/innen wollen oft nicht allzu bekannt werden, weil sie sonst von Hilfesuchenden überrannt würden. Viele wollen auch nur als Nebentätigkeit heilen, ich vermute, weil es zwar befriedigend ist, wenn man anderen Menschen helfen kann, aber wenn man dazu nur die Hand auflegen oder sich auf ein Foto konzentrieren muss, kann es auch langweilig werden. Es gibt aber auch sehr gute Geistheiler/innen mit Websites, auf denen sie ihre Heilarbeit anbieten.

Woran erkennt man einen fähigen und seriösen Geistheiler bzw. Magnetopathen? Folgendes weist darauf hin:

- Er/sie macht die Kosten einer Behandlung vorher klar.
- Sie/er überlässt es dem Patienten, ob er die Behandlung fortsetzen will, und drängt nicht dazu.
- Sie/er gibt keine Heilungsgarantie.
- Seriöse Geistheiler/innen sehen sich immer nur als Ergänzung schulmedizinischer oder anderer Behandlungen und nie als ihr Ersatz. Das heisst: Sie sind nie gegen die Schulmedizin eingestellt und sagen nicht, man müsse mit der Einnahme von Medikamenten aufhören. (Aber viele Schulmediziner sind leider gegen Geistheiler/innen eingestellt.)
- Der Geistheiler/die Geistheilerin kann Patientenberichte vorweisen.

Wenn man von einem/r oder mehreren Heilern/Heilerinnen gelesen oder gehört hat, von denen man einen seriösen Eindruck hat, mag man sich weiter fragen: Wie kann ich wissen, welcher für mich der Richtige ist? Sicher wissen kann man es im Voraus nicht, man muss es einfach versuchen. Die Patientenberichte geben jedoch aufschlussreiche Hinweise: In der Regel ist ein Heiler bei jenen Problemen erfolgreich, die auch in den Patientenberichten vorkommen. Wenn sich zum Beispiel in den Patientenberichten einer Heilperson nur Freude über die kräftigende Wirkung von Energieausgleich im Körper, aber kein Bericht über eine Heilung von einer Krankheit findet, darf man annehmen, dass es Letzteres bei dieser Heilperson wohl nicht gibt. (Für Namen einiger Heiler/innen siehe Literaturliste).

---

[576] Im Buch von Jenny und Sharma über Heilpersonen in der Deutschschweiz wollten zum Beispiel nicht alle Heiler/innen portraitiert werden (Jenny/Sharma 2009, S. 43/44).

Eigene Erfahrungen als Empfänger von Geistheilkraft

Ich habe mich mehrmals behandeln lassen, nacheinander von verschiedenen Heilern/Heilerinnen, meist durch Fernbehandlungen, da das Reisen an die meisten Orte für mich kaum mehr möglich ist. Alle waren seriös und nett und um das Wohl des Patienten bemüht. Zum Teil arbeiteten sie gratis, meist sehr günstig. Bei einigen Heilern, aber nicht bei allen, spürte ich nach einigen Behandlungen eindeutige körperliche Verbesserungen, manchmal vorübergehend, manchmal bleibend. So gab es ein paar Male bleibende Verbesserungen bei der Ursache meiner Krankheit, einem erweiterten Hirngefäss. Das kann sonst keine Heilmethode, höchstens eine Operation (welche bei mir unmöglich ist). Bei einer anderen Heilperson gab es bis jetzt anhaltende Verbesserungen bei der Magentätigkeit, wo man vorher mit sämtlichen Heilmitteln nichts mehr machen konnte. Ich litt an Gastroparese (Verlangsamung der Magentätigkeit als Nebenwirkung der Hirngefässerkrankung), sodass ich nicht genug essen konnte, und musste Unmengen von schulmedizinischen Medikamenten und immer stärker wirkende homöopathische Mittel nehmen, bis es nicht mehr lange weiter möglich gewesen wäre. Die Verbesserungen führten dann dazu, dass ich die homöopathischen Mittel nicht mehr brauchte und die Menge der schulmedizinischen Medikamente nach und nach reduzieren konnte.

Bei einer anderen Heilperson gab es kürzlich bis jetzt anhaltende weitere Verbesserungen beim Magen sowie bei der Hirndurchblutung, sodass ich auf die schulmedizinischen Medikamente für die Hirngefässe weitgehend verzichten konnte. (Die Hirngefässe sind bei mir sehr labil, mit unstabilem Blutdruck. Die Autoregulation der Hirndurchblutung funktioniert also nicht richtig, ein Problem, das es gemäss schulmedizinischen Lehrbüchern nicht geben kann.)

Leider waren aber die Verbesserungen beim erweiterten Hirngefäss nur beschränkt und keine Heilungen. Doch ohne die Behandlungen mit der Geist-Heilkraft wäre ich mehrmals bald gestorben (wegen der Verschlechterungen beim erweiterten Hirngefäss bzw. bei der Magentätigkeit), die Behandlungen haben also mein Leben mehrmals verlängert. Dass es keine Hirngefäss-Heilung gab, ist der Grund, weswegen ich es bei verschiedenen Heilpersonen versuchte. Die Behandlungen waren bei mir wohl deswegen nicht erfolgreicher, weil die Krankheit schon weit fortgeschritten ist. Ich denke, sie hätten deutlichere Verbesserungen, vielleicht sogar eine Heilung, bewirkt, wenn ich sie viel früher gesucht hätte. Aber damals wusste ich nichts von dieser Heilkraft.

Was ich über diese Geist-Heilkraft aufgrund eigener Erfahrungen ganz sicher sagen kann, ist: Sie existiert, ihre Wirkung beruht nicht auf dem Placebo-Effekt, sie kann auch durch Fernbehandlung vermittelt werden, und sie kann Dinge verbessern, bei denen jede andere Heilmethode nichts mehr ausrichten kann.

Und noch ein paar weitere eigene Erfahrungen:

- Ich spürte bei den einen Heilpersonen nie etwas, bei anderen jeweils schwach etwas, bei wieder anderen immer viel oder sehr viel. Sie vermittelten die Heilkraft also unterschiedlich stark.

- Dieselbe Heilperson vermittelte die Heilkraft nicht immer gleich stark. Ich erlebte es zweimal, dass eine Heilperson sich besondes Mühe gab, im einen Fall kündigte sie das ausdrücklich an. Bei beiden Malen nahm ich die Heilkraft besonders stark auf. Vermutlich erfordert eine Behandlung eine Konzentrations-Anstrengung der Heilperson, was dieser nicht immer gleich leicht fällt und für sie wohl auch ermüdend und kräfteraubend sein kann.

- Bei mir war es immer so, dass ich bei Heilpersonen, deren Heilkraft-Vermittlungsarbeit zu Verbesserungen führte, bereits nach der ersten Behandlung eine körperliche Wirkung spürte, und zwar recht deutlich. Bei Heilpersonen, bei denen ich nach der ersten Behandlung nichts spürte, spürte ich auch später nichts, wenn ich mit der Behandlung weiterfuhr. Gemäss anderen Patientenberichten ist das nicht immer so. Man liest auch von Heilbehandlungen, bei denen der Patient oder die Patientin erst nach einer gewissen Zahl von Behandlungen eine Wirkung, dann unter Umständen eine plötzliche und sehr deutliche, spürte.

- Es ging bei mir vor allem um körperliche Verbesserungen. Doch als Begleiterscheinung einiger Behandlungen wurde auch das Urvertrauen gestärkt. Dies merkte ich jeweils erst mit der Zeit und nach mehreren Behandlungen.

- Als Begleiterscheinung einer besonders tief gehenden Behandlung wurden bei mir auch weniger wichtige körperliche Dinge, die seit langem nicht mehr in Ordnung waren, wieder besser oder verschwanden. Zum Beispiel verschwand die Kurzsichtigkeit, die ich seit der Pubertät hatte, weitgehend. Auch das Lesen geht wieder einigermassen ohne Brille, wenn auch bei Weitem nicht so gut wie mit 20. Und die Beine sind weniger schwer, das heisst die Zirkulation in den Venen wurde verbessert.

- Wenn die Heilkraft wirkte, gab es, je nach Heilperson, anhaltende Verbesserungen an unterschiedlichen Orten. Wobei auch bei Behandlungen durch ein und dieselbe Heilperson nach keinen zwei Behandlungen *genau* dasselbe geschah. Wenn die Heilkraft wirkt, ist daher nie voraussagbar, was genau geschehen wird. So ist es allgemein bei allem, was aus der spirituellen Welt kommt: Es funktioniert nicht nach Regeln, die vom Menschen berechenbar wären. Reproduzierbarkeit gibt es eben in der spirituellen Welt nicht.

Weiteres zu Geistheilung

Die Heilkraft wirkt also unterschiedlich, je nach dem, wer sie vermittelt, und sie wirkt bei jeder Heilperson nach jeder Behandlung ein bisschen unterschiedlich. Das zeigt meiner Meinung nach auch, dass sie weit mehr tut als nur die Selbstheilungskräfte bzw. Energieflüsse im Körper zu aktivieren, wie auch schon gesagt worden ist. Sie tut das auch, aber nicht nur. Denn die Selbstheilungskräfte alleine würden nicht bei der einen Heilperson so und bei der anderen so und nach der einen Behandlung so und nach der anderen so wirken. Aber auch eine Steuerung durch die Heilkraft selber scheint mir unwahrscheinlich, denn dann müsste sie ebenfalls immer auf dieselbe Art und bei denselben Problemen und Organen, wenn auch nicht immer gleich stark wirken.

Ich vermute daher, dass die Heilkraft von einer Intelligenz gesteuert wird. Noch etwas deutet darauf: Bei Fernheilungen erlebte ich, dass die Heilkraft meistens dem ganzen Körper vermittelt wird. Jemand anders als die Heilperson muss dann also bestimmen, wo sie arbeitet und was sie tut (das, was am dringendsten ist).

Doch wer könnte diese höhere Intelligenz sein, die mit der von der Heilperson vermittelten Heilkraft in den Patienten arbeitet? Ich vermute, es sind die Seelenbegleiter und Helfer der Heilperson in der spirituellen Welt. Das würde erklären, weswegen viele Geistheiler/innen ihre Spezialitäten haben, bei denen ihre Behandlung besonders gut wirkt, obwohl sie gar nicht selber heilen: Es wären die Spezialitäten ihrer Begleiter und Helfer in der spirituellen Welt.

Man könnte auch erklären, *weshalb* sie solche Spezialitäten haben: Wie in Kapitel 5 erklärt, sind unsere Seelenbegleiter in der spirituellen Welt fortgeschrittene Seelen, die sich früher auch inkarnierten und die sich in Zukunft vielleicht auch wieder einmal inkarnieren werden. Die Heilungs-Helferseelen der Geistheiler/innen, die von der spirituellen Welt aus mit der Heilkraft arbeiten, könnten daher Seelen verstorbener Heiler und Ärzte sein, die bei ihrer Heilarbeit auch auf die während ihrer Inkarnationen gesammelten Erfahrungen zurückgreifen. Zu jenen Erfahrungen gehören meist gewisse Spezialitäten. Eine Seele, die als Arzt auf Erden Krebspatienten behandelte, ist vermutlich auch von der spirituellen Welt aus bei Krebs besonders erfolgreich.

Einige Geistheiler/innen sagen selber, sie würden bei ihrer Arbeit von Wesen aus der spirituellen Welt angeleitet oder unterstützt. Ein Beispiel ist der Heiler Rolf Drevermann, dessen Heilungs-Helferseele jene des verstorbenen Padre Pio ist, wie ich schon in Kapitel 5 erklärte.[577]

Dass Helferseelen Verstorbener von der spirituellen Welt aus mit der Heilkraft arbeiten, wird bei einer besonderen Form von Geistheilung deutlich bestätigt: bei der Trance-Heilung. Dabei versetzt sich die Heilperson in Trance, das heisst in einen Zustand, in dem ihr Wille ganz und ihr Bewusstsein, je nach Heilperson, weitgehend oder vollständig ausgeschaltet ist. Die Heilkraft strömt dann durch ihren Körper und wird durch Handauflegen oder (bei Fernheilung) durch Gedanken auf den Patienten übertragen. Der weltweit gegenwärtig wohl bekannteste Trance-Heiler ist der Brasilianer João de Deus, der bekannteste Brite ist Steven Upton, die bekannteste im deutschen Sprachraum Bahar Yilmaz. Sie alle sagen, dass eine Helfer-Seele aus der spirituellen Welt in ihren Körper komme und mit Hilfe der Heilkraft heile, während sie in Trance sind. Bei Upton ist das ein verstorbener Arzt, bei Yilmaz sind es verstorbene Heiler und Ärzte[578], bei João de Deus Seelen verschiedener namentlich bekannter herausragender verstorbener Menschen, darunter einige Ärzte[579]. Je nach Krankheit des Patienten, hilft eine andere Helfer-Seele.

Man mag sich fragen, woher man weiss, wer die Helferseelen von Trance-Heilern zu Lebzeiten waren? Man weiss es, weil die Helferseelen es manchmal mitteilen, wenn sie im Körper des Mediums (des Trance-Heilers) sind. Zum Beispiel teilte eine der Heilungs-Helferseelen von João de Deus einmal mit, sie sei der bekannte brasilianische Arzt Oswaldo Cruz (1872-1917) gewesen, und bezeugte dies mit einer Unterschrift, die mit jener von Cruz übereinstimmte, wie man bei der Überprüfung feststellte.[580] (Das Medium João de Deus stammt aus sehr armer Familie und kann wegen mangelnder Schulbildungs-Gelegenheiten nicht lesen oder schreiben[581]).

Dass bei Trance-Heilung Seelen verstorbener Menschen vom Körper der Heilperson aus im Patienten Heilarbeit leisten, bestätigt mich in meiner obigen Vermutung, dass auch bei den üblicheren Formen der Geistheilung, bei welchen die Heilperson nicht in Trance ist, Seelen verstorbener Menschen die Heilkraft lenken und mit ihr arbeiten. Der Unterschied ist nur, dass sie dann von der spirituellen Welt aus arbeiten, ohne in den Körper der Heilperson zu kommen.

Neben der Trance-Heilung gibt es noch verschiedene weitere Formen, in welchen die Geist-Heilkraft vermittelt werden kann. Zum Beispiel ist meinem Eindruck nach auch die alte Heilmethode des

---

[577] Weitere Beispiele: Drossinakis 2008, S. 158; Wiesendanger 2010, S. 50 und 150.
[578] Yilmaz 2012, S. 31.
[579] Cummings/Leffler 2007, S. 125-141.
[580] Ebenda, S. 59 und 137/138.
[581] Ebenda, S. 3.

„Besprechens" eine Form von Geistheilung. Dabei müssen gewisse Formeln gesagt werden. Die Heilperson vermittelt die geistige Heilkraft, sagt dazu die richtigen Formeln und teilt diese auch dem Patienten oder der Patientin mit, der/die sie aber für sich behalten muss und nicht weitererzählen darf. Sagt er/sie sie weiter, vergeht die Heilwirkung, wie auch einige Berichte bestätigen. Die Formeln und das Für-sich-Behalten sind meiner Meinung nach nötig als Zeichen des Respektes gegenüber jenem Bereich unserer Wirklichkeit, aus welcher die Heilkraft, die Heilarbeit und die Heilung kommen.

Es scheint sogar auch möglich zu sein, die Heilkraft direkt zu empfangen, ohne Vermittlung durch eine inkarnierte Heilperson. Dies scheint der Fall zu sein bei den Heilungen, die aus dem Bruno Groening-Kreis berichtet werden. Bruno Groening wirkte in den 50er Jahren in Deutschland unter vielen Anfeindungen als Geistheiler und sagte, man könne auch nach seinem Tod nach seiner Methode den Heilstrom empfangen und geheilt werden, wenn man sich darauf einstelle und sich dafür öffne. Wie dies zu tun ist, sowie Berichte von zahlreichen Heilungserfolgen, kann man auf der Website des Bruno Groening-Kreises nachlesen.[582]

Zum Abschluss dieses Kapitels stelle ich noch die Frage, ob Geistheiler/innen mit der Geist-Heilkraft auch schaden können. Magali Jenny stellte diese Frage einigen der von ihr in ihren beiden Büchern über Geistheiler/innen in der Schweiz portraitierten Heilpersonen und erhielt praktisch immer dieselbe Antwort: Ja, man denke, man könnte, aber man wolle das nicht und habe es darum noch nie versucht.[583] Auch ich hatte bei allen meinen Behandlungen den Eindruck, dass die Heiler/innen Menschen sind, die gerne helfen und nicht schaden möchten. Ich vermute, die spirituelle Welt hat es so eingerichtet, dass nur Menschen, die helfen möchten, die Fähigkeit haben, die Heilkraft zu vermitteln. Trotzdem stellt sich eine Frage: Wenn die Heiler/innen noch nie versucht haben, mit der Heilkraft jemandem zu schaden, woher wissen sie dann, dass sie könnten? Ich denke: Sie wissen es nicht, sie vermuten es nur. Der englische Heiler Matthew Manning versuchte es aber einmal in einem von Wissenschaftlern begleiteten Experiment, allerdings wurde die Heilkraft dabei auf Pflanzen gerichtet. Bei der Gruppe A begleitete er die Vermittlung der Heilkraft mit dem Gedanken, ihr Wachstum möge gefördert werden, bei der Gruppe B mit dem Gedanken, es möge gehemmt werden, die Gruppe C behandelte er nicht. Das Ergebnis: Die Pflanzen der Gruppe A wuchsen bedeutend schneller und hatten bedeutend mehr Sprösslinge als jene der Gruppe C, doch auch jene der Gruppe B wuchsen besser als jene der Gruppe C, aber nicht so viel besser wie jene der Gruppe A.[584] Das spricht dafür, dass die Heilperson mit der Heilkraft nicht absichtlich schaden kann, sondern nur die Intensität der positiven Wirkung beeinflussen kann. Dies wohl deswegen, weil die Heilperson die Heilkraft ja nur vermittelt, sie entscheidet nicht darüber, was sie (die Heilkraft) tut.

Es ist allerdings möglich, dass eine Behandlung mit der Geist-Heilkraft zu einer vorübergehenden Verschlechterung führt, welche sich dann als eine Vorstufe zu dauerhaften Verbesserungen herausstellt.

---

[582] https://www.bruno-groening.org/. Zu Bruno Groening siehe auch, mit weiteren Heilungsbeispielen: Wiesendanger 1994/1997, S. 73-78.
[583] Jenny 2008, S. 202.
[584] Manning 1999/2003, S. 107.

Glaubensheilung im Sinne von Heilung durch eine höhere Macht; Fürbitte-Heilung

Es gibt auch Heilungen durch den Glauben. Darunter kann man aber zwei ganz verschiedene Dinge verstehen:

Einerseits kann damit die Heilung durch eine höhere Macht gemeint sein, an die man glaubt und die man um Heilung bittet. Das kann Gott, Jesus, Maria, ein Heiliger, Allah, Buddha usw. sein.

Heilungen durch den Glauben in diesem Sinne sind etwa bezeugt bei Berührungen von Reliquien (Gegenstände oder Knochen, die tatsächlich oder angeblich verstorbenen Heiligen gehörten). Eindeutig bezeugt ist zum Beispiel die plötzliche und vollständige Heilung der 19jährigen Ida Jeker auf einer Pilgerreise ans Grab von Niklaus von Flüe, dem schweizerischen Nationalheiligen, 1937. Die junge Frau hatte vorher häufige epileptische Anfälle und, als Folge eines im Alter von zwei Jahren erlittenen Unfalls, einen verkümmerten und kaum brauchbaren linken Arm mit einer eiternden Wunde. Als sie am Grab des Heiligen dessen Mantel berührte, spürte sie etwas wie einen elektrischen Schlag, der durch den ganzen Körper ging. Gleichzeitig spürte sie eine Veränderung, und wenig später war sie gesund.[585]

Heilungen sind auch beim Besuch von Wallfahrtsorten bezeugt. Für den Marien-Wallfahrtsort Lourdes sind bisher etwa 6000 aussergewöhnliche Heilungen bezeugt.[586] Wobei offenbar nicht immer der Glaube das Ausschlaggebende war. Stemman berichtet in seinem Buch über Geistheilung auch von einem ungläubigen Kommunisten, der auf Drängen seiner Frau nach Lourdes ging und dort in jenem Moment von seiner Lähmung geheilt wurde, als er „Gott, wenn Du existierst", um die Heilung eines Kindes bat, weil dieses es mehr verdient habe als er.[587] Die Selbstlosigkeit oder die Offenheit – die in jenem Moment eintrat, als er seine eigene Heilung aufgab – oder beides war hier wohl das Ausschlaggebende. Wenn keine körperliche Heilung stattfindet, ist durch den Besuch auch eine innere Heilung möglich. So berichtete eine Frau in einer Ausgabe der srf-Sendung „Nachtwach", ihr (verstorbener) Vater sei früh erblindet. Von der Wallfahrt nach Lourdes sei er zwar nicht körperlich geheilt zurückgekehrt, aber innerlich völlig verändert, und zwar dauerhaft. Er habe seine Behinderung akzeptiert, sei wieder voller Tatendrang gewesen und habe damit anderen Behinderten Mut gemacht.[588]

Auch das Beten für Kranke oder Verunfallte kann die Heilung herbeiführen oder fördern. Ein Beispiel: In einer Ausgabe der srf-Sendung „Nachtwach" berichtete eine sehr gläubige Christin, wie ein Mann nach einem Unfall grauenhafte Schmerzen wegen einer ausgerenkten Schulter hatte. Sie fragte ihn, ob sie für ihn beten solle. Er sagte: ja. Bald waren (noch auf der Unfallstelle und ohne Arzt) die Schmerzen weg und die Schulter eingerenkt.[589] Die Chance, durch Fürbitte geheilt zu werden, steigt offenbar, wenn in Gruppen gebetet wird. Dies auch, wenn die Kranken gar nicht wissen, dass für sie gebetet wird, ihr eigener Glaube also nicht beteiligt ist.[590] Fürbitte-Heilungen passen zu der gegen Ende von Kapitel 5 gemachten Feststellung, wonach Wünsche und Bitten von der spirituellen Welt erfüllt werden können. Offenbar ist das auch bei Bitten für andere Menschen möglich.

---

[585] Lawrence-Vögtli 2017 in der Solothurner Zeitung vom 26.6.2017.
[586] Stemman 1999, S. 38-41.
[587] Ebenda, S. 41.
[588] Radio TV srf, Nachtwach, 22./23.5.2018, zweite Anruferin.
[589] Radio TV srf, Nachtwach, 4./5.12.2018, dritte Anruferin.
[590] Beispiele: Wiesendanger 1994/1997, S. 87/88.

In solchen Fällen von aussergewöhnlicher Heilung ist es jeweils unmöglich zu sagen, was genau die Heilung auslöste, ob der Glaube an die Heilkraft der höheren Macht, die Bitte im Gebet, die Offenheit oder alles zusammen. Auch habe ich den Eindruck, dass dabei auch die Geist-Heilkraft beteiligt ist oder sein kann. Denn in einigen der berichteten Fälle – so bei der oben erwähnten Heilung der Ida Jeker – sagen die Betreffenden, sie hätten gespürt, wie eine Energie in den Körper kam.[591] Der Übergang zur Geistheilung ist also fliessend.

Glaubensheilung im Sinne von Heilung durch den Glauben an die Heilung

Mit „Heilung durch den Glauben" kann auch gemeint sein eine Heilung durch den Glauben *an die Heilung.* Auch das ist bezeugt:

Am bekanntesten ist das wohl bei der Heilung von Warzen, die offenbar sehr leicht auf den Glauben reagieren. Meine Urgrossmutter erzählte, wie sie wegen Warzen an den Händen bei einem Heiler war, der ihr sagte, sie würden bald verschwinden. Wenig später waren sie tatsächlich verschwunden.

Erwiesen ist auch eine heilende Wirkung des Glaubens, der durch Suggestion unter Hypnose herbeigeführt wird und damit in die Tiefe geht. Verbrennungen und Wundinfektionen können so viel rascher heilen[592], und Operationen können unter Hypnose statt Narkose durchgeführt werden, wodurch die Erholung vereinfacht und verkürzt wird.[593] Auch das Schmerzempfinden kann man so beeinflussen. Dass das Schmerzempfinden auf den Glauben reagieren kann, zeigen auch Untersuchungen mit Placebos: Der Schmerz wird bei vielen Patienten geringer, wenn sie glauben, sie hätten ein Schmerzmittel genommen, auch wenn es nicht wirklich eines war.[594] Wobei dies wohl vor allem damit zu tun hat, dass man Hilfe erhält. Ein Medikament ist wie ein Arzt. Es kommt auch vor, dass Schmerzen verschwinden, sobald man beim Arzt ist. Jemand erzählte mir einmal, dass er wegen eines Hexenschusses zum Arzt ging. Als die Konsultation begann, war der Hexenschuss plötzlich weg.

---

[591] Weiteres Beispiel, bei einer Heilung in Lourdes: Stemman 1999, S. 39.
[592] Beispiel für Verbrennungen: Stemman 1999, S. 62/63; Beispiel für eine Wundinfektion: Weiss 2000, S. 166.
[593] Stemman 1999, S. 58.
[594] Ebenda, S. 70.

8. Elementarwesen, Naturwesen, Naturgeister

Im Kapitel 4 erwähnte ich, dass alle Erscheinungen der Natur beseelt sind. Die Naturseelen sorgen dafür, dass Leben in die Pflanzen, das Wasser, die Landschaften usw. gelangt und alles in der Natur die ihm zugewiesene Aufgabe erfüllt.

Die Naturseelen zeigen sich den Menschen manchmal in Gestalt von Wesen, die als „Naturgeister" oder „Naturwesen" bezeichnet werden, oder auch als „Elementarwesen" (englisch „elementals"), weil sie mit einem der vier Elemente der Natur (Erde, Wasser, Luft und Feuer) verbunden sind.

Naturwesen sind eine eigenständige Kategorie von Lebewesen, wie die Tiere. Und wie von diesen gibt es verschiedene Gattungen von Naturwesen, mit jeweils unzähligen unterschiedlichen Formen. Für jede Aufgabe, die für das Funktionieren der Natur nötig ist, gibt es die entsprechenden Naturseelen/Naturwesen. Dementsprechend gibt es auch, wie bei den Tieren, alle Stufen der Entwicklung, von sehr niedrig bis sehr hoch entwickelten. Die am niedrigsten entwickelten sind klein, millimeter- bis zentimetergross, verlassen die Erde, die Blüten, Blätter usw., wo sie wirken, kaum und sind darum kaum von der Natur getrennt wahrnehmbar[595]; höher entwickelte sind mittelgross (wie ein Menschenkind) bis riesig, können die Pflanzen bzw. die Erde auch verlassen und werden dann von einigen Menschen als Elfen, Feen, Zwerge usw. wahrgenommen. Wenn man von „Naturwesen" oder „Naturgeistern" spricht, sind meist sie gemeint.

Kurzer Blick in die Geschichte

Da es die Natur schon seit viel längerer Zeit gibt als die Menschen, sind die Naturwesen viel älter als die Menschheit. Dass es sie gibt und dass die ganze Natur beseelt ist, war und ist für alle Naturvölker eine Selbstverständlichkeit. Sie begegneten daher den Naturwesen immer mit Respekt. Erst die Hochreligionen (Religionen mit Büchern) werteten sie ab. Im Islam sind sie die unsichtbaren „Dschinnen", vor denen man meistens Angst hat.

Auch in Europa respektierte bzw. verehrte man bis zur Christianisierung die Naturwesen. Die griechisch-römische Mythologie zeugt mit ihren Nymphen, Faunen und Satyrn und dem Naturgott Pan davon, die Kelten und Germanen hatten ebenfalls ihre Naturgottheiten, und einige der neolithischen (jungsteinzeitlichen) Megalith-Anlagen („Grossstein"-Anlagen) dürften unter anderem dazu gedient haben, den Kontakt zu den Naturwesen/Naturgottheiten zu erleichtern und ihnen so Respekt zu erweisen.[596] Der Kontakt zwischen den Menschen und den Naturwesen war daher auch bei uns damals viel enger. Im Grunde war es eine Zusammenarbeit: Die Menschen vollbrachten Rituale (Tanzen, Singen) für ihre Naturgottheiten und schenkten ihnen ihre Opfergaben, dafür sorgten diese für das Gedeihen der Natur und damit eine gute Ernte für die Menschen.

Mit der Christianisierung begann die Unterdrückung der Naturgottheiten, weil der christliche Gott keine Verehrung anderer Wesen neben sich zulässt. Der Teufel erhielt die Gestalt Pans (Hörner; Pferdefuss in Anlehnung an Pans Ziegenbeine), und an Orten, an denen vorher Naturwesen verehrt wurden, wurden oft Kirchen gebaut, um die Erinnerung an das, was vorher da war, auszulöschen. Im Volksglauben lebten die Naturwesen jedoch weiter, wie zahlreiche Sagen, Legenden und Märchen

---

[595] Massei 2011, S. 21.
[596] Beim Geomanten Marko Pogačnik begann der Kontakt mit Naturwesen damit, dass er an zwei Orten einer neolithischen Steinanlage in Irland spezielle Schwingungen spürte (Pogačnik 2009, S. 18).

bezeugen. Erst mit der stärkeren Betonung des menschlichen Verstandes durch die Aufklärung des 18. Jhs. wurden sie im Bewusstsein der meisten Menschen Westeuropas zu Fantasiegebilden. Doch in einigen Gebieten Europas ist der Glaube an sie auch heute noch sehr lebendig: in Irland und Schottland, namentlich an der Westküste und auf den schottischen Hebrideninseln, in Skandinavien und vor allem in Island. Nach den Berichten von Menschen, die sie sehen können, hat es in diesen Gebieten noch heute besonders viele Naturwesen, vor allem wegen der dünnen (und in Island auch späten) menschlichen Besiedlung, in Island wohl auch wegen der Vulkane, in denen die Natur besonders intensiv lebt. Auch in anderen vulkanischen Gebieten sind Naturwesen auch heute noch besonders leicht spürbar (Kanarische Inseln[597], Hawaii[598]).

Verschiedenartige Wahrnehmungen von Naturwesen durch Menschen

Naturwesen können von Menschen auf verschiedene Arten wahrgenommen werden: Die unsicherste ist ein entsprechendes Gefühl, ohne dass man etwas sieht oder hört. Deutlicher ist das Sehen (die häufigste Art der Wahrnehmung), seltener das Hören und noch seltener das Riechen. Am wertvollsten wird es, wenn man zusätzlich mit den Naturwesen auch kommunizieren kann.

Ich erkläre das Sehen, Hören und Kommunizieren im Folgenden näher.

Sichtungen von Naturwesen

Es gab früher recht viele Menschen, die einmal, ein paar wenige Male oder regelmässig Naturwesen sahen. Die Engländerin Marjorie Johnson (1911-2011), eine Anhängerin der Theosophie, stellte die bisher umfangreichste Sammlung von Augen- und Ohrenzeugen-Berichten zusammen.[599] Sie sammelte von den 1950er bis in die 80er Jahre und konnte dabei auch auf Berichte aus den 30er Jahren zurückgreifen, die von der „Fairy Investigation Society" gesammelt worden waren. Die frühesten reichen bis ins 19. Jahrhundert zurück, wenn zum Beispiel in den 1930er Jahren jemand aus der eigenen Kindheit berichtete. Eingestreut sind auch zahlreiche Erfahrungen von Johnson selber, die seit ihrer Kindheit Naturwesen sehen konnte. Die meisten übrigen Berichte stammen jedoch von Nicht-Theosophen. Johnson fügte nur äusserst selten eigene theosophische Interpretationen ein, wobei sie dann auch klar machte, dass es ihre Interpretationen sind.

In ihrem Buch finden sich auch Berichte aus den 1930er Jahren aus Gegenden in Australien und Wales, gemäss welchen dort schon viele Leute Naturwesen gesehen hätten, jedoch nicht darüber redeten, aus Angst, als Spinner dargestellt zu werden.[600]

Auch heute noch gibt es Sichtungen, wenn auch bei uns wohl viel seltener als früher. So riefen in einer Ausgabe der srf-Sendung „Nachtwach" über Feen, Elfen und Zwerge Menschen an, die solche Wesen gesehen hatten oder zu sehen pflegten.[601] In einem 2008 in Zürich erschienenen Buch über Kinder mit einer unheilbaren Krankheit findet sich ein Kapitel über einen inzwischen gestorbenen Jungen, der seit dem Alter von 12 Jahren verschiedenartige Naturwesen sah und sie beschrieb.[602]

---

[597] Pogačnik 2009, S. 175/176.
[598] Ruis 2011, S. 84-87.
[599] Angaben dazu siehe Literaturliste (Johnson 2014).
[600] Johnson 2014, S. 54 bzw. 235.
[601] Radio/TV srf, „Nachtwach" vom 17./18.7.2018: Aufschlussreich vor allem der vorletzte Anrufer und die letzte Anruferin.
[602] Ursula Eichenberger: Tag für Tag. Was unheilbar kranke Kinder bewegt. Zürich: Rüffer + Rub 2008, S. 101/102 und 114-117.

Der Anthroposoph Thomas Mayer veröffentlichte 2010/2012 zwei Buch-Bände mit insgesamt 35 Gesprächen mit anderen Anthroposophen, welche mit Naturwesen zusammenarbeiten und sie meist auch sehen. Über seine eigenen Erfahrungen mit Naturwesen hatte Mayer schon 2008 ein Buch veröffentlicht.[603] Von der Volkskundlerin Annekatrin Puhle, die selber keine Naturwesen sieht, erschien 2015 eine kleine Sammlung von Augenzeugen-Berichten über Begegnungen mit Zwergen und Elfen.[604]

Am häufigsten sind Sichtungen durch Kinder. Es gibt etliche Berichte von Menschen, die als Kinder mit anderen Kindern spielten, welche die Erwachsenen nicht sahen und wohl Elfen- oder Zwergenkinder waren.[605] Die isländische „Elfenbeauftragte"[606] Erla Stefánsdóttir (1935-2015) berichtet dies zum Beispiel aus ihrer Kindheit.[607] Die Fähigkeit zum Sehen kann dann mit dem Erwachsenwerden verloren gehen, doch manchmal bleibt sie. Es ist aber auch möglich, dass Menschen erst als Erwachsene zum ersten Mal Naturwesen sehen. Meist geschieht dies unerwartet und überraschend. Die Fähigkeit zum Sehen kann dann bleiben, muss aber nicht.

Weitaus am häufigsten werden Zwerge oder zwergengrosse Elfen gesehen, sie stehen den Menschen am nächsten.

Zum Sehen braucht es eine gewisse Offenheit gegenüber anderen Bewusstseinszuständen, wie beim Sehen von Verstorbenen. Zum Beispiel durch die Gewohnheit der Meditation oder auch einfach durch einen Moment innerer Ruhe kann diese Offenheit entstehen. Kinder sehen Naturwesen häufiger als Erwachsene, weil sie noch offener sind als jene. Offenheit alleine reicht jedoch nicht. Wenn man offen ist, entscheiden meist die Naturwesen, ob und wie lange sie sich zeigen wollen. Es ist, wie wenn sie eine Tarnkappe hätten, die sie abnehmen und wieder aufsetzen können. Dabei zeigen sie sich mit Vorliebe jenen, die neben der Offenheit auch Liebe oder wenigstens Sympathie ausstrahlen und die Natur schätzen. Für das Sehen von Naturwesen braucht es also eine gegenseitige Anziehung.

Selten kann es auch vorkommen, dass sich Elfen oder Zwerge zunächst nicht bewusst sind, dass sie gesehen werden. In solchen Fällen verschwinden sie, sobald sie es merken.[608]

Anscheinend wird die Wahrscheinlichkeit, dass man Naturwesen sieht, in der Begleitung von Menschen, welche sie oft sehen, grösser. Aber nur die Wahrscheinlichkeit. Sicher ist es keineswegs. Ein Beispiel: Die Enkelin Stefánsdóttirs berichtet, dass sie in deren Begleitung manchmal Naturwesen sehe, und erzählt als Beispiel von einem Picnic mit ihrer Grossmutter.[609] Als dann plötzlich Buben mit dem Rad angefahren kamen und begannen, mit Steinen zu werfen, verschwanden die kleinen Wesen, mit denen das Mädchen vorher hatte spielen können. Eine Bestätigung, dass sie selber entscheiden, wann und wem gegenüber sie sichtbar sein wollen, und dass sie dies nur in friedlicheren und ruhigeren Momenten und gegenüber ihnen wohlgesinnten Menschen wünschen.

---

[603] Angaben zur ganzen Trilogie siehe Literaturliste.
[604] Ebenfalls in der Literaturliste aufgeführt (Puhle 2015).
[605] Beispiele: Johnson 2014, S. 55/56, 73, 107, 215.
[606] Der Titel wurde ihr von deutschen Journalisten verpasst, ein offizielles solches Amt gibt es in Island nicht.
[607] Stefánsdóttir 2011, S. 47-50.
[608] Beispiele: Johnson 2014, S. 18 und 28.
[609] Stefánsdóttir 2011, S. 41-47.

Man nimmt die Naturwesen in erster Linie mit dem dritten, inneren Auge wahr. Was nicht bedeutet, dass man sie in sich sieht und sie sich daher einbildet, sondern, dass man sie dort wahrnimmt, wo sie in der Landschaft sind, aber ihre Schwingungen vor allem mit dem inneren Auge aufnimmt. Allerdings erhält man den Eindruck, dass die äusseren Augen dabei mitbeteiligt sind. Jedenfalls haben die meisten Menschen die Augen offen, wenn sie Naturwesen sehen. Und die amerikanische Theosophin Dora van Gelder Kunz (1904-99), die vielerlei Arten von Naturwesen von ihrer Kindheit an sah, schrieb, sie sehe sie mit dem inneren Auge, aber die äusseren Augen würden ihr helfen, die Einzelheiten genauer zu sehen.[610] Wobei sie auch schrieb, sie könne die weniger dichten Naturwesen nur mit dem inneren Auge wahrnehmen.[611]

Diese Bemerkung zeigt nebenbei, dass die Naturwesen unterschiedlich dicht sind. Zwerge sind dichter, das heisst man sieht sie mit ähnlich festen Körpern wie Menschen, während Baum- oder Wasserwesen eher durchsichtig und etwas verschwommen erscheinen. Wenn man durchsichtig scheinende Gestalten mit dem dritten Auge sieht, ist es, als ob man eine Transparentfolie mit ihrem Bild auf einen Hintergrund projizieren würde. Man sieht also die dahinterliegende Landschaft durch sie hindurch noch. Um das projizierte Bild gut zu sehen, muss man sich ganz darauf konzentrieren statt auf den Hintergrund. Das braucht Übung.

Es gibt im Schwedischen Nationalmuseum in Stockhom das schöne Gemälde „Tanzende Elfen" (1866) des schwedischen Malers Johan August Malmström (1829-1901) und eine Studie dazu, in welchen Elfen so durchsichtig und mit unscharfen Umrissen erscheinen, wie man sie sich wohl etwa vorstellen muss. Auch dass sie, wie im Gemälde, bei Vollmond nächtliche Feste feiern und dazu tanzen, haben Menschen schon beobachtet.[612]

Weiter finden sich im zweiten Band der erwähnten Gespräche von Thomas Mayer mit Praktikern 18 Farbtafeln mit Gemälden von Naturwesen, gemalt von Menschen, die sie sehen.[613]

Argumente für die Glaubwürdigkeit solcher Sichtungen

Vielfach werden Sichtungen von Naturwesen als Einbildungen abgetan. Ich stelle im Folgenden einige Argumente dafür zusammen, dass es glaubwürdige Sichtungen tatsächlich gibt:

- Margot Ruis, deren beide Bücher über Naturwesen ich in der Literaturliste aufführe, sagt in einem Interview als Beweis, dass die Naturwesen, die sie sieht, keine Hirngespinste sind: „Ich sehe da (gemeint: irgendwo vor mir) einen Elfen. Dann versuche ich mir denselben Eindruck an einem anderen Ort aufzubauen. Es funktioniert nicht".[614] Andere Sehende machten jeweils denselben Test, mit demselben Ergebnis.[615]

---

[610] Van Gelder 1977/1999, S. 6.
[611] Ebenda, S. 9
[612] Beispiel: Ruis 2011, S. 21. Ferner Ruis 1995/2013, S. 68 (Ein Elf erzählt Ruis von den Vollmondfesten der Seinigen, zu denen sie jeweils eine alte Frau, die einmal einem Elfen half, einluden).
[613] Mayer 2012, zwischen S. 64 und 65.
[614] Naturwesen: Blicke in die Anderswelt. Margot Ruis im Gespräch (https://www.youtube.com/watch?v=yKUpYh0iymY, zuletzt abgerufen am 10.8.2018).

[615] Beispiele: Mayer 2008, S. 116/117; Crombie 2009/2018, S. 3.

- Überzeugend sind auch all jene Fälle, wo mehrere Menschen gleichzeitig dieselben Naturwesen sehen. Ein Beispiel erwähnte ich oben, mit Erla Stefánsdóttir und ihrer Enkelin. Weitere Beispiele:
  - Margot Ruis erzählt: „Ich sehe zum Beispiel einen Elfen. Dann frage ich meinen Mann (, der Naturwesen ebenfalls sehen kann): Siehst Du da (in einem Kreissegment von 120 Grad) etwas? Und er weist genau auf den Punkt hin und sieht dort den Elfen ebenfalls."[616]
  - Ein Beispiel aus einem Seminar von Ruis: Ein Seminarteilnehmer sah vor sich drei Wassermädchen und malte sie. Ruis' Mann, der Naturwesen zu malen pflegt[617], sah die drei auch, malte sie von weiter hinten, ging dann zum Seminarteilnehmer und legte das Blatt hin. Beide hatten dasselbe gemalt.[618]
  - Ein Beispiel mit einem Kind: Ruis und ihr Mann waren zu Besuch bei einem befreundeten Ehepaar. Als sie mit deren vierjährigem Sohn an einem Abstellraum vorbeigingen, schaute jener hinein. Ruis' Mann fragte, was er sehe. „Da sind Zwerge drin", lautete die Antwort des Kleinen, der dabei in eine Ecke deutete, in der auch Ruis' Mann zwei Zwerge sitzen sah. Sie interessierten den Buben aber weiter nicht. Für ihn war es anscheinend normal, Zwerge zu sehen.[619]
  - In Puhles erwähnter Sammlung von Berichten über Begegnungen mit Zwergen und Elfen findet sich der Bericht der blinden Michaela Fetovski, die seit dem Alter von 4/5 Jahren von einem helfenden Zwerg begleitet wird, den sie „Gnömel" nennt.[620] Einige Menschen, denen sie begegnet ist, konnten ihn ebenfalls wahrnehmen, so ihr früherer Lebenspartner und der Leiter eines Seminars, der ihr ihren Gnömel treffend beschrieb, bevor sie ihm von ihm erzählte.[621]
  - Die Geobiologin Blanche Merz (1919-2002), die durch ihre Bücher über die Messung von Erdschwingungen bekannt wurde, berichtet, dass sie beim zweiten Mal, als sie Naturwesen sah, – in einem einsamen, sumpfigen Gelände am oberen Genfersee – mit einem medial veranlagten Freund zusammen war. Beide waren während des Erlebnisses völlig still, verglichen es *nachher* miteinander und stellten dabei fest, dass sie dasselbe gesehen hatten.[622]
  - In der Sammlung Marjorie Johnsons finden sich unzählige Berichte, gemäss welchen gleichzeitig zwei oder mehr Personen dieselben Elfen oder Zwerge sahen.[623] Von einer grösseren Gruppe sehen in der Regel einige sie und einige nicht. Gemäss einem der Berichte sahen von 30 Schulkindern 20 eine Blumenelfe, 10 sahen sie nicht.[624]
    Eindrücklich ist auch ein Beispiel in Johnsons Sammlung, wo ein vierjähriger Junge erzählte, er spiele mit Kindern, welche die Erwachsenen nicht sahen. Als einmal eine Frau, die Naturwesen sehen konnte, zu Besuch war, bestätigte sie alles, was der Bub gesagt hatte,

---

[616] Quelle wie vorletzte Anmerkung. Konkrete Beispiele: Ruis 1995/2013, S. 58; Ruis 2011, S. 68, 91 und 241.
[617] Man findet einige dieser Wasserfarb-Bilder auf der Website des Hilfsvereins „Dana Mudra", den Margot Ruis und ihr Mann Gerhard Kogoj zur Unterstützung von Hilfsprojekten in Indien gründeten: www.danamudra.org (zuletzt abgerufen am 10.8.2018). Dort rechts „Themen" anklicken, dort den Punkt „Gerhards Elfenbilder".
[618] Ruis 2011, S. 62.
[619] Ebenda, S. 65.
[620] Puhle 2015, S. 100.
[621] Ebenda, S. 110 bzw. 111/112.
[622] Merz 2000, S. 157-160.
[623] Bereits auf den ersten Seiten der zusammengestellten Berichte finden sich diverse Beispiele.
[624] Johnson 2014, S. 165/166. Weitere Berichte, gemäss welchen mehr als 2 Personen gleichzeitig Elfen oder Zwerge sahen: S. 17 (4 Sehende), 48 (3), 50 („a little crowd"), 75-77 (8), 115 (5), 156 (3), 157 (4), 157 („many").

auch was die kleinen Elfen gemäss ihm gerade taten (Sie errichteten einen für die meisten Menschen unsichtbaren Baumstamm und tanzten dann um ihn herum).[625]

o Weitere Menschen, die Naturwesen sehen und Bücher über sie schrieben, berichten von Beispielen, wo sensible Menschen in ihrer Begleitung dasselbe sahen.[626]

- In Johnsons Sammlung finden sich etliche Berichte von Menschen, die Elfen oder Zwerge sahen, obwohl sie vorher noch nie von solchen Wesen gehört hatten, auch als Kinder nicht,[627] ferner von Menschen, die nie an die Existenz solcher Wesen geglaubt hatten, bevor sie selber welche sahen.[628] In allen diesen Fällen ist kaum anzunehmen, dass die Betreffenden sich die Sichtungen einredeten oder einbildeten.

- Bei Tanis Helliwell, von der ich in der Literaturliste zwei Bücher aufführe, begann der Kontakt mit Naturwesen ganz überraschend, als sie 1985 an der irischen Westküste für einen Sommer ein kleines altes Häuschen mit Holz- und Torfheizung mietete. Sie hatte die Absicht, in der dortigen Ruhe ihre Meditations-Erfahrungen zu erweitern, doch es kam anders: Kaum zog sie ins Häuschen ein, erblickte sie einen Leprechaun (irischer Hausgeist) mit dessen Familie, der sie ansprach. Daraus entstand eine lebenslange Freundschaft. Helliwell erfuhr erst nachher von der Dorfbevölkerung, was dort alle wussten: dass jenes Häuschen vom „kleinen Volk" „heimgesucht" wurde.[629]

- Auch die Tatsache, dass Naturwesen auf der ganzen Welt und zu allen Zeiten von den unterschiedlichsten Menschen gesehen wurden und werden, kann man als starken Hinweis auf ihre Existenz ansehen.

- Auch Tiere können manchmal Elfen und Zwerge sehen, wahrscheinlich sogar häufiger als Menschen. Die Berichte darüber können nur bestätigen, dass es Naturwesen gibt, denn Tiere lügen nicht.
  Doch wie kann man nachweisen, dass Tiere Naturwesen sehen? Man kann es am besten in jenen Fällen, wo auch Menschen dabei sind, die sie sehen. Das ist meist nur bei Haus- und sogenannten Nutztieren der Fall. Es folgen ein paar Beispiele aus der Sammlung von Marjorie Johnson, die nebenbei auch zeigen, dass Tiere auf Sichtungen von Naturwesen gleich unterschiedlich reagieren wie Menschen: manchmal mit Angst, manchmal mit grosser Freude und Offenheit:

o Ein Mann berichtete, er sei des Nachts jeweils bei Mondschein ausgeritten. Einmal sei sein Pferd plötzlich still gestanden und habe nach vorne gelauscht. Als er hinblickte, sah er zum ersten Mal Elfen. In weiteren Nächten sah er sie am gleichen Ort wieder. Wenn er seinem Pferd freien Lauf liess, ging es mit ihm jedesmal wieder genau dorthin, aber nur bei Mondschein.[630]

o Johnson selber berichtete, sie und ihre Schwester hätten einmal in der Nacht der Wintersonnenwende von ihrem Haus aus draussen auf der Strasse tanzende Elfen gesehen.

---

[625] Ebenda, S. 73.

[626] Pogačnik 2009, S. 77/78; van Gelder 1977/1999, S. 15; Helliwell 2010, S. 51; Crombie 2009/2018, S. 43 u. 138/139.

[627] Johnson 2014, S. 28, 32, 55/56.

[628] Ebenda, S. 38, 156/157, 237, 239, 241/242.

[629] Helliwell 1997/2011, S. 8.

[630] Johnson 2014, S. 255/256.

Dann kam ein Mann mit seinem Hund auf der Strasse spazieren. Der Mann ging durch die Elfen hindurch, er sah sie offensichtlich nicht. Der Hund hingegen hielt zuerst inne und machte dann einen Bogen um sie herum, während er in ihrer Richtung blickte und schnüffelte.[631]

o Eine Frau berichtete, wie ihre Katze manchmal mit scheinbar nichts spielte, im Haus oder im Garten. Ein Besucher, der Naturwesen sah, sagte aber, er sehe einen Zwergen als Spielkameraden.[632] Auch ein Hund Johnsons spielte jeweils mit Elfen, die sie sehen konnte.[633]

o Ein Beispiel eines Tieres, das Angst vor einem Naturwesen hatte: Eine Frau berichtete, sie sei eines Tages mit ihrem Hund in einem Wald spazieren gegangen. Er habe plötzlich inne gehalten und wollte nicht weiter. Als sie in die Richtung blickte, in die auch der Hund schaute, sah sie einen kleinen Zwerg, der sie anblickte und dann verschwand. Der Hund wollte nachher nicht mehr weiter und weigerte sich für einige Zeit, in jenen Wald zu gehen.[634]

Fotos von Naturwesen

Angesichts der vielen Sichtungen fragt man sich, ob es Fotos von Naturwesen gibt. Ich fand nur ein älteres Schwarz-Weiss-Foto unbekannten Datums, welches auch als Titelbild von Marjorie Johnsons erwähntem Buch dient. Darin sieht man die noch sehr undeutlichen Umrisse eines halb durchsichtigen zwergengrossen Elfen, der erscheint, während Johnson in der Natur Flöte spielt. Skeptiker werden sagen, Licht sei in die Kamera geraten. Für einen erscheinenden Elfen spricht jedoch zweierlei: Erstens, dass Naturwesen von menschlicher Musik ganz allgemein angezogen werden, und zweitens, dass Johnson, wie sie in ihrem Buch schrieb, an jenem Ort die Gegenwart von Elfen spürte.[635]

Es gibt andererseits auch die bekannt gewordenen Fotos von angeblichen Elfen in England aus dem Jahre 1917, die sich viel später als Fälschung herausstellten (Eines der Mädchen, die sie aufgenommen hatten, gab Jahre später zu, die Elfen durch Kartonausschnitte fabriziert und in die Natur gestellt zu haben.)[636]

Den Grund, weswegen es praktisch keine Fotos von Naturwesen gibt, erfährt man im Bericht der Naturwissenschaftlerin Blanche Merz über ihre Erfahrungen mit ihnen: Nachdem sie sie drei Monate lang hatte sehen können, versuchte sie, sie mit technischen Instrumenten, nämlich Schwingungsmesser (Bovismeter) und Kamera, zu erfassen, um einen Beweis ihrer Existenz zu haben, der von ihren Wissenschaftler-Kollegen akzeptiert würde. Doch in genau jenem Moment verschwanden sie und zeigten sich ihr nie mehr.[637] Dies, obwohl die Naturwesen *möchten*, dass die Menschen wieder mehr von ihnen erfahren und sich wieder bewusst werden, dass es sie auch gibt (dazu mehr weiter unten). Am Versuch, sie durch technische Mittel zu dokumentieren, störte die

---

[631] Ebenda, S. 259/260.

[632] Ebenda, S. 258.

[633] Ebenda, S. 258/259. Ein weiteres, nicht von Johnson selber stammendes Beispiel eines Hundes, der gerne mit Elfen spielte: ebenda, S. 272.

[634] Ebenda, S. 257/258. Ähnliche Beispiele: ebenda, S. 256/257 (ein Pferd wartet, bis die Naturwesen den Weg überquert haben, geht dann weiter) und S. 289 (ein Hund flüchtet vor Naturwesen nach Hause).

[635] Ebenda, S. 288.

[636] Ebenda, S. 279-285; van Gelder 1977/1999, S. X/XI.

[637] Merz 2000, S. 179 und 164.

Naturwesen wohl zweierlei: Einerseits der Zweifel, der in jedem Suchen nach Beweisen liegt; und zweitens die Macht, die ein Mensch ausübt, der Beweise verlangt und darüber urteilt. Die Naturwesen möchten, dass man nicht an ihrer Existenz zweifelt, und sie möchten eine Zusammenarbeit mit den Menschen auf gleicher Ebene, so wie sie früher einmal bestanden hatte.

Naturmusik („Elfenmusik")

Wer Zwergen oder Elfen beim Tanzen beobachten kann, hört dazu oft Musik von ihnen kommen.[638] Sie kommt allerdings nicht aus Mundkehlen, denn die Naturwesen haben keinen Körper aus Fleisch und Knochen (siehe dazu unten), sondern wird durch Schwingungen der ganzen Naturwesen hervorgebracht.

Manchmal hören Menschen auch aus bestimmten Naturphänomenen heraus, zum Beispiel aus einem Stein, einem Baum oder einem Berg, Musik. Das kann von einer Sichtung von Naturwesen begleitet sein, muss aber nicht. Die Naturwesen können dabei auch unsichtbar bleiben.

Diese Natur-Musik oder „Elfenmusik" kann unterschiedlicher Art sein, von einer einfachen kurzen Melodie bis zu einer Orchestermusik, welche an die „Sphären-Musik" erinnert, die gemäss früheren Astronomen vom harmonischen Zusammenklang der Gestirne hervorgebracht wird. Manchmal wird sie von jenen, die sie hörten, als schöner und wunderbarer als alle menschen-gemachte Musik beschrieben,[639] auch als ganz andersartig: Jemand sagte, sie sei über den vom menschlichen Ohr aufnehmbaren Hörumfang hinausgegangen.[640] Margot Ruis hörte ein Elfen-Lied, dessen Melodie sie nachher aufschreiben wollte, musste aber feststellen, dass sie sich mit unserem Tonsystem nicht ganz wiedergeben liess.[641] Eine Frau hörte regelmässig Natur-Musik, die nicht aus einzelnen Tönen oder Halbtönen bestand, sondern wie etwas hörbar Fliessendes aus dem ganzen Körper der Naturwesen strömte.[642]

Solche Musik kann man nur mit dem dritten, inneren Ohr hören (, was dasselbe ist wie das dritte, innere Auge). Sie erinnert mit ihrem Wunderbaren und Andersartigen an die Musik in der spirituellen Welt, von welcher Menschen nach Nahtoderlebnissen berichten. Ich erkläre weiter unten, dass die Naturwesen der spirituellen Welt sehr viel näher stehen als die Menschen.

Es folgen einige Überlegungen und Beobachtungen, die dafür sprechen, dass diese Musik wirklich aus der Natur kommt bzw. – was dasselbe ist – von den die Natur beseelenden Wesen hervorgebracht wird:

- Die Menschen, die solche Musik hören, hören sie immer nur aus einem bestimmten Baum[643], einem bestimmten Fels, aus der Luft an einem bestimmten Ort usw.. Das schliesst Einbildung aus. Würde die Musik aus dem Inneren der Hörenden kommen, müssten sie sie überall hören.

- Es gibt Berichte über solche Musik aus Zeiten, wo es noch keine Transistorradios gab, und aus Gegenden, wo es weit und breit keine Wohnsiedlungen gab und auch keine technischen

---

[638] Beispiele: Johnson 2014, S. 32, 34, 83 115, 236.
[639] Johnson 2014, S. 170 und 231/232.
[640] Ebenda, S. 328.
[641] Ruis 2011, S. 164.
[642] Johnson 2014, S. 357/358.
[643] Beispiele: Ebenda, S. 249, 271.

Einrichtungen wie Wasserröhren, Telephonmasten usw., von denen, ausgelöst durch Wasser oder Wind, das Tönen hätte ausgehen können.[644]

- In Johnsons Sammlung finden sich zwei Berichte, wo zwei Menschen am gleichen Ort gleichzeitig dieselbe Musik hörten, die nur aus der Natur kommen konnte, wobei sie im einen Fall nachher die Noten aufschrieben und beim Vergleich feststellten, dass sie weitgehend übereinstimmten[645]. Im anderen Fall kam die Musik aus einem Berg namens „Fiery Mount" (Feuerberg), der aber ursprünglich wohl „Fairy Mount" (Feenberg) geheissen hatte.[646] Gemäss einem weiteren Bericht hörte eine Frau eine Melodie an einem abgelegenen Ort aus der Luft und stellte später fest, dass jemand anders dieselbe Melodie am genau gleichen Ort gehört hatte.[647]
  Gemäss einem weiteren Bericht aus den 50er Jahren aus der schottischen Hebrideninsel Iona gab es damals dort viele Leute, welche in der dortigen Natur schon ein Flötenspiel gehört hatten.[648]

Im Kapitel 3 schrieb ich, die Menschen hätten Musik gemacht, bevor sie Sprache schufen, weil sie die Erinnerung an Musik aus dem Bardo in sich trugen. Sie lernten das Musizieren aber wohl auch durch ihren in früheren Zeiten überall viel engeren Kontakt mit den Naturwesen.[649] So sagt Helliwells Leprechaun, die Iren hätten ihre besondere Liebe zur Musik von ihrer lange Zeit besonders engen Beziehung zu den Naturwesen,[650] Margot Ruis lernte von den Naturwesen viele Melodien,[651] und ein Bruder von Erla Stefánsdóttir sagte, er sei als Kind beim Cellospielen am meisten von einem Naturwesen-Freund inspiriert worden.[652]

Der Geruch von Naturwesen

In seltenen Fällen wird das Sehen von Naturwesen von einem Wohlgeruch begleitet, der von ihnen ausgehen kann.[653]

Die Kommunikation mit Naturwesen

Am interessantesten werden Begegnungen mit Naturwesen, wenn diese mit Menschen kommunizieren. Doch nicht alle Naturwesen möchten und können das. Die kleinsten, einfachsten von ihnen haben keine höheren Gedanken und können es nicht. Die grösseren, höher entwickelten haben höhere Gedanken und sind (in unterschiedlichem Grade) zur Kommunikation fähig. Doch nur sehr wenige jener Menschen, die Naturwesen sehen und/oder ihre Musik hören, können sich darauf einstellen.

So kommt es nur selten zu solcher Kommunikation. Wenn es dazu kommt, geschieht sie üblicherweise gleich wie mit den Seelen verstorbener Menschen: auf sogenannt „telepathische" Weise, das heisst durch Vermittlung von Bildern, Gefühlen und Gedanken. Dies richtig in Worte zu

---

[644] Die meisten Berichte über „fairy music" oder „angel music" in der Sammlung Marjorie Johnsons stammen aus der Zeit vor dem Zweiten Weltkrieg (Johnson 2014, S. 227-237 und 355-358).
[645] Ebenda, S. 335.
[646] Ebenda, S. 331.
[647] Ebenda, S. 337.
[648] Ebenda, S. 227.
[649] Das bestätigt auch ein Naturwesen in einer Mitteilung an Margot Ruis (Ruis 2011, S. 166).
[650] Helliwell 2010, S. 32.
[651] Ruis 2011, S. 157-167.
[652] Stefánsdóttir 2011, S. 57/58.
[653] Beispiele: Johnson 2014, S. 174, 186, 296; Mayer 2008, S. 64; Crombie 2009/2018, S. 14/15.

übersetzen, braucht Übung. Dora van Gelder schreibt, sie erhalte jeweils etwa 20 Bilder über Dinge, die nacheinander eintreten, gleichzeitig, wodurch man leicht verwirrt werden könne.[654] Der slowenische Geomant (spiritueller Landschafts-Heiler)[655] Marko Pogačnik (1944-) schreibt von „Wolken" von Bildern, Gedanken und Gefühlen, die er jeweils „versuche" zu entschlüsseln.[656] Wie beide eingestehen, ist es nicht immer einfach, alles zu entwirren und in die richtige Reihenfolge zu bringen, besonders, wenn bereits der nächste Bilder- und Gedankenschwall kommt, sodass man unter Zeitdruck gerät. Thomas Mayer schreibt offen, dass er oft nicht sicher ist, ob er die „Gedanken, Bilder, Stimmungen und Gesten" jeweils richtig versteht,[657] und eines jener Naturwesen, mit denen er kommuniziert, sagt ihm, Irrtümer könnten sich bei ihm leicht einschleichen (es sagt allerdings auch, dass das, was Mayer in seinem Buch schreibe, stimme, wenn es auch ungenau sei).[658] Die Anthroposophin Verena Staël von Holstein, deren Bücher mit Protokollen von Gesprächen mit Naturwesen in anthroposophischen Kreisen grosse Beachtung gefunden haben, erhält jeweils Gedanken-„Formeln", deren Übertragung in Worte schwierig sei und oft erst mit Hilfe von Übersetzungs-Vorschlägen ihres Mannes gelinge.[659]

Die Kommunikation mit Naturwesen ist also, wenn sie überhaupt möglich ist, im Normalfall sehr anspruchsvoll. Doch ein paar wenige höher entwickelte Naturwesen haben gelernt, mit Menschen so zu kommunizieren, dass diese ihre Mitteilungen direkt in Wortform verstehen, obwohl sie (die Naturwesen) keine Sprechwerkzeuge wie die Menschen haben und darum nicht so wie sie sprechen können. Es geht daher um ein lautloses, inneres Hören[660], das zusätzlich von Bildern begleitet wird.[661] Mayer erlebte es nur mit *einem* seiner Naturwesen-Gesprächspartner, einem „Riesen" auf der kroatischen Adria-Insel Cres, mit dem er nur einmal ein kurzes Gespräch führte. Dass er es mit anderen Naturwesen nie erlebte, zeigt, dass der Riese und nicht Mayer für die leicht verständliche Kommunikation verantwortlich war.[662] Margot Ruis erfährt diese Art fortgeschrittener Kommunikation mit mehreren Grossen Elfen, Tanis Helliwell mit dem erwähnten Leprechaun, und der schottische Naturwissenschaftler R. O. Crombie, genannt „Roc", (1899-1975) erfuhr sie – allerdings erst seit dem Alter von 67 Jahren – mit verschiedenen Naturwesen, vor allem einem sehr hoch entwickelten, das sich ihm in der Gestalt des griechischen Naturgottes Pan zeigte.[663]

Wie einige Naturwesen es fertig bringen, ihre Mitteilungen in Worte zu kleiden, ist nicht ganz klar. Ich erhielt den Eindruck, dass jedes seine eigene Methode entwickelte. Mayers Riese sagt, er habe es gelernt, indem er beobachtete, was auf nichtkörperlicher Ebene in den Menschen bei den Formulierungen der Worte vor sich gehe.[664] Helliwells Leprechaun-Freund scheint gedanklich Wörter schicken zu können, die er von den Menschen lernte. Dies könnte erklären, warum die Wörter bei

---

[654] van Gelder 1977/1999, S. 157.

[655] Unter „Geomantie" versteht man die (von den Wissenschaften nicht anerkannte) Beschäftigung mit den Energielinien in der Erde. Praktisch beschäftigen sich Geomanten meist mit der Wiederherstellung gestörter Energieflüsse, daher sind sie praktisch spirituelle Erd-Heiler oder Landschafts-Heiler.

[656] Pogačnik 2009, S. 72, 79, 131.

[657] Mayer 2008, S. 69 bzw. S. 95 und 100.

[658] Ebenda, S. 98.

[659] Flensburger Hefte 79 (2002), S. 22.

[660] Margot Ruis erläutert dies im oben bereits erwähnten Interview.

[661] Beispiel eines zusätzlich geschickten Bildes: Helliwell 1997/2011, S. 14.

[662] Mayer 2008, S. 118. (Das ganze Gespräch: Ebenda, S. 118-123).

[663] Crombie 2009/2018, S. 2ff..

[664] Mayer 2008, S. 118.

Helliwell mit irischem Akzent empfangen werden, obwohl sie selber Kanadierin ist.[665] Und es würde erklären, warum die Wörter bei ihr manchmal in seltsamer Aussprache ankommen. Der Leprechaun spricht zum Beispiel das Wort „human" wie „huuuman" statt „hjumen" aus,[666] und manchmal probiert er ein für ihn ungewohntes neues Wort aus.[667] Ruis dagegen „hört" alles auf deutsch oder einer anderen ihr bekannten Sprache, auch wenn sie in anderen Gegenden der Welt ist. Wobei sie es anders hört, je nach dem, von wem die Mitteilung kommt. Sie sagt, sie vernehme es dermassen klar, dass es einfach nicht eingebildet sein könne. Die Umsetzung der Mitteilungen in Worte scheint auf eine Zusammenarbeit zwischen den Naturwesen und etwas im Kopf von Ruis selber zurückzugehen.[668] Dasselbe sagte Roc über seine Kommunikation mit Naturwesen.[669]

Im Unterschied zu Botschaften, die man nur via Bilder, Gedanken und Gefühle erhält, sind bei Mitteilungen, die zusätzlich mit Wörtern übermittelt werden, kaum Missverständnisse möglich. Darum halte ich ihren Inhalt für besonders wertvoll.

Die Quellen für die folgenden Ausführungen

Ruis, Helliwell und Roc führten viele und umfangreiche Gespräche mit Naturwesen, die sie in ihren Büchern ganz bzw. teilweise wörtlich wiedergeben (Ruis schreibt immer alles mit). Darum stütze ich mich bei den folgenden Ausführungen über Naturwesen am stärksten auf sie. Ihre Glaubwürdigkeit wird auch dadurch gestärkt, dass sie die Kommunikation mit Naturwesen nicht suchten und keinen vorgefassten Glauben über sie hatten (Helliwell scheint allerdings von der Theosophie/Anthroposophie leicht beeinflusst zu sein). Die von ihnen berichteten Mitteilungen der Naturwesen stimmen inhaltlich miteinander überein, obwohl die drei Autoren/Autorinnen nicht voneinander beeinflusst waren. Auch stimmen die grundsätzlichen Äusserungen jener Naturwesen über die Menschen ganz mit dem überein, was sich in den sonst für dieses Buch berücksichtigten Quellen findet. So sagen sie, nur der Mensch habe den „freien Willen", worunter sie den individuellen Willen und die damit verbundene Handlungsfreiheit verstehen. Und Helliwells Leprechaun-Freund betont immer wieder, nur Menschen könnten „creators", also „Erschaffer", werden, und dies sei auch ihre Aufgabe.[670] Er sagt allerdings nirgends, dass die schöpferische Kraft in der Welt identisch ist mit der Liebe. Das muss man von anderen Büchern her wissen. Erst dann merkt man, dass er dasselbe meint wie Newton, Monroe oder Brian Weiss, nämlich, dass die Menschen lernen sollten, Liebe zu produzieren und dadurch die schöpferische Energie in der Welt zu verstärken.

Allerdings ist zu berücksichtigen: Ruis, Helliwell und Roc kommunizier(t)en nicht mit allen Arten von Naturwesen. Helliwell nur mit dem Leprechaun, der die Freundschaft mit ihr suchte, Roc vor allem mit Pan, und Ruis hauptsächlich mit Elfen und Wasserwesen. Ruis schätzt diese Naturwesen am meisten, fühlt sich aber nicht so stark zu Zwergen hingezogen, welche sich ihr gegenüber darum auch viel seltener zeigen.[671] Womit sich nebenbei bestätigt, dass für einen Kontakt mit Naturwesen eine gegenseitige Anziehung nötig ist.

---

[665] Helliwell 1997/2011, S. 14.
[666] Ebenda, S. 5.
[667] Z.B. „inclement" (Helliwell 1997/2011, S. 154) oder „recuperate" (Helliwell 2010, S. 140).
[668] Dies gemäss dem oben erwähnten Interview auf Youtube.
[669] Crombie 2009/2018, S. 4, 114 und 135.
[670] Helliwell 1997/2011, S. 14.
[671] Ruis 1995/2013, S. 11/12, und Ruis 2011, S. 219.

Die Beschränkung auf wenige Naturwesen könnte ein unvollständiges Gesamtbild liefern. Darum stütze ich mich bei den folgenden Ausführungen zusätzlich auf die weiteren erwähnten Berichte, ferner auf die Beobachtungen des englischen Theosophen Geoffrey Hodson (1886-1983).

Naturwesen und Theosophie/Anthroposophie

Ein beträchtlicher Teil der Literatur über Naturwesen stammt von Anhängerinnen und Anhängern der Theosophie (im englischen Sprachraum) und der Anthroposophie Rudolf Steiners (im deutschen Sprachraum). Dies waren seit den Naturreligionen die ersten Weltanschauungen, die den Naturwesen einen vollwertigen Platz in einer Gesamterklärung der Welt einräumten. Wer seit der Kindheit Naturwesen sieht und eine Weltanschauung sucht, in welcher die eigenen Erfahrungen voll anerkannt werden, findet diese daher auch heute noch am ehesten in der Theosophie oder der Anthroposophie (Beispiele sind einige der erwähnten Autoren und Autorinnen: Hodson, Johnson, van Gelder, Stefánsdóttir, Staël von Holstein). Es gibt daneben auch die umgekehrte Reihenfolge: Menschen, die zuerst Anhänger/innen der Anthroposophie sind und darum lernen, Naturwesen zu sehen (Thomas Mayer und etliche seiner Interview-Partner sind Beispiele).

Ein grosses Verdienst der Theosophen und Anthroposophen ist es daher, die Welt wieder auf die Existenz der Naturwesen aufmerksam gemacht zu haben. Für meine Arbeit wertvoll sind ihre konkreten Beobachtungen, problematisch wird es meiner Meinung nach immer dann, wenn Erklärungen aus einer vorher vorhandenen Lehre angeführt werden. Bei den Anthroposophen herrscht eine grosse Steiner-Gläubigkeit, obwohl Steiner selber kein Guru werden wollte. Wenn Anthroposophen aufgrund eigener Beobachtungen nicht weiter kommen und eine Erklärung suchen, stützen sie sich gerne auf die Schriften Steiners. Rudolf Steiner sah Naturwesen und hatte Kontakt mit ihnen[672], aber in seinen Vorträgen und Werken beschreibt er keine konkreten Beobachtungen, sondern nur seine (für mich oft etwas unklar formulierten) Schlussfolgerungen daraus. Diese sind darum für mich nicht nachvollziehbar. Ich stütze mich daher für meine Arbeit nicht auf Steiners Ansichten über Naturwesen, gehe aber an einer Stelle darauf ein.

Zum Verständnis der Bücher von Steiner und seiner Anhänger über Naturwesen ist es übrigens hilfreich, etwas zu wissen: Für sie sind auch die Gedanken, welche von den Menschen kommen und irgendwo gespeichert werden, Wesen einer anderen Bewusstseinsebene. Sie nennen sie „Elementale".[673] Diese sind jedoch etwas Anderes als die Naturwesen/Elementarwesen. Naturwesen sind die Gestalten der Naturseelen und stammen somit nicht von den Menschen, sondern aus der spirituellen Welt. Das wissen und schreiben die Anthroposophen auch. Trotzdem halten sie bei ihren praktischen Beobachtungen Elementarwesen und Elementale nicht immer auseinander. Manchmal schreiben sie von „Elementarwesen", meinen aber Elementale, oder mindestens drängt sich der starke Verdacht auf, dass sie eigentlich Elementale meinen. Man kann so zum Beispiel erklären, weswegen manche Anthroposophen „Elementarwesen" in allen Häusern sehen[674], während andere Sehende, auch andere Anthroposophen, sie nur in einigen älteren Häusern feststellen.[675]

---

[672] Das wird von Helliwells Leprechaun bestätigt, welcher mitteilt, er sei in jungen Jahren Rudolf Steiner begegnet: Helliwell 1997/2011, S. 76/77 und 80.

[673] Zusammenfassung der Ansicht der Anthroposophen über Elementale: Mayer 2008, S. 76-90.

[674] Beispiel: Massei 2011, S. 99.

[675] Beispiel: Mayer 2010, S. 251: Einer von Mayers Interview-Partnern sieht in modernen, gefühlskalten Gebäuden keine Elementarwesen, jedoch Elementale.

Nach diesen Vorbemerkungen über die Beweise für die Existenz der Naturwesen und die Quellen, auf die ich mich stütze, folgt die eigentliche Darstellung der Naturwesen und ihres Wirkens.

Die Gliederung der Naturwesen

Genau so, wie es bei den Tieren eine Höherentwicklung von den Einzellern bis zu den Menschen gibt, gibt es auch unterschiedlich weit entwickelte Naturwesen. Die niedrigsten sind ungeformt und nur ansatzweise zu Gefühlen und Gedanken fähig;[676] etwas weiter entwickelte haben eine Gestalt ähnlich jener einfacher Tiere;[677] noch höher entwickelte zeigen einen Körper, der jenem von Menschen mehr oder weniger gleicht, und haben Gefühle und Gedanken; die am höchsten entwickelten ähneln in ihrem Aussehen ebenfalls den Menschen und haben, ähnlich wie die Menschenseelen im Bardo, ein umfassendes intuitives Wissen über die Zusammenhänge in der Welt.[678]

Naturwesen gibt es auf, in und über der ganzen Erde. In von Menschen wenig berührten Landschaften gibt es mehr, in Städten bedeutend weniger (am ehesten in Gärten und Parkanlagen). Es gibt sie für alle Erscheinungsformen der Natur: Pflanzen, Felsen, Berge, Flüsse, Seen, Meer, Luft, Wolken, Erdinneres.

Alle Naturwesen sind mit einem der vier Elemente (Erde, Wasser, Luft, Feuer) verbunden, und danach kann man sie auch gliedern. Innerhalb aller dieser vier Kategorien gibt es höher und weniger hoch entwickelte Arten, die alle ihre eigene Aufgabe haben. Da die Existenz der Naturwesen von unseren Naturwissenschaftlern nicht anerkannt wird, gibt es keine wissenschaftlich gültigen oder allgemein akzeptierten Bezeichnungen für die verschiedenen Gattungen und Arten. Einige Bezeichnungen haben sich allgemein durchgesetzt, weil sie im Volksmund in Sagen verwendet wurden. Darüber hinaus verwenden die Autoren in ihren Büchern aber jeweils ihre eigenen Bezeichnungen, was etwas verwirrend sein kann.

Es folgt eine Aufzählung und Einordnung der bekanntesten Arten:

- Die bei den Menschen bekanntesten Naturwesen sind die Erdwesen. Beispiele:
  o Zwerge (auch als „Gnomen"[679] oder „das kleine Volk" bezeichnet). Sie wohnen in der Erde oder in Felsen. Die Zugänge zu Zwergenwohnungen in der Erde finden sich gerne in Höhlen unter Wurzeln.[680]
  Die Zwerge stehen von allen Naturwesen den Menschen am nächsten. Manchmal nähern sie sich ihnen bewusst an und wohnen dann in menschlichen Behausungen, die noch möglichst naturnah sind, so in Ställen oder torf- und holzgeheizten Häusern. Ein Beispiel ist der erwähnte Leprechaun, den Helliwell im besagten irischen Ferienhäuschen antraf. Weitere Beispiele sind die Heinzelmännchen, englisch „Brownies", die gerne die Menschen bei deren Arbeiten unterstützen, und die Kobolde (wörtlich „Herrscher im Haus", aus mittelhochdeutsch „kobe" = „Hütte" und „walten" = „herrschen"), englisch „goblins", die mit Menschen gerne etwas Schabernack treiben.

---

[676] Van Gelder 1977/1999, S. 9.
[677] Siehe dazu die Zeichnungen im Buch von Blanche Merz (Merz 2000, S. 180-184 und 158).
[678] Beispiele: Ruis 1995/2013, S. 53; Hodson 1982, S. 110.
[679] Diese Bezeichnung sowie die nachfolgend erwähnten Bezeichnungen „Undinen" für Wasserwesen, „Sylphen" für Luftwesen und „Salamander" für Feuerwesen gehen auf den Naturarzt Paracelsus (1493-1541) zurück, der als erster versuchte, Naturwesen wissenschaftlich zu beschreiben.
[680] Massei 2011, S. 24. Beispiel: Johnson 2014, S. 116/117.

- In Nordeuropa gibt es die haarigen und grosswüchsigen Trolle mit ihren langen Armen und Beinen. Sie wohnen in den Felsen und haben bei Menschen keinen guten Ruf, nach Helliwell zu Unrecht, da sie, auf ihre eigene, etwas mürrische Art, auch hilfsbereit seien[681].

- Unter der Bezeichnung „Elfen" werden unterschiedliche Erdwesen verstanden: einerseits die etwa menschengrossen oder noch grösseren, hoch entwickelten Grossen Elfen (auch „Königs-Elfen"), die in der Landschaft wohnen, eine Oberaufsicht über andere Naturwesen ausüben und zu denen auch die „Feen" gehören. Andererseits die viel kleineren Wesen, die Blumen und Sträucher betreuen oder, ganz klein, auch in Blumenblüten wohnen und im Englischen „Fairies" genannt werden. „Fairies" ist eigentlich die Übersetzung des deutschen Wortes „Feen" und wird im Englischen manchmal auch als Oberbegriff für alle Naturwesen verwendet.

- Baumwesen sind hoch entwickelte Erdwesen und werden, mit dem Begriff aus der griechischen Mythologie, auch als „Dryaden" bezeichnet, manchmal auch als „Faune", nach Faunus, dem römischen Gott des Waldes („Faun" kann aber auch die römische Bezeichnung für die griechischen Satyrn sein. Diese sind Landschaftsgeister mit Menschengestalt, aber Hörnern und Ziegenbeinen).

- Für hoch entwickelte Erdwesen verwenden einige Autoren auch die aus Indien stammende Bezeichnung „Devas". „Deva" bedeutet auf Sanskrit „leuchtendes, strahlendes Wesen".

- Wasserwesen, auch „Undinen" genannt: Sie wohnen in allen Arten von Gewässern (Flüsse, Seen, Meer, Quellen, Sümpfe, unterirdische Gewässer) ausser in den vom Menschen am meisten verschmutzten. Weibliche Wasserwesen werden gerne als „Nymphen" bezeichnet, oder, wenn sie einen Fischschwanz haben, als „Nixen"[682].

- Luftwesen, auch „Sylphen" genannt: Sie wohnen in den Wolken oder sonst in der Luft und beschäftigen sich mit dem Wetter.

- Feuerwesen, auch „Salamander" genannt, weil sie, ausgehend von der Form und Farbe einer Flamme, oft in Salamander-ähnlicher Form erscheinen. Sie leben aber nicht nur im Feuer. Das Feuer zerstört ja nicht nur, es schafft auch die Grundlage für neues Leben. Die Feuerwesen sind darum Umwandlungswesen, die überall zu finden sind, wo Altes zu Neuem umgewandelt wird, so in Vulkanen, auf deren Lava neue Vegetation gedeiht[683], in Komposthaufen[684] oder bei der Reifung von Früchten[685]. Man findet sie auch tief im Innern der Erde und überall dort, wo schöpferisch Neues entsteht. So unterstützen sie zum Beispiel gerne Künstler, insbesondere Musiker[686].

Dies ist nur ein grober Überblick. Es gibt, besonders bei den Erdwesen, viele viele Unter-Arten, die alle wieder ein etwas anderes Aussehen zeigen.

---

[681] Helliwell 2010, S. 48.

[682] Nixen gibt es nach Ruis nur im Meer (Ruis 1995/2013, S. 41/42, mit genauerer Beschreibung).

[683] Beispiel eines Vulkans auf Hawaii mit seinem Naturwesen: Ruis 2011, S. 94-99.

[684] Beispiel: Pogačnik 2009, S. 61/62.

[685] Ebenda, S. 158.

[686] Ebenda, S. 154.

Die Hierarchie der Naturwesen

Die Welt der Naturwesen aller vier Elemente ist hierarchisch organisiert. Das heisst: Die niedrigsten Wesen arbeiten in der Erde, in den Blüten, in einem Gewässer usw., darüber gibt es mehrere Stufen von übergeordneten Wesen mit Aufsichts- und Koordinations-Aufgaben. Die höchsten Wesen sind auch die ältesten und die am weitesten entwickelten. Sie üben die Oberaufsicht über eine ganze Landschaft oder einen noch grösseren Raum, einen ganzen Fluss, einen ganzen Berg, einen ganzen Wald usw. aus. Ihre Seele findet sich in der ganzen Landschaft, im ganzen Fluss, im ganzen Berg, Wald usw.[687] und überlagert dort die Seelen der weniger weit entwickelten, für kleinere Aufgaben zuständigen Wesen.

Naturwesen und freie Bewegung

Die kleinen, niedrigsten Naturwesen verlassen den Ort ihres Wirkens in der Natur kaum. Sie bleiben in der Erde, im Baum usw.. Aber die mittel und höher entwickelten Naturwesen können mit ihrer Seele aus dem Baum, der Erde usw. hinaus gehen, dann können sie eben als Elfe, Zwerg usw. sichtbar sein. Wie üblich das ist und wie frei sie dabei sind, ist unterschiedlich: Baumdevas und Wasserwesen können ihren Baum, ihren Fluss usw. höchstens auf kurze Distanz verlassen, sie bleiben meist teilweise drinnen.[688] In der Hierarchie höher stehende Wesen mit Aufsichts- und Oberaufsichts-Aufgaben können dagegen frei umher ziehen in der Landschaft, für die sie zuständig sind.[689] Die am weitesten entwickelten Naturwesen, die höchste Oberaufsichts-Aufgaben haben, scheinen sich überhaupt frei auf der Erde bewegen zu können[690], ebenso die Luftwesen[691]. Bei den Zwergen hat man den Eindruck, dass sie sich immer oder üblicherweise frei bewegen, wobei sie sich vor allem für die nähere Umgebung ihre Heimat interessieren. Wenn sie von einem Menschen irgendwo hin getragen oder mitgenommen werden möchten,[692] ist es wohl nicht deswegen, weil sie nicht selber an den Zielort gehen könnten, sondern, um einen Beweis der Zuneigung und Unterstützung durch den Menschen zu erhalten.[693]

Die Seelen der Naturwesen

Wie die Tiere, haben die Naturwesen Gruppenseelen.[694] Das heisst: Es gibt je eine Gesamtseele für jede Art von Naturwesen. Es gibt also zum Beispiel eine Gesamtseele für die Eichenbäume, eine für

---

[687] Beispiele: Pogačnik stellte fest, dass ein wie der griechische Naturgott Pan aussehendes Naturwesen gleichzeitig in allen Teilen einer bestimmten Landschaft ist (Pogačnik 2009, S. 136). Van Gelder beschreibt das Feuerwesen, das die Oberaufsicht über den Grand Canyon ausübt, und in der ganzen Canyon-Landschaft ist (van Gelder 1977/1999, S. 143). Ähnlich sei das Wasserwesen, das die Oberaufsicht über den Mississippi habe, im ganzen Fluss (van Gelder 1977/1999, S. 134).

[688] Pogačnik 2009, S. 158 (bezüglich Baumwesen); Ruis 1995/2013, S. 26 und 31 (bezüglich den Wasserwesen).

[689] Pogačnik 2009, S. 187; Ruis 1995/2013, S. 96. Margot Ruis erlebte in Spanien den Besuch eines Grossen Elfen, den sie vorher schon in einem anderen Teil des Landes gesehen hatte (Ruis 2011, S. 29), andererseits erlebte sie auf Hawaii lauter ungewohnte Naturwesen (Ruis 2011, S. 91).

[690] Beispiele: Helliwells Leprechaun, einer der obersten Leprechauns Irlands (Helliwell 2010, S. 35 und 54), kann Helliwell auch in Kanada besuchen (Helliwell 1997/2011, S. 162) und sagt auch selber, er könne überall auf der Erde hinreisen (ebenda, S. 41). Auch Rocs Pan kann überall sein (Crombie 2009/2018, S. 22).

[691] Van Gelder 1977/1999, S. 61, 152.

[692] Beispiele: Mayer 2010, S. und 32 und 178.

[693] Dies nimmt einer der Interviewpartner von Thomas Mayer überzeugend an (Mayer 2012, S. 150).

[694] Tanis Helliwell und Margot Ruis erhalten von höheren Naturwesen die Information, dass jede Art von Naturwesen/Elementarwesen und damit jede Pflanzenart eine gemeinsame Seele (Helliwell 1997/2011, S. 106) bzw. praktisch eine gemeinsame Identität (Ruis 2013, S. 118/119) hätten.

die Edelweiss-Blumen, eine für die Wasserquellen, eine für die Wälder, eine für die Flüsse usw.. Ein Teilaspekt der Gesamtseele geht dann in einen einzelnen Baum, eine einzelne Blume, eine bestimmte Quelle, eine Landschaft usw. und beseelt diese und übernimmt dabei die zugehörige Aufgabe.

Die Naturwesen behalten diese Aufgabe, solange sie besteht. Sie beseelen daher einen Baum, solange er besteht, eine Blumenblüte, solange sie blüht usw.. Naturwesen können also ein sehr kurzes Leben auf Erden haben, aber auch, wenn sie zum Beispiel einen Stein beseelen, Millionen von Jahren alt werden.

In Anlehnung an die Menschen- und Tierseelen, die sich in Menschen- bzw. Tierkörpern inkarnieren, könnte man sagen: Die Seelen der Naturwesen inkarnieren sich in Bäumen, Blumen, Steinen, Landschaften, Bergen, Flüssen usw..

Reinkarnation und Höherentwicklung von Gruppenseelen

Wenn ein Baum stirbt, ein Stein zerbricht oder umgewandelt wird usw., verlässt ihn seine Seele, geht wieder in die Gruppenseele ein und bringt dabei ihre Lebenserfahrungen in diese ein, genauso wie es auch nach dem Tod eines Tieres geschieht.

Die Lebenserfahrungen ihrer Teil-Seelen dienen den Gruppenseelen dazu, sich weiter und höher zu entwickeln. Wegen der Verbindung zwischen Seele und Körper, die während der Inkarnationen stattfindet, liefert diese allmähliche Höherentwicklung der (Gruppen-)Seelen eine Erklärung nicht nur für die Evolution der Tiere und der Pflanzen, sondern auch für die Entwicklung der Erde von einer Gaswolke zu dem, was sie heute ist.

Individuelle Persönlichkeit und Individualname der Naturwesen

Obwohl ihre Seele ein Teilaspekt einer Gruppenseele ist, haben die Naturwesen – jedenfalls die mittel und höher entwickelten – eine individuelle Persönlichkeit.[695] Bei den Tieren ist das genauso. Jeder Baum, jeder Fluss usw. hat also auch seine individuelle Seelen-Persönlichkeit. Dora van Gelder beschrieb in ihrem Buch ein paar Bäume, deren unterschiedliche Persönlichkeiten sie spürte.[696]

Zur individuellen Persönlichkeit gehört auch, dass die höheren Naturwesen einen (aus *einem* Wort bestehenden) Individual-Namen haben, den sie erst im Laufe ihres Lebens erhalten, nachdem ihre Persönlichkeit klar geworden ist. Der Name soll diese ausdrücken. Ein Mensch, der ihn kennt, kann das Naturwesen damit herbeirufen. Das Naturwesen kann dann nicht anders als gehorchen, weil es wegen der Zugehörigkeit zu einer Gruppenseele einen schwächeren individuellen Willen als der Mensch hat. Die Kenntnis des Namens eines Naturwesens verleiht einem Menschen also Macht über dieses. Darum wollen die Naturwesen nicht, dass die Menschen ihn kennen (nur besondere Vertrauenspersonen, die ihr Wissen nicht missbrauchen, erfahren ihn manchmal). Die in den Büchern von Helliwell und Ruis verwendeten Namen sind daher nicht ihre richtigen Namen,[697] und ich vermute, dass auch die in einigen anderen Büchern verwendeten Namen nicht die richtigen sind.

---

[695] Helliwell 1997/2011, S. 106.
[696] Van Gelder 1977/1999, S. 93-110.
[697] Zum ganzen Abschnitt: Helliwell 1997/2011, S. 78/79, 82; Helliwell 2010, S. 67; Ruis 1995/2013, S. 48, Anmerkung. Dass die höher entwickelten Naturwesen einen Namen haben, bestätigt auch Marko Pogačnik (Pogačnik 2009, S. 132).

Helliwells Leprechaun sagt, auch die Menschen hätten einen Namen, dessen beide Teile (Vor- und Geschlechtsname) grundlegende Dinge über ihre Persönlichkeit ausdrücken sollten. *Sollten*, denn der Name stimme häufig nicht,[698] wohl deswegen, weil er schon von Geburt an gegeben wird, statt dass man wartet, bis man sieht, was für ein Mensch das Kind ist.

Die Aufgaben der Naturwesen

Im Unterschied zu den Naturwesen und Tieren haben die Menschen individuelle Seelen und damit auch einen individuellen Willen. Darum können und müssen sie eine individuelle Lebensaufgabe erfüllen, die für jeden Menschen anders ist und die jeder Mensch daher selber finden muss, wie ich das in den Kapiteln 4 bis 6 erklärt habe.

Wer hingegen eine Gruppenseele hat, kann bei der Erfüllung der Lebenaufgabe keinen individuellen Willen entwickeln. Die Naturwesen können und wollen darum, wie die Tiere, nichts Anderes tun, als die ihnen in der Natur zugewiesene Aufgabe zu erfüllen.[699] Sie sind glücklich, solange sie das können, und werden unglücklich, wenn sie es (meist wegen des Tuns der Menschen) nicht mehr oder nur noch mit Mühe können.

Was das für Aufgaben sind, habe ich schon kurz erwähnt: Sie beseelen den Baum, die Blume, den Wald, den Fels, die Landschaft, das Wasser, in dem sie wirken, und erfüllen damit die ganze Natur mit Leben, und sie sorgen dafür, dass alles in der Natur gedeiht. Mit Letzterem ist ein umfassendes Gedeihen und Entwickeln gemeint: Die Naturwesen sorgen dafür, dass alles in der Natur seine Form und Gestalt erhält, spriesst, blüht und wieder vergeht und erneut erblüht. Sie sorgen somit auch dafür, dass alles in der Natur so schön ist, so ideal aufeinander abgestimmt ist und in einem harmonischen Gleichgewicht zueinander steht und sich dabei im Laufe der Jahrmillionen immer weiter entwickelt hat.[700]

Wie die Naturwesen dies tun, beschreiben am detailliertesten die Beobachtungen Marko Pogačniks.[701] Seine Erkenntnisse werden aber auch von anderen Sehenden bestätigt (van Gelder, Ruis, Roc[702]).

Demnach nehmen die am höchsten stehenden Naturwesen Energien aus der spirituellen Welt auf und leiten sie über die verschiedenen Stufen der Naturwesen-Hierarchie bis in alle Pflanzen, Landschaften, Steine, Gewässer. Wobei mit der „spirituellen Welt" gemeint ist: die spirituelle Seite des Himmels, der Sonne, des Mondes und des Erdinneren. Denn die spirituelle Welt ist überall.

Die aufgenommenen Energien sind vor allem Informationen (Auch jeder Gedanke hat seine Schwingung und ist daher auch eine Energie, das heisst eine Kraft, von der eine Wirkung ausgeht). Die Naturwesen leiten also in Zusammenarbeit miteinander die Absichten und Informationen, die in der spirituellen Welt entwickelt wurden, in die Pflanzen, Steine, Seen, Wolken usw.[703] und sagen ihnen damit, wann sie was tun sollen, was für eine Gestalt sie annehmen sollen, wie sich das Wetter,

---

[698] Helliwell 1997/2011, S. 77.

[699] Pogačnik 2009, S. 40; Ruis 1995/2013, S. 46, 89, 91, 120; Helliwell 1997/2011, S. 14/18.

[700] Ruis 1995/2013, S. 74.

[701] Pogačnik 2009, S. 127-164.

[702] Van Gelder 1977/1999, S. 41/42, 87, 129-131. Van Gelder beschreibt ausserdem im zweitletzten Kapitel ihres Buches, wie Naturwesen einen Hurrikan entstehen lassen (van Gelder 1977/1999, S. 157-168). Ruis 1995/2013, S. 28/29, 71-74, 79; Crombie 2009/2018, S. 60/61.

[703] Pogačnik 2009, S. 158/159.

das Feuer, die Gesteine entwickeln sollen usw.. Die Naturwesen setzen also die Absichten und Pläne, welche die spirituelle Welt mit der Natur der Erde hat, in die Praxis um und lenken dadurch die Entwicklung der ganzen Natur in die von der spirituellen Welt beabsichtigte Richtung.

Natürlich braucht es zum Gedeihen der Blumen, Bäume und aller übrigen Pflanzen auch Dinge unserer materiellen Welt wie Sonnenlicht, Nährstoffe und Wasser. Doch die Naturwesen sorgen dafür, dass die daraus bezogenen Kräfte zu dem von der spirituellen Welt beabsichtigten Zweck gebraucht werden.

Eine weitere Aufgabe einiger Naturwesen ist der Energie-Ausgleich auf Erden. Denn alles soll in einem Gleichgewicht stehen, und dieses muss bewahrt bzw. immer wieder neu hergestellt werden. Auch dies entspricht den aus der spirituellen Welt kommenden Aufträgen und Absichten.

Bei der Erfüllung ihrer Aufgaben arbeiten nicht nur die unterschiedlichen Hierarchie-Stufen der Naturwesen harmonisch zusammen, sondern auch jene aller vier Elemente.

Indem die Naturwesen dafür sorgen, dass die Absichten und Pläne der spirituellen Welt in die Natur der Erde eingeführt werden, sind sie gleichsam die spirituellen Gärtner der Erde.[704]

Die Naturwesen arbeiten aber nicht immer. Die kleinsten, die ganz eng mit den Pflanzen verbunden sind, ruhen im Winter oder ziehen sich (bei den Blumen) in die Erde zurück.[705] Und jene der mittleren bis höheren Hierarchien (Zwerge, Elfen) feiern auch Feste, wozu ich weiter unten mehr schreibe.

Kraftorte, Kraftpunkte und Energielinien auf der Erde

Alle Energien, mit denen die Naturwesen arbeiten, werden gebündelt über bestimmte Punkte auf die Erdoberfläche geleitet und danach über immer feinere Verästelungen an die richtigen Orte verteilt. An jenen Verteilpunkten konzentriert sich Energie. Zwischen den Punkten zieht sich ein Netz von Energielinien über die ganze Erde, ähnlich wie auch der menschliche Körper von Energiebahnen, auch genannt „Meridianen", durchzogen wird, die bei Blockaden an bestimmten Punkten aktiviert werden können, wie das bei der Akupunktur geschieht.

An den Verteilpunkten sind besonders viele Naturwesen tätig. Manchmal wird auch beobachtet, dass grössere solche Kraft-Punkte von besonders majestätischen, weit entwickelten Naturwesen beschützt werden, die stark leuchten und so gross wie ein Baum oder noch grösser sein können.[706] Im Landschaftsgemälde „Loch Coruisk and The Cuillins from Elgol"[707] des schottischen Malers John Duncan (1866-1945) sieht man über der bewaldeten Hügelkette am dunklen Horizont zwei Lichtflammen, die wohl als solche grossen Naturwesen zu verstehen sind, denn Duncan konnte nach dem Bericht von jemandem, der ihn kannte, Naturwesen sehen.[708]

---

[704] Diesen Vergleich habe ich von Tanis Helliwell (Helliwell 2010, S. 50).

[705] Mayer 2012, S. 54.

[706] In der Sammlung Johnsons findet sich ein Bericht einer Frau, die an einem solchen Ort einen etwa 10 Meter grossen „Engel" sah, womit ein Naturwesen gemeint sein dürfte, da „Engel" in theosophischen Kreisen die Bezeichnung für besonders fortgeschrittene Naturwesen ist (Johnson 2014, S. 354); Hodson beschrieb eine Deva, die, inklusive Aura, etwa 50m hoch war und etwa 10m über einem Wald in der Luft schwebte (Hodson 1982, S. 110).

[707] Im Gracefield Arts Centre in Dumfries, undatiert. Duncan war auch Mitglied der Theosophischen Gesellschaft.

[708] Johnson 2014, S. 228.

Marko Pogačnik hat beobachtet, dass solche Kraft-Punkte – welche er „Naturtempel" nennt – oft Orte sind, an denen schon in prähistorischer Zeit Menschen Kultstätten errichteten.[709] Das lässt vermuten, dass jene Menschen (oder ihre Priester) jene stärkeren Energien spürten und darum dort ihre Naturgottheiten verehrten. Nach der Christianisierung wurden dann sehr oft an genau denselben Stätten Kirchen oder Kapellen errichtet[710], um jede Erinnerung an jene Naturgottheiten auszutilgen. Blanche Merz hat die positive, kraftvolle Schwingung an solchen Orten mit Messungen mit einem Schwingungsmessgerät (Bovismeter, auch „Biometer" genannt,) nachgewiesen.[711] Nach den Beobachtungen van Gelders gibt es Kraftorte auch im Meer, denn auch dort leiten Naturwesen Energien ein und verteilen sie.[712] Es soll auf der Erde auch ein paar Orte mit ganz besonders starken Energien geben, Super-Kraftorte sozusagen. Nach Erla Stefánsdóttir befindet sich ein solcher Ort auf Island bei einem Vulkan.[713] Der von den Aborigines verehrte Uluru (Ayers Rock) in Australien und der Ort Abadiânia in Brasilien, wo der in Kapitel 7 erwähnte Heiler João de Deus wirkt, dürften weitere sein. Die Aufzählung ist nicht vollständig.

Dabei ist zu berücksichtigen: Auch die Menschen hinterlassen mit ihrem Verhalten und ihren Gedanken kraftvolle, positive oder schwere, negative Energien. An einer Hinrichtungsstätte oder auf einem Schlachtfeld entsteht eine negative Energie, an einer Kultstätte durch das Beten eine positive. Letztere kann die an einem Ort von Natur aus bestehende positive Energie verstärken.

Schwächere Energiezentren, über welche die Feinst-Verteilung der Energie in ganz begrenzten Gebieten läuft, sind gemässs den Beobachtungen Pogačniks beispielsweise besondere Wuchsformen an Bäumen: Knorpelartige Auswüchse von Baumstämmen, ineinander verwachsene Zweige oder Äste, die den Boden berühren. Solche Bäume sollte man nicht fällen, da sie eine besondere Bedeutung für die Umgebung haben.[714]

Wenn die Naturwesen fehlen würden

Was wäre, wenn es die Naturwesen nicht gäbe? Wenn es gar keine (mehr) gäbe, würden die Pflanzen verkümmern und dann absterben, und die Erde würde sich völlig chaotisch entwickeln. Sie wäre für Tiere und Menschen nicht mehr bewohnbar. Wenn es an einem bestimmten Ort keine Naturwesen mehr gibt, ist er ohne Seele und damit ohne Leben. Wenn an einem Ort ein Teil der Naturwesen fehlt, ist dort die Vegetation weniger üppig.[715]

Den Unterschied zwischen einer Natur mit mehr und einer mit weniger Naturwesen sieht man am deutlichsten bei einem Vergleich zwischen naturbelassenen Orten und solchen, wo der Mensch eingegriffen hat, denn Naturwesen wirken am liebsten und am zahlreichsten dort, wo die Menschen die Natur nicht verändert haben: ein naturbelassener Fluss zieht mehr Leben an als ein vom Menschen kanalisierter; eine Magerwiese blüht üppiger und vielfältiger als eine Fettwiese oder ein Rasen; ein ungespritzter Apfel hat mehr Geschmack als ein gespritzter; Ölfarben, die aus natürlichen Pigmenten bestehen, leuchten stärker als die künstlichen Acrylfarben usw..

[709] Beispiel: Pogačnik 2009, S. 196.
[710] Beispiel: Pogačnik 2009, S. 111 (bezüglich der Kathedrale von Köln).
[711] Merz 2000, S. 18-22.
[712] Van Gelder 1977/1999, S. 135/136.
[713] Stefánsdóttir 2007, S. 62 und S. 136.
[714] Pogačnik 2009, S. 85 und 160.
[715] Mayer 2010, S. 32/33; Crombie 2009/2018, S. 60.

Soweit einige Bemerkungen zu den Aufgaben der Naturwesen. Im Folgenden geht es um Merkmale und Eigenschaften der Naturwesen, vor allem solchen, die sie von den Menschen unterscheiden.

Die Substanz, aus der die Naturwesen bestehen

Naturwesen bestehen nicht aus Fleisch, Blut und Knochen, sondern aus einer feinstofflichen gasartigen Energie-Substanz, die dünner ist als alles, was es im uns normalerweise zugänglichen Teil unserer materiellen Welt gibt.[716] Naturwesen haben daher keine inneren Organe ausser einem herzartigen Energie-Zentrum, das ihre Energie rhythmisch durch den Körper pumpt.[717]

Menschen können jene dünne Substanz üblicherweise nicht sehen. Und nach dem Absterben eines Baumes, einer Blume usw. bleibt nichts Sicht- oder Greifbares davon übrig. Trotzdem empfinden die Naturwesen, wie sie selber betonen, jene Substanz als ihren Körper.[718] Auch wenn er nicht ein Körper ist, wie ihn die Menschen haben, ist es also ein Körper, der, wie der menschliche Körper, vergänglich ist. Deswegen bezeichne ich die Naturwesen nicht als „Naturgeister", denn „Geister" sind Wesen ohne Körper aus Materie.

Wobei nicht alle Naturwesen einen gleich dichten Körper haben: die weiter entwickelten Naturwesen haben einen weniger dichten als die weniger weit entwickelten[719] und die Erdwesen, insbesondere die Zwerge, einen dichteren als die Wasser-, Luft- und Feuerwesen.

In welcher Dimension (Bewusstseinsebene) der Welt leben die Naturwesen?

Die Naturwesen bestehen also aus einer körperhaften Energie-Substanz, die aber viel dünner ist als jene der Menschen und normalerweise von den Menschen nicht gesehen werden kann. Dies führt zur Frage, in welcher Ebene/Dimension der Welt die Naturwesen leben. Unter den Menschen, die sie sehen, besteht Einigkeit nur darüber, dass sie zwar auf die Ebene, in der die Menschen leben, wirken, aber nicht in ihr leben. Aber darüber, in welcher Ebene sie denn sonst leben, sind sich die Sehenden nicht einig:

Die meisten Theosophen, die Anthroposophen und der von Rudolf Steiners Schriften beeinflusste Pogačnik sagen, dass die Naturwesen in der spirituellen Welt leben und die materielle Welt nur berühren.[720] Allerdings nicht in jener Ebene der spirituellen Welt, wo die verstorbenen Menschenseelen sind, sondern in einer, welche der materiellen näher stehe. Steiner und die Anthroposophen nennen sie die Ebene des „Äthers", denn sie nennen die feinstoffliche Energie-Substanz, aus welcher die Körper der Naturwesen bestehen, „Äther".[721]

Die Naturwesen sind in dieser Sicht Wesen der spirituellen Welt. Die Theosophie und die Anthroposophie halten sie für Vorstufen von Engeln, also von fertig entwickelten Wesen der spirituellen Welt.

---

[716] Siehe zum Beispiel van Gelder 1977/1999, S. 3 („… their bodies are less dense than ours, though only slightly less dense than a tenuous gas.") und S. 32.

[717] Ebenda S. 33.

[718] Ruis 1995/2013, S. 33, wo ein Elf Ruis' Bemerkung, die Wasserwesen hätten keinen Körper, zurückweist, und sagt, sie hätten „einen sehr feinen und zarten Körper aus sehr feinem und zartem Stoff".

[719] Van Gelder 1977/1999, S. 9.

[720] Pogačnik 2009, S. 19, 70, 82, 194; Hodson 1982, S. 73; Steiner 1923/2009, S. 18, 54. Passend dazu, redet Steiner durchgängig von „Naturgeistern" oder „Elementargeistern."

[721] Mayer 2008, S. 46-52; Hodson 1982, S. 41/42, 71.

Die andere Sicht wird von Ruis, Helliwell, weiteren Sehenden[722] und auch von van Gelder vertreten, obwohl letztere ebenfalls eine Anhängerin der Theosophie war. Demnach leben die Naturwesen in der materiellen Welt, aber in weniger dichten Dimensionen/Ebenen dieser materiellen Welt als die Menschen[723], und damit in Dimensionen, welche der spirituellen Welt viel näher sind als jene Ebene, in welcher die Menschen leben. Auf einen Namen für diese Dimensionen und die dort vorkommenden körperhaften Energie-Substanzen verzichten Vertreter/innen dieser Sicht. Eine Klientin Newtons, die Naturwesen sah, sagte es so: Wenn ein Fels eine Dichte von 1D (am dichtesten), ein Baum eine von 2D und ein Mensch eine von 3D habe, dann hätten Naturwesen Dichten von 4D bis 6D.[724]

Ich halte diese Sicht für richtig, weil sie überzeugend begründet werden kann:

- Sie wird auch von Naturwesen selber bestätigt, in Mitteilungen gegenüber Ruis und Helliwell.[725]
- Vergängliche Körpersubstanzen, aus denen die Naturwesen-Körper bestehen, gibt es nur in der materiellen Welt.
- Einige konkrete Beobachtungen bestätigen es:
  - Ruis erfährt von einem zwergenähnlichen, in den Wiesen lebenden Wesen, einmal hätten sich seinesgleichen vergnügt, indem sie einen Hang hinunterrollten. Dabei seien zwei zusammengestossen und hätten sich aneinander gehalten.[726] Das ist nur mit Körpern aus Materie möglich.
  - Ruis erfährt auch, dass die Wasserwesen ihre Körper davor schützen müssten, dass sie nicht zu stark auf Felsen stiessen, das würde sie verletzen.[727] Auch erlebt sie Wasserwesen, deren Körper-Oberfläche durch die von Menschen verursachte Wasserverschmutzung wie zerfressen wirkte, von Löchern übersät.[728] Das ist nur möglich, wenn ihr Körper in irgendeiner Dimension der materiellen Welt lebt.
  - Michaela Fetovski kann ihren Gnömel berühren[729], und dort, wo er übernachtet, hinterlässt er jeweils kleine, greifbare Krümel, die zerfallen, wenn man sie in die Hand nimmt.[730] Ähnlich beschrieb Roc, wie er einem Feuerwesen die Hand greifen konnte, die aber doch nicht ganz fest war.[731] Bei Wesen, die nur der spirituellen Welt angehören, wäre das nicht möglich.

Wenn sie in anderen Dimensionen der materiellen Welt leben als die Menschen, bedeutet dies auch: Nicht nur die spirituelle Welt besteht aus mehreren Dimensionen bzw. Bewusstseinsebenen, sondern auch die materielle Welt. Auch sie ist nicht so eindimensional, wie wir meinen.

---

[722] Beispiel: Johnson 2014, S. 213.
[723] Van Gelder 1977/1999, S. 3: „They live in the same world as we do, …". In der Sammlung Johnsons sagt ein Mann, der schon als Kind Naturwesen sah, sie lebten in einer Ebene, die in der Mitte zwischen der ätherischen und astralen Welt und „dieser physischen Welt" sei, wobei mit letzterer die Welt der Menschen und mit der „ätherischen und astralen Welt" die spirituelle Welt gemeint ist (Johnson 2014, S. 213).
[724] Newton 2000, S. 54.
[725] Helliwell 1997/2011, S. 18: „we live about half a dimension away from you", darum könnten die meisten Menschen sie nicht sehen. Ruis 1995/2013, S. 122: Ein Elf bestätigt gegenüber Ruis, dass die Naturwesen „innerhalb der Polarität" lebten. Damit ist gemeint: innerhalb einer materiellen Welt, in der es Leben und Tod gibt.
[726] Ruis 1995/2013, S. 81.
[727] Ebenda, S. 33.
[728] Ebenda, S. 34.
[729] Puhle 2015, S. 101.
[730] Ebenda, S. 110/111.
[731] Crombie 2009/2018, S. 136.

Der Unterschied zwischen den beiden Ansichten zur Frage, ob die Naturwesen in der spirituellen oder der materiellen Welt leben, ist aber wahrscheinlich nicht so gross, wie es zunächst scheint. Die einen sagen ja, sie lebten in jener Ebene der spirituellen Welt, die der materiellen am nächsten sei, die anderen sagen, sie lebten in jenen Ebenen der materiellen Welt, die der spirituellen am nächsten seien. Wenn nun, wie Menschen mit vielerlei Kontakten zur spirituellen Welt versichern, der Übergang zwischen den beiden Seiten der Welt nicht so abrupt ist, wie wir meist meinen, sondern fliessend, dann leben die Naturwesen genau an jenem fliessenden Übergang, womöglich etwas mehr auf der materiellen Seite.

Zu diesem Leben am Übergang passt auch die Tatsache, dass die Naturwesen mit ihrer Aufgabe eine Mittlerstellung zwischen der spirituellen und der materiellen Welt erfüllen, indem sie die Absichten und Pläne der spirituellen Welt in die materielle Welt einführen.

Auf welcher Ebene auch immer die Naturwesen leben: Mit ihrer Seele haben sie während ihrer ganzen Existenz immer auch Anteil an der spirituellen Welt, genau wie die Menschen.

Die Körpergestalt der Naturwesen

Ziemlich einig sind sich die Sehenden wieder darin, dass sich die Naturwesen ihre äussere Erscheinungsform, das heisst ihre Körper*gestalt* und ihre Kleidung, durch ihr eigenes Denken selber erschaffen.[732] Die am wenigsten entwickelten können das allerdings nicht, sie haben die dazu nötige Denkkraft noch nicht. Darum werden sie nur als ungeformte Energiemasse wahrgenommen.

Nicht nur der Körper der Naturwesen besteht daher aus jener erwähnten dünnen Energie-Substanz, sondern auch ihre Kleidung. Es ist keine Kleidung aus Stoffen.

Wie in Kapitel 3 erklärt, schaffen sich auch die Seelen der Verstorbenen im Bardo ihre Erscheinungsform durch eigenes Denken. Dass dies auch die Naturwesen können, bedeutet aber nicht, dass sie in der spirituellen Welt leben. Denn alle Erscheinungsformen, auch jene in der materiellen Welt, sind durch das Denken entstanden. Nur ist das Schaffen durch Denken je schwieriger, je dichter etwas ist. Da die Naturwesen in einer viel weniger dichten, der spirituellen Welt näher stehenden Dimension leben als die Menschen, ist es für sie viel einfacher, etwas durch Denken zu schaffen, als es für die Menschen in ihrer Dimension ist.

Dass die äussere Erscheinungsform der Naturwesen erdacht ist, zeigt sich zum Beispiel darin, dass sie, ausser den Zwergen als den dichtesten Naturwesen, keine Haut zu haben scheinen[733] und ihre Umrisse daher unscharf sind. Auch darin, dass die Gesichtszüge meist nur grob ausgebildet sind.[734]

Wenn sich Naturwesen ihre Gestalt erdenken, nehmen sie sich Körperformen aus unserer Dimension der materiellen Welt als Vorbilder. Denn obwohl wir sie nicht sehen können, können sie, wie die Seelen der verstorbenen Menschen, alles wahrnehmen, was in unserer Dimension der materiellen Welt ist und geschieht. Der Grund: Die meisten Menschen sehen nur mit den Augen, also Organen ihres Körpers, mit denen sie nur in *ihrer* Dimension der materiellen Welt sehen können, während die

---

[732] Z.B. Pogačnik 2009, S. 37/38; Crombie 2009/2018, S. 46.
[733] Van Gelder 1977/1999, S. 49.
[734] Ebenda, S. 36.

sich im Bardo befindenden Seelen sowie die Naturwesen umfassend, mit ihrem ganzen Wesen, wahrnehmen[735], womit sie auch Antennen in andere Dimensionen haben.

Einfachere Naturwesen nehmen Tierformen an. Höher entwickelte Naturwesen nehmen die Menschen in ihrer Umgebung als Vorbilder, wobei sie die Grösse an ihre eigene Seelenenergie-Masse anpassen. Deswegen gibt es zwergen- bis riesengrosse Naturwesen in menschenähnlicher Gestalt. Genauer nehmen sie allerdings die Menschen aus jener Zeit, in der man noch an ihre Existenz glaubte, als Vorbilder. Darum kleiden sich Elfen und Zwerge in Europa wie Menschen, die hier in früheren Jahrhunderten lebten.[736] Zwerge, die aus der Erde und den Felsen kommen, nehmen sich gerne die Bergleute aus früheren Jahrhunderten zum Vorbild, die in den Bergwerken arbeiteten, daher die Zipfelmütze und manchmal die Laterne. Helliwells Leprechaun wechselt seine Kleidung manchmal nach Helliwells Vorbild.[737] Naturwesen in anderen Teilen der Welt gleichen jenen Einheimischen, vor allem solchen aus vergangenen Zeiten. So sah Ruis auf Hawaii Wasserwesen mit dunklerer Erscheinung als in Europa und dunkleren, wuscheligeren Haaren,[738] ähnlich den dortigen Einheimischen. Pogačnik sah in Lateinamerika Wesen, die an die Maya und Inka erinnern.[739] In Australien und Kanada wurden (von Weissen) schon Elfen gesehen, die wie dortige Eingeborene aussahen.[740] Und ein Gesprächspartner von Thomas Mayer sah in abgelegenen Gebieten von Neuseeland höher entwickelte Naturwesen mit noch wenig geformter Gestalt, wohl, weil sie noch wenig in Kontakt mit Menschen gekommen waren.[741]

Es kann auch sein, dass Naturwesen ihr Aussehen an die *Erwartungen* der Menschen anpassen, vielleicht, um leichter akzeptiert oder verstanden zu werden. Möglich ist das, weil höher entwickelte Naturwesen die Gedanken der Menschen in Bildern sehen (dazu mehr weiter unten). Es dürfte erklären, warum im 19. und der ersten Hälfte des 20. Jhs. Menschen ab und zu Elfen mit Engelsflügeln sahen, während ich in Berichten aus jüngerer Zeit nie solches las. Damals stellte man sich Elfen meist so vor, Gemälde aus jener Zeit zeugen davon. Interessant ist aber, wieviele Menschen auch damals Elfen *ohne* Flügel sahen, obwohl sie dachten, sie müssten welche haben.[742] Das kann nur bestätigen, dass ihre Beobachtungen nicht Einbildungen waren.

Die Fähigkeit, durch das eigene Denken etwas zu schaffen, nimmt mit höherer Entwicklung zu. Besonders hoch entwickelte Naturwesen können sogar gegenüber verschiedenen Anwesenden gleichzeitig ein unterschiedliches Aussehen annehmen[743], wie die Seelen der verstorbenen Menschen in der spirituellen Welt.

Die Kraft des Schaffens durch Denken wird stärker durch gemeinsame Denkanstrengung. Darum halte ich es für möglich, dass die Grundzüge der Körperformen bei manchen Naturwesen durch kollektives Denken entstanden sind. Das könnte erklären, weswegen Naturwesen derselben Art in einer bestimmten Gegend einen grundsätzlich gleich aussehenden Körper in gleicher Kleidung haben.

---

[735] Eindrücklich beschrieben von einem Elfen in Ruis 1995/2013, S. 115.
[736] Beispiel: Johnson 2014, S. 292.
[737] Beispiele: Helliwell 1997/2011, S. 38, wo der Leprechaun im selben Sweater erscheint, den Helliwell gerade für sich gekauft hatte.
[738] Ruis 2011, S. 91.
[739] Pogačnik 2009, S. 83.
[740] Johnson 2014, S. 48 (Aborigine-Aussehen), 58 (Aussehen wie Indianer).
[741] Mayer 2012, S. 74.
[742] Beispiele: Johnson 2014, S. 46, 107, 123/124, 177.
[743] Beispiel: Helliwell 1997/2011, S. 124.

Die (mittel und höher entwickelten) Naturwesen können durch ihr Denken nicht nur die eigene Körpergestalt, sondern auch eine kleine Umgebung schaffen. Auch dies haben sie gemeinsam mit den Seelen der verstorbenen Menschen in der spirituellen Welt. Und auch dabei richten sie sich nach dem Vorbild der Menschen. Darum wohnen zum Beispiel Zwerge oft in kleinen Häuschen in der Erde.[744] Es sind keine Puppenhäuschen aus fester Materie, sondern erdachte Häuschen aus feinstofflicher Substanz, manchmal aber ohne Inneneinrichtung.[745]

Nicht immer erscheinen höher entwickelte Naturwesen in Menschen- oder anderer Körpergestalt. Sie können auch gestaltlos erscheinen,[746] als eine Ansammlung von farbiger Energie. Pogačnik sieht zum Beispiel Baumdevas meist nur als länglichen Energiewirbel mit einem Gesicht.[747] Und des Nachts sieht man Naturwesen manchmal nur als Lichter, zum Beispiel als zwergengrosse Lichtkegelchen[748], als Lichterketten, die sich in einigem Abstand über dem Boden bewegen[749], oder als sonstige Lichter, die eindeutig grösser sind als Glühwürmchen[750].

Wie ich in Kapitel 3 schrieb, kann man nachts oder in der Dämmerung auch Seelen ohne Körper unter Umständen als Lichter sehen. Nächtliche Lichter, die physikalisch und biologisch nicht erklärbar sind, können also unterschiedliche Ursachen haben. Es könnten sogar Naturseelen sein, die ihren biologischen Körper (Baum, Pflanze usw.) verlassen haben, weil er gestorben ist.

Dazu ein Beispiel aus der srf-Sendung „Nachtwach": Ein Mann berichtete, er habe eines Abends nach Einbruch der Dunkelheit über einem gefällten Baum, den er liebte, zwei Lichter gesehen, die sich hoben und plötzlich rasch weggingen und dabei durch die Bäume gingen.[751] Dies könnte die Seele des gefällten Baumes gewesen sein, die von einer anderen Baumseele abgeholt wurde, wie es auch in anderen Fällen, in denen Baumwesen als menschenähnliches Wesen gesehen wurden,[752] und auch beim Tod von Menschen (siehe Kapitel 3) berichtet wird.

Naturwesen und Sagen-, Märchen- und mythologische Figuren

Naturwesen durchziehen unsere Märchen, Sagen und Mythen, und sie erscheinen auch heute noch oft in jenen Gestalten, zum Beispiel als Zwerge, Riesen, Feen, Nixen[753], Faune bzw. Satyrn oder Pan.[754]

In manchen Fällen, zum Beispiel bei den Zwergen, war es wohl so, dass die Naturwesen sich schon vor Jahrhunderten oder gar Jahrtausenden jene Gestalt nach dem Vorbild von Menschen erdachten und die Menschen sie in ihre Sagen und Mythen übernahmen. In anderen Fällen könnte es aber auch umgekehrt gewesen sein: dass die Menschen die Fabel-Gestalt erdachten und die Naturwesen sie übernahmen, um ihr Aussehen an die Erwartungen der Menschen anzupassen.

---

[744] Beispiele: Stefánsdóttir 2011, S. 45 (Elfenkirche), 47-50, 56, 59-63 (Elfenhaus im Menschenhaus).
[745] Beispiel: Hodson 1982, S. 28.
[746] Mayer 2008, S. 12; Crombie 2009/2018, S. 23 und 181.
[747] Pogačnik 2009, S. 40.
[748] Beispiel, wo solche sich bewegenden Lichtkegelchen wiederholt von mehreren Menschen beobachtet wurden: Puhle 2015, S. 20.
[749] Johnson 2014, S. 257.
[750] Beispiel: ebenda, S. 313.
[751] Radio TV srf, Nachtwach, 17./18.1.2011, erster Anrufer.
[752] Beispiel: Puhle 2015, S. 28.
[753] Beispiele heutiger Sichtungen von Nixen: Ruis 1995/2013, S. 41-43; Pogačnik 2009, S. 47-49.
[754] Beispiele heutiger Sichtungen von Satyrn: Mayer 2012, S. 285 bzw. S. 290; Hodson 1982, S. 104.

Auf jeden Fall sorgten und sorgen die Naturwesen, indem sie Menschen erscheinen, für die weitere Verbreitung vieler Sagen-, Märchen- und mythologischer Figuren.

Ein eindrückliches Beispiel: Margot Ruis berichtet, dass sie in den österreichischen Alpen einmal ein zotteliges Wesen mit Hörnern sah, das ihr erzählte, seine Aufgabe sei die Vertreibung der Winterkälte.[755] Das erinnert auffällig an die im Alpenraum verbreitete Sagengestalt der Perchta bzw. des Perchtes, die/der dieselbe Aufgabe hat und gleich aussieht. Nachher entdeckte Ruis, dass ihr Mann das Wesen auch gesehen und zudem genau so gemalt hatte, wie sie es gesehen hatte.[756] Die beiden können es sich daher nicht eingebildet haben, denn sie hätten sich kaum gleichzeitig am gleichen Ort dasselbe vorher noch nie gesehene Wesen eingebildet. Später entdeckten die beiden ausserdem in Spanien in einem Souvenir-Laden eine Skulptur, die aufgrund einer dortigen bronzezeitlichen Höhlenzeichnung hergestellt worden war und ein genaues Abbild jenes zotteligen Wesens aus den Alpen ist.[757] Es war also von Menschen bereits in vorgeschichtlicher Zeit an weit voneinander entfernten Orten in derselben Gestalt gesehen worden. Das alles zeigt: Frau Ruis und ihr Mann hatten, unabhängig voneinander und zur gleichen Zeit, dasselbe Naturwesen in der Sagengestalt der Perchta bzw. des Perchtes gesehen, das Menschen bereits in der Bronzezeit gesehen hatten.

Auch Naturwesen in der Gestalt von Drachen wurden schon gesehen, und zwar auf oder an Bergen, wo Drachen auch gemäss Märchen und Sagen wohnen.[758] Wie Pan, wurden sie in der christlichen Gesellschaft zu bösen Wesen abgewertet. In China dagegen sind sie bis heute gute Wesen.

Falls Drachen keine Erfindung von Menschen, sondern von jenen grossen, hoch entwickelten Bergwesen sind, mag man sich fragen, welche Tiere sich die Bergwesen zum Vorbild für ihre Drachengestalt nahmen. Krokodile kommen kaum in Frage, da sie nicht auf Bergen leben. Man kann aber eine andere Vermutung anstellen: Naturwesen werden so alt wie das Natur-Phänomen, das sie betreuen. Bergwesen können daher wohl Millionen von Jahren alt werden. Vielleicht waren daher Dinosaurier Vorbilder für die Drachengestalt.

Sogar moderne Märchengestalten könnten teilweise durch Naturwesen inspiriert worden sein: Es gibt zum Beispiel Naturwesen, die schon als kleine grüne Männchen gesichtet wurden zu Zeiten, als es die Geschichten um grüne Mars-Menschen und andere Ausserirdische noch nicht gab.[759] Allgemein fällt auf, wie viele schwer erklärbare Phänomene, wofür Naturwesen verantwortlich sein dürften, heute auf Ausserirdische zurückgeführt werden. Weitere Beispiele folgen weiter unten (Kornkreise, Entführungen).

Weitere Beispiele für die Nähe der Naturwesen zur spirituellen Welt

Die Fähigkeit, die eigene Körpergestalt und die Umgebung durch das eigene Denken zu schaffen, ist nur ein Beispiel, das bestätigt, dass die Naturwesen mit ihrer geringen Dichte näher an der spirituellen Welt leben als wir Menschen. Dasselbe zeigt sich anhand weiterer Dinge, die an den Naturwesen sehr ähnlich oder gleich sind wie bei den Wesen der spirituellen Welt:

---

[755] Ruis 2011, S. 47.
[756] Ebenda, S. 48.
[757] Ebenda, S. 57.
[758] Beispiel: Mayer 2010, S. 160-162.
[759] Beispiele: Johnson 2014, S. 115-122 (Sichtung 1955); Hodson 1982, S. 52/53 (Sichtung 1922).

- Wie die Seelen in der spirituellen Welt, sind die Naturwesen nicht an die physikalischen Gesetze unserer dichteren Dimension der materiellen Welt gebunden: Sie können in einem Baum, in der Erde oder in einem Fels wohnen[760]; jene, die sich fortbewegen, können schweben, statt zu Fuss zu gehen,[761] und durch Wände hindurch gehen[762]. Und sie brauchen, wie die Seelen in der spirituellen Welt, keinen Schlaf[763].

- Wie die Seelen in der spirituellen Welt, kommunizieren die Naturwesen miteinander, indem sie Gefühle und Gedanken, begleitet von Bildern und Tönen, übermitteln und aufnehmen. Sehen und Hören können sie also, wenn auch nicht mit ihren Augen und Ohren, sondern umfassend mit ihrem ganzen Wesen.
  Dank denselben telepathischen Fähigkeiten können die hoch entwickelten unter ihnen, wiederum wie die Seelen in der spirituellen Welt, auch unsere Gedanken lesen, auch auf Distanz, wenn sie sich auf uns einstellen.[764]

- Wie die Seelen in der spirituellen Welt, können auch die sehr weit entwickelten Naturwesen in der Zeit reisen. Helliwells Leprechaun kann in die Vergangenheit der Menschen sehen[765] und machte einmal eine Voraussage über etwas in der Zukunft sehr bald Bevorstehendes, das Helliwell nicht wusste und das dann eintraf.[766] Er sagt allerdings auch, dass er im Allgemeinen aus der Zukunft nur die Möglichkeiten kenne, die eintreten können. Was dann wirklich geschehe, hänge von den Entscheidungen der Menschen ab, die er nicht voraussehe.[767]
  Ähnlich Michaela Fetovskis Gnömel: Er drängte sie einmal, den Fernseher anzustellen, sie werde gewinnen. Tatsächlich lief dann gerade ein Wettbewerb, Fetovski kam telefonisch durch und gewann.[768] Der Gnömel muss dies ebenfalls als Möglichkeit gesehen haben: *Wenn* Frau Fetovski telefoniert, wird sie durchkommen und gewinnen.
  Ähnlich berichtete eine Frau in der Sammlung Johnsons, sie habe einen Zwerg als ständigen Begleiter, der ihr geraten habe, sie werde ein gutes Geschäft machen, wenn sie seinen Anweisungen folge. Sie tat es, das Versprechen bewahrheitete sich.[769] Jemand anderem wurde eine zukünftige Besitzänderung einer Wiese von einer Elfenfrau richtig mitgeteilt, obwohl dies damals im Dorf noch niemand wusste.[770] Dieses Beispiel sowie das obige mit dem Leprechaun zeigen, dass *sehr bald* eintretende Geschehnisse manchmal nicht als Möglichkeiten, sondern als Tatsachen vorausgesehen werden.

---

[760] Beispiel, wie Margot Ruis einen Saal voller Elfen in einem Berg sieht: Ruis 2013, S. 67/68.

[761] Van Gelder 1977/1999, S. 37. Beispiel: Pogačnik 2009, S. 189.

[762] Beispiel: Helliwell 2010, S. 40/41.

[763] Helliwell 1997/2011, S. 142; van Gelder 1977/1999, S. 91.

[764] Helliwell 1997/2011, S. 19; Ruis 1995/2013, S. 36 und 113.

[765] Helliwell 1997/2011, S. 40.

[766] Er sagte richtig voraus, Helliwell werde das Häuschen an der irischen Westküste, das sie gemietet hatte, über die vereinbarte Dauer hinaus mieten können (Helliwell 1997/2011, S. 159-161).

[767] Helliwell 2010, S. 64.

[768] Puhle 2015, S. 115.

[769] Johnson 2014, S. 162.

[770] Ebenda, S. 236.

Nahrung für die Naturwesen

Es gibt jedoch auch Dinge, welche die Naturwesen mit den Menschen gemeinsam haben und welche sie von den Seelen der Verstorbenen in der spirituellen Welt unterscheiden. Darin zeigt sich ihre Zugehörigkeit zur materiellen Welt. Dazu gehört vor allem die Tatsache, dass sie Nahrung brauchen. Sie brauchen sie, um die Kraft zur Wahrnehmung ihrer Aufgaben in der materiellen Welt und zum Schaffen von Dingen durch Gedanken zu behalten und zu verstärken.

Allerdings handelt es sich dabei nicht um grobstoffliche Nahrung, wie sie die Menschen brauchen, sondern um Feinstoffliches, das für die meisten Menschen unsichtbar ist. Ein Verdauungssystem brauchen die Naturwesen dazu nicht.

Solche feinstoffliche Nahrung kann sein:

- In erster Linie die Aura (auch als „Essenz" bezeichnet) von Dingen der Natur. Damit ist die Energie gemeint, die alles Lebendige ausstrahlt (siehe dazu meine Bemerkungen in Kapitel 3).
  Die meisten Naturwesen beschränken sich auf die Essenz sich erneuernder Nahrungsmittel, die in der sie umgebenden Natur wachsen oder produziert werden, vor allem einheimische Früchte, Nüsse und Samen.[771] Nur die Trolle ernähren sich auch von der Essenz von Fleisch.[772]
  Früher wussten die Menschen auf dem Lande, dass sich die Naturwesen so ernähren. Um ihnen ihre Dankbarkeit zu zeigen, stellten ihnen manche Leute jeden Abend etwas Nahrung hin, zum Beispiel Haferbrei, Brot, Honig, etwas Milch oder Butter, bei Festen auch Bier und Wein. Helliwells Leprechaun mag besonders cremigen Porridge[773], Fetovskis Gnömel-Familie Bier[774], während Grosse Elfen, die Ruis antrifft, Äpfel wünschen[775].
  Wenn man so den Naturwesen etwas Nahrung hinstellte, war die Substanz am nächsten Morgen immer noch da (ausser wenn Tiere sie holten), doch ohne die Essenz. Aus der Sicht der Naturwesen war das dann wertloser Abfall,[776] für die Menschen war es noch ess- bzw. trinkbar.
  Wie man sich die Verspeisung einer Mahlzeit durch Naturwesen vorstellen kann, beschreibt Helliwell: Wenn sie beispielsweise den Leprechaun zu einem Toast einlädt, sieht sie dasselbe Stück Toast gleichzeitig zweimal: Einmal mit ihren äusseren Augen auf dem Teller, wo es auch bleibt, aber auch – mit ihrem inneren Auge – in der Hand des Leprechauns, der daran knabbert, bis es verschwindet.[777] Die Substanz bleibt so erhalten, die Essenz verschwindet im Innern des Leprechauns.

- Kraft beziehen die Naturwesen auch aus der Energiestrahlung von Steinen, insbesondere von Halbedelsteinen und Kristallen.[778] Verschiedentlich machten sehende Menschen die Erfahrung, dass es Naturwesen anzieht, wenn Menschen Kristalle oder Halbedelsteine bei sich tragen, und wie sie gerne solche Steine in der eigenen Umgebung hätten.[779] Auch damit kann man ihnen also ein schönes Geschenk machen.

---

[771] Helliwell 1997/2011, S. 25-27; Helliwell 2010, S. 60.
[772] Helliwell 2010, S. 110.
[773] Ebenda, S. 41.
[774] Puhle 2015, S. 113.
[775] Ruis 1995/2013, S. 63.
[776] Helliwell 1997/2011, S. 27.
[777] Ebenda, S. 23.
[778] Ruis 1995/2013, S. 118 und S. 27.
[779] Beispiele: Ruis 2011, S. 52; van Gelder 1977/1999, S. 16.

- Die Naturwesen beziehen auch Kraft aus positiven Gedanken der Menschen über sie oder für sie, aber auch ganz allgemein aus guten Gedanken von Menschen in ihrer Nähe.[780] Die Liebe und Sympathie der Menschen tut ihnen besonders gut.[781] Als Margot Ruis einmal einen Grossen Elfen, der häufig in ihren Garten kam, fragte, wie er und andere Naturwesen es hier aushielten angesichts der nahen Landstrasse, antwortete er: „Die Liebe, die wir hier finden, ist stärker als alles andere."[782]

Die Naturwesen schätzten darum an den Nahrungsmitteln, die ihnen früher bereitgestellt wurden, auch die Beachtung und Wertschätzung, welche die Menschen ihnen damit zum Ausdruck brachten.[783]

Da auch mit dem Singen starke Gefühle ausgedrückt werden, tut es den Naturwesen auch gut, wenn Menschen für sie singen. Das zeigte die in Kapitel 3 erwähnte Geschichte von den Hopi-Indianern und ihrem Mais: Wenn die Hopi den Mais besingen, gedeiht er besser, weil dann die Seele des Mais angeregt wird, ihre Aufgabe zu erfüllen, welche darin besteht, den Mais zum Gedeihen zu bringen.

Die Menschen sind übrigens die einzigen Wesen auf der Erde, von deren Gedanken-Kraft die Naturwesen gestärkt werden können. Dies deswegen, weil die Menschen eine Einzelseele und darum einen individuellen Willen haben und darum viel stärkere individuelle Gefühle entwickeln als Tiere und Naturwesen.

Die verschiedenen Nahrungs- und Kraftquellen für Naturwesen zeigen, dass diese mit den Menschen und Pflanzen in ein System gegenseitigen Gebens und Nehmens eingebettet sind, das den meisten Menschen heute nicht mehr bewusst ist: Die Naturwesen tragen dazu bei, dass alles in der Natur wächst, gedeiht und Früchte trägt, von deren Aura/Essenz sie schliesslich auch selber wieder leben. Sie sorgen damit aber auch für die Lebens- und Nahrungsgrundlage der Menschen, dafür beziehen sie von diesen Kraft, um ihre Aufgabe weiter erfüllen zu können. Mit der Nicht-mehr-Beachtung der Naturwesen zerstört der Mensch daher seine eigene Lebensgrundlage genauso wie mit der physischen Zerstörung der Natur.

Werden, Leben und Vergehen der Naturwesen

Auch die Tatsache, dass die Naturwesen entstehen und wieder vergehen, ist ein Zeichen ihrer Existenz in der materiellen Welt.

Doch im Unterschied zur dichteren Dimension der materiellen Welt, in der die Menschen leben, gibt es in jener Dimension, in der die Naturwesen leben, keine Fortpflanzung durch Sex. Geschlechtsorgane, Samen und Eizellen haben die Naturwesen nicht.[784] Trotzdem gibt es bei den meisten ihrer Arten männlich und weiblich aussehende Wesen, wohl wegen des menschlichen Vorbildes beim Erdenken der Körpergestalt und der unterschiedlichen Persönlichkeitseigenschaften

---

[780] Helliwell 1997/2011, S. 19.

[781] Ruis 1995/2013, S. 64.

[782] Ebenda, S. 77.

[783] Nach Pogačnik sind die positiven Gedanken das Einzige, weswegen die für sie bereitgestellten Nahrungsmittel von den Naturwesen geschätzt werden. Demnach würden sie also *nur* von Gedanken leben (Pogačnik 2009, S. 224). Pogačnik schreibt dies wohl, weil es zu seiner Überzeugung und jener der Anthroposophen passt, wonach die Naturwesen nur in der spirituellen Welt existieren.

[784] Van Gelder 1977/1999, S. 55.

der Naturwesen. Daneben gibt es aber auch Naturwesen mit Körperformen ohne erkennbares Geschlecht.[785]

Abstammungsgemeinschaften wie Familien oder Sippen gibt es bei den Naturwesen daher nicht, wohl aber kleinere oder grössere Wahl-Gemeinschaften, die wie Ehepartnerschaften, Klein- oder Grossfamilien nach menschlichem Vorbild aussehen.[786] Auch enge Zweier-Freundschaften gibt es, die unabhängig vom Geschlecht der Beteiligten sind.[787] Die familienähnlichen Gemeinschaften verbinden Angehörige derselben Art von Naturwesen, Zweier-Freundschaften gibt es auch zwischen Vertretern unterschiedlicher Arten.[788]

Wenn zwei Naturwesen einander besonders lieben, gibt es etwas Sex-ähnliches: Dann können die Energien der beiden vorübergehend miteinander verschmelzen,[789] ähnlich wie das auch von Verstorbenen in der spirituellen Welt berichtet wird. Doch der Fortpflanzung dient das nicht.

Wie junge Naturwesen entstehen, habe ich schon geschrieben: Ihre Seele ist ein Teil einer Gruppenseele, der von jener Gruppenseele abgetrennt wird und sich dann in unserer materiellen Welt (in einem Baum, einem Stein usw.) inkarniert und sich seine Naturwesen-Gestalt durch das eigene Denken zulegt.[790] Daneben gibt es noch eine zweite Möglichkeit der Entstehung, zu der aber nur besonders weit entwickelte Naturwesen fähig sind: Ruis traf auf Wassermädchen, die junge Exemplare der eigenen Art erdenken konnten,[791] und auf andere, die davon noch nichts wussten, es dann allerdings dank Ruis' Information lernten.[792] Auch Pogačnik beobachtete, dass sich Naturwesen durch Denken klonen können.[793] Das ist dann eine Fortpflanzung, aber ohne Sex.

Wenn ein Naturphänomen stirbt, zum Beispiel ein Baum gefällt oder ein Gewässer sehr stark verschmutzt wird, dann können mit dem Naturwesen, das es beseelt hat, zwei verschiedene Dinge geschehen: Entweder kann die Naturseele ihre Naturwesen-Gestalt einfach auflösen (wegdenken)[794] und wieder in die Gruppenseele ihrer Art eingehen. Oder sie kann den Naturkörper, zum Beispiel den

---

[785] Beispiel: Ruis 1995/2013, S. 17 und S. 80, wo ein Naturwesen Ruis' Frage, ob es bei ihnen auch männliche und weibliche Wesen gebe, nicht versteht.

[786] Das berichtet Michaela Fetovski über die Grossfamilie ihres Gnömels. Begriffe wie Tante, Onkel usw. gebe es dort nicht; aufgenommen werde, wer dazu passe, verabschiedet, wer zu einer anderen Gruppe wechseln möchte (Puhle 2015. S. 105/106).

[787] Van Gelder 1977/1999, S. 54. Beispiele: Helliwell 2010, S. 167; Hodson 1982, S. 107/108.

[788] Beispiel für letzteres: Helliwell 2010, S. 167 (Freundschaft zwischen Helliwells Leprechaun und einem Grossen Elfen).

[789] Erwähnt wird das von Fetovski (Puhle 2015. S. 106). Helliwell erlebt es zweimal, während sie mit ihrem Bewusstsein in der Dimension der Naturwesen ist: einmal mit ihrem Leprechaun (Helliwell 1997/2011, S. 63), einmal mit einem Grossen Elfen (Helliwell 2010, S. 144/145). Es ist also auch zwischen einem Menschen und einem Naturwesen möglich, wenn der Mensch mit seinem Bewusstsein in der Dimension der Naturwesen ist.

[790] Entstehung durch Abtrennung (von den Anthroposophen „Abschnürung" genannt): Mayer 2008, S. 41, 95. Wahrscheinlich wird dies durch das Denken weit entwickelter Naturwesen veranlasst. Denn van Gelder und Pogačnik beobachteten übereinstimmend, dass „Engel" (womit sie Seelen von weit entwickelten Naturwesen in der spirituellen Welt meinen) durch ihr Denken Naturwesen schaffen (van Gelder 1977/1999, S. 145; Pogačnik 2009, S. 184).

[791] Ruis 1995/2013, S. 30.

[792] Ebenda, S. 37.

[793] Pogačnik 2009, S. 185.

[794] Ruis 1995/2013, S. 35, 126 (bezüglich Wasserwesen).

Baum, verlassen und in einen jungen Baum hineingehen und diesen beseelen.[795] Aber auch dann geht sie irgendwann (wenn der Baum stirbt) wieder in die Gruppenseele ein.

Der Tod ist für die Naturwesen meist nichts Schlimmes, ausser er trifft sie ganz überraschend und unvorbereitet. Dies ist vor allem dann der Fall, wenn Menschen Naturphänomene (einen Baum, einen Wald, einen Stein usw.) völlig gefühllos und brutal zerstören.[796] Auch eine plötzliche Verletzung, zum Beispiel das unangekündigte Abschneiden der Äste eines Baumes mit der Motorsäge, kann für die Naturwesen eine traumatische Erfahrung sein.[797] Traumatisches bis zu einem traumatischen Tod kann ihnen allerdings auch durch die Natur selber widerfahren: Wenn zum Beispiel ein Baum von einem Sturm gefällt wird, kann es sein, dass seine Seele nachher leidet und nicht recht versteht, was geschehen ist.[798] Bei den Menschenseelen ist es, wie in Kapitel 3 beschrieben, gleich: Wenn der Tod des Körpers unerwartet und überraschend kam, vor allem, wenn er durch Gewalt eintrat, kann für die Seelen eine Zeit der Desorientierung und des Leidens folgen, bis ihnen eine andere Seele klar macht, dass sie keinen Körper mehr haben, und sie ins Licht geleitet.

Naturwesen leben aber ohne Angst vor dem Tod im Hier und Jetzt und freuen sich am Sein.[799]

Tanz- und Musikfeste von Naturwesen

Ein Beispiel dafür ist ihre Freude an Tanz, Musik und Gesang, die schon bei Zwergen und Elfen beobachtet wurde. Wenn Margot Ruis singt und musiziert, bekommt sie oft Besuch von Naturwesen.[800] Dieselbe Erfahrung machten gemäss Johnsons Berichte-Sammlung etliche weitere Menschen.[801] Van Gelder beobachtete, wie gerne Wasserwesen zuhören und wie sie angezogen werden, wenn am Ufer Menschen Musik machen.[802]

Naturwesen machen durch ihre Schwingungen aber auch selber Musik und tanzen gerne dazu. Wobei Arbeit und Freizeit fliessend ineinander übergehen, denn bei beidem bewegen sich die Naturwesen rhythmisch und gemäss einer bestimmten Ordnung. Auch das Feiern und Tanzen könnte daher dem Energieausgleich in der Umgebung dienen.[803] Aber aus der Sicht des betrachtenden Menschen scheinen sie manchmal einfach zu feiern.

Besonders gerne feiern sie in Vollmondnächten,[804] und ihre grössten Feste haben sie in den Nächten der Sommer- und Wintersonnenwende.[805] Die Kelten, die eine besonders enge Beziehung zu den Naturwesen hatten, übernahmen gemäss einer Mitteilung von Helliwells Leprechaun-Freund ihre wichtigsten Festdaten (Mittsommerwende sowie die jeweilige Mitte zwischen Tag- und Nachtgleiche

---

[795] Beispiele: Pogačnik 2009, S. 42; Puhle 2015, S. 46.

[796] Beispiele, wo eine Baumseele leidet, weil ein Mensch den Baum überraschend und brutal gefällt hat: Ruis 1995/2013, S. 126-127; Puhle 2015, S. 27/28.

[797] Beispiel: Pogačnik 2009, S. 46/47.

[798] Beispiel: Mayer 2008, S. 142/143.

[799] Dass sie die Freude und alles Fröhliche lieben, sagt Helliwells Leprechaun ausdrücklich (Helliwell 1997/2011, S. 20, und Helliwell 2010, S. 32), es zeigt sich aber auch anhand der im folgenden Kapitel beschriebenen Beobachtungen.

[800] Ruis 2011, S. 165.

[801] Johnson 2014, S. 337-340.

[802] Van Gelder 1977/1999, S. 133.

[803] Ebenda, S. 43.

[804] Beispiel: Johnson 2014, S. 41. Siehe auch die Bemerkungen zum Gemälde von Malmström weiter oben.

[805] Beispiele: Johnson 2014, S. 63, 65, 197, 259, 329.

und Sommer- bzw. Wintersonnenwende, also anfangs Februar, anfangs Mai, anfangs August und anfangs November) von den Festen der Naturwesen.[806]

Hodson beobachtete, dass die Naturwesen beim Tanzen meist geometrische Figuren bilden.[807] Gemäss einer ganzen Reihe von Berichten in Johnsons Sammlung tanzten sie Händchen haltend im Kreis,[808] wie es auch in Grimms Märchen „Die Geschenke des kleinen Volkes"[809] erzählt wird.

In Johnsons Sammlung findet sich auch der Bericht einer Frau, die eines Abends von ihrem Haus aus Elfen im Kreise tanzen sah. Auch ihre Tochter sah sie. Als die beiden hinausgingen, waren die Elfen verschwunden, doch das Gras war in einem kleinen Kreis niedergetreten.[810] Weitere Berichte aus Johnsons und Puhles Sammlung bestätigen, dass Naturwesen das Gras niedertreten oder kleine Fussspuren hinterlassen können, die nicht von einem Tier stammen können.[811] Das bestätigt nebenbei, dass sie in der materiellen Welt leben. Es lässt mich auch vermuten, dass die Kornkreise mit ihren regelmässigen und oft geometrischen Formen, die man manchmal auf unseren Feldern findet, von des nachts tanzenden Naturwesen stammen. (In einigen Fällen ist es auch möglich, dass sie insgeheim von einem Menschen angelegt wurden, aber diese Erklärung trifft kaum in allen Fällen zu).

Im Folgenden schreibe ich noch Einiges über die Beziehungen der Naturwesen zu den Menschen.

Naturwesen helfen Menschen

Üblicherweise sind Naturwesen gegenüber den Menschen sehr zurückhaltend bis distanziert, weil von diesen eine viel stärkere Energie ausgeht, die keineswegs immer so positiv ist, wie im Kapitel über die Nahrung beschrieben. Im Unterschied dazu fühlen sich die Naturwesen zu den Tieren hingezogen[812], die sie als Teil ihrer natürlichen Umgebung sehen. Mit ihnen spielen sie gerne[813] oder unterstützen sie in der Not, zum Beispiel bei der Futtersuche im Winter.[814]

Doch auch Menschen helfen sie manchmal, vor allem solchen, mit denen sie einen Kontakt haben.

Dazu einige Beispiele:

- Höher entwickelte Naturwesen helfen manchmal beim Heilen, zum Beispiel dank ihren Kenntnissen über Heilmittel aus der Natur.[815] Michaela Fetovskis Gnömel teilte ihr mehrmals mit, was für einfache Natur-Heilmittel ihr oder anderen Menschen helfen, oder er gab ihr Anweisungen zur Herstellung von Heilkräuter-Mitteln und Salben.[816] Paracelsus und Rudolf

---

[806] Helliwell 2010, S. 97.
[807] Hodson 1982, S. 52.
[808] Johnson 2014, S. 104, 172, 173, 175, 186 (Tanz um ein schlafendes Baby herum); Hodson 1982, S. 108 (Kreis um einen Baum herum).
[809] Grimms Kinder- und Hausmärchen Nr. 189.
[810] Johnson 2014, S. 51.
[811] Beispiele: Johnson 2014, S. 214 und 219; Puhle 2015, S. 69.
[812] Van Gelder 1977/1999, S. 43, 58/59, 87-89, 165. Am meisten fühlen sie sich nach der Beobachtung mehrerer Menschen zu den Vögeln hingezogen (van Gelder 1977/1999, S. 59; Johnson 2014, S. 215, 220).
[813] Beispiele: Johnson 2014, S. 35/37 (Naturwesen reiten auf Hirschen bzw. Schafen), sowie das oben erwähnte Beispiel der Katze, die mit einem Zwergen spielte.
[814] Johnson 2014, S. 130/131.
[815] Helliwell 1997/2011, S. 60; Ruis 1995/2013, S. 83.
[816] Puhle 2015, S. 118-120.

Steiner bezogen ihr Wissen über Naturheilmittel vermutlich von Naturwesen, denn sie hatten Kontakt mit ihnen. Dasselbe gilt wahrscheinlich auch für den britischen Arzt Edward Bach, der in den 1930er Jahren die Wirkung der nach ihm benannten „Bach"-Blüten beschrieb. Er konnte den Gefühlszustand von Blumen und Bäumen fühlen[817] und dürfte daher auch Kontakt mit Naturwesen gehabt haben.

Naturwesen haben Menschen und Tieren auch schon durch die Vermittlung von Heilenergien geholfen. Ob es sich dabei um die in Kapitel 7 beschriebene Heilkraft aus der spirituellen Welt handelt, weiss ich nicht, ich halte es für wahrscheinlich. Pogačnik beschreibt, wie Zwerge durch einen grossen, wackelnden Stein in Österreich Hilfesuchenden Heilenergie zufliessen lassen;[818] Ruis berichtet, wie ihr ein Baumwesen erfolgreich Heilenergie vermittelte, und erinnert daran, dass früher gewissen alten Bäumen Heilkraft zugeschrieben wurde;[819] Helliwell beschreibt, wie ihr Leprechaun-Freund und dessen Helfer einer Kursteilnehmerin, die zwei Jahre zuvor einen schweren Unfall mit andauernden Schäden gehabt hatte, Heilkraft zuführten;[820] in Johnsons Berichte-Sammlung finden sich etliche Beispiele von Vermittlung von Heilkraft durch Naturwesen.[821]

- Auch am Totenbett und als Seelenbegleiter gestorbener Menschen wurden Naturwesen schon gesehen,[822] bei zwei Aufgaben also, die sonst meist von den Seelen verstorbener nahestehender Freunde oder Verwandter wahrgenommen werden.

- Naturwesen helfen manchmal auch, indem sie des Nachts kleine Arbeiten für ihnen wohlgesonnene Menschen erledigen. Früher wurde erzählt, dass sie als Gegenleistung für Nahrungsmittel, die ihnen abends bereitgestellt wurden, alle möglichen Arbeiten im Haus erledigten: Backen, Bierbrauen, Zimmermanns-, Schmiede- und andere Handwerker-Arbeiten.[823] In den aktuelleren Sammlungen von Puhle und Johnson finden sich jedoch nur Beispiele von Putzen/Reinigen im Hause und Arbeiten in der Landwirtschaft oder im Garten. So berichtet Fetovski, wie einmal über Nacht eine schmutzige Schürze rein wurde, ohne dass dies ein Mensch im Hause getan haben konnte;[824] und in Johnsons Sammlung findet sich der Bericht einer Frau, die sah, wie Elfen Wände abstaubten.[825]
Das Reinigen guckten die Zwerge wohl den Menschen ab. Es bestätigt somit, dass sie diese zum Vorbild nehmen. Dasselbe gilt auf für landwirtschaftliche Arbeiten wie Heu-Rechen, bei dem Zwerge auch schon beobachtet wurden.[826]

- Margot Ruis berichtet, wie Zwerge ihrem Mann, der sie sieht und eine enge Beziehung zu ihnen pflegt, beim Pilzesuchen und manchmal auch beim Suchen von Kristallen helfen.[827] Als Erdwesen wissen sie genau, wo es solche Dinge gibt.

---

[817] Johnson 2014, S. 113.
[818] Pogačnik 2009, S. 223.
[819] Ruis 1995/2013, S. 21-23 bzw. 18.
[820] Helliwell 2010, S. 85.
[821] Beispiele: Johnson 2014, S. 190-194.
[822] Beispiele: ebenda, S. 75 bzw. 314.
[823] Puhle 2010, S. 196-210.
[824] Puhle 2015, S. 118.
[825] Johnson 2014, S. 182.
[826] Ebenda, S. 238.

Alle diese Beispiele stammen von Menschen, die den Naturwesen besonders wohlgesinnt sind und/oder ihnen Gutes tun. Wobei eine gute Gesinnnung für die Naturwesen dasselbe ist wie eine gute Tat, denn sie beziehen Energie aus beidem.

Die Beispiele zeigen daher: Naturwesen tun Menschen, insbesondere solchen, mit denen sie einen engen Kontakt haben, Gutes, wenn diese ihnen Gutes tun.

Berichte über negative Erfahrungen mit Naturwesen

Es gibt andererseits auch Berichte über negative Erfahrungen mit Naturwesen. Früher wurde dabei auch übertrieben. Leute erzählten sich Schauergeschichten wie Kindsentführungen durch Elfen oder Zwerge. Dahinter steht wahrscheinlich die Erfahrung eines anderen Bewusstseinszustandes, in welchem man tatsächlich von den Zwergen in ihre unterirdische Welt mitgenommen werden kann, allerdings nicht körperlich. Heute werden solche Entführungen gerne Aliens zugeschrieben.

Neuere Berichte über negative Erfahrungen mit Naturwesen kann man, soweit ich sehe, in drei Kategorien einteilen:

- In etlichen Berichten ist das einzig Negative die Angst der Kinder oder Erwachsenen vor dem, was sie da sehen. Sie rennen dann weg, ohne dass ihnen irgend ein Schaden geschieht.[828] Interessant ist der Bericht einer Frau, die seit ihrer Kindheit immer Naturwesen sah. Als Kind spielte sie mit ihnen und sah sie als freundliche Wesen an einem Weg, den Dorfbewohner gerade deswegen mieden, weil dort Elfen wohnten. Das Kind sagte den Erwachsenen vergeblich, sie müssten keine Angst vor ihnen haben (Der Bericht betrifft das Jahr 1915).[829]
Michaela Fetovski sagt, dass man bei Begegnungen mit Naturwesen möglichst keine Angst haben sollte, weil man sonst gerade *wegen der Angst* negative Erfahrungen machen könnte.[830] Sie erklärt das damit, dass man mit Angst negative Energien anziehe, die einem schaden können. Dieselbe Erfahrung kann man auch in der Begegnung mit Tieren machen: Hunde werden aggressiv gegenüber Menschen, die Angst vor ihnen haben. Dies, weil man bei Angst eine innere Abwehr, eine Barriere aufbaut. Die Tiere spüren dies und empfinden es als Aggression, worauf sie mit eigener Aggression reagieren. Gemäss Fetovski könnte einem das auch mit Naturwesen passieren. Die Beispiele, wo trotz Angst nichts passiert, zeigen aber, dass dies nicht sein muss.

- Es gibt einige Zwerge, vor allem die Kobolde, die gerne mit Menschen etwas Schabernack treiben und ihnen einen Streich spielen, um sich dann darüber zu freuen. Sie verhalten sich damit wie manche Menschen-Kinder. Höher entwickelte Naturwesen haben keine Lust auf solches Tun.
Um schlimme Dinge geht es dabei nicht. Mehrere Menschen, die regelmässigen Kontakt mit Naturwesen hatten, berichteten, wie diese im Haus oder auch in der Natur ohne speziellen Grund kleine Dinge verschwinden liessen und dann wieder zum Vorschein brachten in Fällen, wo unmöglich ein Mensch der Urheber sein konnte.[831] Wahrscheinlich können die betreffenden Naturwesen dies tun, indem sie durch ihr Denken Gegenstände dematerialisieren und dann wieder rematerialisieren.

---

[827] Ruis 1995/2013, S. 219-221.
[828] Beispiele: Johnson 2014, S. 101, 118, 169.
[829] Ebenda, S. 215/216.
[830] Puhle 2015, S. 102.
[831] Beispiele: Johnson 2014, S. 265-270; Stefánsdóttir 2011, S. 78-80.

- Naturwesen wehren sich manchmal, wenn Menschen in ihren Lebensbereich eindringen und/oder ihnen – meist unbeabsichtigt – einen Schaden zufügen, ihre Existenz missachten oder ihre Arbeit in der Natur erschweren oder verunmöglichen. Manche Naturwesen, vor allem höher entwickelte wie zum Beispiel Grosse Elfen, ziehen sich in solchen Fällen einfach zurück,[832] aber andere, vor allem Zwerge, wehren sich gelegentlich.

Das ist verständlich, denn es geht hier um Grenzverletzungen. Auch wir Menschen reagieren aggressiv darauf, wenn Fremde in unseren Lebensbereich (unser Haus, unser Land) eindringen. Ein paar Beispiele[833]:

o Eine von Mayers Interview-Partnerinnen berichtet, sie habe ihrem Sohn gesagt, in seinem neu erworbenen Haus habe es einen Hausgeist. Er glaubte es nicht, doch darauf verschwanden immer wieder Werkzeuge, ohne dass ein Mensch dafür verantwortlich sein konnte. Es hörte auf, nachdem der Sohn den Zwerg zum ersten Mal direkt angesprochen und ihm einen Stein als Wohnstelle im Haus eingerichtet hatte. Der Protest des Hauszwerges hatte sich in diesem Falle gegen die Nicht-Anerkennung seiner Existenz gerichtet. Sobald sein Vorhandensein im Haus akzeptiert war, war er zufrieden.[834]

o In Puhles Sammlung von Augenzeugen-Berichten erzählt eine Frau, wie sie einst in ihrem Camping-Bus auf einem Camping-Platz in einem australischen Nationalpark übernachtete. Mitten in der Nacht wurde sie geweckt von Trommelgeräuschen, wie von Regen, doch es regnete nicht, und es trommelte an allen Seiten und auch von unten ans Auto. Schliesslich schlief sie wieder ein, doch am nächsten Morgen sah sie Tausende kleiner Fussspuren im Sand, wie von Vögeln und doch von keinem bekannten Tier. Als sie eine Aborigine-Parkwächterin darauf ansprach, erzählte diese ihr, die Camping-Plätze seien oft an den heiligen Orten der Aborigines errichtet worden, wo sich jene nur selten und für Feste und Rituale für die mit grossem Respekt behandelten Naturgeister versammelten.[835]

Wahrscheinlich handelte es sich um eine jener Kultstätten, welche Naturvölker an Energiepunkten der Erde errichtet hatten und wo sich auch besonders viele Naturwesen konzentrieren. Die Trommelgeräusche waren wohl ein Zeichen, dass die Naturwesen sich durch die Anwesenheit eines Menschen, der sie nicht respektierte, gestört fühlten.

o Ebenfalls in Puhles Sammlung berichtet ein Mann, wie er 1990 mit seiner Frau in ein abgelegenes altes Häuschen im Norden Schottlands einzog. Als das junge Paar kurz darauf einmal von einem Ausflug zurückkehrte, war der Hauseingang mit einem Besen versperrt und im Haus war ein Gegenstand an einen anderen Ort gestellt worden. Sie selber hatten das nicht getan, Spuren von Einbrechern gab es nicht. Später geschahen allerlei Missgeschicke, und Gegenstände wurden von unbekannter Hand an andere Orte gestellt, alles genau in jener Zeit, als die Frau ein Buch über Streiche von Elfen las. Nachdem sie das Buch ins Regal zurückgestellt hatte, hörte der Spuk auf. Dafür stellten sich ab und zu die Stereoanlage und der Fernsehapparat von selber an, die Stereoanlage zum Beispiel in der für Naturwesen wichtigen Mittwinternacht. Jedesmal, wenn die Bewohner am Telefon den Verdacht äusserten, es könnten Feen hinter den seltsamen Ereignissen stecken, wurde die Telefonleitung unterbrochen. Eines Nachts erwachten Mann und Frau und sahen einen Zwergen, der sofort verschwand.[836]

---

[832] Beispiel: Ruis 1995/2013, S. 63 und 69.
[833] Weiteres Beispiel: Crombie 2009/2018, S. 52-55.
[834] Mayer 2010, S. 34/35.
[835] Puhle 2015, S. 67-70.
[836] Ebenda, S. 80-96.

In diesem Häuschen wohnen wahrscheinlich, wie in vielen alten Häuschen in den Randgebieten der Britischen Inseln, auch Zwerge, die sich durch die neuen Hausbewohner und insbesondere durch deren moderne technische Geräte gestört oder bedroht fühlten. Der Besen vor der Türe wirkt wie ein Signal: Wir wollen euch nicht. Die Streiche in der Zeit, als die Frau ein Buch zu eben jenem Thema las, und das Unterbrechen der Telefonleitung immer dann, wenn gesagt wurde, unsichtbare Hausbewohner könnten für die seltsamen Vorkommnisse verantwortlich sein, könnten ein Versuch jener Hausbewohner gewesen sein, auf ihre Existenz aufmerksam zu machen.

Die Ereignisse zeigen, dass Poltergeist-Phänomene nicht nur auf Seelen Verstorbener oder Menschen mit unterdrückten Emotionen und Offenheit gegenüber der spirituellen Welt, sondern auch auf Naturwesen zurückgehen können. Und sie zeigen, dass diese sich, ebenfalls wie die Seelen Verstorbener, besonders leicht über elektrische Geräte bemerkbar machen.

Wahrscheinlich könnten sich in diesem Fall die menschlichen Hausbewohner mit den Naturwesen-Bewohnern arrangieren, indem sie ihnen regelmässig Nahrung bereitstellen.

o In Island gibt es, vor allem bei Neubauten, auch heute noch häufiger Konflikte zwischen Menschen und Naturwesen, weil sich diese noch nicht so weit von den Menschen zurückgezogen haben. Wobei sich dabei das Zwergenvolk auch mit stärkeren Mitteln wehren kann: Zum Beispiel waren in einem Fall Familienmitglieder immer krank. Erla Stefánsdóttir stellte fest, dass ihr Haus die Verbindung zwischen zwei Zwergen-Familien behinderte, und empfahl, sich mit dem kleinen Volk anzufreunden und ihm regelmässig Nahrungsmittel bereitzustellen. Kurz darauf wurden die Menschen gesund.[837]

Die Naturwesen in den letzten 250 Jahren

Wie schon erwähnt, bestand früher eine Zusammenarbeit zwischen den Menschen und den (mittel und höher entwickelten) Naturwesen, die beiden zu Gute kam.

Doch die Menschen nahmen und nehmen ihre Verantwortung für diese Zusammenarbeit immer weniger wahr: Zuerst wollte sie die Kirche nicht mehr, seit dem Vernunft- und Wissenschaftsglauben des 18. Jahrhunderts zunehmend auch das Volk, zuerst in der westlichen Welt. Seither kam und kommt von den Menschen immer weniger Positives für die Naturwesen, dafür umso mehr Schädliches. Wobei alle Berichte über dieses Schädliche die mittel bis mittel-hoch entwickelten Naturwesen, also die bei den Menschen bekanntesten wie Elfen, Zwerge usw. betreffen. Die niedereren, kleinen und die höchststehenden sind unempfindlicher: die niedereren, weil sie in ihrer Entwicklung zu wenig weit sind, um etwas zu spüren, die höchststehenden, weil sie stark genug sind, um sich gegen schädliche Schwingungen abschirmen zu können,[838] und/oder weil sie weit weg von den Menschen sind.

Ich stelle im Folgenden einige für jene Naturwesen schädliche Einflüsse zusammen, die von den Menschen ausgehen:[839]

---

[837] Stefánsdóttir 2011, S. 54/55.

[838] Beispiel für ein starkes Naturwesen, das einen Kraftpunkt beschützt und sich gegen das Eindringen eines Menschen in den beschützten Bereich (auf seiner Bewusstseins-Ebene) erfolgreich wehrt: Mayer 2010, S. 17.

[839] Ich stütze mich dabei am stärksten auf die beiden Bücher von Margot Ruis, wo dieses Thema am ausführlichsten dargestellt wird. Ihre Feststellungen werden aber auch von den anderen Autoren, namentlich den Anthroposophen, bestätigt, wobei für letztere die Folgen von dem, was gefühlsmässig von den Menschen ausgeht, im Vordergrund stehen.

- Wo die Menschen die Natur zerstören, wird die Arbeit der Naturwesen verunmöglicht.

- Die Sensibilität der Naturwesen zeigt sich nicht nur darin, dass sie alle positiven feinen Schwingungen (zum Beispiel von Kristallen und (Halb-)Edelsteinen) viel eher spüren als die Menschen, sondern auch alle negativen. So empfinden die meisten Naturwesen Maschinenschwingung als hart und lieblos.[840] Beispielsweise hat (neben dem Chemieeinsatz) die Maschinisierung in der Landwirtschaft dazu geführt, dass die Naturwesen die Aussaat kaum mehr betreuen können.[841]
Andererseits haben es einige auch fertig gebracht, sich mit Maschinen anzufreunden und sich sogar darin niederzulassen. Mehr dazu im letzten Abschnitt dieses Kapitels 8.

- Die Naturwesen leiden auch unter der stärkeren Strahlung, die von gewissen technischen Geräten ausgeht. Viele empfinden die ständige Anstrahlung durch nächtliche Beleuchtungen als schmerzhaft[842] und leiden unter der Radio-, Fernseh-, Computer- und vor allem der Handystrahlung.
Das wird durch die in Kapitel 4 erwähnten Versuche Emotos und Kröplins bestätigt: Destilliertes Wasser, das neben einem eingeschalteten Handy, Computer oder Fernsehgerät (ohne Ton) stand, bildet keine Kristalle.[843] Und wenn jemand den Kopf 2 Minuten lang an ein eingeschaltetes Handy gehalten hat, ohne zu telefonieren, zieht sich die Struktur der seinem Speichel entnommenen Tropfen nach innen zusammen und verarmt.[844]
Mit der 5G-Technologie schwingt die Handystrahlung noch schneller als mit 2G bis 4G, kommt somit der Schwingungsfrequenz der Naturwesen noch näher und schädigt diese daher vermutlich noch mehr.

- Bauten in der Landschaft, Schiffsfahrten, Ölteppiche im Meer, Kabel auf dem Meeresgrund, vor allem aber die Strahlung von Mobilfunk-Antennen behindern oder verunmöglichen die Arbeit der Naturwesen auch durch die Störung der Verbindungen, über welche die höheren Naturwesen den niedereren Energien zuführen und über welche der Energieausgleich in einer Landschaft oder im Meer gefördert und erhalten wird.[845] Als Margot Ruis die Luft einmal so spürte wie Grosse Elfen, spürte sie etwas wie Feinstaub darin, der vom Mobilfunk kam.[846] Als sie einmal wieder eine ihr bekannte Linde besuchte, stellte sie fest, dass diese nicht mehr richtig Energie aufnehmen konnte, weil inzwischen in der Nähe zwei Mobilfunkantennen errichtet worden waren, deren Strahlung stärker ist.[847]

- Die Naturwesen leiden auch darunter, dass seit dem 18. Jh. immer weniger Menschen an ihre Existenz glauben und „wissenschaftliche" Beweise dafür verlangen.[848] Das zeigt bereits gleichnis-

---

[840] Beispiele: Ruis 1995/2013, S. 114.
[841] So gemäss einer Mitteilung der Naturwesen an Margot Ruis: Ruis 1995/2013, S. 85.
[842] Ein Beispiel: Ruis 2011, S. 82.
[843] Beispiele: Emoto 1999/2010, S. 57-59.
[844] Kröplin/Henschel 2016, S. 65/66.
[845] Dies beobachtete van Gelder bereits in den 1970er Jahren (van Gelder 1977/1999, S. 171). Ruis' Mann erfährt es von einem Meereswesen (Ruis 2011, S. 187). Auch Pogačnik beobachtete es (Pogačnik 2009, S. 100).
[846] Ruis 2011, S. 33.
[847] Ebenda, S. 79-82.
[848] Thomas Mayer erfährt in einem Appell der höheren Naturwesen, wie sehr sie unter den gefühlsmässigen Folgen der Missachtung ihrer Existenz durch die Menschen leiden (Mayer 2008, S. 111-113 und 119/120).

haft die 1816 erstmals schriftlich bezeugte Sage von den Heinzelmännchen von Köln: Demnach verrichteten einst nachts Heinzelmännchen die Arbeit für die Einwohner der Stadt, bis die Frau des Schneiders sie sehen wollte und zu diesem Zweck Erbsen streute, auf denen sie ausrutschten und darum nicht so rasch entwischen konnten. Zwar konnte die Frau sie dabei beobachten, doch die guten Helfer kamen nicht wieder. Die Sage drückt aus, dass die Zwerge, die vorher die Nähe zu den Menschen gesucht hatten, sich in jener Zeit von ihnen zurückzuziehen begannen, weil diese zunehmend nach Beweisen für ihre Existenz suchten. In der Suche nach Beweisen liegen der Zweifel und Wissensdurst, doch die Naturwesen wollen von den Menschen Vertrauen, Liebe und Wertschätzung.

- Die Naturwesen nehmen auch alle Gefühle auf, die von den Menschen in ihrer Nähe ausgehen. Sie leiden darum unter der Härte und Gefühlskälte, die zunehmend von den Menschen ausgeht.[849] Sie spüren sie als Schwingungen mit unangenehmen und unregelmässigen Spitzen statt mit weichen und regelmässigen Rundungen.[850] Auch Menschen, die etwas gegen die Naturzerstörung tun möchten oder sich sonst für etwas Gutes einsetzen, können solche Schwingungen hervorbringen. Zum Beispiel, indem sie in einem aggressiven Ton reden, oder indem sie nachts einen Krimi oder einen Horrorfilm gucken, denn auch Handlungen in Filmen lösen die entsprechenden Schwingungen aus.

  Nicht alle Naturwesen nehmen die von ihrer Umgebung ausgehenden Schwingungen gleich leicht auf. Dass die mittel und mittel-hoch stehenden Wesen am empfindlichsten sind, habe ich schon geschrieben. Doch auch unter ihnen gibt es Unterschiede. Besonders sensibel sind die Grossen Elfen, die Aufsichtsaufgaben über gewisse Teile einer Landschaft ausüben. Wie sie die Nähe zu Durchschnitts-Menschen erleben, erfährt Margot Ruis einmal auf einer ihrer Alpenwanderungen: Nachdem sie eine längere Zeit mit Grossen Elfen verbracht hatte, spürte sie auf dem Rückweg alles so, wie jene es spürten. Bei jeder Begegnung mit einem entgegen kommenden Wanderer traf sie „eine heftige Energiewelle", als hätte sie „jemand am ganzen Körper gestossen". Es war „der reinste Spiessrutenlauf", ausser bei kleinen Kindern, von denen eine angenehmere Schwingung ausging.[851]

  Diese Erfahrung zeigt, dass für die Grossen Elfen bereits die Normal-Schwingung, die von den meisten erwachsenen Menschen ausgeht, zu hart ist. Für sie ist darum jede Nähe zu den meisten Menschen unmöglich und jede Ausdehnung des menschlichen Siedlungsraumes eine Belastung.

  Die Zwerge ertragen dank ihrer grösseren Dichte die Nähe der Menschen leichter, darum haben sie sie in der Vergangenheit auch oft gesucht. Doch auch sie müssen aufpassen, dass sie den Menschen nicht allzu nahe kommen, wie Tanis Helliwell bei der Zusammenarbeit ihrem Leprechaun-Freund erfuhr: Als sie einmal herzhaft lachte, merkte sie anhand des unsicheren Blickes des Leprechauns, dass die Stärke ihrer Emotion für seine ebenfalls anwesende Familie zuviel sein könnte[852], und als sie einmal Kobolde, die sie am Morgen früh nach dem Aufwachen neckten, durch einen Wutanfall verscheuchte, sagte ihr nachher der Leprechaun, sie hätte ihnen damit Schaden zufügen können.[853]

  Man versteht nun besser, warum die Naturwesen gegenüber den Menschen zurückhaltend und scheu sind und sich nur jenen Menschen zeigen möchten, welche Liebe und Wohlwollen

---

[849] Ruis 1995/2013, S. 60/61; Helliwell 1997/2011, S. 24, 53.

[850] Ruis 2011, S. 27-30 und 230/231.

[851] Ruis 1995/2013, S. 60/61.

[852] Helliwell 1997/2011, S. 24.

[853] Ebenda, S. 12 bzw. 19.

ausstrahlen. Die Menschen sind aus der Sicht der Naturwesen starke Wesen, die sie darum auch bewundern und gerne zum Vorbild nehmen. Aber sie haben auch Angst vor dem, was gefühlsmässig von ihnen ausgeht.

Die Naturzerstörung, die von den Errungenschaften der menschlichen Technik ausgehenden Strahlungen/Schwingungen sowie das, was gefühlsmässig von den Menschen ausgeht bzw. für die Naturwesen nicht mehr ausgeht: All das schwächt die mittel und mittel-hoch entwickelten Naturwesen[854] und stört oder unterbricht die Verbindungen unter ihnen. Beides erschwert die Wahrnehmung ihrer Aufgaben und verunmöglicht sie an manchen Orten. Ihre Aufgabe wahrzunehmen, ist aber alles, was sie eigentlich möchten, denn sie haben ja keinen individuellen Willen. Sie sind daher frustriert, und manche sind über die Menschen verärgert. Sie versuchen, ihre Aufgabe so lange auszuüben, wie sie können. Doch wo es nicht mehr geht, müssen bzw. mussten sie sich von den Menschen zurückziehen. Das bedeutet nicht, dass es an den betreffenden Orten dann gar keine Naturwesen mehr gibt. Kleinste, wenig entwickelte gibt es überall, wo es Natur gibt; auch üben über jedes Gebiet der Erde sehr hoch entwickelte Naturwesen eine Oberaufsicht aus. Doch die mittleren bis mittel-hoch entwickelten Naturwesen sind weniger geworden und fehlen heute an einigen Orten. Dies dürfte ein Grund sein, weswegen es in den dichter bevölkerten Gebieten weniger Sichtungen von Elfen, Zwergen usw. gibt als früher. Ein anderer dürfte sein, dass die meisten Menschen nicht mehr an ihre Existenz glauben. Dann bekommen sie sie auch eher nicht zu sehen.

Hauszwerge haben sich an vielen Orten von den Menschen zurückgezogen, wie schon die oben erwähnte Sage der Heinzelmännchen von Köln verrät. In neuartigen Häusern siedeln sie sich meist auch deswegen nicht mehr an, weil ihnen die Baumaterialien und die Bauweise nicht mehr behagen. Das zeigen verschiedene Beobachtungen von Sehenden und Mitteilungen von Naturwesen an sie: Helliwells Leprechaun-Freund sagt, seinesgleichen sei für torf-beheizte Häuser gemacht.[855] Michaela Fetovski sieht Naturgeister vor allem in älteren Häusern, viel weniger in modernen und in Mietshäusern.[856] Marko Pogačnik schreibt, er habe nie ein Naturwesen in einem „high-tech"-Wohnhaus ohne natürliche Baumaterialien gesehen.[857] Auch einer von Mayers Interview-Partnern hat beobachtet, dass sie in modernen, gefühlskalten Gebäuden fehlen.[858]

Auch die oben erwähnten hoch-sensiblen Grossen Elfen, denen Margot Ruis in den Alpen begegnete, hatten sich aus ihrem Wirkungsbereich zurückziehen müssen: Sie erzählten ihr, dass sie früher in einem menschenleeren Tal gelebt hatten, sich aber eines Tages in die Berge zurückziehen mussten, weil sich die Menschen ins Tal ausgebreitet hatten,[859] eine Mitteilung, die später von anderen Naturwesen bestätigt wurde, welche jene Elfen beim Auszug beobachtet hatten.[860]

Dora van Gelder stellte Ähnliches fest: Sie hatte ihr Buch über Naturwesen bereits in den 50er Jahren geschrieben und begab sich, als es 20 Jahre später veröffentlicht werden sollte, nochmals an eine Stelle an der Ostküste der USA, wo sie damals viele Naturwesen erlebt hatte, aber sie musste

---

[854] Helliwell 2010, S. 144.
[855] Helliwell 1997/2011, S. 17.
[856] Puhle 2015, S. 127.
[857] Pogačnik 2009, S. 79.
[858] Mayer 2010, S. 251.
[859] Ruis 1995/2013, S. 63.
[860] Ebenda, S. 69.

feststellen, dass es dort nun viel weniger von ihnen hatte, und dass sich jene, die sie noch sah, weiter aufs Meer zurückgezogen hatten.[861]

Dass Rückzug auch Rückzug von der Erde bedeuten kann, bestätigt auch ein Grosser Elf, der Margot Ruis mitteilte, dass viele (gemeint: viele mittel-hoch entwickelte) Naturwesen nicht mehr auf die Erde zurückkehren, wenn sie ihre derzeitige Aufgabe beendet haben.[862]

Wo es weniger Naturwesen gibt, verliert die Natur an Seele, an Leben, und stirbt schliesslich, wie zum Beispiel in verschmutzten Gewässern. Wo die Naturwesen ihre Energie-ausgleichende Aufgabe nicht mehr oder nur noch ungenügend wahrnehmen können, stauen sich Energien, der Ausgleich kommt gewaltsamer zustande. Die zahlreicheren extremen Wetterereignisse der letzten Zeit könnten daher nicht nur auf den Klimawandel, sondern auch auf die Beeinträchtigung der Arbeit der koordinierenden Naturwesen zurückzuführen sein.

Die Naturwesen sind machtlos gegenüber den von den Menschen kommenden Zerstörungen und Schädigungen. So zeigten sie sich in den letzten 25 Jahren in ihren Mitteilungen an verschiedene Sehende (Ruis, Helliwell, Mayer, Karsten Massei, Verena von Staël) sehr besorgt bis alarmiert darüber. Was allerdings zur Frage führt: Warum erst jetzt, wenn doch die von den Menschen herbeigeführte Entwicklung seit über 200 Jahren in die falsche Richtung geht? Die beiden plausibelsten Erklärungen liefern die Naturwesen selber in ihren Mitteilungen an Helliwell und Ruis: Helliwell erlebte ihren Sommer mit dem Leprechaun bereits in den 80er Jahren, sollte aber erst 10 Jahre später darüber berichten, weil erst dann die Menschen dafür bereit seien.[863] Ruis erfährt nach der Veröffentlichung ihres ersten Buches, dass die Lage für die Naturwesen jetzt rascher als bisher schlimmer werde, vor allem wegen der Handy- und Computer-Strahlung, mit welcher der Mensch in kurzer Zeit die ganze Erde überzogen hat,[864] und ich vermute, auch weil der schnell wachsende menschliche Wohlstand in weiten Teilen der Welt (China, Indien usw.) zu einer Beschleunigung der Zerstörung der Natur führt.

Die Naturwesen wünschen sich gemäss allen sorgenvollen Mitteilungen, dass sich die Menschen ändern und wieder zu einer Form von Zusammenarbeit mit ihnen zurückkehren.[865] Daher wünschen

---

[861] Van Gelder 1977/1999, S. 169-176. Weitere Hinweise zum Rückzug der Naturwesen: Ruis 1995/2013, S. 63, 69; Helliwell 1997/2011, S. 3, 52; Helliwell 2010, S. 32.

[862] Ruis 1995/2013, S. 94. Das wird später bestätigt in: Ruis 2011, S. 189.

[863] Helliwell 1997/2011, S. 121.

[864] Ruis 2011, S. 77.

[865] Crombie 2009/2018, S. 175/6.
Helliwells Zusammenarbeit mit dem Leprechaun, dem sie im Ferienhäuschen in Irland erstmals begegnete, begann auf Wunsch des Leprechauns (Helliwell 1997/2011, S. 5/6.).
Ruis stellte fest, dass an den Orten, an denen sie ihre Seminarien über Naturwesen abzuhalten pflegte, jedesmal mehr von ihnen anwesend waren, weil ihnen offenbar daran liegt, mit Menschen in Kontakt zu gelangen, die ihnen gegenüber offen sind (Ruis 2011, S. 45/46).
Erla Stefánsdóttir wurde 2010 von einigen Naturwesen gerufen, weil sie Friedenskreise (Gebetskreise) gründen wollten; gemeint war offenbar: mit Menschen zusammen (Stefánsdóttir 2011, S. 110).
In Thomas Mayers 35 Interviews mit Anthroposophen geht es immer um irgendeine Form der Zusammenarbeit mit Naturwesen, wie auch der Titel der beiden Bände („Zusammenarbeit mit Elementarwesen") verrät.
Auch gemäss den Büchern des Anthroposophen Karsten Massei, der viele Arten von Naturwesen/ Elementarwesen sieht und mit ihnen kommuniziert, wünschen sich diese eine Zusammenarbeit mit den Menschen, in denen letztere wieder von den Elementarwesen lernen, wie früher einst (Massei 2011, S. 82/83).

sie sich auch, dass die Menschen wieder an ihre Existenz glauben. Deswegen liegt ihnen daran, dass jene Menschen, die sie sehen, über sie berichten.[866]

Was kann man tun?

Was können willige Menschen tun, um die Naturwesen wieder zu stärken und ihnen die Wahrnehmung ihrer Aufgaben wieder zu erleichtern?

Menschen mit der Fähigkeit zu aussergewöhnlichen Kontakten mit der Natur bzw. den Naturwesen haben alle ihre eigene Heil-Methode:

- Margot Ruis und ihr Mann gründeten auf Empfehlung einer Grossen Elfenfrau ein Netzwerk mit Menschen, die zu bestimmten Tageszeiten die Ursilbe OM, also den in der Natur vorhandenen Ur-Ton, singen. Damit sollen heilende Schwingungen ausgesendet werden.[867]

- Tanis Helliwell heilt Orte, deren Schwingung durch negatives menschliches Tun geschädigt wurde (z. B. eine Hinrichtungsstätte), durch Meditation und Gebete. Anscheinend werden dabei durch das Aussenden von Liebes-Schwingungen negative Energien wieder ausgeglichen.[868] Auf ähnliche Art heilt Thomas Mayer Naturwesen, die durch von Menschen ausgegangene negative Energien (Streit, Gewalt, Krieg) geschwächt wurden, zum Beispiel an Orten, die zum Schlachtfeld wurden.[869]

- Marko Pogačnik heilt gestörte Energieflüsse in der Erde und zwischen Naturwesen, indem er, begleitet von Meditationen, durch das Errichten von Steinen an bestimmten Stellen Blockaden in jenen Energieflüssen auflöst.[870] Das ist eine Art Erd-Akupunktur.

- Einer von Mayers Interview-Partnern heilt Bäume durch das Setzen geeigneter Halbedelsteine. Er sagt, er erfahre im Kontakt mit den kranken Bäumen, welcher Stein wo richtig sei, und nennt Beispiele von Bäumen, die auf diese Weise auch physisch genasen.[871]

- Es gibt auch Menschen, welche die in Kapitel 7 beschriebene Heilkraft an die Natur (Pflanzen, Bäume, Wälder) vermitteln, zu deren Heilung. Unter Newtons Rückführungen findet sich eine Frau mit einer fortgeschrittenen Seele, die in verschiedenen Leben immer wieder diese Aufgabe hatte, zum Beispiel bei einem Indianerstamm,[872] und sie auch im jetzigen Leben weiter entwickeln möchte. (Daneben kann Heilkraft, wie oben berichtet, auch in umgekehrter Richtung fliessen: durch einen gesunden Baum zu Menschen, um diese zu heilen.)

---

[866] Helliwell wurde von den Naturwesen geradezu damit beauftragt, ihre Bücher über sie zu schreiben (Helliwell 1997/2011, S. 121); Ruis dazu ermuntert und dabei unterstützt (Ruis 1995/2013, S. 76 und 78-91); Pogačnik wurde ihre Welt gezeigt, damit er darüber berichte (Pogačnik 2009, S. 156); Fetovskis Gnömel zeigte sich erfreut darüber, in ein Buch aufgenommen zu werden (Puhle 2015, S. 99); Mayers Entschluss, ein Buch über die Zusammenarbeit zwischen Menschen und Naturwesen zu schreiben, stiess bei diesen auf Begeisterung (Mayer 2008, S. 103); Verena von Staëls Bücher über Gespräche mit Naturwesen gehen auf ein gemeinsames Projekt von ihr und den Naturwesen zurück (Flensburger Hefte 79 (2002), S. 30/31).
[867] Ruis 2011, S. 33 (Empfehlung durch die Elfenfrau), 36-39 (über OM in der Natur), 40-44 (OM-Netzwerk).
[868] Beispiel: Helliwell 2010, S. 111/112.
[869] Beispiele: Mayer 2008, S. 142/143.
[870] Beispiele: Pogačnik 2009, S. 17, 189. Erklärungen: ebenda, S. 91/92, 113.
[871] Beispiele: Mayer 2010, S. 56/57.
[872] Newton 2000, S. 113-115.

Die Naturwesen selber betonen, dass jeder etwas für sie tun könne. Es ist dazu nicht nötig, dass man lernt, sie zu sehen und mit ihnen zu kommunizieren.[873] An einigen der gerade erwähnten Methoden, zum Beispiel an Ruis' OM-Netzwerk oder an Gebeten, kann sich jeder beteiligen. Und es gibt viele weitere Möglichkeiten, die jedem offenstehen:

- Menschen, in deren Nähe Naturwesen, vor allem Vertreter des kleinen Volkes, wohnen, können diesen wieder Nahrungsmittel zur Stärkung bereitstellen.

- Jeder kann Naturwesen hilfreiche positive Gefühle entgegenbringen. Nur schon, dass man sie wieder beachtet, bringt ihnen etwas.[874] Dazu kann man zum Beispiel mit Pflanzen sprechen und Bäume begrüssen. Auch ein aus dem Herzen kommendes Danken für ihre wertvolle Arbeit hilft ihnen viel.[875] Am meisten bringt ihnen die Liebe der Menschen. In einem Garten oder Park, der mit Liebe angelegt wurde und mit Liebe gepflegt wird, fühlen sich Naturwesen wohl, er gedeiht daher besser.[876]

- Wenn man der Natur etwas antun, zum Beispiel einen Baum fällen muss, soll man, wie mehrere Sehende betonen, vorher dem Baum die Absichten und die Gründe dafür mitteilen, ihn um Verzeihung bitten und sich bei ihm bedanken.[877] Wobei man Pflanzen nicht während der Wachstums- und Blütephase schneiden soll, weil man dann die Arbeit der Naturwesen mittendrin zerstört.[878]

- Die Beobachtungen der Sehenden zeigen, dass die Naturwesen am liebsten mit jener Natur arbeiten, die vom Menschen unberührt gelassen wurde.[879] Es empfiehlt sich daher, in jedem Garten und jedem Park ein Stück sich ganz natürlich entwickeln zu lassen, mit möglichst keinem menschlichen Eingreifen.[880]

- Alles, was der Mensch für die Erhaltung der Natur tut, kommt auch den Naturwesen zu Gute. Die Beobachtung der Sehenden zeigt dabei: Wo die Landschaft renaturiert wurde, kehren auch die Naturwesen zurück. Zum Beispiel hat Margot Ruis festgestellt, dass sie in landwirtschaftliche Felder zurückkehren, wenn diese wieder ohne Chemie bewirtschaftet werden.[881]

Die Naturzerstörung und die Schädigung der Naturwesen werden aber erst aufhören, wenn sich die Menschen im Innern geändert haben und ihre Gier, ihre Gewalt und alle ihre Ich-Motivationen aufgegeben haben, also genau das gelernt haben, was ich im Kapitel 4 erklärt habe. Dessen sind sich auch die höher entwickelten Naturwesen bewusst. Darum ist der zentrale Bestandteil ihrer oben

---

[873] Beispiel: Mayer 2012, S. 38-48. Dort wird ein Bio-Bauer vorgestellt, der naturfreundlich und mit viel Liebe zur Natur wirtschaftet. Mayer sieht einen Zwerg in seinem Stall, der sich über den Bauern freut, dieser jedoch sieht ihn nicht.
[874] Crombie 2009/2018, S. 37, 58, 156.
[875] Ebenda, S. 37/38; Massei 2011, S. 118.
[876] Ruis 2011, S. 201.
[877] Ruis 1995/2013, S. 126-129; Pogačnik 2009, S. 62; Mayer 2010, S. 188; Massei 2011, S. 118.
[878] Crombie 2009/2018, S. 142 und 184/185.
[879] Van Gelder 1977/1999, S. 102; Ruis 1995/2013, S. 86.
[880] Pogačnik 2009, S. 198 und 202; Crombie 2009/2018, S. 65 und 120.
[881] Ruis 1995/2013, S. 87.

erwähnten Aufrufe an die Menschen zur erneuten Zusammenarbeit ein Aufruf zur inneren Umkehr.[882]

So führt die Beschäftigung mit den Naturwesen am Ende zu denselben Erkenntnissen, die man auch aus Nahtoderlebnissen, Rückführungen oder Astralreisen gewinnen kann. Der Mensch kann das, was er durch seine Inkarnationen am Ende gelernt haben sollte, im Umgang mit anderen Menschen, mit Tieren oder mit der Natur lernen. Allerdings lernen es die meisten Menschen am leichtesten anhand von Erfahrungen mit anderen Menschen, denn sie bewegen die meisten Menschen am tiefsten. Das könnte erklären, weswegen gemäss den von mir für dieses Buch berücksichtigten Berichten von Rückführungen das Lernprogramm für die folgende Inkarnation fast immer mit dem Umgang mit anderen Menschen zu tun hat. Doch Dinge wie Mitgefühl, Überwindung von Arroganz und Unterordnung unter das Ganze sind nicht teilbar. Wer sie wirklich gelernt hat, wird sie auch auf den Umgang mit den Tieren und der Natur übertragen.

Maschinenwesen

Nicht ganz alle Naturwesen leiden unter der Maschinisierung und Technisierung der Welt. Es gibt auch solche, die es schafften, sich daran anzupassen, und sich in Maschinen hineinzubegeben und diese zu beseelen. Schon in Johnsons Sammlung von Erfahrungsberichten finden sich ein paar aus älterer Zeit, in denen von Erlebnissen mit Naturwesen in Schreibmaschinen, Nähmaschinen oder Kochherden erzählt wird.[883] Einer von Mayers Interview-Partnern erzählt, er habe Kontakt mit einem Elementarwesen in seinem Auto. Sobald er das Auto verkauft habe, sei es kaputt gegangen, offenbar, weil das Auto-Wesen auf diese Weise gegen den Verkauf protestierte. Das verkaufte Auto funktionierte wieder gut, nachdem der frühere Eigentümer das Auto-Wesen dazu bewogen hatte, es zu verlassen und mit ihm in sein neues Auto zu wechseln.[884] Derselbe Interview-Partner erzählt, wie bei einem Studenten, der den Computer nicht liebte, dieser immer abstürzte, doch sobald er seine innere Einstellung zum Gerät geändert hatte, nicht mehr.[885]

Die beiden letzteren sowie weitere[886] Erfahrungen mit Maschinen-Wesen zeigen: Auch Maschinen-Wesen wünschen und brauchen die Liebe der Menschen, dann unterstützen sie das Funktionieren der Maschine. Oft siedelt sich ein Naturwesen in einer Maschine überhaupt erst an, wenn es von liebenden Menschen dazu eingeladen worden ist.[887] Es sind daher vermutlich nicht alle Maschinen beseelt.

Es ist auch möglich, dass weitere Gegenstände, die Menschen mit Liebe herstellten (zum Beispiel Fotos, Gemälde, Puppen), beseelt sind. Auch dazu gibt es Zeugnisse von Sehenden, allerdings seltener als mit Maschinen.[888] Zu wissen, ob das eigene Auto, der eigene Computer, ein Gemälde usw. ein Seelen-Wesen hat, ist aber eigentlich nicht so wichtig: Alle Dinge, mit denen man gerade zu tun hat, mit Liebe zu behandeln, ist immer richtig.

---

[882] Beispiele: Ruis 1995/2013, S. 49; Ruis 2011, S. 173-175; Mayer 2008, S. 111/121; Massei 2011, S. 84.
[883] Johnson 2014, S. 319-324.
[884] Mayer 2012, S. 154/155.
[885] Ebenda, S. 152/153.
[886] Z. B. Mayer 2008, S. 92/93.
[887] Beispiel mit einer Biogasanlage: Mayer 2010, S. 251.
[888] Beispiele: Johnson 2014, S. 324/325 (Gemälde); Mayer 2010, S. 181-186 (Filzpuppen, gemäss Bericht von deren Herstellerin, die seit ihrer Kindheit Naturwesen sieht).

9. Warum ist das hier beschriebene Wissen so wenig bekannt?

Der Glaube an die Reinkarnation ist wahrscheinlich sehr alt, wenn er auch zeitweise verdrängt wurde. Die Neandertaler begruben ihre Toten manchmal in der Hockestellung, was vermuten lässt, dass sie so auf die Wiedergeburt vorbereitet werden sollten. Die australischen Aborigines und einige Indio- und Indianervölker (Maya, Stämme an der Nordwestküste Nordamerikas) glauben an die Reinkarnation, ebenso kennen sie alle aus Indien stammenden Religionen (Hinduismus, Jainismus, Buddhismus, Sikhismus). Bei den alten Griechen glaubten die Anhänger des Pythagoras daran, im vorgermanischen Mittel- und Westeuropa die Kelten, bei den Moslems tun es die Aleviten und die Drusen (zwei schiitische Glaubensrichtungen), und in der Kabbala, der jüdischen Mystik, gibt es sie ebenfalls.

Jesus sprach gemäss der Bibel bei *einem* Menschen von der Wiederkunft, nämlich bei Johannes dem Täufer, welcher der wiedergekommene Profet Elia sei[889]. Das ist allerdings kein Beleg, dass Jesus an die Reinkarnation glaubte, denn Elia war gemäss jüdischem Glauben der einzige Mensch, der nicht starb, sondern körperlich in den Himmel entrückt wurde[890] und darum einst wiederkommen werde.

Im Frühchristentum gab es aber eine Strömung, welche an die Reinkarnation glaubte. Die Wiedergeburt war jedoch nicht Teil des am Konzil von Nicäa (325) beschlossenen ersten christlichen Glaubensbekenntnisses. Damals begann die Verbindung der Kirche mit der politischen Macht (Römisches Reich). Es war das erste Konzil, das vom Kaiser geleitet wurde, der die Kirche zur besseren Kontrolle der Menschen brauchte. Dazu eignet sich der Glaube an die Reinkarnation nicht, weil sich dabei jeder selber erlöst. Im 6. Jh. wurde der Glaube an die Wiedergeburt an einem anderen, ebenfalls vom Kaiser geleiteten Konzil für falsch erklärt.

Nahtoderlebnisse, Astralreisen, Geistheilung, Medialität, Sichtungen von Naturwesen usw., die es immer schon gab, wurden dann in der christlich-abendländischen Gesellschaft lange Zeit tabuisiert, das heisst, man durfte nicht oder nicht offen darüber berichten.

Das begann sich erst seit dem 18. Jh. langsam und schrittweise zu ändern. Franz Anton Mesmer versuchte gegen Ende des 18. Jhs. noch erfolglos, die Geist-Heilkraft unter der Bezeichnung „Magnetismus" salonfähig zu machen. In der Mitte des 19. Jhs. entdeckte man dann in Frankreich, Grossbritannien und den USA, dass Verstorbene (genauer: ihre Seelen) über Medien Botschaften an die Menschen bzw. die Hinterbliebenen richten konnten. Das führte zur Entstehung des Spiritismus von Allan Kardec und in Grossbritannien und den USA zur Gründung spiritualistischer Kirch-Gemeinden, die es heute noch gibt.[891] Im Mittelpunkt ihrer Versammlungen steht jeweils ein Medium, über das Kontakte mit Verstorbenen stattfinden.

---

[889] Mt. 17, 10-13 und Lk. 1, 57-63.
[890] 2. Kön. 2, 11.

[891] Sie sind in der 1890 gegründeten „Spiritualists' National Union" (SNU. In den USA: „National Spiritualist Association of Churches") locker miteinander verbunden. Website der SNU: https://www.snu.org.uk (zuletzt abgerufen am 24.12.2018).

Die Existenz der Naturwesen riefen dann gegen Ende des 19. Jhs. und anfangs des 20. Jhs. die Theosophie sowie die Anthroposophie Rudolf Steiners in Erinnerung. Mit dem Spiritismus, der Theosophie und der Anthroposophie kehrte auch die Vorstellung von der Reinkarnation in die christlich-abendländische Gesellschaft zurück.

Wissenschaftliche Untersuchungen zu Nahtoderlebnissen und zu Erinnerungen von Kleinkindern an ihr früheres Leben sowie – in der westlichen Welt – Rückführungen in frühere Leben und ins Bardo und veröffentlichte Berichte über Astralreisen gibt es jedoch erst seit den letzten 40/50 Jahren. Und viele grundlegende Bücher dazu sowie von Medien und über Geistheilung sind erst in den letzten 25 Jahren erschienen.

Das heisst: Die meisten und überzeugendsten Quellen für das, was ich in diesem Buch schreibe, sind erst seit den letzten 25-50 Jahren bekannt, obwohl es die entsprechenden Erfahrungen immer schon gab. Doch auch heute ist das Wissen darüber noch wenig verbreitet. Drei Beispiele:

- In der westlichen Welt glauben heute viele Leute an die Reinkarnation. Trotzdem sind völlig falsche Vorstellungen über das Karma weit verbreitet. Viele meinen, Karma sei ein irdisches Bestrafungs- und Belohnungssystem.

- Bei uns gibt es in der Schule zwar Religionsunterricht, aber dort werden nur die bestehenden grossen Religionen dargestellt, das in diesem Buch dargestellte Wissen aber nicht. Das ist sehr schade, denn man kann an dem, was ich hier schreibe, vieles kritisieren, aber eines muss man ihm lassen: Es gibt Beweise dafür, dass es stimmt, jedenfalls wenn man die unzähligen entsprechenden Erfahrungen und Erlebnisse ernst nimmt.

- Unsere Psychologie und Psychiatrie betrachten sich zwar als Wissenschaften der Seele bzw. seelischer Erkrankungen, doch leider meist ohne Berücksichtigung von dem, was nach dem Tod kommt. Damit können sie nicht helfen bei Ängsten vor dem Tod, und sie können den Sinn des Lebens nicht in einen grösseren Zusammenhang einbetten. Wüssten sie über die Reinkarnation, dann könnten sie den Menschen sagen, weswegen sie (grundsätzlich) hier sind, und hätten Antworten für Menschen, die nach der Diagnose einer unheilbaren Krankheit Angst vor dem Tod haben.

Für die lange anhaltende Tabuisierung und die anhaltenden Widerstände gegen das in diesem Buch beschriebene Wissen sehe ich verschiedene Gründe:

- Das Bodenpersonal der bestehenden Religionen und die Wissenschaftler sehen ihre Macht über die Menschen und deren Denken gefährdet. Päpste, Pfärrer, Imame usw. sehen sie gefährdet, wenn Menschen ohne religiose Ausbildung einen direkten Zugang zur spirituellen Welt haben und wenn die Menschen sich nur selber erlösen können. Professoren sehen sie gefährdet, wenn ihre wissenschaftliche Methode nicht mehr die einzige ist, mit welcher Wahrheit bewiesen werden kann. Schulmediziner sehen sie gefährdet, wenn Menschen heilen können, die gar keine medizinische Ausbildung haben. Wenn wirklich das Wohl des Patienten im Vordergrund stünde, müssten sie erfreut sein darüber.

- Viele Menschen in den westlichen Wohlstandsgesellschaften haben Angst vor der Beschäftigung mit dem Thema Tod und dem, was danach kommt, weil sie Angst haben vor dem, was sie mit ihrem Verstand nicht erfassen und kontrollieren können, und weil sie denken, nach dem Tod werde das Nichts oder mindestens etwas weniger Schönes als unsere diesseitige Welt folgen.

Die Ironie ist: Würden sie sich mit den beschriebenen Erfahrungsberichten befassen, so würden sie merken, dass diese Ängste unbegründet sind.

- Vieles am hier beschriebenen Spiritualismus ist für den Einzelnen sehr anspruchsvoll: dass jeder an sich selber arbeiten muss und seine Lebensaufgaben selber finden muss, dass man ethische Grundsätze und nicht einfache feststehende Gesetze befolgen soll, dass man nicht alles erklären kann, und dass man Dinge, die dem logisch denkenden Verstand widersprüchlich scheinen, akzeptieren muss.

All das kann sich nur an Menschen richten, die keine einfachen, pfannenfertigen Welterklärungen brauchen. Also an Menschen, die bereit sind, vollständig selbstständig zu denken und ihr Leben selber zu bestimmen. Dies wird erst seit der Aufklärung des 18. Jahrhunderts in der westlichen Welt grundsätzlich gefordert. Vorher war die Gesellschaft nicht bereit für das hier dargestellte Wissen. Und viele Gesellschaften ausserhalb der westlichen Welt sind auch heute nicht bereit dafür, weil sie immer noch ziemlich autoritär geprägt sind.

Doch auch in der heutigen westlichen Welt denken viele Menschen nicht so frei und selbstbestimmt, wie wir es gerne hätten. Viele folgen in ihrem Denken auch heute noch gerne dem, was andere sagen. Viele suchen und brauchen auch heute noch ein abgeschlossenes Welterklärungssystem, das auf alle Fragen Antworten gibt. Und viele, auch viele Wissenschaftler, sind nicht bereit, aus den gewohnten Bahnen ihres Denkens auszubrechen.

10. Literatur und Quellen

Überblick

Jakoby, Bernard: Wir sterben nie. Was wir über das Jenseits wissen können. Hamburg: Rowohlt, 3. Auflage 2010 (1. Auflage 2009). (zitiert als: Jakoby 2009)

Nahtoderlebnisse

van Lommel, Pim: Consciousness Beyond Life. The Science of the Near-Death Experience. New York: Harper Collins 2010. (Originalausg.: Eindeeloos Bewustzijn. Uitgeverij Ten Have 2007) (zitiert als: van Lommel 2010).

Moody, Raymond: The Light Beyond. New Explorations by the Author of „Life After Life". Pp.. New York: Bantam 1989 (urspr. Hardback 1988) (zitiert als: Moody 1988/1989).

Ring, Kenneth, und Valarino, Evelyn Elsaesser: Lessons from the Light. What we can learn from the near-death experience. Pp.. Cambridge, Mass.: Moment Point Press, 2nd edition 2006. (urspr. Hardback 1998) (zitiert als: Ring 1998/2006)

Berichte über Erscheinungen von Seelen von Verstorbenen bei Hinterbliebenen

Guggenheim, Bill und Judy: Hello from Heaven. New York: Bantam 1996.

Heathcote-James, Emma : After-Death Communication. London: John Blake 2008. (zitiert als: Heathcote-James 2008).

Reinkarnation

Cockell, Jenny: Yesterday's Children. London: Piatkus 1993. (zitiert als: Cockell 1993)

Demarmels, Ursula: Wer war ich im Vorleben? Die positive Wirkung Spiritueller Rückführungen. München: Südwest 2009. (zitiert als: Demarmels 2009)

Newton, Michael: Journey of Souls. Case Studies of Life Between Lives. Woodbury MN: Llewellyn 5th, revised edition 1996. (1st edition 1994) (zitiert als: Newton 1996).

Newton, Michael: Destiny of Souls. New Case Studies of Life Between Lives. Woodbury MN: Llewellyn 2000. (zitiert als: Newton 2000).

Stemman, Roy: Reincarnation. True Stories of Past Lives. London: Piatkus 1999. Pp. (Hardback: Piatkus 1997). (zitiert als: Stemman 1997/1999).

Stevenson, Ian: 20 Cases Suggestive of Reincarnation. Charlottesville/London: Pp. University Press of Virginia, 2nd edition, revised and enlarged 1974. (1st edition 1966) (zitiert als : Stevenson 1974).

Tucker, Jim: Life before Life. Children's Memories of Previous Lives. London: Piatkus 2009. (1st edition: Piatkus 2006) (zitiert als: Tucker 2006/2009).

Tucker, Jim: Return to Life. Extraordinary Cases of Children Who Remember Past Lives. New York: Griffin 2013. (zitiert als: Tucker 2013).

Wambach, Helen: Life Before Life (vollständiger Titel: Is there life before birth? Actual case histories of astonishing journeys into life before life.) New York: Bantam 1979. (zitiert als: Wambach 1979).

Wambach, Helen: Reliving Past Lives. The Evidence of Over 1000 Hypnosis-Induced Past-Life Recalls. New York: Harper & Row 1978 (zitiert als: Wambach 1978).

Weiss, Brian: Many Lives, Many Masters: The True Story of a Prominent Psychiatrist, His Young Patient, and the Past-Life Therapy That Changed Both Their Lives. New York: Touchstone 1988. (zitiert als: Weiss 1988)

Weiss, Brian: Messages from the Masters. Tapping into the Power of Love. London: Piatkus 2000. (zitiert als: Weiss 2000)

Weiss, Brian: Only Love Is Real. A Story of Soulmates Reunited. New York: Hachette 1997. (zitiert als: Weiss 1997)

Weiss, Brian: Through Time into Healing. Discovering the Power of Regression Therapy to Erase Trauma and Transform Mind, Body and Relationships. New York: Fireside 1993. (zitiert als: Weiss 1993).

Whitton, Joel (Autor) und Fisher, Joe (Journalist, der die Informationen Whittons mit dessen Unterstützung zu einem Buch verarbeitete): Life Between Life: Scientific Explorations into the Void Separating One Incarnation from the Next. London: Grafton 1986. (zitiert als: Whitton 1986)

Astralreisen (Out-of-Body-Experiences)

Buhlman, William: Adventures Beyond the Body. How to Experience Out-of-Body Travel. New York: Harper Collins 1996. (zitiert als : Buhlman 1996).

Monroe, Robert: Journeys Out of the Body. New York: Broadway 2001 (urspr. Doubleday 1971). (zitiert als: Monroe 1971/2001).

Monroe, Robert: Far Journeys. New York: Broadway 2001 (urspr. Doubleday 1985). (zitiert als: Monroe 1985/2001).

Monroe, Robert: Ultimate Journey. New York: Harmony 1994 (urspr. Doubleday 1994). (zitiert als: Monroe 1994).

Medien

Kardec, Allan: The Spirits' Book. 4th, revised edition. Brasilia: International Spiritist Council 2010. (englische Übersetzung. Ursprünglich 1857 auf französisch erschienen: Le Livre des Esprits, Paris 1857). (zitiert als: Kardec, dann die Nummer der Frage und Antwort)

Pahl, Rita: Ausschitt aus der Phoenix-Dokumentation "Mythos Zwischenwelten" (2013). Moderation Klaus Weber. (https://www.youtube.com/watch?v=gEgN2KuZyLQ, abgerufen am 21.1.2018)

van Praagh, James: Talking to Heaven. A Medium's Message of Life after Death. New York: Signet 1999. (zitiert als: van Praagh 1999).

Rogers, Rita: Soul Mates. A Practical, Spiritual Guide to Finding True Love. London : Pan Books 2000. (zitiert als: Rogers 2000).

Schwab, Andy: Die Liebe der geistigen Welt. Warum Himmel und Erde nicht wirklich getrennt sind. Grafing: Aquamarin, 2. Auflage 2015. (zitiert als: Schwab 2015).

Smith, Gordon: Spirit Messenger. London: Hay House 2003. (zitiert als: Smith 2003).

Smith, Gordon: The Unbelievable Truth. London: Hay House 2004. (zitiert als: Smith 2004).

Smith, Gordon: Through My Eyes. London: Hay House 2006. (zitiert als: Smith 2006).

Thurston, Mark: The Essential Edgar Cayce. New York: Tarcher/Penguin 2004. (zitiert als: Thurston 2004).

Voggenhuber, Pascal: Botschafter der unsichtbaren Welt. Wie der Dialog mit dem Jenseits unser Leben bereichert und heilt. München: Heyne 2012 (Erstausgabe: München: Ansata 2011). (zitiert als: Voggenhuber 2011/2012)

Voggenhuber, Pascal: Nachricht aus dem Jenseits. Meine Kontakte mit Verstorbenen und der Geistigen Welt. Altendorf: Giger 2018 (5. Auflage. Urspr. ?) (zitiert als: Voggenhuber 2018)

Voggenhuber, Pascal: Ausschnitte von Auftritten mit Vorführung von Jenseits-Kontakten in einem Video von einem Engelskongress in Hamburg vom August 2012: https://www.youtube.com/watch?v=CWTpNCjdWQc (abgerufen am 21.1.2018).

Voggenhuber, Pascal: Schweizer Fernsehen srf, Sendung „Reporter": Der mit den Toten spricht (15.10.2008) (https://www.youtube.com/watch?v=nQCdwn2t46o, zuletzt abgerufen am 24.1.2018).

Zeier Kopp, Claudia: Die andere Verbindung. Erfahrungen eines Mediums. Oberhofen: Zytglogge 2004. (zitiert als: Zeier Kopp 2004).

Seher/innen

nostradamus-prophezeiungen.de/centurien/startseite.html (zitiert als: Nostradamus, dann die Nummer der Centurie, dann die Nummer des Vierzeilers) (zuletzt abgerufen am 11.8.2019)

Jost, Silvia: Lilo von Kiesenwetter. So sieht die Star-Seherin unsere Zukunft. In: Bild-Zeitung 7.10.2008 http://www.bild.de/regional/berlin/so-sieht-die-star-seherin-unsere-zukunft-6046504.bild.html; (abgerufen am 9.9.2017) (zitiert als: Bild-Zeitung 7.10.2008).

Website von Lilo von Kiesenwetter: http://seherin.com/ (zuletzt abgerufen am 9.9.2017)

Geistheilung

Berti, Aldo: Geistheilung und Energiearbeit. Basiswerk der energetischen Medizin. Darmstadt: Schirner 2005. (zitiert als: Berti 2005).

Website: www.aldo-berti.de (zuletzt abgerufen am 3.1.2019)

Cummings, Heather und Leffler, Karen: John of God. The Brazilian Healer Who's Touched the Lives of Millions. Hardback. New York: Atria Books 2007. (zitiert als: Cummings/Leffler 2007).

Drevermann, Rolf: Heilen in Gottes Auftrag. Mein Leben und Wirken als Geistheiler. München: Langen-Müller 2001. (zitiert als: Drevermann 2001).

Website: https://www.drevermann.de/content/#rolf-drevermann /(zuletzt abgerufen am 26.1.2019)

Drossinakis, Christos: Mein Leben voller Wunder. Der Weg eines Heilers. Eigenverlag: Frankfurt am Main 2008. (zitiert als: Drossinakis 2008).

Website: https://www.heilerschule-drossinakis.de/de/(zuletzt abgerufen am 3.1.2019)

Garcia, Ismar Estulano: Spirituelle Heilung. Informationen und Wissenswertes zu João de Deus. Deutsche Übersetzung: Meersburg: Ulrich Volz GmbH 2009. (Originalausg.: keine Angaben) (zitiert als : Garcia 2009)

Jenny, Magali: Guérisseurs, rebouteux et faiseurs de secrets en Suisse romande. Lausanne: Favre 2008 (aufdatiert 2012). (zitiert als: Jenny 2008).

Jenny, Magali und Sharma, Riti: Heilerinnen und Heiler in der Deutschschweiz. Magnetopathen, Gebetsheiler, Einrenker. Lausanne: Favre 2009. (zitiert als: Jenny/Sharma 2009).

Lawrence-Vögtli, Esther: Das Wunder von Büsserach. Als Ida Jeker plötzlich Holz spalten konnte. In: Solothurner Zeitung, 26.6.2017. Abrufbar auf Internet: https://www.solothurnerzeitung.ch/solothurn/weitere-regionen/als-ida-jeker-ploetzlich-holz-spalten-konnte-131462796 (zuletzt abgerufen am 29.10.2017) (zitiert als: Lawrence-Vögtli 2017)

Manning, Matthew: One Foot in the Stars. The Story of an Extraordinary Healer. London: Piatkus 2003 (urspr. Element 1999). (zitiert als: Manning 1999/2003).

Misarova, Jarmila Amadea: Magie des Lebens. Amadea GmbH 2004.

Stemman Roy: Healers and Healing. Amazing cases from the world's best-known healers. London: Piatkus 1999 (zitiert als: Stemman 1999).

Wiesendanger, Harald: Das grosse Buch vom geistigen Heilen. Möglichkeiten, Grenzen, Gefahren. TB. Goldmann: München 1997. (ursprünglich Hardback, Bern: Scherz 1994) (zitiert als: Wiesendanger 1994/1997)

Wiesendanger, Harald: In guten Händen. Empfehlungen der „Internationalen Vermittlungsstelle für herausragende Heiler". TB. Schönbrunn: Lea 3., überarbeitete und erweiterte Auflage 2010 (1. Auflage 2007). (zitiert als: Wiesendanger 2010).

> Die im Untertitel erwähnte Stelle ist ein von Herrn Wiesendanger gegründeter Privatverein, der sich zum Ziel setzt, Geistheiler/innen zu besuchen, um zu überprüfen, ob sie seriös arbeiten. Wenn sie es tun, werden sie im Buch mit einem kurzen Portrait vorgestellt, allerdings nur mit Vornamen. Ihre Adressen erhält man erst auf spezielle Rückfrage von Herrn Wiesendanger.

> Ein paar davon findet man auch mit kurzem Portrait und mit voller Adresse auf der Website des Vereins: http://ivh.stiftung-auswege.de/ (zuletzt abgerufen am 29.10.2017)

Yilmaz, Bahar: Trance Healing. Der mediale Weg zu Heilung und Selbstheilung. München: Ansata 2012. (zitiert als: Yilmaz 2012).

Website: https://www.baharyilmaz.com/ (zuletzt abgerufen am 23.11.2018)

Zehnder, Vreny: Heiterer. Wir alle können heilen. Schüpfheim: Druckerei Schüpfheim AG 1999. (zitiert als: Zehnder 1999).

Ein paar Websites von Geistheiler/innen mit Patientenberichten:

http://www.waltraud-bleile.de/ (zuletzt abgerufen am 29.10.2017).

http://magnetiseurm.e-monsite.com/ (Website von Monique Gachot, Heilerin in Marseille) (zuletzt abgerufen am 29.10.2017).

www.vipret.ch (Website von Denis Vipret, dem derzeit bekanntesten Geistheiler der Suisse Romande) (zuletzt abgerufen am 6.5.2018)

https://www.achim-grathwol.de/über-achim/ (zuletzt abgerufen am 23.11.2018)

https://www.heilundfrei.de/home.html (Website von Aryan Khoschbonyani, einem von der oben erwähnten „Internationalen Vermittlungsstelle für herausragende Heiler" kontrollierten und bestätigten Heiler) (zuletzt abgerufen am 8.12.2018)

http://www.praxis-claudia-kressin.de/ (zuletzt abgerufen am 29.10.2017)

s-upton.com/ (Website von Steven Upton, dem derzeit bekanntesten englischen Trance-Heiler, und seiner Frau) (zuletzt abgerufen am 8.12.2018)

Die Website des Bruno-Groening-Kreises: https://www.bruno-groening.org/ (zuletzt abgerufen am 29.10.2017)

Spuk und Poltergeist-Phänomene

Von Lucadou, Walter, und Manfred Poser: Geister sind auch nur Menschen. Was steckt hinter okkulten Erlebnissen? Freiburg: Herder 1997 (Herder-Spektrum Nr. 4562) (zitiert als: von Lucadou 1997).

Natur, Tiere und Seele/spirituelle Welt

Emoto, Masaru : Die Botschaft des Wassers. Sensationelle Bilder von gefrorenen Wasserkristallen. Band 1. Burgrain: KOHA 2010 (Originalausg.: Messages from Water, Vol. 1, Hado Kyoiku Sha 1999). (zitiert als: Emoto 1999/2010).

Emoto, Masaru: Die Antwort des Wassers, Band 1. Burgrain: KOHA 2010 (Originalausg.: Mizu wa kotae wo shitteiru. Bd. 1. Tokyo: Sunmark 2001). (zitiert als: Emoto 2001/2010).

Emoto, Masaru: Die Antwort des Wassers, Band 2. Burgrain: KOHA 2012 (Originalausg.: Mizu wa kotae wo shitteiru. Bd. 2. Tokyo: Sunmark 2003). (zitiert als: Emoto 2012).

Haas, Robert W.: Der Tierheiler. Von einem, der auszog, die Tiere zu heilen. Grafing: Aquamarin 2017. (zitiert als: Haas 2017).

Kröplin, Bernd, und Regine Henschel: Die Geheimnisse des Wassers. Neueste erstaunliche Ergebnisse aus der Wasserforschung. Aarau: AT 2016. (zitiert als: Kröplin/Henschel 2016).

Smith, Penelope: Animal Talk. Interspecies Telepathic Communication. New York: Atria 2008 (ursprünglich: Pegasus 1978). (zitiert als: Penelope Smith 1978/2008).

Smith, Penelope: Animals in Spirit. Our faithful companions' transition to the afterlife. New York : Atria Books 2008. (zitiert als: Penelope Smith 2008).

Wohlleben, Peter: Das geheime Leben der Bäume: Was sie fühlen, wie sie kommunizieren - die Entdeckung einer verborgenen Welt. München: Ludwig 2015. (zitiert als: Wohlleben 2015).

Elementarwesen/Naturwesen

Crombie, R. Ogilvie: Encounters with Nature Spirits: Co-creating with the Elemental Kingdom (Findhorn Classics). Rochester Vt.: Findhorn Press 2018. (1st edition in zwei Büchern 2009) (zitiert als: Crombie 2009/2018)

Flensburger Hefte Nr. 79 (2002): Was die Naturgeister uns sagen. Im Interview direkt befragt. Flensburg: Flensburger Hefte Verlag 2002. (zitiert als: Flensburger Hefte 79 (2002)).

Gelder Kunz, Dora van: The Real World of Fairies. A First-Person Account. 2nd edition. Wheaton: Quest Books 1999 (1st edition 1977). (zitiert als : van Gelder 1977/1999).

Helliwell, Tanis: Pilgrimage with the Leprechauns. Ohne Ort: Tanis Helliwell Corporation 2010. (zitiert als: Helliwell 2010)

Helliwell, Tanis: Summer with the Leprechauns. The authorised edition. Ohne Ort: Tanis Helliwell Corporation 2011 (1st edition 1997). (zitiert als: Helliwell 1997/2011).

Hodson, Geoffrey : Fairies at Work and at Play. Wheaton: Quest Books 1982. (zitiert als : Hodson 1982)

Johnson, Marjorie T.: Seeing Fairies. From the Lost Archives of the Fairy Investigation Society, Authentic Reports of Fairies in Modern Times. San Antonio: Anomalist 2014. (zitiert als: Johnson 2014).

Massei, Karsten: Schule der Elementarwesen. Basel: Futurum 2011. (zitiert als: Massei 2011).

Mayer, Thomas: Rettet die Elementarwesen! Saarbrücken: Neue Erde 2008. (zitiert als: Mayer 2008).

Mayer, Thomas: Zusammenarbeit mit Elementarwesen. 13 Gespräche mit Praktikern. Saarbrücken: Neue Erde 2010. (zitiert als: Mayer 2010).

Mayer, Thomas: Zusammenarbeit mit Elementarwesen 2. Neue Interviews mit Forschern und Praktikern. Saarbrücken: Neue Erde 2012. (zitiert als: Mayer 2012).

Merz, Blanche: Die Seele des Ortes. Metaphysische Energien und ihre Wirkkraft. Aarau: AT 2000 (überarbeitete und ergänzte Ausgabe des 1988 im Eigenverlag der Autorin erschienen Buches: Die Seele des Ortes. Naturwesen einer unbekannten Zwischenwelt). (zitiert als: Merz 2000).

Pogačnik, Marko: Nature Spirits & Elemental Beings. 2nd edition. Findhorn: Findhorn Press 2009 (erweiterte Fassung der 1. Ausgabe von 1997. Deutscher Titel dieser 2. Ausgabe: Elementarwesen. Begegnungen mit der Erdseele. Aarau: AT 2007) (zitiert als: Pogačnik 2009).

Puhle, Annekatrin, und Mary Tulloch: Naturgeister. Wahre Begegnungen mit Elfen und Zwergen. Grafing: Aquamarin 2015. (zitiert als: Puhle 2015).

Puhle, Annekatrin: Zwerge. Begegnungen und Erlebnisse mit dem kleinen Volk. Vom Anfang der Zeit bis heute. Grafing: Aquamarin 2010. (zitiert als: Puhle 2010).

Ruis, Margot. Naturwesen. Begegnung mit Freunden des Menschen. Hart-Purgstall: Gralsverlag, 6. Auflage 2013 (1. Ausgabe Anna Pichler-Verlag 1995). (zitiert als: Ruis 1995/2013).

Ruis, Margot. Naturwesen und Erdheilung. Leben mit der Anderswelt. Purgstall: Gralsverlag 2011. (zitiert als: Ruis 2011).

Ruis, Margot: Naturwesen: Blicke in die Anderswelt. Margot Ruis im Gespräch (https://www.youtube.com/watch?v=yKUpYh0iymY, zuletzt abgerufen am 10.8.2018).

Stefánsdóttir, Erla: Erlas Elfengeschichten. Die «isländische Elfenbeauftragte» erzählt. Saarbrücken: Neue Erde 2011. (isländische Originalausgabe: ?) (zitiert als: Stefánsdóttir 2011).

Stefánsdóttir, Erla: Lífssýn mín. Lebenseinsichten der isländischen Elfenbeauftragten. Saarbrücken: Neue Erde 2007. (isländische Originalausgabe: Eigenverlag 2003) (zitiert als: Stefánsdóttir 2007).

Steiner, Rudolf: Geist und Natur. Naturgeister in der Pflanzen- und Tierwelt. (Drei Vorträge gehalten in Dornach 1923. Reihe Geist und Natur, Bd. 3). Bad Liebenzell: Archiati 2009. (zitiert als: Steiner 1923/2009).

Radio TV srf, Sendung „Nachtwach"

Folgende Ausgaben enthalten Berichte von Anrufenden zu einem der in diesem Buch behandelten Themen und können via Internet nachgehört werden, indem man auf Google „Nachtwach" und den Titel der gewünschten Ausgabe eingibt.

Hinweis zur folgenden Liste: Dort, wo ich nicht auf bestimmte Anrufer/innen hinweise, werden von allen oder fast allen von ihnen aussergewöhnliche Wahrnehmungen geschildert.

7./8.6.2010: Mein Schutzengel

17./18.1.2011: Unerklärliches

7./8.2.2012: Ich traute meinen Augen nicht (dritter Anrufer: „zufällige" Begegnung)

16./17.2.2012: Wink des Schicksals (zweitletzte Anruferin: Schutzengel)

27./28.3.2012: Freunde fürs Leben (zweiter und dritter Anrufer: Reinkarnation)

3./4.4.2012: Wider jede Vernunft (zweiter Anrufer: Kontakt mit Verstorbenen; letzter Anrufer: Spuk)

15./16.5.2012: Begegnung mit Folgen (dritter Anrufer: Nahtoderlebnis; zweitletzter Anrufer: Erscheinung)

26./27.6.2012: Nach dem Tod (zweiter Anrufer)

25./26.9.2012: Das glaubt mir keiner (zweiter Anrufer: UFO)

5./6.3.2013: Wiedergeboren

7./8.5.2013: Wo bist du geblieben? (zweitletzter Anrufer: neue Seele im Körper nach Koma)

14./15.5.2013: Nicht von dieser Welt

4./5.6.2013: Immer zur selben Zeit (erster Anrufer: „Zufälle")

10./11.12.2013: Engel

29./30.7.2014: Grüsse aus dem Jenseits (letzter Anrufer: Erscheinung)

4./5.11.2014: Die Welt stand still (dritter Anrufer: ausserkörperliche Wahrnehmung)

17./18.2.2015: Grenzerfahrungen (zweitletzter und letzter Anrufer: Nahtoderlebnisse)

2./3.2.2016: Es war wie ein Wunder (erster und zweiter Anrufer)

5./6.4.2016: Ich hatte eine Vorahnung

8./9.11.2016: Happy End (letzte Anruferin: Telepathie)

13./14.6.2017: Mein Kind ist anders (erste Anruferin: gesundheitliche Folgen von psychischen Belastungen der Mutter während der Schwangerschaft für das Kind)

27./28.6.2017: Das hat mir das Leben gerettet (erster Anrufer: Schutzengel)

21./22.11.2017: Eigentlich hatte ich damit abgeschlossen (zweite Anruferin: Umgang mit Tieren)

1./2.5.2018: Tief berührt (zweite Anruferin: Erlebnis mit einem Tier).

22./23.5.2018: Augen (zweite Anruferin: Folgen eines Besuchs in Lourdes)

29./30.5.2018: Wiedergeboren

26./27.6.2018: In diesem Haus (erste Anruferin: Déjà-Vu-Erlebnis und Rückführung; dritter Anrufer: Botschaft des verstorbenen Grossvaters)

17./18.7.2018: Feen, Elfen, Zwerge

4./5.12.2018: Oh Wunder! (erster Anrufer: Wahrtraum; dritte Anruferin: Glaubensheilung)

Naturwissenschaftliche Literatur

Grotelüschen, Frank: Eine kühne Theorie zur Entstehung der Welt. In: Tages-Anzeiger, 26.6.2012, S. ?. (zitiert als: Grotelüschen 2012).

Grotelüschen, Frank: Suche nach den geheimnisvollen Gegenwelten im Universum. In: Tages-Anzeiger, 29.4.2011, S. 40. (zitiert als: Grotelüschen 2011).

Leiva, Leonid: Sechs ungelöste Welträtsel. In: Tages-Anzeiger, 11.7.2012, S. 32. (zitiert als: Leiva 2012)

FSC
www.fsc.org
MIX
Papier | Fördert
gute Waldnutzung
FSC® C083411

Zeitfracht Medien GmbH
Ferdinand-Jühlke-Straße 7
99095 Erfurt, Deutschland
produktsicherheit@kolibri360.de